अनासक्त आस्तिक

जैनेन्द्र कुमार की जीवनी

रज़ा फ़ाउण्डेशन | THE RAZA FOUNDATION

अनासक्त आस्तिक

जैनेन्द्र कुमार की जीवनी

ज्योतिष जोशी

राजकमल प्रकाशन

रज़ा पुस्तक माला : **जीवनी**
प्रधान सम्पादक : अशोक वाजपेयी | सम्पादक : पीयूष दईया
राजकमल प्रकाशन प्रा.लि. रज़ा फ़ाउण्डेशन का सह–प्रकाशन

ISBN-978-93-88753-01-2

मूल्य : ₹795

पहला संस्करण : 2019

प्रकाशक : राजकमल प्रकाशन प्रा. लि.
1–बी, नेताजी सुभाष मार्ग, दरियागंज
नई दिल्ली–110 002

शाखाएँ : अशोक राजपथ, साइंस कॉलेज के सामने, पटना–800 006
पहली मंज़िल, दरबारी बिल्डिंग, महात्मा गांधी मार्ग, इलाहाबाद–211 001
36 ए, शेक्सपियर सरणी, कोलकाता–700 017

वेबसाइट : www.rajkamalprakashan.com
ई–मेल : info@rajkamalprakashan.com

मुद्रक : यश प्रिंटोग्राफिक्स
नोएडा–201 301 (उत्तर प्रदेश)

ANASAKT AASTIK
JAINENDRA KUMAR KEE JEEWANI
(Biography) by Jyotish Joshi

बाबूजी के लिए

आमुख

कलाओं में भारतीय आधुनिकता के एक मूर्धन्य सैयद हैदर रज़ा एक अथक और अनोखे चित्रकार तो थे ही उनकी अन्य कलाओं में भी गहरी दिलचस्पी थी। विशेषतः कविता और विचार में। वे हिन्दी को अपनी मातृभाषा मानते थे और हालाँकि उनका फ्रेंच और अँग्रेज़ी का ज्ञान और उन पर अधिकार गहरा था, वे, फ्रांस में साठ वर्ष बिताने के बाद भी, हिन्दी में रमे रहे। यह आकस्मिक नहीं है कि अपने कला-जीवन के उत्तरार्द्ध में उनके सभी चित्रों के शीर्षक हिन्दी में होते थे। वे संसार के श्रेष्ठ चित्रकारों में, २०-२१वीं सदियों में, शायद अकेले हैं जिन्होंने अपने सौ से अधिक चित्रों में देवनागरी में संस्कृत, हिन्दी और उर्दू कविता में पंक्तियाँ अंकित कीं। बरसों तक मैं जब उनके साथ कुछ समय पेरिस में बिताने जाता था तो उनके इसरार पर अपने साथ नवप्रकाशित हिन्दी कविता की पुस्तकें ले जाता था : उनके पुस्तक-संग्रह में, जो अब दिल्ली स्थित रज़ा अभिलेखागार का एक हिस्सा है, हिन्दी कविता का एक बड़ा संग्रह शामिल था।

रज़ा की एक चिन्ता यह भी थी कि हिन्दी में कई विषयों में अच्छी पुस्तकों की कमी है। विशेषतः कलाओं और विचार आदि को लेकर। वे चाहते थे कि हमें कुछ पहल करनी चाहिये। २०१६ में साढ़े चौरानवे वर्ष की आयु में उनकी मृत्यु के बाद रज़ा फ़ाउण्डेशन ने उनकी इच्छा का सम्मान करते हुए हिन्दी में कुछ नयी क़िस्म की पुस्तकें प्रकाशित करने की पहल *रज़ा पुस्तक माला* के रूप में की है, जिनमें कुछ अप्राप्य पूर्व प्रकाशित पुस्तकों का पुनर्प्रकाशन भी शामिल है। उनमें गाँधी, संस्कृति-

चिन्तन, संवाद, भारतीय भाषाओं से विशेषत: कला–चिन्तन के हिन्दी अनुवाद, कविता आदि की पुस्तकें शामिल की जा रही हैं। सभी पुस्तकों पर रज़ा साहब और उनके समकालीन मित्र चित्रकारों आदि की प्रतिकृतियाँ आवरणों पर होंगी।

रज़ा फ़ाउण्डेशन ने एक बड़े अभाव की पूर्ति करने के उद्देश्य से कुछ प्रमुख लेखकों और कलाकारों की सुशोभित जीवनियाँ लिखवाने के लिए एक फ़ेलोशिप योजना बनायी है। उसके अन्तर्गत कई जीवनियाँ लिखी जा रही हैं जिनमें से पहली तीन जैनेन्द्र कुमार, जगदीश स्वामीनाथन और रघुवीर सहाय की हैं।

जैनेन्द्र कुमार हिन्दी के कालजयी मूर्धन्य हैं जिनकी साहित्य और विचार के अलावा सार्वजनिक जीवन में भी लगातार उपस्थिति और सक्रियता रही है। वे उन विरले लेखकों में से थे जिनका महात्मा गाँधी, जवाहरलाल नेहरू, विनोबा भावे, आचार्य श्री तुलसी आदि से भी सम्पर्क–संवाद रहा है। आलोचक–कथाकार ज्योतिष जोशी ने, रज़ा फ़ेलोशिप के अन्तर्गत, इस अनूठे साहित्यकार के बहुरंगी जीवन, समय आदि का शोध कर यह जीवनी प्रस्तुत की है। हमें इसे प्रकाशित करने में सन्तोष और प्रसन्नता है।

अशोक वाजपेयी

दिसम्बर २०१८, नयी दिल्ली

प्राक्कथन

जैनेन्द्र की रचनाओं के प्रति मेरे मन में किशोर जीवन से ही आकर्षण रहा है। बहुत पहले अपने हिन्दी के पाठ्यक्रम में उनकी कहानी 'खेल' पढ़ी थी, तब से जब-जब मौक़ा मिला; उनकी कहानियाँ, उपन्यास और दूसरी रचनाएँ पढ़ता रहा। जैसे-जैसे उनके प्रति परिचय प्रगाढ़ होता गया, वैसे-वैसे उन पर एक व्यवस्थित योजना के साथ काम करने की इच्छा बलवती होती गयी। यह कामना तब पूरी हुई जब मैंने जवाहरलाल नेहरू विश्वविद्यालय से उनके उपन्यासों पर पी-एच.डी. की। अपना शोध प्रबन्ध १९९७ में पूरा किया था जिसका संशोधित रूप 'जैनेन्द्र और नैतिकता' नामक मेरी पुस्तक है, जो १९९८ में प्रकाशित हुई थी। उसके बाद कुछ अन्य पुस्तकें भी उन पर तैयार की थीं जिनमें 'जैनेन्द्र संचयिता' तथा 'विधा की उपलब्धि : त्यागपत्र' जैसी सम्पादित पुस्तकें शामिल हैं।

वर्षों से इच्छा रही कि उनकी एक व्यवस्थित जीवनी तैयारी करूँ, पर सोचता ही रहा, अवसर न मिला। लगभग २५-३० वर्षों से जैनेन्द्र पर अध्ययन-मनन और शोध करता रहा, उनसे सम्बन्धित सन्दर्भ जुटाता रहा और एक दिन वह संयोग बन गया जब रज़ा फ़ाउण्डेशन के प्रबन्ध न्यासी श्री अशोक वाजपेयी ने जीवनी लिखने के मेरे प्रस्ताव को स्वीकार किया। दायित्व तो ले लिया, पर काम बेहद कठिन था। इतने बड़े लेखक-विचारक की जीवनी तैयार करना आसान काम न था। पर जब ठान लिया था तो पीछे हटने का प्रश्न न था।

मैं मानता हूँ कि जैनेन्द्र आज भी हिन्दी समाज के कुपाठ और उपेक्षा का

शिकार हैं। मैंने अब तक के उन पर किये लेखन में इन कुपाठों का प्रत्याख्यान किया है और उनके अवदान को समकालीन सन्दर्भों में परखने की चेष्टा की है। सबसे महत्त्वपूर्ण तथ्य यह है कि जैनेन्द्र कथाकार तो अप्रतिम हैं ही, वे प्रखर राष्ट्रवादी चिन्तक-विचारक भी हैं। वे हिन्दी के अन्यतम व्यावहारिक दार्शनिक भी हैं तो भारत सहित वैश्विक राजनीति पर गहरी दृष्टि रखने वाले प्रबुद्ध राजनीतिक विशेषज्ञ भी। अपने समय के तपोनिष्ठ सत्याग्रही रहे जैनेन्द्र अपने व्यक्तित्व में ऐसे विराट् होकर उभरते हैं कि सहसा विश्वास करना कठिन हो जाता है कि यह सब एक व्यक्ति में हो सकना कैसे सम्भव है! आश्चर्य ही है कि हिन्दी समाज ने उन्हें सिर्फ़ एक कथाकार के ही रूप में देखा और एक प्रवाहित धारा के समानान्तर उनके प्रवाह को संदिग्ध पाया। यह सिर्फ़ उनके कथाकार के साथ ही हुआ—पाठ, कुपाठ चाहे जो भी हुआ हो। पर उनके व्यक्तित्व के दूसरे सभी पक्ष सर्वथा ओझल रहे—उन्हें या तो जान-बूझकर ओझल रहने दिया गया या अपनी समझ की सीमा का परिचय दिया गया। जो भी हो, इससे जैनेन्द्र का क़द छोटा न हुआ और धीरे-धीरे छोटे वे हुए जो जैनेन्द्र के कुपाठ को प्रसारित करते रहे और समय के साथ उखड़ते भी चले गये।

समूचा हिन्दी जगत जानता है कि उनकी प्रखर प्रतिभा को सबसे पहले प्रेमचन्द ने पहचाना था और अपनी अलग राह बनाने की सलाह भी दी थी। लोग यह भी जानते हैं कि प्रेमचन्द से जितनी निकटता जैनेन्द्र की रही, उतनी दूसरे किसी लेखक के साथ नहीं रही। इसका प्रमाण अन्तिम समय में प्रेमचन्द द्वारा जैनेन्द्र को बुलाया जाना था। मालूम हो कि जैनेन्द्र की उपस्थिति में ही प्रेमचन्द ने अपनी अन्तिम साँस भी ली थी। उनके निधन के बाद जैनेन्द्र ने 'हंस' के कुछ अंकों का सम्पादन भी किया था। पर हिन्दी जगत में वर्षों तक दोनों को एक-दूसरे के प्रतिपक्ष में रखकर देखने की बीमारी रही और सच को झुठला देने की कुचेष्टा भी। यह कुचेष्टा अब भी जब-तब बल मारती ही रहती है।

जैनेन्द्र ऐसे लेखक-विचारक रहे जिनका महात्मा गाँधी, जवाहरलाल नेहरू, जयप्रकाश नारायण, राममनोहर लोहिया, राधाकृष्णन, इन्दिरा गाँधी, विनोबा भावे आदि नेताओं से सीधा संवाद था। पर यह संवाद किसी निजी स्वार्थ के लिए न था—राष्ट्रीय-मानवीय हितों के लिए था।

बहरहाल, यह जीवनी ऐसे अनेक प्रश्नों, कुपाठों और सन्देहों को दूर करेगी, इसलिए मुझे अलग से कुछ कहने की ज़रूरत प्रतीत नहीं होती।

जैसा कि मैंने आरम्भ में कहा, यह मेरे वर्षों के श्रम और सन्दर्भ संचयन का परिणाम है। जब यह काम होना तय हो गया तो जो कुछ भी सम्भव हुआ, प्रयत्न करके जुटाने की कोशिश हुई। यात्राएँ भी कीं तो जैनेन्द्र के निकट सम्पर्क में रहे लोगों से बातचीत भी की। इस पूरी प्रक्रिया में जैनेन्द्र के परिजनों—पुत्र—प्रदीप कुमार, बहू—विनीता, बेटियों—कुसुम और कनक से पारिवारिक प्रसंगों को जानने-समझने में भी हमें बहुत मदद मिली।

पर जब काम शुरू किया तो नाना प्रकार की दिक़्क़तें आयीं। सबसे बड़ी दिक़्क़त जैनेन्द्र की बेशुमार यात्राओं और आयोजनों से सम्बन्धित उनकी भागीदारी तथा वक्तव्यों को लेकर हुई। काफ़ी सोच-विचार के बाद उनके जीवन के सबसे महत्त्वपूर्ण प्रसंगों को रखने का निर्णय लिया और भरसक प्रयत्न किया कि यह जीवनी उनके व्यक्तित्व के विकास, उनके वैशिष्ट्य तथा अवदान को एक व्यवस्था में ला सके। जब यह तय किया तो निर्ममता से उन अनेक घटनाओं, संस्मरणों और तथ्यों से छुट्टी पायी जिनसे आवश्यक तथ्यों के छूट जाने का ख़तरा था; क्योंकि इस पुस्तक की एक तय सीमा भी थी।

इसे लिखने में खासकर जीवन और उसके संघर्षों में, जैनेन्द्र ही सबसे अधिक काम आये और उनकी कृति 'मेरे भटकाव' के संकेत इस जीवनी की बुनियाद बने। उनकी शेष कृतियों—'स्मृति-पर्व', 'प्रेमचन्द : एक कृती व्यक्तित्व', 'अकाल पुरुष गाँधी' से भी हमें यथा-स्थान बहुत मदद मिली है। उनके निधन के बाद १९९० में विष्णु प्रभाकर द्वारा तीन खण्डों में सम्पादित पुस्तक 'जैनेन्द्र : साक्षी हैं पीढ़ियाँ' के संस्मरणों से भी यथा-स्थान घटनाओं के संयोजन में हमें सहायता मिल पायी।

अन्ततः छह महीनों तक लगातार लेखन के बाद तैयार हुई इस जीवनी के बारे में कह सकता हूँ कि 'अनासक्त आस्तिक' आमतौर पर लिखी जाने वाली जीवनियों से अलग पूर्णतः तथ्यपरक और प्रामाणिक है। जैनेन्द्र का बहुआयामी जीवन यहाँ क्रमशः विकसित होता हुआ एक आकार लेता है। कथा की स्फूर्त शैली में बुनी गयी यह जीवनी अपने प्रवाह में चलती जाती है जिसमें कहीं-कहीं आवश्यक संवादों को जोड़ने की ज़रूरत हुई है।

१९३६ ई. में प्रेमचन्द के निधन के बाद जैनेन्द्र ने उन पर एक अविस्मरणीय संस्मरण लिखा था—'नास्तिक सन्त'। प्रेमचन्द नास्तिक तो थे, पर सन्त थे; क्योंकि मानव-मात्र के प्रति करुणा से उनका समूचा जीवन और लेखन भरा हुआ है। हमें लगता है कि स्वयं जैनेन्द्र आस्तिक तो थे, पर हर चीज़ से अनासक्त थे। इसलिए यह नाम ही इस जीवनी के अनुकूल लगता है—'अनासक्त आस्तिक'।

अब जो लिखा है, उसे सौंपकर विराम लेता हूँ। जीवनी स्वयं मेरे किये-धरे की फलश्रुति है, इस पर कुछ भी अलग से कहना उचित नहीं।

अन्त में एक बार पुनः रज़ा फ़ाउण्डेशन के प्रबन्ध-न्यासी श्री अशोक वाजपेयी के प्रति हार्दिक आभार, जिन्होंने इस काम को करने का अवसर दिया। आभार अनुजवत् पीयूष दईया के प्रति भी, जिन्होंने इस काम में मुझ पर लगातार बने रहने का दबाव बनाया और पुस्तक को हर तरह से सुन्दर बनाने में रुचि ली। आभार जैनेन्द्र कुमार के परिजनों—श्री प्रदीप कुमार, श्रीमती विनीता जैन, श्रीमती कुसुम जैन और श्रीमती कनक जैन के प्रति भी, जिन्होंने मेरी हरसम्भव सहायता की। आभार की हक़दार मेरी सहधर्मिणी विमला मिश्र भी हैं जिन्होंने काम में जुटे रहकर इसे सम्पन्न करने के लिए लगातार प्रेरित किया।

यह नहीं पता कि यह जीवनी मानकों पर कितनी खरी उतरेगी। पर इस बात को हम भरोसे के साथ कह सकते हैं कि इसके लेखन में अपेक्षित आस्था, निष्ठा, तन्मयता और अपेक्षित तटस्थता बरती गई है और पूरी ईमानदारी के साथ एक समग्र जैनेन्द्र को खोज पाने की चेष्टा हुई है।

१ जून, २०१८

—ज्योतिष जोशी
डी-४/३७, सेक्टर-१५
रोहिणी, दिल्ली-११० ०८९

क्रम

पर्व एक

जीवनारंभ

२ जनवरी, १९०५ को अलीगढ़ के कौड़ियागंज क़स्बे में रामदेवी बाई ने एक सुन्दर बालक को जन्म दिया।[१] उस दिन सकट चतुर्थी थी इसलिए पड़ोसियों ने उसे 'सकटुआ' कहकर पुकारा और इस तरह वह बालक सकटुआ हुआ। उन दिनों प्यारेलाल व्यापार के काम से कहीं बाहर गये हुए थे, लौटे तो पता चला कि वे एक पुत्र के पिता बन गये हैं; पर सकट चतुर्थी के दिन जन्म लेने के कारण लोग उसे सकटुआ कहने लगे हैं। इस पर वे बहुत नाराज़ हुए। पिता बनने के आह्लाद ने उन्हें रोमांचित कर दिया था। आनन्द और विह्वलता से उन्होंने नवजात बालक के तेजोदीप्त मुखमण्डल को देखा और हठात् उनके मुँह से निकला—आनन्दीलाल। हाँ, इस बालक का नाम आनन्दीलाल ही होगा। पत्नी रामदेवी बाई लजाकर सिर नीचा किये रहीं और आँगन से द्वार पर निकलकर प्यारेलाल ने हर्ष के साथ पड़ोसियों से कहा—"मेरा पुत्र सकट चतुर्थी के दिन ही भले आया हो, पर उसने हमें आनन्दित कर दिया है। अब से हम उसे आनन्दीलाल ही पुकारेंगे।"

पूरा पड़ोस प्यारेलाल की ख़ुशी में शामिल हो, एक स्वर में आनन्दीलाल का उद्घोष किया।

अब वह बालक सकटुआ न था, आनन्दीलाल था। पिता प्यारेलाल ने आनन्दीलाल के जन्म को उत्सव की तरह मनाया जिसमें परिवार, रिश्तेदार और मुहल्ले भर के लोग शामिल हुए। यह उत्सव महीनों चला। नाई,

1. जीवन-प्रसंग के तथ्य 'मेरे भटकाव'—जैनेन्द्र कुमार, पूर्वोदय प्रकाशन, नई दिल्ली से लिए गये हैं।

धोबी, चूड़िहारिन, कहार और न जाने कितनों ने बड़ी-बड़ी नेगें लीं और असीसें ऐसी दीं कि प्यारेलाल की आँखें भर-भर गयीं। आनन्दी के जन्म लेने के कुछ पहले से ही प्यारेलाल की व्यस्तता इतनी बढ़ गयी थी कि उन्हें घर में रहने की फ़ुर्सत न होती। वे अक्सर बाहर रहा करते। पढ़ाई तो उनकी पटवारी की हुई थी पर उस झमेले में पड़ना उन्हें गवारा न हुआ। तब पटवारी का काम रैयत से मालगुज़ारी वसूलना और ज़मीनों के पट्टे तैयार करना था। इस काम में अधिकतर पटवारी फ़र्ज़ीवाड़ा करते। पटवारी सरकारी ज़मीनों के पट्टे अपने नाम बनवा लेते। किसी की भी ज़मीन का पट्टा रिश्वत लेकर दूसरे के नाम कर देते और बारहों महीने चाँदी काटते। अँग्रेज़ी हुकूमत में उनके ओहदे की क़द्र होती, लोग डरकर रहते। कोतवाल से लेकर ज़िले के हाकिम, हुक्कामों से भी पटवारियों की ख़ूब छना करती। पर प्यारेलाल को यह सब पसन्द न था। फ़र्ज़ी काम करना, लोगों को सताना और विदेशी हुकूमत का मोहरा बनकर अपनी ही जनता को धोखा देना, उन्हें परेशान करना मंजूर नहीं था। यही कारण था कि उन्होंने कपड़े का व्यवसाय चुना था। उनकी सोच दूसरे लोगों से भिन्न थी। वे अँग्रेज़ी सरकार को पसन्द नहीं करते थे। स्वदेशी विचार और व्यवहार उन्हें रास आता। कदाचित् यही कारण था कि उन्होंने गाँवों में बनाये जा रहे कपड़ों का व्यवसाय चुना। वे गाँवों में इन कपड़ों को बेचते और कई बार लम्बे-लम्बे समय तक घर से बाहर रहते। उन्हें इस व्यवसाय में अपार सन्तोष मिलता। उन्हें यह सोचकर अच्छा लगता कि अपने लोगों के हाथ से बनाये कपड़े को घर-घर पहुँचाकर वे पुण्य का काम कर रहे हैं। विलायती कपड़ों की पहुँच को स्वदेशी कपड़े से रोकना कोई मामूली काम न था। वे मामूली लाभ पर यह काम करते और अपने में मगन रहते।

जब-जब वे घर आते, गाँव-देहात के दिलचस्प क़िस्से सुनाते। कभी साड़ी के लिए किसी स्त्री का अपने पति से मुँह फुलाना तो कभी बच्चों की जिद तो कभी बूढ़ों की एक से बढ़कर एक ठिठोलियाँ। घर में इन क़िस्सों पर ख़ूब चुहल होती। वे तरह-तरह की कहानियाँ भी सुनाते जो कभी समाप्त न होतीं। उनमें इतना चुटीलापन होता कि हँसते-हँसते पेट में बल पड़ जाते। रामदेवी जब हँसते-हँसते लाल हो जातीं और आँखों से आँसू ढुलकने को हो जाते तो प्यारेलाल की कहानी बन्द होती।

इधर आनन्दीलाल की परवरिश ठीक चल रही थी। उसकी चंचलता से

सब लोग सतर्क रहते। आनन्दी से जरा-सी बड़ी बहन सुभद्रा उसे देखती दुलराती। पर कब वह आँगन से द्वार पर चला जायेगा या कब रसोई में घुसकर उधम मचायेगा, किसी को भी पता न होता। उसके ख़ुराफ़ात से तंग आकर घर में रसोई भी बन्द रहती। कोई तो सँभाले जब घर में काम का समय हो। इस बीच एक अन्य बेटी का जन्म हुआ था जिसे सौभाग्यवती नाम दिया गया था। इस बीच सबकुछ ठीक चल रहा था पर अब स्थितियाँ प्रतिकूल होनेवाली थीं। आनन्दीलाल को हुए दो वर्ष ही बीते होंगे कि प्यारेलाल को कोई जानलेवा रोग हो गया। काफ़ी समय तक उनका काम-धाम बन्द रहा। वे बिस्तर पकड़े दवा लेते रहे, पर कोई ख़ास फ़ायदा न हुआ। उन दिनों वैद्यों की दवाएँ ही चलतीं जो नाड़ी देखकर इलाज करते। बहुत दवा-इलाज हुआ पर उनकी दशा बिगड़ती गयी और एक दिन ऐसा भी आया जब वे चल बसे। उनके जाने के बाद घर, घर न रह गया।

१९०७ की शुरुआत ही थी जब वे गुज़रे। दो वर्ष से भी कम के आनन्दीलाल को लेकर असमय वैधव्य की विपदा झेल रहीं रामदेवी के सामने दुखों का पहाड़ था। साहसी, निर्भीक और विदुषी रामदेवी के लिए यह कठिन परीक्षा की घड़ी थी। भव्य व्यक्तित्व, गौरवर्ण, तीखे नाक-नक्श, चौड़ा माथा और ओज से भरा उनका मुखमण्डल सहज ही सबको प्रभावित कर लेता था। उनके व्यक्तित्व की धाक इलाक़े भर में थी। वे बोलतीं तो नपे-तुले शब्दों में आप्त वाक्य होता। उनको शायद प्रकृति ने या कहिये नियति ने इन्हीं आपदाओं के लिए सिरजा था। पर थीं तो वे भारतीय स्त्री ही; अब तक तो वे आश्रित ही थीं। अचानक इस बड़ी विपत्ति ने उन्हें बहुत विचलित किया। उन्हें कुछ सूझता भी नहीं, सब तरफ़ अँधेरा ही अँधेरा दिखाई देता। अब किसके सहारे जीवन कटे, कौन है जो आसरा दे और किसके भरोसे बच्चों की परवरिश हो, यह बड़ा सवाल था। रामदेवी में न तो धैर्य की कमी थी और न ही साहस कम था। पर अचानक आ पड़ी विपत्ति ने उनको अन्दर से डिगा दिया था। वे कभी रोती भीं तो अन्तर की प्रेरणा से थमकर कठोर ही रहतीं। सोचतीं कि स्वयं को टूटने दिया तो शेष में कुछ न बचेगा। एक तरफ़ पति के असहनीय वियोग की दारुण व्यथा तो दूसरी तरफ़ आनंदी सहित बेटियों की ज़िम्मेवारी। समय बहुत कठिन था। पास-पड़ोस, नाते-रिश्तेदारों ने आ-आकर मातमपुर्सी की

औपचारिकताएँ पूरी कीं, ढाढ़स बँधाने के प्रयत्न किये, जब-तब हो सकने वाली सहायता की पेशकश की; रामदेवी ने सबको सुना, मन पक्का किया और अपने को पत्थर कर लिया। वे न टूटेगीं, न डिगेंगी, अपने पर विश्वास ही उनका एकमात्र सम्बल था। उनके सामने एक नया जीवन था, चुनौतियों से भरा, अकेला पर मन में विश्वास था और उसके पार जाने का संकल्प भी। उनके इस संकल्प को उनके भाई भगवानदीन ने सम्बल दिया। अपनी बहन के आँसुओं को पोंछकर भगवानदीन ने ही वास्तविक आश्रय दिया और रामदेवी को विपत्ति से निकाला। उम्र में बड़े होने के कारण भगवानदीन में ज़िम्मेदारी का पक्का भाव था। उन दिनों वे रेलवे में काम करते थे और उनकी पन्द्रह रुपये की मासिक तनख़्वाह थी। इतने पैसे भी तब बहुत होते थे और एक भरे-पूरे परिवार का गुज़ारा इसमें चल जाता था। भगवानदीन ने रामदेवी से बच्चों को लेकर उनके साथ चलने का प्रस्ताव किया तो वे किंचित् असमंजस में पड़ीं और बोलीं—

'एक गृहस्थी तो है ही, उसमें क्या यह बोझ न होगा?'

भगवानदीन ने संयमित होकर कहा—'अपने बोझ नहीं होते। कभी ऐसी बात ज़ुबान पर नहीं लाते। ऐसी विपदा में अपनों का ही इम्तेहान होता है।'

'कैसे होगा निबाह, कभी सोचा?' रामदेवी ने भींगे स्वर में कहा।

'कहा तो, सब हो जायेगा। चिन्ता नहीं करते। दुःख आता है तो उसको काटने के रास्ते भी बनते हैं। दुःख जीवन का एक ठौर है, हमेशा नहीं रहता। जब हम मिलकर बाँटते हैं उसे—तो वह दुःख सुख में बदल जाता है।'

रामदेवी बाई ने सुना और सोचा, भाई ठीक ही कह रहे हैं। पति प्यारेलाल की कमाई से घर का गुज़ारा चलता था। उनके जाने के बाद बिना किसी ज़रिया के गृहस्थी चलानी मुश्किल थी। अपने पीछे वे ऐसा कुछ भी नहीं छोड़ गये थे जो गुज़ारे का साधन बनता। अन्त में तय हुआ कि भगवानदीन के प्रस्ताव पर रामदेवी अपने बच्चों के साथ फतेहपुर जायेंगी जहाँ भगवानदीन रेलवे में नौकरी करते थे। मायके में भी रामदेवी के माता-पिता अब नहीं थे। वहाँ भी जायदाद के नाम पर ज़्यादा कुछ न था। एक सहारा भगवानदीन की नौकरी ही थी। वह नौकरी भी बेहद कम उम्र में उन्होंने मजबूरी में पकड़ी थी; क्योंकि दूसरा कोई विकल्प होता तो भगवानदीन जिस स्वभाव के थे, नौकरी उनसे न होती। गनीमत थी कि शादी होने के

कारण उनमें ज़िम्मेदारी का अहसास आया था।

पर यह अहसास उनमें अधिक दिन तक नहीं रहा। अभी रामदेवी अपने बच्चों के साथ कुछ ही समय से यहाँ रह रही थीं, सब कुछ ठीक ही चल रहा था। बाहर का काम भगवानदीन देखते। घर का काम रामदेवी और उनकी भौजाई मिलकर देखतीं। तब भगवानदीन की पत्नी के अलावा एक छोटा बेटा वीरेन्द्र था, जो आनन्दीलाल से छोटा था। ख़ुशी-ख़ुशी सब चल रहा था। बच्चे दिन-भर खेलते-कूदते और घर में ननद-भौजाई मगन भाव से अपना काम करतीं। आपस में न कोई खटपट, न किच-किच। गृहस्थी ठीक ही चल रही थी। भगवानदीन सुबह-सुबह ही नौकरी पर जाते, आते तो बच्चों के लिए मिठाइयाँ लाते। उन्हें रात को कथाएँ सुनाते—नीति और ज्ञान की कथाएँ, जिसमें बहुत रस होता।

पर इस बीच भगवानदीन ने जैन धर्म ग्रन्थों का अध्ययन-मनन आरम्भ किया और अपने मित्र गेंदनलाल का साथ पाया तो धीरे-धीरे उनमें विरक्ति-सी आने लगी।

एक दिन अकस्मात् उन्होंने अपने मित्र गेंदनलाल के साथ-साथ व्रत ले लिया कि वे झूठ नहीं बोलेंगे। इस व्रत के साथ यह व्रत भी लिया कि वे कभी चोरी भी नहीं करेंगे और न किसी से विश्वासघात। इसका नतीजा यह निकला कि नौकरी करना दूभर हो गया। फतेहपुर स्टेशन की अपनी नौकरी में जब ट्रेनों की आवाजाही कम होती थी तो वे सबकी नज़रें बचाकर स्टेशन पर ही सो जाया करते थे। अब यह कैसे हो, यह बड़ा प्रश्न था। काम के समय सो जाना, एक ही साथ झूठ बोलना, चोरी करना और विश्वासघात तीनों ही था। यानी नौकरी करें तो प्रतिज्ञा तोड़ें या प्रतिज्ञा पर अटल रहें तो नौकरी छोड़ें। नयी उम्र थी, नया-नया वैराग, फिर बाल-बच्चे, घर-परिवार की क्या फ़िक्र। तय किया कि नौकरी नहीं करेंगे और इस तरह उन्होंने १९०९ के आख़िरी दिनों में नौकरी छोड़ दी।

अब फतेहपुर में रहना सम्भव न था। भगवानदीन को कौन समझाये कि उन्हें यह नहीं करना था। भगवानदीन नौकरी छोड़कर अपने व्रती मित्र गेंदनलाल को लेकर तीर्थयात्रा पर निकल पड़े। इधर दूसरा कोई उपाय न देखकर रामदेवी अपने बच्चों और भगवानदीन के परिवार को लेकर अपने मायके अतरौली आ गयीं। वहाँ अब रामदेवी के माता-पिता न थे। बेशक

उनका पहले से चला आ रहा अरहर की दाल का व्यवसाय फिर शुरू करने का निश्चय कर रामदेवी ने गृहस्थी सँभालने का ज़िम्मा लिया। अरहर ख़रीदकर उससे दाल तैयार कर गाँव-क़स्बों में बेचने का यह व्यवसाय मुनाफ़े का न था, पर घर का काम इससे चल पड़ा था। रामदेवी, भगवानदीन की पत्नी और कुछ अन्य स्त्रियाँ जाँत (चक्की) चलाकर अरहर दलकर दाल निकालतीं। फिर उन्हें निबेरा जाता और जब दाल साफ़-सुथरी बन जाती तो पैसे पर रखे गये मजदूर उसे बोरों में भरकर गाँव-क़स्बों में ले जाकर बेचते। यह काम भी ज़्यादा दिन तक नहीं चला और अन्त में इसे बन्द करना पड़ा।

इधर भगवानदीन ने अपने मित्र गेंदनलाल के साथ जैन तीर्थों की यात्रा की, हिमालय-दर्शन किया और हरिद्वार के गुरुकुल काँगड़ी को बहुत नज़दीक से देखा-परखा। लगभग एक वर्ष के भ्रमण के बाद जब वे अतरौली वापस आये तो घर की गिरती हालत को देखकर क्षुब्ध हुए। घर में चले रहे दाल का व्यवसाय अब बन्द हो गया था। घर चलाने की लाचारी को देखते हुए यह राय बनी कि अतरौली और अलीगढ़ के बीच इक्का चलाने का काम हो। कुछ समय तक यह काम भी हुआ पर नुकसान ही हुआ, फ़ायदा नहीं। भाड़े के घोड़ों और इक्कों को चलाकर जब हिसाब जोड़ा गया तो हैरानी हुई कि घोड़ों को दाने खिलाने में ही बचा-खुचा घर बिक जायेगा। अन्ततः यह व्यवसाय भी बन्द करना पड़ा।

अब भगवानदीन ने गृहस्थी से सदा के लिए मुक्ति की बात सोच ली और गुरुकुल काँगड़ी की तरह एक आश्रम दिल्ली में खोलने का निश्चय किया। इस कार्य में गेंदनलाल ने बैंक में जमा अपने पैसे दिये तो भगवानदीन ने अतरौली की पैतृक सम्पत्ति बेचकर पैसे संचित किये और १९११ में दिल्ली के पहाड़ी धीरज में 'हस्तिनापुर ऋषभ ब्रह्मचर्याश्रम' खुल गया।

इस ब्रह्मचर्याश्रम में आनन्दीलाल, भगवानदीन के पुत्र वीरेन्द्र सहित अन्य कुछ बालकों को प्रवेश देकर ब्रह्मचारी बनाया गया। आनन्दी की दोनों बहनों और गेंदनलाल की दो बेटियों का भार रामदेवी पर आ गया। तय हुआ कि रामदेवी इन बच्चियों को लेकर बम्बई स्थित मगनबाई के श्राविकाश्रम चली जायें। चूँकि भगवानदीन की पत्नी भी व्रतियों के दल में शामिल थीं, इसलिए इस दायित्व का निर्वाह रामदेवी को ही करना था। कुछ समय बम्बई के श्राविकाश्रम में रहने के बाद वे दिल्ली लौटीं।

लगभग एक वर्ष के अपने बम्बई प्रवास में उन्हें धर्म का विशेष ज्ञान हासिल हुआ। धर्मनिष्ठ तो वह पहले से ही थीं। इसके बाद धार्मिक सभाओं में भी उन्हें बुलाया जाने लगा था।

रामदेवी इन्दौर, दिल्ली, बम्बई आदि के धार्मिक अनुष्ठानों में गयीं तथा इससे उनमें भी एक धर्म-प्रखर व्यक्तित्व का उदय हुआ। इस बीच रामदेवी दिल्ली के पहाड़ी धीरज के एक मकान में रहने लगीं जिसके पास ही 'हस्तिनापुर ऋषभ ब्रह्मचर्याश्रम' था। वहाँ रहते हुए उनका अतरौली आने-जाने का भी कार्यक्रम बनता रहता क्योंकि भगवानदीन की विरक्ति के बाद जायदाद के नाम पर वहाँ बच गये मकानों को भी कोई देखने वाला न था। इधर दिल्ली में जल्दी ही सेठ हुकुमचन्द और कंचनबाई के निवेदन पर रामदेवी पर श्राविकाश्रम के संचालन का ज़िम्मा भी आ गया। इन व्यस्तताओं में भी रामदेवी बम्बई की मगनबाई, ब्रह्मचारिणी कंकुबाई, ललिता बहन आदि के सम्पर्क में रहती थीं और धर्म-चर्चा चलती रहती थी।

यह सब एक साथ करते हुए रामदेवी अतरौली के मकानों की देखभाल करतीं। इस बीच मुक़दमे भी झेलने पड़े। इन्हीं दिनों उन्हें इन्दौर श्राविकाश्रम का ज़िम्मा भी मिला जिसका निर्वाह उन्होंने किया। इधर 'हस्तिनापुर ऋषभ ब्रह्मचर्याश्रम' में नामांकन के लिए आनन्दीलाल का नाम बदलकर जैनेन्द्र रखा गया। इसी आश्रम में बालक आनन्दीलाल की प्रारम्भिक शिक्षा हुई और मामा भगवानदीन उनके मार्गदर्शक बने। यह आश्रम चूँकि जैन विचारों से संचालित होता था इसीलिए भगवानदीन के प्रयत्नों से शीघ्र ही ख्यात हो उठा। वे आलू नहीं खाते थे और न ही विद्यार्थियों के लिए वहाँ आलू बनता था। एक दिन उन्हें लगा कि आलू न खाना परिपाटी भले हो, धर्म विरुद्ध नहीं है। फिर क्या था, वहाँ बच्चों के लिए भी आलू बनने लगा। इस आलू बनने के प्रकरण पर जैन समाज क्षुब्ध हो उठा। अन्ततः भगवानदीन ने ब्रह्मचर्याश्रम से मुक्ति ले ली और इस तरह उन्हें इस विवाद से छुट्टी मिली। ब्रह्मचर्याश्रम से निकलकर भगवानदीन ने राजनीति की राह ली। बालक आनन्दीलाल को वे आश्रम से विरत रहते हुए भी मार्गदर्शन देते रहे और आगे भी उसे राह दिखाते रहे।

बालक आनन्दीलाल, जो अब जैनेन्द्र बन गया था; 'हस्तिनापुर ऋषभ ब्रह्मचर्याश्रम' में १९११ से १९१८ तक यानी सात वर्षों तक रहा। यहाँ

रहकर उसने प्रारम्भिक शिक्षा के साथ नैतिक और धार्मिक सीख भी ली जो उसके बाल संस्कारों में घुलमिल-सी गयी। वह शर्मीला तो बहुत था, भोला और बेपरवाह भी; पर प्रखरता और बुद्धि की कुशाग्रता भी बहुत थी। एक वर्ष आश्रम में रहते बीता होगा; बात तब की है। उन दिनों आश्रम में आदिपुराण पढ़ाया जा रहा था और भगवानदीन ही पुराण पढ़ा रहे थे। पुराण में भरत-बाहुबलि का प्रसंग आया। इस प्रसंग के आते ही आनन्दीलाल की आँखों से अविरल अश्रुधारा बहने लगी। बाहुबलि जैसी तपस्विता, साधनाशीलता दुर्लभ है, वह सोचा करता। आश्रम में आनन्दी खाता बहुत कम था। खेलकूद में बेशक उसकी दिलचस्पी अधिक थी। कम खाना, धीरे-धीरे खाना, स्वाद के लिए न खाना और एकान्त में बैठकर उसके सोचते रहने की आदत शेष बच्चों से उसे अलग करती। लेकिन खेलने में मजाल क्या जो कोई उसे हरा दे। चेतना के साथ उसकी दैहिक सक्रियता का मेल लोगों को हैरत में डालता था।

इधर सात वर्षों बाद १९१८ में आनन्दीलाल ने ब्रह्मचर्याश्रम से अपनी शिक्षा पूरी की और उधर धर्म-वत्सल भगिनियों के विशेष उत्साह और अनुरोध पर १९१८ में ही जैन-महिलाश्रम की स्थापना हुई और रामदेवी को उसके संचालन का दायित्व दिया गया। घर का काम, जैन-महिलाश्रम का संचालन तथा विभिन्न नगरों की धर्मसभाओं के बुलावे पर लगातार आतीं-जातीं रामदेवी अतरौली की सम्पत्ति की व्यवस्था का काम भी देखतीं। उन्हें इन्दौर के श्राविकाश्रम का काम देखने के एवज में साठ रुपये माहवार मिला करते। कुछ ही समय बाद रामदेवी ने भागदौड़ की परेशानी से ऊबकर अतरौली के दो मकानों को बेच दिया और सिर्फ़ एक निजी मकान रहने दिया जिसमें उनके पिता रहा करते थे।

ब्रह्मचर्याश्रम से छह वर्ष की अवस्था से विलग हुआ आनन्दीलाल सात वर्षों बाद जब माँ रामदेवी के पास आया तो माँ की आँखों में ख़ुशी और ममता के आँसू छलके। रामदेवी ने उसे दुलारा और आगे की यात्रा के रास्ते बने। इसके बाद आनन्दीलाल ने पंजाब से १९१९ में मैट्रिक की परीक्षा प्राइवेट से पास की।

घर में सहमति बनी कि आनन्दीलाल को आगे की पढ़ाई के लिए बनारस भेजना चाहिए। तब कमच्छा स्थित सेन्ट्रल हिन्दू कॉलेज में आनन्दीलाल ने इण्टरमीडिएट में १९१९ में दाख़िला लिया। उसका दाख़िला आर्ट्स में

हुआ। बाद में उसका स्थानान्तरण विज्ञान में हुआ पर विज्ञान विषयों के चल न पाने के कारण आनन्दीलाल की पढ़ाई पर बुरा असर पड़ा।

विज्ञान में आनन्दीलाल के जाने का प्रसंग बेहद दिलचस्प है। आनन्दीलाल ने विज्ञान कभी पढ़ा नहीं था। वह आर्ट्स की परीक्षाओं में बैठा-बैठा सोचा करता कि इसमें पढ़ने को क्या है, जो पढ़ा जाये। कक्षा में जो बताया जा रहा है, उसे तो पहले से ही बहुत कुछ मालूम है। फिर उसे पढ़ने जैसा क्यों माना जाये। १४ साल की उम्र में ऐसी बातें सोचना कुछ हैरान करने वाला ही था। अक्सर जब आनन्दीलाल कॉलेज के अहाते से बाहर आता तो द्वार के पास ही विज्ञान की प्रैक्टिकल लेबोरेट्री पड़ती थी। वह ग़ौर से देखता कि लेबोरेट्री में चारों तरफ़ शीशे की खिड़कियों के अन्दर कई लोग आते-जाते रहते हैं और उनके हाथों में लाल, नीले, पीले रंगों की शीशी होती है जिसे वह ग़ौर से देखता। यह सब उसे बेहद रोमांचित करने वाला लगा और इसी लोभ में डेढ़-दो महीने के अन्दर ही आर्ट्स से साइन्स में दाख़िला लेकर आनन्दीलाल को बहुत अच्छा लगा। लेकिन जब उसने कक्षाएँ शुरू कीं तो कुछ भी पल्ले न पड़ा। जब कुछ समझ में ही न आये, तब वह पढ़ता क्या। नीले, पीले, लाल रंगों की लहक और विज्ञान की अबूझ-सी लगने वाली दुनिया को समझने की लालसा ने आनन्दीलाल की बुरी गत बना दी। हालत यह हुई कि उसे भौतिकी के १०० अंकों में से सिर्फ १२ अंक ही मिल पाये और वह फेल हो गया। गनीमत ही कहिये कि शेष विषयों में अंक ठीक थे नहीं तो इण्टर के पहले साल में ही बस्ता बाँधकर लौट आना पड़ता। इस आनन्दीलाल को इस बात का बहुत डर रहता कि कहीं माँ को उसके फेल होने की ख़बर न मिल जाये। सब तरफ़ से लापरवाह आनन्दीलाल को कोई दूसरी चिन्ता होती भी नहीं। होती तो माँ की होती और फिर उसे डर लगने लगता। वे छोटे-मोटे काम कर पैसे जुटाती थीं और सपने देखतीं कि उनका बेटा पढ़-लिखकर अपने पैरों पर खड़ा हो सकेगा।

लेकिन माँ रामदेवी को इस बेशऊर आनन्दीलाल पर भरोसा न होता। भरोसा होता तो उसके नाम पैसे तो आते। वे हस्तिनापुर ब्रह्मचर्याश्रम में पढ़े उससे एक साल सीनियर दीपचन्द को पैसे मनीऑर्डर करतीं और वही आनन्दीलाल की फीस जमा कराता तथा दूसरे खर्चों का हिसाब रखता। हालत यह थी कि वह दीपचन्द, आनन्दीलाल का अभिभावक

माना जाता था। इससे आनन्दीलाल को मज़ा ही आता। यह सुख क्या कम था कि विद्यार्थी को अपनी फीस भी न जमा करनी पड़े। कॉपी, किताब, रोज़-रोज़ के खर्चे और आये दिन की मगजमारी से किनारा कर आनन्दीलाल अपने में मगन रहता। कभी गंगातट पर जाता तो घण्टों किनारे बैठकर अंजलि में पानी ले फेंकता। कभी इधर-उधर घूमता, कभी कॉलेज के अहाते में किनारे बैठ कुछ सोचता विचारता रहता। पढ़ाई में मन न लगता पर बनारस अच्छा लगता। मस्त और फक्कड़ मिज़ाज के लोग, साधु-संन्यासी और वहाँ के मेले-ठेले उसे ख़ूब भाते। उसके मनमौजी स्वभाव के कारण ही हॉस्टल के मेस की मैनेजरी उसे न मिली जो हर माह रोटेशन पर नये छात्रों को दी जाती थी। सब जानते थे, वह फक्कड़ है, कोई ज़िम्मेदारी ठीक से निभा ही नहीं सकता था। उसे तो बस माँ की ही चिन्ता रहती। वह उसे दिल से मानती थीं। वही जानती थीं कि कितनी जुगत कर वह हर माह उसे पैसे भेजती थीं। माँ को दुःख न हो, वह उससे ख़ुश रह सकें, एक यही फ़िक्र आनन्दी को रहती, बाक़ी से उसे कोई मतलब था ही नहीं।

उधर आनन्दीलाल के मामा भगवानदीन ब्रह्मचर्याश्रम छोड़ काँग्रेस के राष्ट्रीय जागरण से जुड़कर इधर-उधर भटकते रहे। इसी समय के आसपास पानीपत में असहयोग के दौरान वे पकड़े गये और उनको जेल की सज़ा हुई। उन्होंने जैनियों के एक समारोह में जो बातें कहीं, उस पर बखेड़ा खड़ा हो गया और उनके ख़िलाफ़ गिरफ़्तारी का वारण्ट निकल गया। भगवानदीन गिरफ़्तारी से बचते-बचाते गाँधी जी से मिलने अहमदाबाद पहुँचे। यह १९१९ के आरम्भ की बात थी। गाँधी जी ने उन्हें गिरफ़्तार होने की सलाह दी और वे जेल गये। जेल से छूटने के बाद वे वर्धा चले गये और हस्तिनापुर के बाद उन्होंने वर्धा को ही नया ठिकाना बनाया। शुरू में उनका कार्यक्षेत्र हस्तिनापुर था, जहाँ वे स्वदेशी जागरण का अलख जगा रहे थे, पर बाद में उनकी दिशा काँग्रेस के अभियान से मिल गयी।

बात १९२० की है, जब बाल गंगाधर तिलक की मृत्यु के बाद कलकत्ता में काँग्रेस का अधिवेशन हुआ जिसमें अँग्रेज़ी सरकार के विरुद्ध गाँधी जी ने असहयोग आन्दोलन का प्रस्ताव रखा। प्रस्ताव को सर्वसम्मति से पारित कर दिया गया। जब यह समाचार फैला तो पूरे देश में मानो तूफ़ान खड़ा हो गया। स्कूल, कॉलेजों से छात्र पढ़ाई छोड़कर आन्दोलन में भाग लेने

लगे। आनन्दीलाल ने मामा भगवानदीन को पत्र लिखकर पूछा कि क्या उसको पढ़ाई छोड़ देनी चाहिए? उधर से मामा का बड़ा तीखा पत्र आया जिसमें उन्होंने अफ़सोस जताते हुए लिखा था कि पूरे देश में आग लगी है, लाखों लोग नौकरियाँ छोड़ रहे हैं, छात्र स्कूल-कॉलेज छोड़कर आन्दोलन में भाग ले रहे हैं और तुम मुझसे पूछने के लिए अभी तक बैठे हुए हो, यह शर्म की बात है। उन्होंने आगे लिखा था कि तुमको अब तक कॉलेज छोड़कर मुझे ख़बर करनी चाहिए थी कि राष्ट्रीय आन्दोलन में भागीदारी करने के लिए तुमने अपनी पढ़ाई छोड़ दी है। उनका पत्र आना था कि आनन्दीलाल ने पढ़ाई छोड़ दी।

आनन्दीलाल ने पढ़ाई छोड़ी पर ऐसा न था कि दूसरों ने नहीं छोड़ी। बहुत से छात्रों ने पढ़ाई को तिलांजलि दी। इस मुहिम में धीरेन्द्र, कपिल, राजाराम जैसे अनेक छात्र शामिल हुए। लालबहादुर शास्त्री ने भी पढ़ाई छोड़ी थी, तब वे बनारस के एक स्कूल में थे और टी.एन. सिंह ने भी असहयोगी जत्थे में आना मंजूर किया। उन दिनों आचार्य कृपलानी सेन्ट्रल हिन्दू कॉलेज में पढ़ाते थे। वे भी छात्रों को प्रेरित किया करते थे। बहुत से छात्र कृपलानी के साथ रहते, पर आनन्दी सबसे कटा हुआ अकेले ही रहा करता। उम्र कम थी और हीनता ग्रन्थि भी थी, इसलिए आनन्दी को शोर-शराबा और कोलाहल रास न आता। आचार्य कृपलानी ने उन्हीं दिनों बनारस में गाँधी आश्रम की स्थापना की थी। उसमें काशी के सेठ शिवप्रसाद गुप्त का भी हाथ था जिन्होंने काशी विद्यापीठ का सूत्रपात किया था। वे राष्ट्रीय भावना से भरे हुए सत्पुरुष जैसे लगते थे।

आनन्दीलाल तो ख़ुद असमंजस में था कि वह क्या करे। कृपलानी जी के प्रेरित करने से छात्र-समाज में जोश आ गया था। गाँधी जी के आह्वान से हवा बनी थी सो तो थी ही। पर सबसे उदासीन आनन्दी को अगर उसके मामा का पत्र न मिला होता तो शायद वह यह फ़ैसला कर ही पाता, यह आसानी से नहीं कहा जा सकता।

इन्हीं दिनों महात्मा गाँधी का बनारस आना हुआ था। बनारस हिन्दू विश्वविद्यालय वहाँ नया-नया बना ही था। गाँधी जी से मिलने बड़ी संख्या में छात्र पहुँचे थे। गाँधी जी ने छात्रों को समझाते हुए कहा था—"यह शिक्षा विषैली है। इससे हमें अलग हो जाना चाहिए और इसका त्याग करना चाहिए।" कुछ छात्र जब उनसे अलग से मिलकर कुछ

पूछना चाहते तो वे उन्हें मदनमोहन मालवीय से मिलने को कहते। पर यह ज़रूर जोड़ देते कि वे जो कहते हैं, ध्यान से सुनो और वही करो। उनकी बात रखनी चाहिए, शेष में जो उचित हो करो। पर आनन्दीलाल को न इधर की बात समझ आती, न उधर की। उसे यह तो लगता कि अगर देश के सारे छात्र पढ़ना छोड़कर सरकार का विरोध करें तो निश्चय ही अँग्रेज़ों को भागना पड़ेगा, पर यह भी लगता कि यह काम इतना आसान तो नहीं ही है।

बेशक, गाँधी जी को निकट से देखना और उनको सुनना उसे रोमांचित कर गया। इक्यावन साल की उम्र का वह दुबला, पतला, लम्बा आदमी नपी-तुली बात बोलता था। कोई आवेश नहीं। उसमें सच्चाई की दमक थी जो दिल को छू जाती। उस सच्चाई में ज़बर्दस्त चुनौती रहती जिससे कोई भी व्यक्ति प्रभावित हुए बिना रह ही नहीं सकता था। वे धीरे-धीरे बोलते अपनी बात कह जाते और लोग उसे मन पर लेकर गम्भीर होकर लौटते।

इसके बावजूद बहुत से विद्यार्थी, जो स्कूल-कॉलेज छोड़ चुके थे, वापस पढ़ाई में लग गये थे। महज २५-३० फीसदी छात्र ही ऐसे थे जो गये तो फिर लौटे नहीं। आनन्दी को लगता कि अगर छात्र समझ-बूझकर विवेचन कर अपने विवेक से पढ़ाई छोड़े होते तो शायद वे नहीं लौटते। आनन्दी को कुछ सूझ नहीं रहा था कि वह क्या करे। वह तो वैसे भी उदासीन स्वभाव का था, समझ नहीं पा रहा था कि क्या करे, क्या न करे, तभी मामा का पत्र आया और वह एक ठोस निर्णय पर पहुँच गया। अगर मामा का पत्र न मिला होता तो शायद आनन्दीलाल पढ़ाई छोड़ता ही, यह विश्वासपूर्वक नहीं कहा जा सकता था। इस तरह मानो उसके भीरु स्वभाव का भी परिष्कार हुआ, उसमें निर्णय लेने की क्षमता आ पायी और उसे लगने लगा कि गाँधी जी ने जो कहा, कृपलानी जी या मालवीय जी ने कहा, वही सही रास्ता है। कोई भले लौटे, वह अब दोबारा पढ़ने नहीं आयेगा।

आनन्दीलाल को मामा की डाँट अच्छी लगी हो या नहीं, पर इतना ज़रूर है कि उसे लगा कि ज़िन्दगी शायद एक ठौर पाने को है—पढ़ाई भी एक बला है—जीवन से उसका पता नहीं कितना रिश्ता है और कितना नहीं। देश में आग लगी है, अँग्रेज़ सरकार देश को लूटे जा रही है। आतंक और

अनाचार से जनता त्राहि–त्राहि कर रही है; ऐसे में यह पढ़ाई और कुछ बन पाने की तमन्ना! पर किसके लिए बनना? क्या उन अँग्रेज़ों की जेबें भरने के लिए जो सात समुन्दर पार से आ धमके और हमारे ही सीने पर सवार हो गये। आनन्दीलाल को सोचने पर अच्छा लगा। पढ़ाई से राहत मिली और अब देश के लिए कुछ कर गुज़रने का वक़्त आ गया। पर आगे का कुछ पता नहीं, क्या होगा, क्या होना है। किशोर आनन्दीलाल को जब वास्तविक जीवन के बारे में सोचना हुआ तो चक्कर–सा आ गया। मामा ने कह तो दिया कि पढ़ाई छोड़ दो, पर आगे तो नहीं कहा कि क्या करो। बहरहाल, आनन्दीलाल ने घर का रास्ता लिया। बस्ता सहेजा और चला आया। मन में अब कोई ग्लानि नहीं थी।

आनन्दीलाल घर आकर स्थिर भी नहीं हुआ था कि पता चला, भगवानदीन गिरफ़्तार हो गये। घर में सबको चिन्ता हुई। आनन्दीलाल के पढ़ाई छोड़कर लौट आने पर माँ रामदेवी को चिन्ता हुई और किंचित् अफ़सोस भी, पर वे विचलित न हुईं। थोड़ा संयमित होकर वे बोलीं—

"जैनेन्द्र, (वे आनन्दीलाल को आश्रम में दिये गये नाम से ही बुलाती थीं) आगे सोचा है कि क्या करोगे?"

आनन्दीलाल ने बेपरवाही से कहा—"मामा ने ही तो कहा कि पढ़ाई छोड़कर देशहित में काम करो।"

"देशहित क्या होता है, जानते हो? अब तक तो रहने तक का शऊर नहीं आया।" माँ के प्रतिप्रश्न पर आनन्दीलाल को तत्काल कुछ सूझा नहीं। वह अपने स्वभाव के कारण विचारमग्न हो गया। सोचने लगा, देशहित तो देश को अँग्रेज़ों से मुक्त कराना हुआ। इसी के लिए तो मामा भी जेल गये हैं। हमें पढ़ाई छोड़कर देशहित में काम करने को कहना अँग्रेज़ों को भगाने के आन्दोलन का हिस्सा ही बनना तो है। आनन्दीलाल अब जवाब देने को तैयार था, पर रामदेवी वहाँ न थीं। उन्हें भाई के जेल में बन्द होने की चिन्ता थी, घर का वातावरण ग़मगीन था। माँ ने निर्णय लिया और कहा कि मामी को मामा के पास छोड़ आओ। माँ का आदेश पाकर आनन्दीलाल ने मामी को लेकर नागपुर की यात्रा की। हाल ही वहाँ काँग्रेस का अधिवेशन हुआ था। यह १९२१ की घटना है। मामा ने आनन्दीलाल को ख़ूब समझाया, नसीहतें दीं तो साहस भी दिया। कहा कि

जीवन में सब कुछ एक-सा नहीं रहता। हम जैसा चाहते हैं वैसा अक्सर नहीं होता। कई बार उसे खुला छोड़ देना चाहिए कि वह मनमाफिक आकार ले। देश की चिन्ता इस समय सबसे ऊपर है। तुम काँग्रेस के अधिवेशनों में जाओ और अपने लिए काम लेकर करो। मुक्त छोड़ दो जीवन को, चलने दो इसे अपनी तरह। आनन्दीलाल को कुछ समझ आया, कुछ न आया। पर इतना ज़रूर आया कि अपने को खुला छोड़ देना है। देश के लिए जीना है। कल की चिन्ता नहीं करनी है, चलते जाना है, चलते जाना है, ठौर नहीं रुकने का, शायद इसी में कोई ठौर भी हो।

आनन्दीलाल ने इसी बीच लाला लाजपतराय से मिलने के लिए लाहौर की यात्रा की। उन्होंने वहाँ 'तिलक स्कूल ऑफ़ पॉलिटिक्स' नामक संस्था खोली थी। वहाँ लाजपतराय ने आनन्दीलाल को आन्दोलन के गुर दिये और अँग्रेज़ों की कुटिल चालों को समझाया। आनन्दीलाल को अब समझ में आने लगा था कि देशहित में काम करना दरअसल सरकार के ख़िलाफ़ काम करना है, लोगों को इसके लिए तैयार करना है और पकड़े गये तो जेल की सज़ा भी काटनी है। अब और कोई ध्येय भी नहीं था। सामने था तो देश और अँग्रेज़ी सरकार का अनाचार; जिसके लिए लड़ना-मरना था—उस समय देशहित यही था।

इन्हीं दिनों जबलपुर में काँग्रेस का अधिवेशन था। वहाँ आनन्दीलाल का परिचय माखनलाल चतुर्वेदी से हुआ। जबलपुर स्टेशन पर उसे पण्डित सुन्दरलाल भी मिले थे। माखनलाल चतुर्वेदी के बारे में उसे मालूम हो गया था कि वे 'कर्मवीर' का सम्पादन करते हैं, जोश भरी कविताएँ लिखते हैं और काँग्रेस के लिए जी-जान से काम करते हैं। आनन्दीलाल के लिए माखनलाल चतुर्वेदी से मिलना इस मायने में भी सफल रहा कि वह जान सका कि साहित्य भी जीवन की तरह आसान रास्ता नहीं है। वह जैसा आदर्श जीवन के लिए चाहता है, वैसा ही हमारे साहित्य में हो सकता है। साहित्य अपने समय की पुकार है, वह हारे का भरोसा और जीत का विश्वास भी है। जिस सत्य को हम अपना ध्येय मानते हैं, उसकी खोज का एक साधन साहित्य हो सकता है। आनन्दीलाल को इतने भारी-भरकम शब्दों को न तो सुनने का अभ्यास था, न जीने का। फिर भी उसे लगा, साहित्य निश्चय ही बड़ी ऊँची चीज़ होता होगा, क्योंकि उसमें सत्य पाने की खोज हो सकती है। फिर सत्य क्या है, कैसा होता है, यह तय

करना बड़ा कठिन होता होगा। सत्य क्या जीवन ही नहीं है ? या कि उसमें कुछ-कुछ हमारे नैतिक विधान जैसा होता होगा—जो जीवन का ऊँचा मान है, मानक है, वह शायद सत्य होता है। जो हो, यह सत्य बहुत कठिन चीज़ है।

जबलपुर उस समय स्कूल-कॉलेज से निकलकर आये छात्रों का केन्द्र बन गया था। उसे एक ऐसा आश्रम भी कह सकते हैं जहाँ देश के नवजवान जमा होकर स्वाधीनता संघर्ष की साधना कर रहे थे। वहीं आनन्दीलाल को सुभद्राकुमारी चौहान मिलीं। उस समय तक वे कवयित्री के रूप में ख्यात हो चुकी थीं। उनसे मिलकर आनन्दीलाल को अलग ही अनुभव हुआ। एक गर्वोदीप्त नारी का तेजमय चेहरा देखकर आनन्दीलाल को लगा कि लिखने और जीने के भाव जब एक में मिल जाते होंगे तो ऐसा व्यक्तित्व बनता होगा। कितना तो उनमें सहृदयता थी और मिलने में तनिक भी दुराव-छिपाव नहीं। मिलीं तो सहज भाव से प्रेम छलका दिया। बोलीं तो लगा जैसे स्नेह-बिंध कर गयीं। उनके देशराग ने आनन्दीलाल को अन्दर तक मथ दिया। क्या तो वह उन्माद था कि जैसे सब लोग देश के लिए मर-मिटने को उतावले हुए जाते। कोई लोभ नहीं, कुछ भी पाना जीवन का इष्ट नहीं, ध्येय तो बस यही एक, कि देश में सुराज आये।

आनन्दीलाल की यात्रा अब जबलपुर से नागपुर की हुई। आनन्दीलाल के नागपुर पहुँचने के कुछ ही समय बाद माखनलाल चतुर्वेदी गिरफ़्तार कर लिये गये। उन पर बिलासपुर में मुक़दमा चलता था, इसलिए आनन्दीलाल अन्य युवाओं के साथ बिलासपुर पहुँचा। आनन्दीलाल ने वहाँ रहकर असहयोग आन्दोलन में भागीदारी की। सुभद्राकुमारी चौहान भी जबलपुर से बिलासपुर आ गयी थीं। वहाँ सब लोग आसपास के गाँवों में घूमते, लोगों को गाँधी जी के असहयोग आन्दोलन के बारे में बताते और लोगों को काँग्रेस का सदस्य बनाते। उसके बाद आनन्दीलाल ने छिंदवाड़ा के कई गाँवों का भ्रमण कर लोगों को सदस्य बनाने के अभियान में हिस्सेदारी की। १९२१ के अन्तिम महीने में काँग्रेस का अधिवेशन अहमदाबाद में हुआ जिसमें भाग लेने के लिए आनन्दीलाल की माता रामदेवी बाई भी उसकी बहनों को लेकर पहुँचीं। अब कोई दूसरा ध्येय रहा भी नहीं। आनन्दीलाल की माँ भी अब देशहित में जुट गयी थीं। अहमदाबाद के अधिवेशन के बाद आनन्दीलाल भी माता और बहनों के साथ दिल्ली

लौटा। उसके कुछ ही महीनों बाद १९२२ में भगवानदीन बैतूल जेल से रिहा हुए थे। भगवानदीन की रिहाई के समय आनन्दीलाल और माँ रामदेवी बाई बैतूल पहुँचे थे। उस समय स्थिति थोड़ी भिन्न हो गयी जब रामदेवी ने बैतूल के अँग्रेज़ कलेक्टर को राखी बाँधी। वह अँग्रेज़ बड़ा प्रसन्न हुआ और रामदेवी से भाई जैसा स्नेहिल बर्ताव किया था। जेल से छूटकर भगवानदीन बहन रामदेवी बाई और आनन्दीलाल से विभोर होकर मिले। रास्ते में कुशलक्षेम पूछने के बाद उन्होंने आनन्दीलाल से कहा—

"तुम इतने दिन कहाँ रहे, क्या-क्या किया?"

आनन्दीलाल ने अब तक किये-धरे का हवाला दिया और कहा—"वही कर रहा हूँ जो आपने करने को कहा है।"

"वह तो ठीक है, पर जो करो वह सार्थक हो, इतना भान रहे।"

आनन्दीलाल ने मामा भगवानदीन के कहे पर सिर हिलाया और कहा—"जो हो सकता है, कर रहा हूँ। कोई चूक नहीं करता और गाँव-गाँव घूमकर लोगों में काँग्रेस का प्रचार करता हूँ।"

भगवानदीन भानजे के त्वरित उत्तर से प्रसन्न होते हुए बोले—"जो करो उसमें देशहित सर्वोपरि हो। अभी यहीं बैतूल में रहो। यहाँ काफ़ी काम है। लग जाओ मन से।"

आनन्दीलाल ने देखा, भगवानदीन की आँखें सजल हो गयी थीं। बेतरतीब-सी पोशाक में उनकी बढ़ी हुई दाढ़ी उन्हें एक ऐसा व्यक्तित्व दे रही थी जिसके जीवन का प्रत्येक क्षण देश के लिए समर्पित था। सजल आँखों को खद्दर के गमछे से पोंछते हुए मामा भगवानदीन चुप थे और उनका दायाँ हाथ आनन्दीलाल के कन्धे पर था। मानो वे कह रहे हों, इस सज़ा में जो सुख है, वह पूरी दुनिया को पा जाने में भी नहीं मिलेगा। यह परम सौभाग्य का क्षण है जब हम मातृभूमि की सेवा को प्रस्तुत हैं। कितने त्रास पाये, कोड़ों की मार सहे, कभी सूखी रोटी खायी तो कभी भूखों रहे—फ़र्क़ नहीं पड़ता इससे। हृदय में देश पर मिटने के संकल्प के आगे सब बेकार है। इसमें सुख है, सन्तोष है और जीने की कृतार्थता का गहरा बोध भी। भगवानदीन के त्याग की वह छवि आनन्दीलाल के मन पर उतर गयी। वह भी ऐसा ही बनेगा, नहीं डरेगा अब। जितना हो सके परिश्रम और जन-जागरण का काम। अब से यही ध्येय होगा।

माँ और मामा से विलग होकर एक पल के लिए आनन्दीलाल को रोना आया, पर मामा के आदेश ने उसे दृढ़ कर दिया। अब उसे यहीं रहकर काम करना था।

आनन्दीलाल अब वहाँ कार्यकर्ताओं के जत्थे में शामिल हो गया। एक दिन ताप्ती नदी के किनारे बसे एक छोटे-से गाँव में आनन्दीलाल ने प्रस्ताव किया कि यहीं काँग्रेस का एक प्रान्तीय सम्मेलन किया जाय। वह गाँव, लगता जैसे तीर्थ बन आया हो। गाँव में बाल, युवा, वृद्ध सभी उत्साह में थे। गाँव के हर घर में चरखा चलता था। जब प्रान्तीय सम्मेलन की बात आनन्दीलाल ने पक्की कर गाँव वालों को बताया तो गाँव ख़ुशी से झूम उठा। तब गाँव वालों ने तय किया कि सम्मेलन के लिए बनाये जाने वाले पण्डाल में कपड़े की जगह पेड़ों के हरे पत्ते लगाए जायें। सब कह रहे थे कि रोज़ नये पत्ते आयेंगे, इससे छाया तो होगी ही, पत्ते सुन्दर भी लगेंगे। कार्यकर्ताओं ने आनन्दीलाल को कहा कि वह सम्मेलन के लिए अध्यक्ष का नाम पक्का करे और जो तय हो, उसे लाने का इन्तज़ाम भी करे। उसी आसपास गया में काँग्रेस का अधिवेशन था। आनन्दीलाल ने इस काम के लिए बैतूल से गया की यात्रा की। उन दिनों गया में काँग्रेस के भीतर दो फाड़ हो गया था। एक वह था जिसको गाँधी जी की नीतियाँ ठीक लग रही थीं तो दूसरे को नहीं। यह जो दूसरा वर्ग था, वह गाँधी जी के कार्यक्रम के बहिष्कार की योजना में लगा था। वहाँ इन दोनों वर्गों में अक्सर संघर्ष हुआ करता था। यह १९२२ के अन्त की बात है। पण्डित सुन्दरलाल उस समय महाकौशल की प्रान्तीय काँग्रेस कमेटी के अध्यक्ष थे। ई. राघवेन्द्र राव उनसे पहले अध्यक्ष थे। उन दिनों दोनों वर्ग आपस में लगातार लड़ते-झगड़ते रहते थे। आनन्दीलाल बैतूल से प्रान्तीय काँग्रेस कमेटी का सदस्य था। वह दोनों वर्गों के झगड़ों से दूर रहता और अपनी राय निष्पक्ष और स्वतन्त्र भाव से देता था। उसे लगता था कि इस तरह की गुटबन्दी कोई अच्छी चीज़ नहीं, तब और भी नहीं जब एक बड़े ध्येय के लिए मिल-जुलकर काम करने की ज़रूरत हो। पण्डित सुन्दरलाल को आनन्दीलाल की तटस्थता चुभती थी। वे चाहते थे कि आनन्दीलाल किसी भी एक वर्ग में होकर बात किया करे, काम करे। पण्डित सुन्दरलाल के प्रस्ताव पर आनन्दीलाल को ग़ुस्सा आया, पर वह संयत होकर बोला—

"आप मेरे पूज्य भाव हैं। अभिभावक हैं। आपके प्रति मेरे मन में बहुत

मान है। लेकिन मैं तो वही कहूँगा जो मुझे अपने भीतर से उचित लगेगा, इसके सिवा कुछ भी और नहीं।''

आनन्दीलाल के प्रतिवाद पर पण्डित सुन्दरलाल ने फिर कहा—

''देखो आनन्दी, तुम कर्मठ कार्यकर्ता हो। उचित-अनुचित सब देख रहे हो। मेरा कहना यह है कि अपना प्रतिवाद छोड़ दो और हमारे अनुकूल चलो।''

आनन्दीलाल को पण्डित सुन्दरलाल की यह बात नागवार लगी। उसे पहली बार लगा कि यह जो दलगत राजनीति है और शक्ति पाने की चाहना से प्रेरित जो तुच्छ कामना है, वह बहुत बुरी और खोखली है। उसको इस प्रसंग से सदमा लगा, मन खिन्न हो गया। उसने सीधा यही कहा—

''आप कहें तो मैं यह जगह ही छोड़ देता हूँ, पर अपने मन के विरुद्ध जाकर काम करना मेरे वश का नहीं।''

पण्डित सुन्दरलाल को आनन्दीलाल का जवाब सुनकर सहसा विश्वास नहीं हुआ। यह एक ऐसे किशोर का प्रतिवाद था जिसे वे अपना मानते थे और चाहते थे कि वह उनके किये-धरे का समर्थन करता चले। उन्होंने आनन्दीलाल को फिर समझाने की कोशिश की, तरह-तरह के राजनीतिक प्रलोभन दिये, पर सब व्यर्थ। आनन्दी का मन उचट गया तो उचट गया। उसने स्पष्ट कह दिया कि उससे यह सब न होगा। वह किसी भी हालत में अपने मन के विपरीत आचरण नहीं कर सकता। बात वहीं ख़त्म हो गयी।

गया के प्रान्तीय अधिवेशन से बैतूल न जाकर आनन्दीलाल ने दिल्ली की राह ली। मन कसैला हो गया था और राजनीति से अजीब-सी विरक्ति जन्म लेने लगी थी। यह राजनीति ठीक चीज़ नहीं। इसमें छद्म है, छल है और अपनी प्रभुता के प्रदर्शन के सिवा शायद कुछ भी नहीं वह।

आनन्दीलाल घर आकर उदासीन पड़ा रहता। माँ घर का काम करतीं और आनन्दी निढाल पड़ा जाने क्या-क्या सोचता। पढ़ाई छोड़ दी, देशहित में कर रहा काम भी छोड़ दिया—क्यों न छोड़ता, जाने कैसे-कैसे लोग हैं, क्या-क्या उनकी चाहनाएँ हैं—देश और ज़िम्मेदारी से लगता है जैसे उनका कोई वास्ता ही नहीं। कुछ तो करना होगा आनन्दी। माँ रामदेवी

उपालम्भ देतीं तो प्यार भी करतीं। पर बेटे का यूँ कुछ भी न करना उन्हें रास न आता। लेकिन वह करे क्या, यह प्रश्न भी था। आन्दोलन से उन्हें डर न लगता, अच्छा लगता कि कुछ तो हो रहा है। शायद इससे सुराज आ जाये, तब कितना अच्छा होगा। लेकिन जब आनन्दी की बात आती तो उन्हें डर भी बहुत लगता। कितने लोग मारे जाते, जेल जाते और घर-बार उनका उजड़ जा रहा था। भाई को ही तो देखो। देश के लिए जेल जाना, आन्दोलन करना ही तो काम रह गया है और यह घर, जंगल बना है जहाँ वीराना बोलता है, चुप्पी में भी चीख़ है, मुश्किल से चलाया जा रहा घर काटने दौड़ता है। कभी-कभी उनका मातृत्व जागता तो आनन्दी पर प्यार उड़ेलतीं। लगता कि किशोर होकर भी कितना कुछ झेलकर लौटा है। बिन बाप के साये का आनन्दी इतना भी मूढ़ नहीं जितना वह समझती हैं। समय उसे सीख देगा, वह दुनियादार भी बनेगा। जब वह ऐसा सोचतीं तो आनन्दी पर बहुत प्यार आता। आनन्दी को भी ख़ुशी होती और वह दिनभर माँ की प्रसन्नता में डूबा रहता।

लेकिन यह प्रसन्नता अधिक समय तक की नहीं थी। भगवानदीन ने तार भिजवा दिया कि आनन्दी जल्दी-से-जल्दी नागपुर पहुँचो। आनन्दी की उलझन से भगवानदीन का कोई सम्बन्ध न था। वे जो कहते वह पत्थर की लकीर ही होता। माँ रामदेवी ने भी आनन्दी को समझाया और नागपुर जाने को तैयार किया। यह १९२३ के शुरुआती महीनों की बात थी। आनन्दी जब नागपुर पहुँचा तो देखकर चकित हो गया। वहाँ तो देशभर से हज़ारों लोग झण्डा सत्याग्रह के लिए आ जमे थे। उसे अब सत्याग्रह के काम में लगा दिया गया। वहाँ के सत्याग्रह में सुभद्राकुमारी चौहान और उनके पति लक्ष्मण सिंह भी आकर काम में जुटे थे। पाँच आदमियों की एक कमेटी बनाई गयी थी। उसमें आनन्दीलाल को संवाददाता का काम सौंपा गया। इस सत्याग्रह में सरदार वल्लभभाई पटेल सहित भगवानदीन, जमनालाल बजाज और विनोबा भावे बड़े लोगों में शामिल थे। बहुत से लोग इसमें अपनी-अपनी नौकरियाँ छोड़कर आये थे। रुस्तम अवारी, नीलकंठ राव, आबिद अली जैसे अनेक लोग इस सत्याग्रह में शरीक थे। तय हुआ कि नागपुर के सिविल लाइन्स से झण्डा का जुलूस ले जाया जायेगा। नियत समय पर हज़ारों झण्डों का जुलूस निकला। पुलिस की सख़्ती हुई और बहुत से लोगों के साथ आनन्दीलाल की गिरफ़्तारी भी हो

गयी। उसे सम्मन मिला कि नागपुर कचहरी में शीघ्र हाजिर हो। आनन्दीलाल ने समन के पीछे लिखा कि आ तो सकूँगा, पर असुविधा न माना जाय तो ३ बजे ही पहुँच सकूँगा। आनन्दी चूँकि संवाददाता के रूप में काम कर रहा था इसलिए उसकी पहचान सरकारी अधिकारियों से हो गयी थी। किशोर आनन्दी को अब किसी बात से डर नहीं लगता था। अगर 'बॉम्बे क्रॉनिकल' के संवाददाता ने नागपुर के कलेक्टर गोवन को यह न बताया होता कि आनन्दीलाल भगवानदीन का भानजा है तो शायद सज़ा या तो न होती या होती तो इतनी सख़्त न हुई रहती जितनी हुई। हुआ यह कि नागपुर के कलेक्टर गोवन के कमरे में राघवन के साथ आनन्दीलाल भी गपशप में शामिल था। बात-बात में राघवन ने गोवन से उसका परिचय कराया। उन्होंने सिर हिलाकर संकेत किया कि वह इसे जानते हैं। विशेष परिचय देने के उत्साह में राघवन ने इस राज को खोल दिया जिससे गोवन की आँखें चकरा गयीं। अब सजा होनी ही थी और हो गयी। आनन्दी को पहले नागपुर जेल में रखा गया और बाद में होशंगाबाद में। उसके बाद जैसे ही सरदार पटेल से अँग्रेज़ अधिकारियों का समझौता हुआ, तो दूसरे अनेक लोगों के साथ आनन्दीलाल को भी छोड़ दिया गया।

आनन्दीलाल झण्डा सत्याग्रह के बाद दिल्ली आ गया। राजनीति को लेकर हो रहे खट्टे-मीठे अनुभव से मन तो ठीक न था, पर वह करता क्या। बार-बार उससे मन उचटना और फिर-फिर उसी में पड़ जाना। यह नियति भी बहुत अजीब चीज़ है, आप सोचते कुछ हैं होता कुछ और है। और जब एक बार वह आप पर भारी पड़ जाय तो आप करने भी वही लगते हैं जो नियति आप से कराना चाहती है।

आनन्दीलाल दिल्ली आया तो अब नागपुर, बैतूल या कहीं और जाने की बात नहीं उठी। सीधे होशंगाबाद से रिहा होकर घर आ गया। यहाँ आने पर मालूम हुआ कि दिल्ली में हिन्दू-मुस्लिम तनाजा हुआ है। कई जगह बवाल हुए। इस बवाल का कारण आर्य समाज का संकुचित विचार था। कुछ लोगों की जानें भी गयीं। मन बहुत खिन्न हुआ। महात्मा गाँधी ने इस हिंसा से दुखी होकर अपना पहला उपवास इसी दिल्ली में रखा और उनके उपवास के साथ-साथ ही 'हिन्दू-मुस्लिम यूनिटी कॉन्फ्रेन्स' हुई। आनन्दीलाल को इस कॉन्फ्रेन्स में शामिल होकर काम करने का दायित्व मिला और वह कई बार गाँधी जी को देखने और उनको समझ पाने का

अवसर पा सका।

आनन्दीलाल को लगा कि आर्य समाज का जैसे-जैसे दबदबा बढ़ रहा है, वैसे-वैसे समाज की दिशा बदल रही है। उसकी सोच का ढंग ही साम्प्रदायिक है। आर्य समाज के लोग सोचते थे कि मुसलमानों की मान्यता, विचार और आस्था बेहद साम्प्रदायिक है और उनकी वफ़ादारी देश के साथ नहीं है। उनका मन सुदूर अरब में रहता है, इसलिए वे इस देश के नहीं हो सकते। गाँधी जी ने आर्य समाज के इन्हीं सब विचारों पर अपनी प्रतिक्रिया देते हुए कुछ लिखा था जिससे आर्यसमाजी बहुत नाराज़ थे और उनसे मिलकर भी अपने ग़ुस्से का इज़हार कर आये थे। स्वामी दयानन्द सरस्वती और उनके 'सत्यार्थ प्रकाश' पर भी गाँधी जी ने प्रतिक्रिया दी थी जो आर्य समाजियों को चुभ गयी थी। उन्होंने तब उनसे कहा था कि मुझे इस पर कोई बहस नहीं करनी है। मुझे जो लगा है, वह लिख दिया है और उस पर मुझे न कोई ग्लानि है, न कोई संशोधन करना मंजूर है। आनन्दीलाल ने पाया कि यह गाँधी नाम का आदमी नम्र तो बहुत है लेकिन अपने सत्य के प्रति आग्रह में उसका कोई सानी नहीं। नम्र वे थे इसलिए कटु नहीं होते थे। दृढ़ता उनकी देखने लायक थी, जान भी जाये पर जो लिखा या कहा, उस पर कोई बदलाव नहीं।

गाँधी जी के इक्कीस दिन के उपवास से लोगों में फिर सद्भाव बन पाया था। लोग अपने किये पर लज्जित हुए और विद्वेष का भाव कम हुआ था।

आनन्दीलाल ने इस 'हिन्दू-मुस्लिम यूनिटी कॉन्फ्रेन्स' में पहली बार सरोजिनी नायडू, भगवानदास, जफर अली, मौलाना शौकत अली और हसरत मोहानी को देखा, सुना और उनके साथ रहने का अवसर पाया। प्रायः सभी हिन्दू-मुस्लिम नेताओं ने इंसानियत को खड़ा करने की बात की। गाँधी जी संगम थियेटर के हॉल में जहाँ कॉन्फ्रेन्स हो रही थी, एक कोने में सिकुड़े बैठे रहते थे और तक़रीर होती रहती थी। सबके अपने धर्म रहें, पर वह भाईचारा पर भारी न पड़ें। ख़ुदा हो या ईश्वर—वह सबका है, अगर है। वह किसी को लड़ाता नहीं। आनन्दीलाल ने यह सब बहुत ध्यान से सुना। उसे महसूस हुआ कि लोग ठीक ही कहते हैं, ईश्वर है तो वह फ़र्क़ क्यों करता होगा। उसके लिए तो सभी बराबर हैं। हम नाहक उसे बीच में लाकर बदनाम करते हैं। और फिर देश तो हम सबका है, हम सब मिलकर रहेंगे तो यह भी बचा रहेगा। आख़िर देशधर्म भी तो कोई

चीज़ है। एक तरफ़ पूरा देश जाग उठा है कि अँग्रेज़ों को भगाकर दम लेगा और दूसरी तरफ़ यह बेकार का फसाद। आनन्दीलाल को ऐसी हालत कुछ अच्छी न लगी। इसी समय उसके मन में कुछ लिखने का विचार आया। उसे लगा कि लिखकर भी लोगों को बताया जा सकता है कि उन्हें क्या करना चाहिए। उसने यह सोच लिया कि अब वह देशहित का काम लिखकर भी करेगा।

वह यह सब सोच ही रहा था कि देखा, कॉन्फ्रेन्स में मेट्रोपोलिटन ऑफ़ इण्डिया की कार थियेटर के गेट पर लगी। पुलिस के पहरे में वे धीरे-धीरे हॉल में दाख़िल हुए और जूते उतारकर गाँधी जी के पास बैठ गये। उन्होंने नमस्ते कर गाँधी जी का हालचाल पूछा। गाँधी जी ने धीरे से कहा होगा, मैं ठीक हूँ। कॉन्फ्रेन्स की समाप्ति हुई तो हिन्दू-मुस्लिम नेताओं ने एक सहमति पत्र पर हस्ताक्षर किये और उसके बाद दिल्ली में साम्प्रदायिक तनाव का वातावरण थमा। गाँधी जी ने इसके बाद अपना लम्बा उपवास तोड़ा तो लोगों ने राहत की साँस ली।

हिन्दू-मुस्लिम सौमनस्य का उदाहरण तत्काल ही देखने को मिल गया, जब यमुना में बाढ़ आ गयी। कॉन्फ्रेन्स में आये सभी लोग बिना देर किये यमुना पुल पर गये थे। वह विनाशकारी बाढ़ थी जिसमें पता नहीं कितने लोग बह गये। ज़्यादातर लोगों ने अपने घर की छतों पर शरण ली थी। यमुना के छोर का सारा इलाक़ा जलमग्न हो चला था। दूर से दिखाई देता कि यमुना के बहाव में मनुष्य, पशु और साँप भी बहते जाते। भयानक-सी लगती उस बाढ़ ने हिन्दू-मुस्लिम का फ़र्क़ मिटा दिया था। लोगों ने तब अपनी जान की परवाह किये बग़ैर जी-जान से जुटकर काम किया। यह देखकर मन व्यथित हो जाता जब कोशिश के बावजूद लोगों की जान चली जाती। लोग छतों से रस्सा लटकाकर औरतों-मर्दों को बचाने की कोशिश करते। पर कई बार रस्सा हाथ न आता और औरतें, बूढ़े, बच्चे सामने ही बह जाते। उस समय पूरी दिल्ली एक हो गयी थी। सबका धर्म एक था—इंसानियत का धर्म। मरने वाले मनुष्य थे और हिन्दू और मुसलमान सबमें से थे। सब लोग जान की बाज़ी लगाकर जितना हो सकता, करते। आनन्दीलाल ने भी बाढ़ राहत में भरपूर मेहनत की। हफ़्तों के परिश्रम के बाद जब बारिश का ज़ोर कम हुआ तो यमुना का पानी नीचे आया और बाढ़ का प्रकोप थमा। पर जान-माल का जो नुकसान हुआ, उसकी

भरपायी नहीं हो सकती थी। बाढ़ के थमने के बाद आनन्दीलाल को थोड़ी राहत मिली। उसे आराम भी चाहिए था। घर की हालत जर्जर थी। उसे लगने लगा कि कोई कमाई का ज़रिया खोजना चाहिए। बूढ़ी माँ परिश्रम कर जैसे-तैसे घर चलाती हैं। बेटा निखट्टू बना देश के लिए इधर-उधर की ख़ाक छानता है। पढ़ा-लिखा वह ज़्यादा है नहीं। करे तो क्या करे, समझ में नहीं आता था। इसी असमंजस में एक दिन उसने फ़ैसला लिया कि उसे कुछ लिखना चाहिए। पर लिखे क्या ? लिखना तो वही हो सकता है जो जिया जाये। या तो जिसे हम जियें या जिस जीवन की कल्पना करें। यानी वास्तविक और कल्पना के उस बिन्दु पर ठहरकर लिखना हो सकता है जिसमें आपका ध्येय भी मिलता हो तो आदर्श भी। शायद ऐसे ही लिखा जाता होगा और इसी तरह लिखकर लोग बड़ा लेखक बनते होंगे। उसे यह भारी-भारी-सा लगा। अपने पर हँसी भी आयी। ऐसे कोई लिखता भी है क्या। न जीवन के ध्येय का पता, न रोज़ी-रोटी का कोई पक्का बन्दोबस्त। लिखना तो स्थिरता माँगता होगा। अब ज़्यादा न सोचकर आनन्दीलाल ने देश की जागृति पर लेख लिखने को सोच लिया।

जब लिखने को सोचा तो प्रश्न उठ खड़ा हुआ कि किस नाम से लिखे। 'हस्तिनापुर ब्रह्मचर्याश्रम' का जैनेन्द्र तो पीछे रह गया था। मैट्रिक से लेकर इण्टर तक के नामांकन में आनन्दीलाल ही रहा। सभी काम में आनन्दी, चाहे वह बैतूल रहकर पार्टी का काम हो या नागपुर के झण्डा सत्याग्रह में संवाददाता का काम। जेल यात्राओं की फ़ाइलें भी आनन्दीलाल ही बतातीं। पर माँ तो उसे जैनेन्द्र ही बुलाती हैं और लोग भी प्रायः जान ही गये थे कि वह जैनेन्द्र भी है। तो अन्ततः उसने आनन्दीलाल को यहीं रहने दिया। जैनेन्द्र सूझा तो फिर कुमार से उसको थोड़ा विस्तार कर भारी-भरकम बना दिया। अब वह जैनेन्द्र कुमार नाम से ही लिखेगा। वैसे भी लेखकों के अलग नाम तो होते ही हैं और जिस नाम से माँ बुलाये, वह तो अच्छा ही होता होगा। इस तरह तय कर लिया कि जैनेन्द्र कुमार नाम से ही वह लिखेगा। तब क्या था अँग्रेज़ों के ख़िलाफ़ बनी मुहिम और लोगों के उत्साह को अपने अनुभवों से बुनकर एक लेख लिख डाला, नाम दिया—'देश जाग उठा था'। यह अब तक का पहला लेख लिखकर उसे बड़ा सन्तोष हुआ, पर वह लेख छपा नहीं। भले ही वह न छपा, लेकिन आनन्दीलाल को विश्वास हो आया कि वह लिख सकता है। लेख छपे

न छपे, निराशा को मन में लाना ठीक नहीं है। लिखना तो देश के लिए है ही, उसके अपने लिए भी है। इसके बाद उसने दूसरा लेख लिखा— 'देवी अहिंसे'। यही लेख बाद में 'अभ्युदय' में छपा था जिसको लेकर नाना प्रकार की घटनाएँ हुईं और स्वयं आनन्दीलाल को लगा था, यह लेखन की दुनिया भी बहुत अजीब है और दिलचस्प भी। जो लोग आगे बढ़कर युवाओं को प्रेरित-उत्साहित करते हैं, वे भी मौक़ा पाकर उनकी रचनाएँ अपने नाम से छपवा लेने में भी संकोच नहीं करते।

उनके द्वारा लिखा गया दूसरा लेख भी यानी 'देवी अहिंसे' पहले लेख के विषय पर ही बुना गया था। इसका विषय रुस्तम अवारी नाम के एक इंजीनियर द्वारा अँग्रेज़ों के विरुद्ध किये गये सशस्त्र विद्रोह पर आधारित था। लेख तो छप गया, पर उस लेख को 'अभ्युदय' में आचार्य चतुरसेन शास्त्री ने चोरी से अपने नाम से छपवा लिया था। इन दोनों लेखों के लिखे जाने और इनके साथ हुए सलूक पर स्वयं जैनेन्द्र ने लिखा है—

"कुछ काल बाद (जब वे दिल्ली लौट आये थे) अख़बार में पढ़ा कि अवारी गिरफ़्तार हो गये। उन्होंने सशस्त्र सत्याग्रह शुरू किया था। वे खुली तलवार लेकर चलते थे और कहते थे कि हम भारतीयों का हक़ है कि हम तलवार रखें। मैं अहिंसा में विश्वास करता हूँ, तलवार के उपयोग में विश्वास नहीं करता। लेकिन शस्त्र रखने के हक़ को मुझे कायम करना है। अवारी ने इस तरह अहिंसक शस्त्र सत्याग्रह शुरू किया और पकड़े गये। ....ख़याल आया कि तेरा एक साथी इस तरह से जूझ रहा है, चल रहा है, प्राणों पर खेल रहा है—और तू? तो इस आत्मधिक्कार के अधीन मैंने कुछ लिखा और उसका शीर्षक दिया—'देश जाग उठा था'। चतुरसेन जी को दिखाया। चतुरसेन जी ने उस पर एक नोट लिखा माखनलाल जी के नाम कि—'कि आपने जिसका शारीरिक परिचय कराया। अब मैं उसका आत्मिक परिचय कराता हूँ। यह लेख यथाशीघ्र छपना चाहिए बड़े हाशिये के साथ।' लेकिन वह छपा मुझे दिखाई नहीं दिया।

सबसे पहले लिखी चीज़ वही थी।

बाद में एक बार गोरखपुर किसी गोष्ठी में बात कर रहा था तो किसी ने पूछा कि सबसे पहले क्या लिखा? मैंने वही बताया—'देश जाग उठा था'। वहीं एक सज्जन बोले कि लेख वह मेरे पास है। मैंने कह दिया कि

यह कैसे हो सकता है ? पर वह सचमुच उस लेख को ले आये। काग़ज़ जहाँ-तहाँ से फट गये थे। कुछ दीमक चाट गये थे। मैंने पूछा—'तुम्हारे पास कैसे आया ?' तो कहने लगे कि माखनलाल जी के पास हम जाते थे, वहीं एक बोरे की रद्दी को टटोला तो उसमें से यह पा गया। आज भी है वह—'देश जाग उठा था।' वह नहीं छपा, लेकिन अवारी के बारे में मेरी भावनाएँ जल्दी शान्त न हुईं। चुनांचे फिर दूसरा लेख लिखा। चतुरसेन जी ने कहा कि—'पत्र निकलता है कलकत्ता से 'विश्वमित्र' (साप्ताहिक), उसको भेज दिया है।' वह भी देखने को नहीं मिला। सबसे पहले जो रचना छपी थी, वह थी ज़रूर मेरी, लेकिन मेरे नाम से नहीं छपी, चतुरसेन शास्त्री के नाम से छपी। वह थी—'देवी अहिंसे'।'

ऐसे ही एक बार चन्द्रगुप्त विद्यालंकार लाहौर में मुझसे मेरे आरम्भ की बात पूछ बैठे। मैंने यही क़िस्सा सुनाया तो बोले कि पंजाब में बी.ए. टेक्स्ट में अभी एक पुस्तक लगी है जिसमें चतुरसेन शास्त्री का लेख 'देवि अहिंसे' है। वहाँ 'अहिंसे' से बिन्दी ख़त्म हो गयी है, 'अहिसे' छपा है। मैंने कहा—'ठीक वही है।' लाहौर से दिल्ली आने पर चतुरसेन जी से मैंने कहा, 'रचना बी.ए. के पाठ्यक्रम में आ गयी है, आप संशोधन करना चाहेंगे ?' वे टाल गये। काफ़ी दिनों बाद, एक अख़बार निकलता था—'अभ्युदय'। पद्मकान्त मालवीय उसे चलाते थे। वे आये और कहने लगे, 'तुम हमारे 'अभ्युदय' को कुछ नहीं देते। अब कुछ-न-कुछ ज़रूर देना होगा।' बहुत आग्रह पर मैंने कहा—'एक रचना है मेरी, लेकिन उसी को 'रिक्लेम' करने की आवश्यकता आ पड़ी है। चाहो तो ले लो।' उनको मामला रोचक लगा। उन्होंने कहा—'लाओ।' मैंने कहा—'पहले चतुरसेन जी से मिल लेना चाहिए। अनुमति लेनी चाहिए।' हम दोनों चतुरसेन जी के पास गये। वे चाँदनी चौक में रहते थे। वे नहीं मिले और हम लौट आये। अगले दिन पद्मकान्त मालवीय कहने लगे, 'अब तो हो भी आये, अब दे दो।' मैंने कहा—'एक बार और सही।' दूसरी बार फिर नहीं मिले। फिर वह रचना ले ही गये और 'अभ्युदय' में पूरा 'डबल पेज हेडिंग' देकर 'चतुरसेन की चोरी' करके छापी।

मैंने कहा था, रचना छपे तो एक प्रति शास्त्री जी को ज़रूर भेज देना। मैंने समझा कि चतुरसेन को भेज दी गयी होगी। एक बार उनके पास बैठा था। अनुमान हुआ कि उनको मालूम नहीं है कि रचना छपी है। मैंने उनसे कहा

कि ऐसे-ऐसे छपा है। बहुत नाराज़ हुए। लेख देखना चाहा और मैंने लाकर दिखा दिया। बहुत बिगड़े, बहुत ग़ुस्सा हुए। पर कभी ठण्डे, कभी गर्म। कहने लगे, 'क्या करना चाहिए?' मैंने कहा—'आप देख लीजिए।' ख़ैर, उन्होंने सम्पादक को लिखकर स्वीकार किया कि रचना उनकी नहीं थी। लेकिन जैनेन्द्र को क़लम पकड़ना नहीं आता था, सीखने मेरे पास आते थे, इत्यादि। मैंने भी उसी पत्र में लिख दिया कि चतुरसेन जी मेरे गुरु-तुल्य हैं। चोरी आदि की कल्पना भी असम्भव है। पर अख़बार ने मोटा शीर्षक देकर छापा—'चतुरसेन ने चोरी मान ली'[१]।''

तो इस तरह आनन्दीलाल का लिखना शुरू हुआ। इसके बाद आनन्दीलाल की जेल यात्राएँ और अब तक के कारावास की यातनाएँ मानो फलितार्थ हो गयीं। आगे वह लिखता गया, लेख चर्चा में आते गये। एक तरफ़ देश में व्याप्त जागृति तो दूसरे में अहिंसा के रास्ते सुराज पाने के राष्ट्रीय संघर्ष की अभिव्यक्ति से शुरू हुआ आनन्दीलाल का लेखन आगे के लिए भूमिका बना। उसे पहली बार लगा कि लिखना भी एक बड़ा तप है जो मन की साधना से सधता है। इस तरह १९२३ का यह वर्ष आनन्दीलाल के लेखक होने की शुरुआत का वर्ष सिद्ध हुआ।

---

१. *'मेरे भटकाव'*—जैनेन्द्र कुमार, पूर्वोदय प्रकाशन, नई दिल्ली, पृ. ५-७

पर्व दो

सत्याग्रह

आनन्दीलाल से जैनेन्द्र कुमार बनकर लेखक होने का थोड़ा-सा सुख तो मिला, पर इस सुख से ज़्यादा कुछ न होना था, न हुआ। घर की हालत तो खस्ता थी ही, माता की तबीयत भी बहुत साथ नहीं देती थी। बिन पिता या किसी सरपरस्ती के घर चलाना दूभर था। रिश्तेदार और अभिभावक के नाम पर मामा भगवानदीन ही थे, जो अब संसार से विरक्त होकर देश के लिए समर्पित हो चुके थे। उन्हें अब घर से कोई मतलब भी न था। जैनेन्द्र को आगे की राह बेहद कंटकाकीर्ण लगी। कोई राह दिखाने वाला भी तो नहीं, जो बताये कि वह करें क्या। उन्हें रह-रहकर ग्लानि होती। माँ का सहारा बनना तो दूर, उन पर बोझ ही बने हुए थे। अब उम्र भी उतनी हो गयी थी कि काम-वाम करके दो पैसे कमाना ज़रूरी हो चला था। इस द्वैत में कई बार जैनेन्द्र ने आत्मघात की बात भी सोची। लगता, सब व्यर्थ है। यह जाल-जंजाल उनके वश की बात नहीं। फिर जब दायित्व की बात आती तो सोची बातें हवा हो जातीं। माँ का दुखी चेहरा और बहनों की ज़िम्मेदारियों ने जैनेन्द्र को डिगा दिया। वे इस कोशिश में जुटे कि उन्हें कोई ढंग का काम मिले तो करें। पर पढ़ाई-लिखाई तो ज़्यादा थी नहीं, मिले भी तो कौन-सी नौकरी मिले। दिल्ली तब छोटा-सा शहर हुआ करता था, हाल-रोजगार के अवसर यहाँ अधिक नहीं थे। फिर भी जैनेन्द्र ने बहुत भाग-दौड़ की कि उन्हें १५-२० रुपये माहवार पर भी कोई नौकरी मिल जाये, पर काफ़ी मशक्कत के बावजूद कहीं बात नहीं बन पायी। १९२६ का वह साल कई दृष्टियों से जैनेन्द्र को एक मार्ग दे पाया जिसके लिए वे बने हुए थे। उन्हें लगा कि अपनी माँ को बिन बताये वे कहीं जाकर काम खोज सकें तो शायद अच्छा हो। ऐसे में जैनेन्द्र

को लगा कि कलकत्ता जाकर काम खोजने की कोशिश करनी चाहिए। उन दिनों कलकत्ता देश का सबसे बड़ा शहर था और देशभर के कोने-कोने से लोग हाल-रोज़गार के लिए वहाँ पहुँचते। जैनेन्द्र ने तय किया और कलकत्ता चल पड़े। इसकी एक अन्तर्कथा यह भी है कि वे बनारसी दास चतुर्वेदी के सम्पादन में निकलने वाले पत्र 'विशाल भारत' में नौकरी के लिए गये थे जिसकी सूचना किसी जानकार ने उन्हें दी थी। पर देरी से पहुँचने की वजह से वह नौकरी किसी और को मिल गयी थी। कलकत्ता पहुँचकर निराश हताश लगातार ७ दिन भटकते बीत गये पर कोई नौकरी हाथ न आयी। वे हावड़ा स्टेशन पर एक धर्मशाला में रुके। उसके बरामदे में रहे, कमरा उन्हें नहीं मिला। एक तौलिया उनके पास थी और एक-दो कुर्ते। उसे उन्होंने बरामदे के आले में रख दिया था। उन दिनों तीन पैसे में तेल का एक परांठा खाने को मिल जाया करता था। तीन पैसे का एक परांठा इतना बड़ा होता था कि जैनेन्द्र सुबह और शाम, दोनों समय उसे खा सकते थे। वे यही करते भी थे। इसी तरह रहते वे सुबह से शाम तक नौकरी के लिए भटकते फिरते पर पन्द्रह रुपये की उनकी नौकरी की तलाश पूरी न हुई। अब उनके पास इतने ही पैसे बचे रह गये थे कि वे वहाँ से तीसरे दर्जे का टिकट लेकर दिल्ली लौट सकें।

दर-दर की ठोकरें खाने और विफल होने के बाद लगा कि जीवन जितना कठिन है, उससे भी कठिन उसको जी सकने लायक हो पाना है। उन्हें लगा कि उनकी भीरुता कहीं निगल न ले, उन्हें शायद किसी काम लायक भी न छोड़े। थोड़ा साहस से काम लेकर अपने को ठोस बनाये बिना जीवन का निस्तार नहीं हो सकता। कई दिनों के लगातार असमंजस और अनिर्णय से उबरते हुए जैनेन्द्र को लगा कि उन्हें लिखने की कोशिश करनी चाहिए। हाल ही अपने लिखे लेखों के चर्चा में आने के कारण उनमें किंचित् विश्वास भी हो आया। पर प्रश्न था कि उनका लिखा छापेगा कौन ? इस तरह वह समय आ ही गया जब जैनेन्द्र लेखन की तरफ़ प्रवृत्त हुए। कोई छापे, न छापे, इससे बेपरवाह जैनेन्द्र को लिखना था। उन्होंने सोचा, आदमी जब पानी में गिर पड़ता है, तो पानी उसे ऊपर फेंकता है। शुरू-शुरू में यही सोचकर कि कुछ तो होगा, जब लिखा जायेगा, जैनेन्द्र ने पेन्सिल से पीले काग़ज़ पर लिखना शुरू किया। विश्वास तो अब भी नहीं था, पर लिखना शुरू किया तो लिखता ही गया और धीरे-धीरे अपने पर

भरोसा भी जमता गया। लिखना चल निकला। जब भी उन्हें मन होता, वे कुछ गुनते-बुनते और कुछ-कुछ लिखने का प्रयास करते। यह तय करने के बाद कि उन्हें अब लिखते रहना है, वे कलकत्ता से नाकाम लौट आये। दिल्ली आने के बाद कई दिनों तक जैनेन्द्र से माँ रामदेवी कटी-कटी रहीं। वे उनसे बहुत नाराज़ थीं। जैनेन्द्र डर के मारे दुबके रहते और कुछ न बोलते। एक दिन माँ ने अपनी चुप्पी तोड़ते हुए पूछा—

''कहाँ रहे इतने दिन? कहाँ भागे थे?''

''काम खोजने गया था।'' जैनेन्द्र ने सिर झुकाकर कहा।

''क्या दिल्ली में काम न मिला कि दूर जाना पड़ा?''

''काफ़ी कोशिश की, पर काम हाथ न आया, इसलिए दूर जाना पड़ा।''

''वही तो पूछ रही हूँ कि कहाँ गये थे तुम?''

''कलकत्ता।'' जैनेन्द्र ने कहा।

''बाप रे, तू कलकत्ता चला गया था इतनी दूर, वह भी बिन बताये। सोचा एक पल को भी कि तुम्हारी अकेली माँ का क्या होगा?''

जैनेन्द्र सिर नीचा किये माँ के प्रश्नों से बिंधे जा रहे थे। उनके पास कोई उत्तर न था। माँ ठीक ही कह रही हैं, बताकर तो जाना ही चाहिए था। अभी जैनेन्द्र अपनी सोच में ही थे कि माँ के प्रश्न फिर उन्हें बेधने लगे।

''कलकत्ता जाकर भी बात नहीं बनी ना? बनी होती तो तू क्यों लौटता?''

जैनेन्द्र ने इसका उत्तर देने में देर नहीं की—''सोचा था कि कलकत्ता बड़ा शहर है, मौक़े भी बहुत हैं। कहीं काम हो गया तो तुम्हें तार देकर ख़बर दूँगा और साथ में कुछ पैसे भी भेज दूँगा। पर जो हो न सका, उसका क्या करें।''

जैनेन्द्र के उत्तर पाकर माँ की आँखें भर आयीं। माँ का निश्छल हृदय पिघल उठा। कह तो ठीक ही रहा है। कोशिश तो की आख़िर इसने। कहीं काम न हुआ तो इसका क्या कसूर। बिन बाप का निराश्रित बेटा। इतनी कम उम्र में इतनी तकलीफ़ें उठाईं। जेलों की चक्की पिसी। दर-दर भटकता रहा। माँ को लगा कि उनका सीना फट जायेगा। अपने गिले-शिकवे भुलाकर उन्होंने जैनेन्द्र को सांत्वना दी। सब ठीक हो जायेगा।

देखना, तुम कमाओगे और ख़ूब नाम भी करोगे। बस, तुम थोड़ी ज़िम्मेदारियों को समझने की कोशिश कर लिया करो।

जैनेन्द्र को लगा, माँ ने ठीक कहा। पर ज़िम्मेदारियों को ही तो समझकर वे नौकरी खोजने गये थे। अब वह मिली नहीं तो उसका क्या करें। यह जीवन सच में रहस्य है और दु:ख का पहाड़ भी। पता नहीं जो सफल जीवन जीते होंगे, वे कैसे लोग होते होंगे। तो क्या ज़िम्मेदारियों का सफलतापूर्वक निर्वाह जीवन का सफल होना है ? नहीं तो, ऐसा नहीं होता होगा। जीवन का सफल और सार्थक होना एक बात होती होगी, ज़िम्मेदारियों को निभा ले जाना, दूसरी बात होती होगी। फिर सफल होना, सार्थक होना भी तो नहीं होता। जैनेन्द्र के मन में जाने क्या-क्या उमड़ता-घुमड़ता रहता और वे ख़ामोशी से उस पर सोचते-विचारते पड़े रहते। फिर अचानक उन्हें सूझता, जो देश के लिए मिट जाने को तैयार हैं, जीवन में तो वे सफल नहीं हैं, पर उनका जीवन तो सार्थक है। अपने कुटुम्ब की चिन्ता से बड़ी चिन्ता देश के लिए जीना है और शायद वही परम सार्थक भी है। जैनेन्द्र यही सोचते, विचारते और कुछ-कुछ लिखते रहते। लिखते-फाड़ते, फिर कुछ बनता और तसल्ली होती तो लिखे को सँभालते। आगे कुछ फिर लिखते। इस सोच में भी रहते कि कोई काम-धन्धा मिल जाये तो करें लेकिन तब तक मामा भगवानदीन का सन्देश आ धमका।

संदेश था कि जैनेन्द्र को तैयार रहना है और यात्रा पर निकलना है। जैनेन्द्र ने मन-ही-मन सोचा, वे अगर नौकरी पर भी होते तो मामा से जान न छूटती। उनके बुलावे पर नौकरी छोड़कर भी आना पड़ता। यह १९२७ के आरम्भ की बात होगी। भगवानदीन के बुलावे पर दो अन्य युवकों के साथ जैनेन्द्र ने राष्ट्रीय मुहिम में शिरकत की। उन्होंने पंजा साहब, तक्षशिला और एबटाबाद होते हुए कश्मीर की यात्रा की तथा लोगों में देशप्रेम की भावना जगाने के अभियान में भाग लिया। लम्बे और थका देने वाले अभियान के बाद जब दिल्ली लौटे तो जैनेन्द्र को लगा कि एक वक्फ़े के बाद देश फिर उनके भीतर धड़कने लगा है। तब उन्हें लगा कि यह एक क्षेत्र तो है जिसमें वे नाकारा नहीं, बल्कि काम के हैं। जैनेन्द्र ने लिखना ज़ारी रखा और तय कर लिया था कि लिखते जाना है। इसी लिखने के संकल्प के बीच उन्होंने एक कहानी पूरी की, नाम दिया—'खेल'। १९२७ का यह वर्ष उनके लिए उर्वर सिद्ध हुआ। यह कहानी 'विशाल भारत' में

छप गयी और ख़ूब चर्चित हुई। सुरबाला तथा मनोहर नामक बच्चों के बनाये मिट्टी के घरौंदों पर बुनी गयी यह कहानी जीवन के गहरे दर्शन को व्यक्त करने वाली लगी। अपनी भाषा, शिल्प और रचाव में यह कहानी हवा के नये झोंके की तरह आयी। कहानी छपी तो कुछ पैसे भी मिले और इस तरह जैनेन्द्र को भरोसा होने लगा कि वे लिख भी सकते हैं। लिखा उनका पढ़ने लायक होने लगा है। उसमें कुछ जीवन है तो कुछ जीवन के प्रश्न, और उन सबके बीच मनुष्य के संघर्ष-विधान को कुछ इस तरह गूँथा जाने लगा है कि थोड़ा नयापन दिखता है। जैनेन्द्र को लगा कि उनकी सोच और चिन्ताओं को भी समझने वाले लोग हैं, न होते तो उनके लिखे को पसन्द कौन करता, फिर भी उन्हें अपने लिखे पर सन्देह बना रहता।

अब जैनेन्द्र ने तय किया कि वे देश के लिए जो बन सकेगा, वह करेंगे और लिखने का सिलसिला भी ज़ारी रखेंगे। एक बार तय किया तो लिखने का क्रम चलता ही गया। 'खेल' से मिली सफलता ने उनमें इतना उत्साह भर दिया कि उनकी क़लम अब रुकने का नाम नहीं ले रही थी। वे अब नियम बनाकर लिखने बैठ जाते और लगातार लिखते जाते। उन्हें लिखने में मन भी लगने लगा। एक से एक चरित्र गढ़ते, घटनाएँ बुनते और बढ़ते जाते। इसी सिलसिले का नतीजा 'फाँसी' के रूप में सामने आया जो उनका पहला कहानी-संग्रह बना। यह १९२९ में छपा। ग्यारह कहानियों के इस संग्रह ने हिन्दी कहानी की दुनिया में भूचाल ला दिया। कहानी लिखने की जो पद्धति उन्होंने 'खेल' में आजमायी थी, उसी पर बुनी इन कहानियों में देश में चल रहे स्वाधीनता संघर्ष के वे नायाब चरित्र आँके गये थे, जो मन पर उतरते थे। कहानियाँ अपने ढब में ताज़ा थीं तो भाषा में नयी ताज़गी से भरपूर। 'फाँसी' के छपने के बाद जैनेन्द्र हिन्दी के स्थापित कहानीकार बन गये, उन्हें अब अपने पर कोई रंज न रहा। 'फाँसी' की सफलता के बाद जैनेन्द्र ने एक उपन्यास भी लिख डाला—'परख'। यह भी इसी वर्ष यानी १९२९ में ही छपा। 'परख' के छपने के बाद हिन्दी को एक ऐसा सम्पूर्ण कथाकार मिल गया जो कहानी और उपन्यास पर एक साथ, एक ही गति से लिख सकता था। महज चौबीस वर्ष की उम्र में यह बड़ा काम था जो जैनेन्द्र ने किया था। 'परख' की चर्चा उसमें उठाये गये विषय के कारण तो थी ही, जैनेन्द्र के साहस के कारण भी थी। इस उपन्यास में उन्होंने उपन्यास के पारम्परिक ढाँचे को तोड़

दिया था। कहानी कहने की रुढ़ि का पालन भी उनके मतलब का नहीं लगा। बाल वैधव्य पर उन दिनों सोचना भी गुनाह था जब जैनेन्द्र ने उस पर प्रश्न करता उपन्यास ही लिख डाला। बाल विधवा के दुर्भाग्य को हिन्दू समाज व्यवस्था का पाखण्ड घोषित कर जैनेन्द्र ने ऐसे बड़े प्रश्न उठाये कि सामाजिक ढाँचा चरमरा गया। 'परख' की कट्टो सोचती है— "लोग कहते हैं वह विधवा है, कम नसीब। लड़की जान गयी है, वह विधवा है, कम नसीब भी होगी। लेकिन फिर हँसने-खेलने, भागने-कूदने का अधिकार वह क्यों नहीं रखती, यह वह नहीं समझ पाती।"[१]

जैनेन्द्र को इसी वर्ष 'परख' पर 'हिन्दुस्तानी एकेडेमी' का सम्मान मिला। 'परख' को लिखे जाने की भी एक अन्तर्कथा है जो बाल विधवा तारा देवी से जुड़ी मानी जाती है। तारा देवी असमय बाल वैधव्य का शिकार हो गयी थीं। जैनेन्द्र की बड़ी बहन सुभद्रा उनकी मामी लगती थीं। तारा देवी अपने वैधव्य के बाद जैनेन्द्र की माँ रामदेवी बाई द्वारा संचालित महिलाश्रम में रहने लगीं। जैनेन्द्र अक्सर आश्रम में जाते और उनसे पढ़ाई के बारे में पूछताछ करते। यह बात १९२६-२७ की होगी। तब आश्रम का नियम बहुत कठोर था। वहाँ से लड़कियों का बाहर निकलना बहुत मुश्किल था। जैनेन्द्र ने बाद में तारा देवी से विवाह करने का प्रस्ताव किया था जिसे उन्होंने स्वीकार कर लिया था। पर उन्होंने तारा देवी से कहा था कि वे अपने मामा भगवानदास से राय लेकर विवाह का निर्णय करेंगे। तारा देवी को भी लगता था कि बिना विवाह के पूरा जीवन अकेले काटना बहुत मुश्किल काम है।

इधर जैनेन्द्र ने अपने मामा को इस बारे में पत्र लिखा, पर उन्होंने इस विवाह को अस्वीकार कर दिया। जब रामदेवी बाई को तारा देवी की इस बात का पता चला तो वे बहुत नाराज़ हुईं और उन्होंने तारा देवी को बहुत भला-बुरा कहा। अन्त में तारा देवी आश्रम छोड़कर अपनी माँ के पास अलीगढ़ चली गयी थीं। वहाँ एक मास्टर थे—गंगाराम, उन्होंने तारा देवी की नौकरी पहले डिस्ट्रिक्ट बोर्ड में लगवायी जहाँ उन्हें पन्द्रह रुपये प्रतिमाह मिलते थे। एक बार जब जैनेन्द्र अलीगढ़ गये तो उन्होंने तारा देवी को मास्टर गंगाराम से विवाह कर लेने की सलाह दी। वे मास्टर को पहले

१. 'परख'—जैनेन्द्र कुमार, पूर्वोदय प्रकाशन, नई दिल्ली, पृ. २९

से जानते थे। कुछ समय बाद जब तारा देवी की पक्की नौकरी नगरपालिका स्कूल में लग गयी, और ज़ाहिर है, मास्टर गंगाराम की सहायता से ही यह लगी, तो गंगाराम ने तारा की माँ से तारा के साथ अपने विवाह की बात चलाई।

वह राजी तो हो गयीं, पर बिरादरी के भय से सार्वजनिक रूप से यह विवाह न कराकर आगरा के विधवा विवाह आश्रम में कराया गया जहाँ आश्रम के ही फूलचन्द तथा विमला देवी ने उनकी सहायता की थी। बाद में जब तारा देवी से 'परख' की कट्टो के बारे में पूछा गया तो उन्होंने उसकी जानकारी होने से इनकार किया। पर यह बात कही थी कि—'जैनेन्द्र ने कहा था, तुम्हारी जीवनी लिखूँगा और उसके द्वारा तुम सदैव रहोगी।'

जैनेन्द्र ने तारा से अपने सम्बन्ध को लेकर कहा था—'मेरा तारा से रागात्मक भाव था, रागात्मक सम्बन्ध नहीं। तारा के मन में भी रागात्मक भाव था, तभी उन्होंने मामा भगवानदीन को पत्र लिखा था। महात्मा जी ने वह पत्र माता जी को दिखाया। माता जी पत्र देखकर रो पड़ीं और मेरी गोद में गिर पड़ीं।' मैंने माँ के कष्ट को देखा और कहा—'जब आपको इतना कष्ट है, तब मैं विवाह नहीं करूँगा।' तारा के साथ अपनत्व के मूल में कर्तव्य का आकर्षण था। उसके विधवा होने की स्थिति के प्रति, मैं अत्यन्त संवेदनशील था। वह आयु और वातावरण भी सुधार का अधिक था। मन में एक आदर्शवाद उपजा था, आदर्शवाद ने मुझे बड़ा सहारा दिया, परन्तु विवाह न कर पाने की पीड़ा मुझमें बनी रही।'[१]

जैनेन्द्र की दो बहनें थीं। उनसे बड़ी बहन थीं सुभद्रा, तो छोटी का नाम सौभाग्यवती था। इन दोनों की परवरिश ठीक उसी तरह हुई जैसे आनन्दीलाल की हुई थी। बड़े होने पर इनकी शादियाँ जैन परिवारों में ही हुईं। बड़ी बहन की शादी पैतृक घर कौड़ियागंज से हुई तो छोटी सौभाग्यवती की शादी दिल्ली से हुई क्योंकि परिवार अब कौड़ियागंज छोड़कर दिल्ली के पहाड़ी धीरज में आकर रहने लगा था। १९२२ का वर्ष था जब परिवार दिल्ली के पहाड़ी धीरज में आकर रहने लगा था। बाद में बड़ी बहन

१. यह पूरा वृत्तान्त डॉ. कमल किशोर गोयनका ने 'सारिका' के जनवरी, १९८९ के अंक में लिखा है। वहाँ से इसे उद्धृत किया गया है।

सुभद्रा का परिवार भी पहाड़ी धीरज, दिल्ली आकर रहने लगा तो छोटी बहन सौभाग्यवती का परिवार दिल्ली के ही सीताराम बाज़ार में बस गया।

उनकी बड़ी बहन सुभद्रा के चार पुत्र—महावीर प्रसाद जैन, रंजीत प्रसाद जैन, हरीश जैन तथा सतीश जैन हुए जिनमें रंजीत प्रसाद जैन आयुर्वेद के नामी वैद्य बने। उनकी ख्याति दूर-दूर तक फैली। ये रंजीत जैन, जैनेन्द्र के बेहद निकट रहे और हमेशा उनके बीच मामा-भानजे का वत्सल प्रेम चलता रहा।

छोटी बहन सौभाग्यवती की चार सन्तानें हुईं—एक बेटा देवेन्द्र था, तीन बेटियाँ गुणमाला, शकुन्तला तथा ज्ञानवती। अपने इन भानजे-भान्जियों की भी जैनेन्द्र ने भरसक परवाह की और कभी अपने प्रेम में कमी न आने दी।

स्वयं जैनेन्द्र ने बाद के दिनों में भी अपनी बहनों से अत्यन्त रागात्मक व्यवहार रखा और अपने जाने कभी कोई त्रुटि न होने दी। माता के न रहने के बाद भी नाना किस्म की व्यस्तताओं और परेशानियों में उलझे होने के बावजूद वे हालचाल लेना, दुःख-तकलीफ़ में मददगार होना तथा यथोचित हाथ बँटाना नहीं भूलते थे। इसी क्रम में वे भान्जों की खोज-ख़बर तो रखते ही, उनके शिक्षा-संस्कार में भी रुचि लेते। भानजे भी ऐसे निकले कि मामा जैनेन्द्र की गतिविधि की हर ख़बर पर उनकी नज़र होती। कोई अप्रिय घटना सुनते तो वे मामा की चिन्ता में डूब जाते, पर मामा अपने में मगन और सकुशल निकलते।

बात १९२७-२८ के आसपास की ही होगी, जैनेन्द्र को किसी काम से इलाहाबाद जाना हुआ। उन दिनों महादेवी वर्मा की कोई कविता छपी थी जिसकी बड़ी चर्चा थी। कविता लीक से हटकर थोड़ा परेशान करने वाली थी, इसलिए लोग उत्तेजित थे और उनसे सवाल-जवाब का सिलसिला चल रहा था। जैनेन्द्र ने तय किया कि जब वे इलाहाबाद आये ही हैं तो इन कवयित्री से मिल ही लें। वे अभी पढ़ रही थीं और कोई कन्याशाला थी जिसके छात्रावास में वे रहती थीं। जैनेन्द्र पता कर छात्रावास के स्वागत कक्ष तक गये और उन महादेवी वर्मा से मिलने की इच्छा जताई। वहाँ के कर्मचारियों ने उन्हें बिठाकर उनको ख़बर दी। उन्हें बताया गया कि वे नहा रही हैं, अभी आयेंगी, इन्तज़ार कर लें। कन्याशाला के बन्द दरवाज़े पर जब काफ़ी देर रुके हुए हो गया तो जैनेन्द्र को झल्लाहट-सी होने लगी।

फिर पूछा—'उनको नहीं आना हो, तो हम चलें, तसदीक कर बतायें तो सही?' पर उनसे कहा गया—'अभी आती हैं, इन्तज़ार कर लें।'

देर तक इन्तज़ार के बाद महादेवी आयीं। आयीं तो नमस्ते कर एक तरफ़ बैठ गयीं, फिर परिचय पूछा—

'नाम तो मेरा जैनेन्द्र है, कुछ काग़ज़ हम भी काले करते हैं।'

'ओह, जैनेन्द्र जी, क्षमा कीजिये, इतनी कम वय में आज आपको हिन्दी जगत का कौन है, जो नहीं जानता। 'फाँसी' आपकी पढ़ी है—सब-की-सब कहानियाँ मन पर उतरती हैं।'

जैनेन्द्र ने अपनी प्रशस्ति को काटते हुए कहा—'नहीं जी, बस यूँ ही। मैं कोई लेखक तो हूँ नहीं। पर आज लेखक का एक ख़ास ढंग सीख लिया है।'

'वह क्या?'

'यही कि आगन्तुक को तब तक इन्तज़ार कराओ जब तक वह चुक न जाये।'

महांदेवी लजा गयीं, उनका चेहरा लाल हो आया। उन्हें लग गया कि इन्होंने देर तक प्रतीक्षा की है, इसीलिए नाराज़गी में बोल रहे हैं। थोड़ी देर बाद बोलीं—

'क्षमा तो माँग लिया था, आपको कष्ट हुआ, एक बार फिर क्षमा-याचना प्रकट करती हूँ।'

'कोई बात नहीं, ऐसी मेरी आदत नहीं। थोड़ी दिक़्क़त हुई तो मन उद्विग्न हो आया।'

'आप दिल्ली रहते हैं न, किसी विशेष प्रयोजन से प्रयाग आये होंगे?'

'हाँ, कुछ काम था, तो सोचा कि आपसे भी मिलता चलूँ।'

'अच्छा किया। सुखद प्रतीत हो रहा है। पर मैं क्या इसकी पात्र हूँ कि कोई लेखक मुझसे मिलने आये?'

महादेवी के कथन पर जैनेन्द्र ने बिना देर किये कहा—

'कोई लेखक अचानक तो नहीं बनता। धीरे-धीरे उसका विकास होता है।

आपकी हाल में प्रकाशित कविता ने इसकी बड़ी सम्भावना प्रकट की है, मेरे आने का एक कारण यह तो है ही कि मैं महादेवी नामक कवयित्री से मिलना चाहता था। उस कविता ने कवियों की पाँत में तो बिठा दिया, अब आगे की यात्रा हो।'

महादेवी सकुचा गयीं। वह चुप रहीं, चुप्पी लम्बी हुई तो जैनेन्द्र बोले—'कुछ तो कहें?'

'लगता है, कविता लिखकर ग़लती की। यह राह शायद इतनी सहज नहीं, जैसी लगती है।'

जैनेन्द्र को कहाँ रुकना था, बोले—'पहले आपने यह ग़लती की कि कविता लिखी, फिर यह कि छपने दी, तिस पर सबसे बड़ी ग़लती यह कि वह कविता अच्छी लिखी। किसी ने आपसे यह नहीं कहा था कि आप एक-पर-एक गलतियाँ करती चली जायें। यह आपका अपना काम था। कोई भी आपके साथ इसके दोष को बँटा नहीं सकता। अब आप अपने कर्म-फल से बच नहीं सकतीं।'

महादेवी हँसीं और अन्दर से तनिक आह्लादित भी हुईं। थोड़ा ठहरकर बोलीं—'वह तो है। जब आप लिखेंगे और लोगों तक आपका लिखा पहुँचेगा तो प्रतिक्रिया तो होगी। प्रतिक्रिया का एक सुफल यह भी तो है कि आप आये, आपका दर्शन हुआ।'

'अरे नहीं, इसमें दर्शन जैसी कोई बात नहीं। हम समवयसी हैं, कदाचित् डेढ़-दो वर्ष का ही अन्तर होगा। कविता छू गयी तो आ गया, यह कहने ही आया कि आप लिखती चलें, रुकें नहीं। यह न समझें कि अपनी कविता से आपने ध्यान खींचा है तो आप अपने को उस ध्यान से बचाने की अपात्र हो गयीं।'[१]

फिर देर तक गपशप चलती रही। महादेवी ने जैनेन्द्र के लिए चाय-नाश्ते का भी प्रबन्ध किया। दोनों के बीच साहित्य की बातों से अधिक देश की स्थिति, नारियों के प्रति चली आ रही रूढ़ियाँ और स्वाधीनता आन्दोलन जैसे विषय अधिक प्रभावी रहे। बात समाप्त हुई तो जैनेन्द्र वहाँ से चले। महादेवी की सजल आँखों और जुड़े हाथों ने उन्हें विदा किया था। तब

१. *'स्मृति-पर्व'*—जैनेन्द्र कुमार, पूर्वोदय प्रकाशन, नई दिल्ली, पृ. १०५

वाणी उनकी मौन ही थी।

इन्हीं दिनों की बात होगी, काँग्रेस का एक बड़ा अधिवेशन कलकत्ता में हुआ, तो दिल्ली से जाने वाले लोगों के साथ जैनेन्द्र भी गये। वहाँ माखनलाल चतुर्वेदी से उनकी भेंट हुई। अब वे 'परख' के लेखक थे। कहानी-संग्रह 'फाँसी' की चर्चा भी थी। स्वयं 'कर्मवीर' में माखनलाल जी ने उनके लेख छापे थे। जैनेन्द्र को देखकर माखनलाल चतुर्वेदी मुस्कराये, बोले—

'यह क्या हुआ?'

जैनेन्द्र ने अचरज से पूछा—'क्या?'

वे बोले—'तुम जब जबलपुर आये थे तो तुमको दिखाकर हम कहा करते थे कि कुछ लड़के ऐसे बुद्धू और भोंदू होते हैं कि जिनमें किसी तरह की सम्भावना नहीं होती। यह एकदम क्या हो गया?'[१]

जैनेन्द्र ने बिना देर किये जवाब दिया—'क्या मैं यही सवाल आपसे भी पूछ सकता हूँ?'

इस पर माखनलाल जी देर तक हँसते रहे और जैनेन्द्र की हाजिरजवाबी पर लोट-पोट होते रहे। उन्होंने जैनेन्द्र में आये इस चमत्कारिक परिवर्तन और लेखन की कुशलता की तारीफ़ की। इस तरह जैनेन्द्र अब एक लेखक के रूप में चर्चा में रहने लगे थे।

१९२९ के अन्तिम दिनों की बात है, जैनेन्द्र के मामा भगवानदीन मुज़फ़्फ़रनगर ज़िले के बन्नत की यात्रा पर गये। वहाँ उनकी भेंट कट्टर काँग्रेसी और स्थानीय ज़मींदार गेंदालाल अग्रवाल से हुई जो स्थानीय स्तर पर काँग्रेस के आन्दोलन को गति देते थे और हर तरह का सहयोग कर राष्ट्रीय मुहिम में जुटे थे। भगवानदीन को गेंदालाल ने अपने घर ले जाकर बड़ी सेवा की। उनकी बेटी भगवती अग्रवाल ने भगवानदीन के सत्कार में बहुत उत्साह दिखाया। वे भगवती की विनम्रता, शील-स्वभाव और सुन्दरता देखकर बड़े प्रभावित हुए। पिता अपनी बेटी की प्रशंसा से बाग-बाग हुए जा रहे थे। भगवानदीन ने भगवती की शादी की बात चलाई। पिता ने योग्य लड़के की बात उठाई, तो उन्होंने अपने भानजे जैनेन्द्र की चर्चा की।

---

१. *'मेरे भटकाव'*—जैनेन्द्र कुमार, पूर्वोदय प्रकाशन, नई दिल्ली, पृ. ४

गेंदालाल ख़ुशी से बावले-से हो गये। भगवती दरवाज़े से लगे किंवाड़ की ओट ले यह सब सुनकर लाल हुई जा रही थीं।

भगवानदीन ने गेंदालाल अग्रवाल से रिश्ते की बात तो पक्की कर ली, पर प्रश्न यह था कि लड़का और लड़के की माँ तो लड़की को देखें! वहाँ से भगवानदीन वापस दिल्ली आये तो बहन रामदेवी से इस रिश्ते की चर्चा की। रामदेवी ने ज़्यादा कुछ न कहा, बस इतना ही कि देख लें, लड़का योग्य तो हो गया है कि ब्याह हो, पर कुछ करता-धरता नहीं। इस ब्याह में एक बड़ी बाधा जैन बिरादरी से बाहर जाकर रिश्ता करने की थी। भगवानदीन ने इस बाधा को कोई मुश्किल नहीं माना। जैन समाज के विरोध की चिन्ता से बेख़बर भगवानदीन ने जब जैनेन्द्र से लड़की देखने की बात की, तो उन्होंने यह कहते हुए अपनी हामी भर दी कि जब आप स्वयं लड़की को देखकर रिश्ते को पक्का कर आये हैं तो हमें इसमें, अब क्या करना है। जो आपको मंजूर है, वह हमें भी क्यों न हो। आपने शिक्षा-दीक्षा दी। परवरिश की, भला-बुरा सब आप जानते हैं, अब इसमें मेरी क्या बिसात जो कुछ अलग राय रखूँ।

रामदेवी भाई भगवानदीन को भलीभाँति जानती थीं। उनसे असहमत होना किसी बड़ी समस्या को बुलाना था। फिर क्या था, ब्याह का दिन तय हुआ और सादे तरीक़े से ब्याह सम्पन्न हो गया। बारात दिल्ली से बन्नत, मुज़फ़्फ़रनगर गयी थी जिसमें ज़्यादातर काँग्रेसी आन्दोलनकारी और स्थानीय लोगों की शिरकत थी। बारातियों में भगवानदीन के मित्र पण्डित सुन्दरलाल, रंजीत प्रसाद जैन और विष्णु प्रभाकर भी शामिल थे। चूँकि भगवती के पिता भी गुरुकुल काँगड़ी से जुड़े थे और कट्टर काँग्रेसी भी थे, इसलिए भगवानदीन से सहमति पाकर बेटी की शादी में पारम्परिक वस्त्रों और जेवरों के चलन का बहिष्कार किया गया। भगवती ने खादी की साड़ी पहनकर वैवाहिक रस्म पूरे किये। इस ब्याह में शादी के पाम्परिक कपड़ों की होली भी जली। सबसे चौंकाने वाली बात यह थी इस ब्याह में अग्नि को साक्षी मान उसके फेरे की रस्म भी नहीं की गयी। इस तरह स्वाधीनता आन्दोलन का साक्ष्य बना यह ब्याह उसका प्रतीक भी बना। इस शादी के बाद भगवती की विदाई हुई और वे दिल्ली के पहाड़ी धीरज वाले घर में आयीं।

घर आने पर भगवती की मुँहदिखाई की रस्म पर कंगन देने की बात

आयी। पण्डित सुन्दरलाल ने यह कहकर बात को अलग दिशा दे दी कि जब जैनेन्द्र कमायेगा तो कंगन ख़रीदकर भगवती को देगा, यह तब तक उधारी रहे। शादी तो हो गयी, अग्रवाल परिवार की भगवती बहू बनकर भी आ गयीं, पर जैन समाज ने इसे अपनी अवमानना माना और रामदेवी बाई के परिवार को जैन समाज से बहिष्कृत कर दिया। इससे परिवार को आने वाले दिनों में बहुत कठिनाइयाँ उठानी पड़ीं।

विदा होकर आयीं भगवती ने ब्याह के दिन से जो खद्दर की साड़ी पहनीं वह उनकी देह पर सदा बनी रही। उन्होंने जीवनभर खादी के अलावा कोई दूसरा कपड़ा नहीं पहना। जैनेन्द्र ने भी उसी दिन यह संकल्प लिया था और जीवनभर इसका निर्वाह किया।

जीवन चल पड़ा। गृहस्थी में बहू के आने से एक नयी रौनक आ गयी थी। रामदेवी बाई को भी थोड़ा आराम मिलने लगा था। भगवती ने आते ही घर का काम सँभाल लिया और इस जैनेन्द्र को भी सँभालने का बीड़ा उठाया जो दीन-दुनिया की चिन्ता में डूबे जाते थे, पर घर की परवाह से बेख़बर रहते। शर्मीले जैनेन्द्र लिखते-पढ़ते, कुछ सोचते और भविष्य के सपने बुनते। लेखन जीवन का ध्येय बनता जा रहा था और देश जीवन का वह अर्थ, जिसके लिए वह बने थे।

उन दिनों कोई भी व्यक्ति, जो हिन्दी में लिख-पढ़ रहा हो और वह प्रेमचन्द को न जानता हो, यह असम्भव तथा अविश्वसनीय ही था। जैनेन्द्र ने भी प्रेमचन्द का नाम सुन रखा था और उन्हें अपने पुराण-पुरुषों के नाम के साथ मन में बसा रखा था। ज्यों-ज्यों उम्र बढ़ने और सत्याग्रही होने के साथ-साथ लिखने-पढ़ने का मन हुआ, प्रेमचन्द के प्रति जैनेन्द्र का आकर्षण बढ़ता गया। १९२७ की बात होगी जब जैनेन्द्र ने प्रेमचन्द के उपन्यास 'रंगभूमि' को पढ़ा और इस तरह प्रेमचन्द उनके मनोलोक के वासी-से हो गये। दिन बीतते गये और जैनेन्द्र लिखते-पढ़ते ख़ुद लेखक हो गये। पर उनमें प्रेमचन्द से मिलने या संवाद बनाने की प्रबलता बढ़ती गयी। जब ऐसा मन में आता तो उनमें हीनता आती। इतना बड़ा लेखक उन जैसों से क्यों मिलेगा। धीरे-धीरे प्रेमचन्द की सहजता का पता चला तो लगा कि वे आकाशलोक में ही नहीं रहते, हमीं लोगों जैसे आदमी भी हैं। जब यह बात पता चली कि वे बहुत सहज और सादा आदमी हैं तो जैनेन्द्र का कौतूहल बढ़ गया। उनमें प्रेमचन्द से संवाद बनाने की उत्कण्ठा

प्रबल हो उठी। १९२९ तक आते-आते जब जैनेन्द्र ने अपनी कहानियों और पहले उपन्यास 'परख' से एक पहचान बना ली तो अन्दर भरोसा हो आया। फिर एक दिन मालूम हुआ कि प्रेमचन्द लखनऊ से निकलने वाली पत्रिका 'माधुरी' के सम्पादक भी हैं। हिम्मत करके तब जैनेन्द्र ने एक कहानी लिखी और उसे उन तक डाक से भिजवा दी। कहानी के साथ एक छोटा-सा पत्र भी लिखा जिसका आशय यह था कि यह कहानी सम्पादक के लिए नहीं, ग्रन्थकर्ता प्रेमचन्द के लिए है। यह भी लिखा कि 'छापे में आने योग्य तो मैं हो सकता ही नहीं हूँ, पर लेखक प्रेमचन्द उन पंक्तियों को एक निगाह से देख सकें और मुझे कुछ बता सकें तो मैं अपने को धन्य मानूँगा।' कुछ दिनों बाद वहाँ से एक धन्यवाद के साथ कार्ड मिला और रचना लौट आयी। रचना के लौटने की एकमात्र वजह यही थी कि प्रेमचन्द ने उसे किसी कहानी का अनुवाद माना था, मूल कहानी नहीं। लौटी कहानी के पीछे प्रेमचन्द ने अँग्रेज़ी में लिखा था—'प्लीज़ आस्क इफ़ दिस इज़ ए ट्रान्सलेशन?' जैनेन्द्र ने इसका उत्तर नहीं भेजा कि वह मूल कहानी है, अनुवाद नहीं। पर इस कार्ड को पाकर उनका मन प्रेमचन्द के प्रति कृतज्ञता से भर गया। जैनेन्द्र को प्रेमचन्द के इस छोटे-से वाक्य ने संजीवनी दी। जैनेन्द्र को लगा कि 'सच्ची सहानुभूति का एक कण भी कितना प्राणदायक होता है और हृदय को निर्मल रखना अपने आप में कितना बड़ा उपकार है।' इस पत्र का उत्तर जैनेन्द्र ने नहीं दिया पर प्रेमचन्द के प्रति इस तरह अनिवार्य बन्धन से बँध गये कि छुटकारा न था। इसके कुछ समय बाद जैनेन्द्र ने अपनी कहानी 'अन्धों का भेद' 'माधुरी' में छपने के लिए भेजी, जो उसके आगामी विशेषांक के लिए स्वीकृत हो गयी। प्रेमचन्द ने जैनेन्द्र को लिखा था—"प्रिय महोदय, दो (या तीन) महीने में माधुरी का विशेषांक निकलने वाला है। आपकी कहानी उसके लिए चुन ली गयी है।"

जैनेन्द्र इस पत्र पर विस्मित हुए। पत्र में प्रोत्साहन का, बधाई का या प्रशंसा का एक शब्द भी नहीं था। लेकिन जो था वह ऐसे प्रोत्साहनों से भारी था। जैनेन्द्र को प्रेमचन्द की अन्तःप्रकृति की झलक पहली ही बार उस पत्र में मिल गयी। जैनेन्द्र ने पाया कि वे जितने सद्‌भावनाशील हैं, उतने ही उन सद्‌भावनाओं के प्रदर्शन में संकोची हैं। नेकी हो तो कर देना, पर कहना नहीं—यह उनकी आदत हो गयी थी। जैनेन्द्र ने उस पत्र को बार-बार पढ़ा

और दंग थे कि यह व्यक्ति कौन हो सकता है जो एक अनजान लड़के के प्रति इतनी बड़ी दया का, उपकार का, काम कर सकता है, फिर भी उसका तनिक श्रेय लेना नहीं चाहता। इसके बाद एक दिन उनका पत्र आया। पत्र में उनकी 'त्यागभूमि' में छपी कहानी की चर्चा थी। प्रेमचन्द ने लिखा—" 'त्यागभूमि' में तुम्हारी कहानी 'परीक्षा' पढ़ी। पसन्द आयी। बधाई !"[१] इस पत्र से जैनेन्द्र कृतज्ञता से अन्तर तक भींग आये। इस पत्र से 'जैनेन्द्र का दिल तो बढ़ा ही, लेकिन सच पूछिए तो कहीं भीतर कठोर बनकर जमा हुआ उनका अहंकार उस पत्र की चोट से बिलकुल बिखर गया और वे मानो एक प्रकार के सुख से रो-रो आये।'

इस पत्र के बाद जैनेन्द्र का प्रेमचन्द से अपरिचय कम होता गया। अब दोनों में लगातार पत्र-व्यवहार होने लगा। इसी बीच जैनेन्द्र ने उनको अपनी कहानी 'आतिथ्य' प्रकाशन के लिए भेजी जिसे प्रेमचन्द ने अस्वीकार करते हुए कहानी में कमियों को गिनाया। जैनेन्द्र ने तत्काल इसका प्रतिवाद करते हुए उन्हें पत्र लिखा और शंका जताई कि कहानी को क्यों ऐसी ही होनी चाहिए। जैनेन्द्र ने उनसे प्रतिवाद करने की धृष्टता की थी, पर प्रेमचन्द ने इसका बुरा न माना और उनको तनिक निकट ही किया। उन्होंने तदनन्तर जैनेन्द्र को सुझाया—"मुझे निर्भ्रान्त न मानना। कहानी हृदय की वस्तु है, नियम की वस्तु नहीं है। नियम हैं और वे उपयोगी होने के लिए हैं। हृदय के दान में जब वे अनुपयोगी हो जायें तब बेशक उन्हें उल्लंघनीय मानना चाहिए।"[२] जैनेन्द्र उनसे निकट होते हुए लगातार सीखते, समृद्ध होते और बीच-बीच में प्रतिवाद कर अपने को अधिक परिष्कृत करते जाते।

इसी बीच जनवरी १९३० में चिट्ठी-पत्री से जैनेन्द्र का मिलना भी तय हो गया। जैनेन्द्र का कुम्भ मेले में इलाहाबाद जाना निश्चित हुआ। प्रेमचन्द ने पत्र में लिखा था—'अमीनुद्दौला पार्क के पास लाल मकान है। लौटते वक़्त आओगे ही। ज़रूर आओ।' ठण्ड का समय था। बनारस से गाड़ी लखनऊ रात के चार बजे ही पहुँच गयी थी। पता करते-करते जैनेन्द्र अमीनुद्दौला पार्क की सड़क के बीचोंबीच खड़े हुए। लोग सुबह की सैर

---

१. *'प्रेमचन्द : एक कृती-व्यक्तित्व'*—जैनेन्द्र कुमार, पूर्वोदय प्रकाशन, नई दिल्ली, पृ. १४

२. *वही, 'प्रेमचन्द : एक कृती-व्यक्तित्व'*, पृ. १५-१६

के लिए आते जा रहे थे। उनमें से कइयों से पूछा—'प्रेमचन्द जी का मकान आप बता सकते हैं? नज़दीक ही कहीं है।' पर किसी ने भी इस नाम से प्रेमचन्द का मकान नहीं बताया। एक सज्जन मिले, उनसे भी पूछा, पर वह भी असमर्थ जान पड़े। जैनेन्द्र को खड़े-खड़े पूछते काफ़ी वक़्त हो गया। आसपास मकान कम न थे और लाल भी बहुत थे। जहाँ वे खड़े थे वहाँ से प्रेमचन्द का मकान बीस गज से ज़्यादा दूरी पर न था। लेकिन सैर को निकले बहुतेरे संभ्रान्त लगने वालों से पूछ-पूछकर जैनेन्द्र थक चुके थे कि एक व्यक्ति अन्ततः मिल ही गया जिसने उनकी समस्या का निवारण किया। जैनेन्द्र ने पाया[१] कि वह कुलशील की दृष्टि से समाज का उच्छिष्ट ही रहा होगा। उन्होंने उससे पूछा—"भाई, प्रेमचन्द जी का घर बता सकते हो?"

उसने कहा—"मुंशी प्रेमचन्द?"

वे मुंशीपन की मार्फत तो प्रेमचन्द को जानते न थे। फिर भी कहा—"अच्छा, मुंशी ही सही।"

"वह तो है," कहते हुए वह व्यक्ति उनको लिए दिये साथ चल दिया।

जैनेन्द्र ने कहा—"ठहरो, ज़रा सामान ले लूँ।"

वह व्यक्ति सुनकर साथ आया और बिना कुछ कहे-सुने उनके हाथ से सामान ले लिया। थोड़ी दूर चलने के बाद उसने सामान नीचे रखकर बोला—"घर यह है। अब गुहार लो।"

जैनेन्द्र ने आवाज़ दी। पर आवाज़ भीतर तक नहीं पहुँची। इस पर उस व्यक्ति ने आवाज़ लगाई—"बाबूजी! बाबूजी!"

कुछ ही क्षण बाद भीतर से आवाज़ आयी—"कौन साहब हैं!"

"मैं जैनेन्द्र!"

"आओ भाई, चले आओ," यह प्रेमचन्द की आवाज़ थी।

जैनेन्द्र उस आत्मीय स्वर में डूब-से गये।[२]

---

१. *'प्रेमचन्द : एक कृती-व्यक्तित्व'*, पृ. १८

२. *प्रेमचन्द से जैनेन्द्र कुमार की भेंट का यह प्रसंग 'प्रेमचन्द : एक कृती-व्यक्तित्व' से लिया गया है।*

जैनेन्द्र ने जीने के ऊपर से 'आओ भाई' कहकर सम्बोधित करते हुए व्यक्ति को देखा। देखकर उन्हें धक्का-सा लगा। 'जो सज्जन ऊपर खड़े थे उनकी बड़ी घनी मूँछें थीं, पाँच रुपये वाली लाल इमली की चादर ओढ़े थे जो काफ़ी पुरानी और चिकनी थी, बालों ने आगे आकर माथे को कुछ ढक-सा लिया था और माथा छोटा मालूम होता था। सिर ज़रूरत से छोटा प्रतीत हुआ। मामूली धोती पहने थे जो घुटनों से ज़रा नीचे तक आ गयी थी। आँखों में खुमारी भरी दिखी।'[१] जैनेन्द्र ने जान लिया कि प्रेमचन्द यही हैं। क्या तो कल्पना थी और क्या देखा उनको—साधारण, देहाती, सहज और औसत क़द-काठी। पहली भेंट का यह पहला दर्शन प्रेमचन्द की भव्य मूर्ति का विपर्यय लगा। बहुधा हम व्यक्ति के नाम, यश और प्रभाव से व्यक्ति की विराट और भव्य छवि की कल्पना करते हैं, पर सामने आने पर सहसा विश्वास नहीं होता। यही असमंजस भरा भाव जैनेन्द्र में प्रेमचन्द से पहली भेंट में दिखा। पर वे जल्दी ही सहज हो गये जब 'आओ भाई, आ जाओ' की पुकार सुनी और इस तरह उनके चित्त का विचलन दूर हुआ। अन्दर आकर उन्होंने देखा कि आँगन में पानी फैला हुआ था।

चीज़ें वहाँ बेतरतीब रखी थीं। अपने घर-सा सुकून और प्यार ही सब तरफ़ दिखा, जैनेन्द्र को वहाँ अपने घर-सा बोध हुआ। इसके बाद सब काम किनारे कर प्रेमचन्द उन्हें लेकर बातों में ऐसे रमे कि समय का पता ही नहीं चला। सात बजे, फिर साढ़े सात, और अब आठ होने को आया। पर बातों की कड़ी टूटती न थी। प्रेमचन्द की सहज आत्मीयता उन्हें विभोर किये रही। वे यह भूल गये कि जो सामने बैठे हैं, वह प्रेमचन्द हैं, हिन्दी के साहित्य सम्राट हैं। वे यह भी भूल गये कि वे उसी साहित्य के तट पर भौचक खड़े अनजान बालक हैं। वे यह भी भूल गये कि क्षण भर पहले इस व्यक्ति की मुद्रा पर उनके मन में अप्रीति और अनास्था उत्पन्न हुई थी। देखते-देखते बातों-बातों में वे एक अत्यन्त घनिष्ठ प्रकार की आत्मीयता में घिरकर ऊपरी सब बातों को भूल गये।[२]

वे इस पर विस्मित थे कि प्रेमचन्द को आधुनिक साहित्य का इतना गहरा ज्ञान है। यूरोपीय साहित्य में जो भी जानने लायक है, उसका ज्ञान भी उनको है। उनको लगा कि प्रेमचन्द ने 'उसे जानकर ही नहीं छोड़ दिया,

---

१. 'प्रेमचन्द : एक कृती-व्यक्तित्व', पृ. १९
२. *'प्रेमचन्द : एक कृती-व्यक्तित्व'*, पृ. २०

भीतर से उसे पहचाना भी है और फिर विवेक से उसे छानकर आत्मसात् किया है। वह अपने प्रति सचेत हैं, तत्पर हैं। साथ-ही-साथ स्थिति के प्रति सावधान और उद्यत हैं।'

जैनेन्द्र ने उनसे कहा—"बांग्ला साहित्य हृदय को अधिक छूता है—इससे आप सहमत हैं? तो इसका कारण क्या है?"

प्रेमचन्द ने जवाब दिया—"सहमत तो हूँ। कारण, उसमें स्त्री भावना अधिक है। मुझमें वह काफ़ी नहीं है।"

जैनेन्द्र ने सुना और फिर पूछा—"स्त्रीत्व है, इसी से वह साहित्य हृदय को अधिक छूता है?"

वे बोले—"हाँ तो। वह जगह-जगह स्मरणशील हो जाता है। स्मृति में भावना की तरलता अधिक होती है, संकल्प में भावना का काठिन्य अधिक। विधायकता के लिए दोनों चाहिए।" कहते-कहते उनकी आँखें जैनेन्द्र के पार कहीं देखने लगी थीं। इसके बाद वे फिर बोले—"जैनेन्द्र, मुझे कुछ ठीक नहीं मालूम। मैं बंगाली नहीं हूँ। वे लोग भावुक हैं। भावुकता में जहाँ पहुँच सकते हैं, मेरी पहुँच नहीं। मुझमें उतनी देन कहाँ? ज्ञान से जहाँ नहीं पहुँचा जाता, वहाँ भी भावना से पहुँचा जाता है। लेकिन, जैनेन्द्र, मैं सोचता हूँ, काठिन्य भी चाहिए।"

जैनेन्द्र ने देखा, यह कहते हुए वे कन्या की भाँति लजा उठे।

इसके बाद साहित्य, समाज और देश पर न जाने कितनी बातें हुईं और कितना कुछ एक साथ जैनेन्द्र ने जाना, इसका कोई पारावार नहीं। जैनेन्द्र के मन पर प्रेमचन्द से साक्षात्कार की पहली छाप यह पड़ी। उन्हें लगा कि 'यह व्यक्ति जो भी है, उससे तनिक भी अन्यथा दीखने का इच्छुक नहीं है। इसे अपने महत्त्व या दूसरों के मान में आसक्ति नहीं है। इस व्यक्ति को अपने सम्बन्ध में इतना ही पता है कि कोटि-कोटि आदमियों के बीच में वह भी एक आदमी है। उससे अधिक कुछ होने, या पाने का वह दावेदार नहीं। मानवोचित प्राप्य का हक़दार वह है। और बस, उससे कम न ज़्यादा।'

इस भेंट में उन्होंने सरस्वती प्रेस, काशी से 'हंस' निकालने की योजना पर भी जैनेन्द्र से बात की और अपनी आर्थिक तंगहाली का भी ज़िक्र किया।

अपने काम-धन्धे की बात की और असहयोग आन्दोलन के चलते नौकरी छोड़ने की भी चर्चा की। उनके यह कहने पर कि अब क्या करें? जैनेन्द्र ने त्वरित उत्तर रख दिया—"आपके हाथ में तो क़लम थी। फिर प्रश्न कैसा कि क्या करें?"

वे बोले—"नहीं जैनेन्द्र, तुम्हारा ख़याल ठीक नहीं है। यह मुल्क विलायत नहीं है। विलायत हो जाय, यह भी शायद मैं नहीं चाहूँगा।"

जैनेन्द्र ने उस सुबह बातचीत के बाद वहाँ भोजन किया और इसके बाद प्रेमचन्द के साथ उनके दफ़्तर का रास्ता लिया। रास्ते में इक्के पर बैठे प्रेमचन्द ने अचानक जैनेन्द्र से पूछा—

"कहो जैनेन्द्र, सामुद्रिकशास्त्र के बारे में तुम्हारी क्या राय है?"

जैनेन्द्र ने पूछा—"आप विश्वास करते हैं?"

वे बोले—"क्या बताऊँ। लेकिन दफ़्तरी एक दोस्त हैं, अच्छा हाथ देखना जानते हैं। भाई, उनकी बताई कई बातें ऐसी सही बैठी हैं कि मैं कह नहीं सकता, यह सारा शास्त्र पाखण्ड है।"[१]

जैनेन्द्र ने कहा—"तो आप विश्वास करते हैं? मैं तो कभी नहीं कर पाया।"

वे बोले—"जैनेन्द्र, मैं कह चुका हूँ, मैं परमात्मा तक नहीं पहुँच सकता। मैं उतना विश्वास नहीं कर सकता। कैसे विश्वास करूँ जब देखता हूँ, बच्चा बिलख रहा है, रोगी तड़प रहा है? यहाँ भूख है, क्लेश है, ताप है, वह ताप इस दुनिया में कम नहीं है। तब उस दुनिया में मुझे ईश्वर का साम्राज्य नहीं दीखे, तो यह मेरा कसूर है? मुश्किल तो यह है कि ईश्वर को मानकर उसे दयालु भी मानना होगा। मुझे वह दयालुता नहीं दिखती। तब उस दयासागर में विश्वास कैसे हो? जैनेन्द्र, तुम विश्वास करते हो?"[२]

तब जैनेन्द्र ने कहा—"उससे बचने का रास्ता मुझे कहीं नज़र नहीं आता।"

जैनेन्द्र ने देखा, प्रेमचन्द मौन हो गये। उनकी आँखों की पुतलियाँ स्थिर

---

१. *'प्रेमचन्द : एक कृती-व्यक्तित्व,* पृ. २६
२. *'प्रेमचन्द : एक कृती-व्यक्तित्व,* पृ. २६

हो गयीं और कहीं दूर गड़ गयीं। जैनेन्द्र को लगा कि उनके मग्न मन की गम्भीरता ऐसी थी कि हम सब उसमें दब ही जायें।

जब दफ़्तर आया तो प्रेमचन्द के साथ जैनेन्द्र भी आहिस्ता-आहिस्ता इक्के से उतरे और दफ़्तर में दाख़िल हुए। दफ़्तर पहुँचकर उन मित्र से जैनेन्द्र का हाथ दिखाया गया। उन्होंने जो बताया, उसे ग़लत नहीं पाया फिर भी प्रेमचन्द के पूछने पर जैनेन्द्र ने अपनी पहले वाली बात दुहराई कि मेरी आस्था ज्यों-की-त्यों है, यानी विश्वास नहीं।

जैनेन्द्र की बात सुनकर लगा, जैसे प्रेमचन्द को दुःख हुआ हो। जैनेन्द्र ने महसूस किया—"प्रेमचन्द के मन में यों मूलतत्त्व, अर्थात् ईश्वर के सम्बन्ध में चाहे अनास्था ही हो, लेकिन मानव जाति द्वारा अर्जित वैज्ञानिक हेतुवाद पर और उसके परिणामों पर उनकी पूरी आस्था थी। असम्मान उनके मन में नहीं था। वह कुछ भी हों, कट्टर नहीं।"[१]

उसी शाम रुद्रनारायण जी आये थे। उन्होंने टाल्सटाय के लगभग सभी ग्रन्थों का अनुवाद किया था, पर उन्हें छापने को प्रकाशक नहीं मिलता था। शाम ढलने को हुई। रात होनी थी। दिनभर वे दोनों साथ रहे और यूँ रहे जैसे वर्षों का गहरा नाता हो। जब जैनेन्द्र ने चलने की बात की तो प्रेमचन्द बोले—"आज ही तुम चल भी दोगे? मैं सोचे बैठा था, कुछ रोज़ ठहरोगे।"

और इस तरह भरे हुए दिल से जैनेन्द्र ने प्रेमचन्द से विदाई ली। दिनभर का ही उनका साथ रहा, पर मानो वे बहुत निकट के हों—कितना कुछ बँटा और आपस में एक साथ कितना कुछ घटा भी। चले तो भाव प्रबलता थी और आगे की आश्वस्ति की चाहना भी। सम्बन्ध बना रहे, गाढ़ा हो, वह कभी धूमिल न पड़े। जैनेन्द्र ने मन-ही-मन इस महान आत्मा के प्रति कृतज्ञता प्रकट की। उन्हें एक साथ बहुत कुछ मिला और दुनिया जिस प्रेमचन्द पर निसार हुई जाती है, उनसे इतनी निकटता का भान होते ही उनका हृदय भर-भर जाता था। चले तो रास्ते भर प्रेमचन्द की आवाज़ गूँजती रही और वे सुनते—जैनेन्द्र यह बात, जैनेन्द्र वह बात। पहली बार उन्हें लगा कि इस नाम का भी अपना वज़न है, प्रेमचन्द ने जो पुकारा था इतने प्यार से।

---

१. *'प्रेमचन्द : एक कृती-व्यक्तित्व,* पृ. २७

कुम्भ मेले से होते हुए प्रेमचन्द से मिलकर लौटने के कुछ समय बाद यद्यपि जैनेन्द्र ने लिखने का क्रम ज़ारी रखा, पर बीच-बीच में चाहे-अनचाहे राजनीति उनका पीछा न छोड़ती थी। घर-गृहस्थी और दूसरे कामों के साथ भगवानदीन के निर्देश पर उनको कुछ-न-कुछ करना ही पड़ता था, भले ही राजनीति उन्हें अपने मन की चीज़ न लगती रही हो। इसी तरह कुछ करते-धरते थोड़े ही दिन बीते कि १९३० का वह समय आ गया जब महात्मा गाँधी ने अपना सत्याग्रह शुरू किया। दिल्ली में गाँधी जी के इस सत्याग्रह आन्दोलन की बड़ी धूम थी। इन्हीं दिनों प्रेमचन्द ने जैनेन्द्र को 'हंस' के विशेषांक के लिए कहानी लिख भेजने का अनुरोध किया। जैनेन्द्र ने बहुत प्रयत्न किया पर कहानी न बन सकी। बार-बार प्रयत्न करने पर भी विफल जैनेन्द्र ने जब इसका कारण खोजा, तो लगा कि बाहर जो उथल-पुथल मच रही है और सत्याग्रह का ज्वार आया हुआ है, उससे विलग रहकर ही उनको कहानी नहीं सूझ पा रही। उन्हें महसूस हुआ कि यदि वे इसी तरह आन्दोलन से निस्संग बने रहे, तो उनसे लिखना न हो सकेगा।

इन्हीं दिनों की बात है, लाहौर जेल में कारावास की सज़ा काट रहे एक अज्ञात लेखक ने जैनेन्द्र को कुछ कहानियाँ इस आग्रह के साथ भेजी थीं कि वे ठीक लग सकें तो इनके प्रकाशन की व्यवस्था कर दें। जेल से चोरी से बाहर भेजी इन कहानियों की कॉपी लेखक के किन्हीं मित्र ने जैनेन्द्र को दी थीं। जैनेन्द्र ने कहानियाँ पढ़ीं तो उन्हें ठीक-ठिकाने की लगीं। पर नाम तो लेखक का था नहीं। यह वही वक़्त था, जब वे पहली बार प्रेमचन्द से भेंट कर लौटे थे यानी १९३० के आरम्भ का समय। वे पसोपेश में पड़े। इतनी अच्छी कहानियाँ न छपें तो लेखक के साथ ज़्यादती ही है। नाम न हुआ तो क्या, कहानी तो छपनी ही चाहिए। उन्होंने एक पत्र लिखकर उन्हें प्रेमचन्द के पास भेज दिया। प्रेमचन्द को रचनाएँ पसन्द आ गयीं, पर लेखक का नाम तो कहानियों पर था नहीं। प्रेमचन्द ने जैनेन्द्र को पत्र लिखकर लेखक का नाम पूछा था, जैनेन्द्र ने उन्हें लिखा था—''चूँकि लेखक इनका अज्ञात है, इसलिए इन्हें 'अज्ञेय' नाम से छापना चाहिए।'' इनमें से ही एक कहानी प्रेमचन्द ने अपने द्वारा सम्पादित 'जागरण' में 'अज्ञेय' के नाम से प्रकाशित की थी। यह वही सच्चिदानन्द वात्स्यायन थे, जो बाद में 'अज्ञेय' नाम से प्रसिद्ध हुए।

अज्ञेय ने स्वयं इसका खुलासा करते हुए लिखा—"मैं तो वर्षों से जैनेन्द्र का ऋणी हूँ। मेरी पहली कहानियों का प्रकाशन उनकी मध्यस्थता में हुआ; इतना ही नहीं, मेरा साहित्यिक नाम उन्हीं का दिया हुआ है। यह ठीक है कि मैं स्वेच्छा से वह नाम कभी नहीं चुनता—और यह भी सम्भव है कि आज कदाचित् जैनेन्द्र जी भी वह नाम नहीं देते। यह तो संयोग था कि जेल से चोरी से बाहर भेजी गयी मेरी कहानियों की कॉपी उन्हें एक मित्र ने उन दिनों दिखाई जिन दिनों जैनेन्द्र कुमार को यह विशेषण (अज्ञेय) प्रिय था, क्योंकि जो कुछ भी अज्ञेय है, उसका आकर्षण उनके लिए प्रबल था। (कहा जा सकता है कि जैनेन्द्र जी की उन दिनों की मानसिक स्थिति का चित्र अगर एक लघु वाक्य द्वारा खींचना हो तो वह वाक्य होगा—'ओ तू अज्ञेय'—जो अनन्तर और भी संक्षिप्त होकर हो गया—"ओ तू!") मेरी उस कॉपी में से दो कहानियाँ जैनेन्द्र जी ने स्व. श्री प्रेमचन्द को भेजी थीं, जिनमें से एक उनके द्वारा सम्पादित 'जागरण' में छपी थी। (उस कहानी को स्वीकार करते समय प्रेमचन्द जी ने अनुमान यही किया था कि जैनेन्द्र जी ने ही अपनी रचना एक नये छद्म नाम से भेजी है।)"[१]

१९३० के आरम्भिक चरण में ही, जब जैनेन्द्र प्रेमचन्द से मिलकर लौटे थे, भगवती देवी ने उनकी पहली सन्तान को जन्म दिया जिन्हें बाद में नाम मिला—दिलीप। वे दिन घर में कठिनाइयों के थे। माता रामदेवी बाई अपने आश्रम में काम करतीं, पर स्वास्थ्य साथ नहीं दे रहा था। घर की आर्थिक स्थिति अच्छी न थी, फिर भी गृहस्थी चल रही थी। जैनेन्द्र लिखने-पढ़ने में कम समय देते। राष्ट्रीय आन्दोलन में भागीदारी को लेकर उनमें द्वन्द्व चला करता था। आय का नियमित ज़रिया न होने से परेशानी तो थी ही, पर अब इसकी आदत हो आयी थी। जितना साधन, उसी के अनुसार जीवन।

इधर जैनेन्द्र के मन में आन्दोलन में शामिल होने को लेकर द्वन्द्व बरकरार था। वे सत्याग्रह की जिस शुचिता को लेकर आग्रही थे, वह उसमें देखने को कम आती थी। कुछ लोग उसमें राजनीतिक महत्त्वाकांक्षाओं को पूरा करने के लक्ष्य के साथ ही काम करते थे और शेष लोगों को अपनी इच्छाओं के अधीन चलने को विवश करते थे। पर इसी मार्ग से ही देश को स्वाधीनता मिलनी थी। उनका लिखना भी इसी मार्ग से निकलता था।

---

१. जैनेन्द्र की षष्टिपूर्ति पर (२ जनवरी, १९६५ को) दिया गया वक्तव्य।

वे सोचते रहे और सोचने के क्रम में ही जैनेन्द्र ने पाया कि भले ही उन्हें यह मार्ग अनर्थकारी लगता है, भले ही वह मन को नहीं भाता, पर इस मार्ग ने ही उन्हें गढ़ा है, तैयार किया है। यह वह मार्ग है जिस पर असंख्य लोग चल रहे हैं, लाखों परिवार कल की चिन्ता किये बिना इसमें शामिल हो रहे हैं—फिर वे तो हैं ही स्वयंसेवक। इसी कार्य के लिए तो उन्होंने पढ़ाई छोड़ी, कहाँ-कहाँ न भटके और महीनों जेल की दीवारें देखते रहे। मन भले विराग रखे, बहुधा वह व्यक्ति के कर्म से बनता और पकता है। मन किसी का भी हो, सुरक्षा चाहता है, थोड़ा आराम भी; क्योंकि वह आलस करता है—बिना उस पर दबाव दिये, अपने अनुकूल बनाये वह कुछ करने नहीं देता। अब जैनेन्द्र ने दृढ़ निश्चय किया कि वे सत्याग्रह में भाग लेंगे। फिर क्या था, झट काग़ज़ लिया और काँग्रेस अध्यक्ष इन्द्र वाचस्पति को लिख भेजा कि अमुक तारीख़ से आप अपने स्वयंसेवकों की सूची में मेरा भी नाम लिख लें। जैनेन्द्र ने पाया कि उनके मन में कहानी बुन गयी। फिर क्या था, उन्होंने उसे लिखकर प्रेमचन्द को भेज दिया। इस तरह बीच में सक्रिय आन्दोलन से खीजकर अलग हुए जैनेन्द्र पुनः उसका हिस्सा हो गये। काँग्रेस कार्यालय को भी जैनेन्द्र की मानो प्रतीक्षा ही थी; क्योंकि उन्हें एक बड़े दायित्व का निर्वाह करना था।

दिन दो या तीन ही बीते होंगे, जब जैनेन्द्र का पत्र काँग्रेस कार्यालय गया था; एक पत्र आ धमका जिसमें जैनेन्द्र को यमुना के किनारे चलने वाले सत्याग्रह का मुखिया यानी 'हेड' बनाये जाने की सूचना थी। तय हुआ कि जो पहला जत्था सत्याग्रह के लिए जायेगा उसका नेतृत्व जैनेन्द्र करेंगे। पर यह जैनेन्द्र कहाँ करने वाले थे! वे उद्विग्न हो चले। उन्हें यह सम्मान अनुचित लगा। उन्होंने प्रतिवाद किया—"मैं स्वयंसेवक हूँ लेकिन पहले जत्थे का नेतृत्व कोई जाना-माना नागरिक, मान्य नेता को करना चाहिए। जिसे सब लोग जानते हों, उसे प्रमुख का पद दिया जाना चाहिए, मैं इस पद का हक़दार नहीं।" उनके इस प्रतिवाद को ग़लत माना गया और पाया गया कि वे एक तरह से विद्रोह को उकसा रहे हैं। जैनेन्द्र ने फिर अनुरोध किया—"मुझे इस जत्थे का एक सत्याग्रही ही रहने दिया जाये, नेता पद का गौरव काँग्रेस के किसी विशिष्ट पदाधिकारी को दिया जाये।" जत्थे के सभी सत्याग्रहियों ने उनका साथ दिया और समर्थन भी। सभी चाहते थे कि ज़िला काँग्रेस कमेटी के अध्यक्ष को प्रमुख बनाया जाना चाहिए,

संगठन के दूसरे प्रमुखों में से किसी को आगे लाना चाहिए। इससे अप्रिय विवाद ने जन्म ले लिया। तब गाँधी जी के पुत्र देवदास गाँधी ने बीच-बचाव किया। उनको जैनेन्द्र ने अपनी बात को ठीक से समझाया। जैनेन्द्र ने उनसे कहा—"मैं आपके लिए किसी भी प्रकार की असुविधा नहीं पैदा करना चाहता। पर यह भी है कि मैं अपने को किसी भी प्रकार के गौरव का अधिकारी नहीं मानता।"

देवदास गाँधी ने जैनेन्द्र की बात को ध्यान से सुना और बीच-बचाव कर मामले को आगे बढ़ने से रोका। विवाद का हल ही यह था कि या तो जैनेन्द्र जत्थे का प्रमुख रहें या सत्याग्रह से अलग हों। जैनेन्द्र ने विवाद को तूल न देते हुए सत्याग्रह से ही स्वयं को अलग कर लिया। पर जैनेन्द्र को इससे निस्तार कहाँ मिलना था। अब वे एक दूसरी भूमिका में थे। हुआ यूँ कि उसी समय 'नौजवान भारत सभा' और उसकी सेना बनी थी, जिसमें कुछ क्रान्तिकारी तत्त्व भी थे, जो गाँधी जी के अहिंसा-मार्ग को पसन्द नहीं करते थे। उसका केन्द्र वैसे तो लाहौर था, पर इस प्रवृत्ति का आरम्भ दिल्ली से ही हुआ। एक चमनलाल जी होते थे जो उन दिनों दिल्ली में 'हिन्दुस्तान टाइम्स' के संवाददाता थे। उनके कहने पर जैनेन्द्र ने 'नौजवान भारत सभा' की स्थापना के लिए हुई बैठक में शिरकत की। उस सभा में उनको शामिल मानकर अध्यक्ष का पद दे दिया गया। उसमें चमनलाल जी सचिव बनाये गये, जो बाद में बौद्ध भिक्षु हो गये थे। बैठक स्थल के पास ही पहाड़ी धीरज नामक स्थान था, जहाँ जैनेन्द्र रहा करते थे। तो इस तरह यह सभा गठित हो गयी और काम भी करने लगी।'

६ अप्रैल, १९३० की बात है। अँग्रेज़ी सरकार के ख़िलाफ़ एक बहुत बड़ा जुलूस निकाला गया और उसमें 'नौजवान भारत सेना' वाले लोग भी शामिल हुए। इस सेना के जवानों में बड़ा उतावलापन था। सबने मिलकर तय किया कि उनको जुलूस के आगे रहना चाहिए। पर मुश्किल यह थी कि जुलूस में सबसे आगे महिलाएँ थीं। उस स्थिति में नौजवान भारत सेना के लोग महिलाओं के पीछे खड़े होकर चलने लगे। जैनेन्द्र चूँकि सेना के स्वयंसेवकों के मुखिया थे, इसलिए वे जुलूस की पंक्ति में नहीं थे और स्वतन्त्र होकर उसके समानान्तर चल रहे थे। जुलूस के दौरान ही पता चला कि कश्मीरी गेट पर पुलिस ने गोलियाँ दागी हैं और लाठीचार्ज भी हो गया है। वे कश्मीरी गेट पर पहुँचे। वहाँ जाने पर पता चला कि

नौजवान भारत सेना के लोग कश्मीरी गेट से आगे निकल गये हैं। वे तेज़ी से उधर बढ़े। कश्मीरी गेट के डाकख़ाने तक आने पर पुल के नीचे से दिखा कि घुड़सवार दौड़े चले आ रहे हैं और हाथों में उनके लाठियाँ हैं जो वे भाँज रहे हैं। किसी-किसी घुड़सवार सिपाही के हाथ में बल्लम भी थे जिससे वे अपने दायें-बायें खड़े लोगों को मारते हुए चले आ रहे हैं। दृश्य बड़ा भयानक हो चला था। जगह-जगह लोग गिरे हुए थे, घायल थे और कुछ लोग लाशों में भी बदल गये थे। जैनेन्द्र यह मातमी माहौल देखकर वहीं सन्न खड़े रहे। जहाँ वे खड़े थे वहाँ दोनों ओर की सड़कों के बीच घास का प्लॉट था।'

जैनेन्द्र ने महसूस किया कि उनके मन में दहशत-सी पैदा हो गयी है। यद्यपि वे आगे नहीं बढ़े, एक डग चले भी नहीं, पर हटे भी नहीं, अविचल अपनी जगह खड़े रहे। पर मन में भय व्याप्त हो गया था। जैनेन्द्र ने देखा, नौजवान भारत सेना के चार-पाँच लोग मर चुके हैं, सैकड़ों की संख्या में लोग घायल हुए हैं। जैनेन्द्र का मन क्षुब्ध हो उठा। एक तरफ़ तो भय तो दूसरी तरफ़ यह क्षोभ। जैसे-तैसे बन्दोबस्त कर जैनेन्द्र ने अपने घर पहाड़ी धीरज और उसके आसपास सबके दवा-इलाज का प्रबन्ध किया और जितना हो सका तीमारदारी करने का यत्न किया कि लोग ठीक हो सकें। लेकिन उस दिन उन्हें अनुभव हुआ कि वे इस सभा या सेना के नेतृत्व के योग्य नहीं हैं। इसका कारण यही था कि उनके भीतर भय था और भय के रहते हुए ऐसी ज़िम्मेदारियों के साथ न्याय नहीं किया जा सकता। उन्हें लगा कि उनसे बड़ी भयंकर भूल हो गयी है। भारत नौजवान सेना के लोग घायल हुए, मरे, शहीद हुए, पर इसे उन्हें भुगतना पड़ा। उनका तो कुछ न बिगड़ा। जो वे प्रमुख थे, प्रधान थे, उन पर तो कोई चोट न आयी। आयी तो बस दो-एक लाठियों की चोट, जिसे वे सहजता से झेल गये। यह पश्चात्ताप उन्हें देर तक सालता रहा, अन्दर उद्विग्नता थी, विचलन भी। उन्होंने तय किया कि अब वे नेतृत्व का दायित्व हरगिज़ न लेंगे। उन्होंने उसके एक प्रभावी नेता कृष्णन नायर से स्पष्ट शब्दों में कह दिया, नेतृत्व का ज़िम्मा किसी अन्य को दे दें, मुझसे यह न होगा। उन्होंने काफ़ी कहा-सुनी के बाद जैनेन्द्र के निर्णय को स्वीकार किया, पर कहा—
''हमारे काम गाँवों में बहुत शिथिल हैं। उनमें कोई व्यवस्था नहीं है। कुछ लोग इसमें लगे हुए तो हैं पर गाँवों में जैसी चेतना पैदा होनी चाहिए, नहीं

हो रही। तुम इसमें जुट जाओ, अपना योगदान दो। तुम लोगों में चेतना जगाने का काम कर सकते हो, तुम्हारी वाणी में प्रभाव है और तर्क में प्रखरता है।'' जैनेन्द्र ने इस दायित्व को स्वीकार किया। वे कुछ गाँवों में गये, उत्साह से काम हुआ। लोगों को जुटा-जुटाकर समझाने, बताने की चेष्टा की जाती कि वे सब एकतान हो जायें और अँग्रेज़ी सत्ता के ख़िलाफ़ उठ खड़े हों। कुछ ही समय में लोगों में नया जोश आने लगा और लगा कि उनका कार्य अकारथ नहीं जा रहा।

इसे संयोग ही कहें कि इसी बीच घूमते-घामते जैनेन्द्र का झाँसी जाना हुआ। चिरगाँव वहाँ से सिर्फ 30 कि.मी. दूर था। मन में हुआ कि यहाँ तक आकर चिरगाँव न जाना अपराध से कम न होगा। सियाराम शरण को पता चला तो वे कभी क्षमा न कर पायेंगे। वहाँ जाकर मैथिलीशरण गुप्त से मिलना सुखद होगा। इस तरह संयोग उन्हें चिरगाँव ले गया। घूम-घूमकर गाँवों में काम करना और लोगों को जाग्रत करने की मुहिम से किंचित् अवसर पाकर इस तरफ़ आना उन्हें रोमांचित करने वाला था। उन्हें मैथिलीशरण गुप्त के नाम से तब से परिचय था जब वे तीसरी कक्षा में पढ़ते थे। उस ज़माने में उन्हें मैथिलीशरण की कविताएँ कण्ठस्थ थीं और वे हरेक को यह बात बताना भी चाहते थे। उन्हें इस बात की भी स्मृति थी कि छठी या सातवीं कक्षा में रहते उनका लिखा खण्ड काव्य 'जयद्रथ वध' पाठ्य के तौर पर पढ़ा था। तब उन्हें लगता था कि 'मैथिलीशरण जाने क्या-क्या होंगे। बस, पुराण-पुरुषोत्तम ही होंगे और चिरगाँव कोई अनुपम गाँव होगा।'[१]

इस तरह सन् १९१४ की वह याद इस १९३१ के आसपास साकार होने को आयी। लेकिन जैनेन्द्र ने देखा कि जिसे वे करिश्मा समझते आ रहे थे, वह बिलकुल न था। उन्होंने पाया—'यह तो सारी बात एकदम मामूली बात की तरह हो गयी। मैथिलीशरण गुप्त एकदम मामूली आदमी हैं, चिरगाँव बिलकुल मामूली गाँव है। सब सर्वसाधारण है। और मैं सोचता हूँ कि वाह।'[२]

वैसे जैनेन्द्र का चिरगाँव जाना कोई तय न था। गाँव-देहात में काम करते अचानक उन्हें सियारामशरण गुप्त से प्राप्त एक पत्र की स्मृति हो आयी

१. *'स्मृति-पर्व'* —जैनेन्द्र कुमार, पूर्वोदय प्रकाशन, नई दिल्ली, पृ. ६४
२. *'स्मृति-पर्व'*, पृ. ६४

थी। उनका चिरगाँव निवासी कृष्णानन्द गुप्त से भी पत्र-व्यवहार था, सो जाने का मन बन गया। फिर क्या था, वे पूछते-पूछते उनके घर के अहाते में जा पहुँचे। वहाँ खड़े होकर सोचते रहे कि क्या कहकर पुकारें। मैथिलीशरण गुप्त से प्रथम भेंट कुछ इस तरह हुई—"पास नीम के पेड़ में पड़े हुए झूले में छोटी पटरी रखे एक अधेड़ वय के महाशय, कृशकाय, नीमास्तीन मैली-सी बण्डी पहने धीमे-धीमे झूल रहे थे। वह बण्डी खद्दर क्या, टाट की थी और सच कहूँ तो बहुत सफ़ेद नहीं थी। और धोती ऐसी कि मानो कृपापूर्वक उसे घुटने से ज़रा नीचे तक आ जाने की इजाज़त मिली हो। धोती वह बस यथावश्यक ही थी और अपने नाम से अधिक काम नहीं करती थी। कपड़े का टुकड़ा ही उसे कहिये।

मैं अपनी बगल में छोटा-सा पुलिन्दा दाबे उस बड़े अहाते के बीच खड़ा हुआ कुछ भूल-सा गया कि अपने साथ क्या करूँ, क्या पूछूँ?

झूले वाले तो मन-ही-मन कुछ गुनगुना रहे हैं और बाहर का उन्हें विशेष ध्यान नहीं है।

पर मिनट भर में सब हो गया। किसी ने मुझे सम्बोधित किया। मैंने सियाराम को पूछा, अपना नाम बताया। जिस पर झट सियाराम मौजूद। कृष्णानन्द भी उपस्थित। और देखते-देखते मैं ऐसी आत्मीयता से घिर गया कि क्या कहूँ। झूलेवाले निकले ख़ुद मैथिलीशरण गुप्त। और क्षणभर में वहाँ मेरे चारों ओर ऐसा घेरा बन गया कि अपने घर से ज़्यादे। उस समय जैसे थोड़ी देर के लिए इन लोगों के प्रति अपने को अजनबी समझने के अपराध पर कुण्ठा होने लगी। सचमुच मुझे शर्म मालूम हुई। न—कुछ में मेरा पुलिन्दा छिन गया। जैसे मेरी गाँठ खो गयी।

और मैंने सोचा कि 'राम-राम मैथिलीशरण यह! यह मैथिलीशरण'!!"[१]

तो यह मैथिलीशरण गुप्त से जैनेन्द्र की पहली भेंट थी और पहली बार में ही लगा कि वे अजनबी नहीं, नितान्त अपने हैं। उसके बाद कई दिन वहाँ रहना पड़ गया। कोई छोड़े तब तो वे लौट पाते। वहाँ रहने के बाद जैनेन्द्र को लगा कि मैथिलीशरण का नाम जितना है, वह उतने ही साधारण हैं। साधारण से, सादा जीवन जीकर अपनी साधना से उन्होंने कीर्ति कमाई है। देहाती लिबास और सादगी में जीते हुए मैथिलीशरण ने अपने लिए कोई

---

१. *'स्मृति— पर्व'*, पृ. ६५

प्रभामण्डल भी तैयार न किया। एक दिन सकुचाते जैनेन्द्र ने नाश्ते के बाद नीम से लगे झूलेवाले अहाते में आमने-सामने बैठे मैथिलीशरण गुप्त से पूछा—

"देश के बारे में क्या सोचते हैं?"

"इसमें सोचना क्या है, संघर्ष चल रहा है, हम जीतेंगे। बापू का नेतृत्व जो है!"

"आपको लगता है, हम आज़ाद होंगे?"

"हाँ, निश्चित।"

"और काँग्रेस का यह उसूल आज़ादी के बाद भी बना रहेगा?"

"बापू के रहते इस पर सन्देह करने का कारण नहीं देखता।"

"और यह जो इधर-उधर के तनाजे देखने में आ रहे, लोगों में विद्वेष बढ़ रहा?"

"यह सब तात्कालिक है। बापू हैं तो सब ठीक हो जायेगा। अँग्रेज़ों की एक न चलेगी। हम सबको देश के लिए अपने कर्तव्यों की याद रहे। हमें मात्र इसी से काम रखना चाहिए।"

जैनेन्द्र ने देखा, मैथिलीशरण गुप्त का चेहरा तन गया। वे चिन्तित-से हो आये। उनको देखकर यह अनुमान लगाना कठिन नहीं था कि देश पर प्राण देने में उन्हें कोई हिचक न होगी। उनकी देशभक्ति और भारतीय गौरव के प्रति उनकी निष्ठा श्रद्धेय थी। कविता को वे अपने कर्तव्य की फलश्रुति मानते थे। जैनेन्द्र ने उनसे उनकी कुछ कविताएँ भी सुनीं और पाया कि 'उसमें संगीत की बहार नहीं रहती। अभिनय-कौशल नहीं रहता। पर जैसे उनकी वाणी कविता के भाव के साथ एकरूप हो जाती है। जो शब्द है, मानो वही स्वर है। स्वर का आरोह भाव की लय पर मानो आप ही उठता है और भाव के उतरने के साथ मानो अवरोह स्वयं शनैः-शनैः आ जाता है। ध्वनि लय के अनुसार चलती है। कविता के भाव से अलग होकर मैथिलीशरण जी के काव्य-पाठ में श्रोता के लिए मानो रस की कोई बात नहीं रहती। जो कविता है, वही कविता का पाठ है।'[१]

---

१. *'स्मृति-पर्व'*, पृ. ७०-७१

जैनेन्द्र देख पाते हैं कि मैथिलीशरण स्व-केन्द्रित नहीं हैं। इसमें उनकी कविता भक्ति की प्रेरणा में से आकर भी रहस्यमय नहीं है, उपासनामयी है। उसमें चहुँओर के दबाव की पीड़ा है। वे कविता-पाठ कर मानो मुक्त होते हैं। तब एक प्रशान्ति उनके माथे पर फैल जाती है।

बातचीत में मैथिलीशरण हर पुरानी चीज़ के पक्षधर हैं, मानो वह कभी-न-कभी काम ही आयेगी, सो उसे व्यर्थ मान फेंक देना अकलमन्दी नहीं। इसी तरह पुराने कपड़े, सामान और चाहें तो विचारों को भी उसमें जोड़ लें, व्यर्थ कुछ भी नहीं है—सबको काम आना है और उन्हें त्यागकर हम उसकी सारी सम्भावनाएँ मिटा डालते हैं। यह दिलचस्प लगता है कि जैनेन्द्र पाते हैं कि मैथिलीशरण मशीन में कविता से कम दिलचस्पी नहीं लेते। कलपुर्जों में उन्हें अच्छी गति है, और रस है। वे यह भी समझ पाते हैं कि मैथिलीशरण भीड़ के आदमी नहीं हैं। सरल हैं पर सब पर विश्वास कर लें, यह सम्भव नहीं। सम्बन्धों के बारे में सावधान हैं। वे इतने उदार नहीं कि दिल बाँटते फिरें। वे भीड़ के आदमी नहीं हैं। 'बहुत कुछ उन्हें अनायास सिद्ध है। कविता में शब्द और तुक। सफर में तीसरा दर्जा। भूषा में सादगी। वेश में चिरगाँवता। प्रेम में अपत्य-प्रेम। वाणी में मित-भाषण और साहित्य में सुरुचि।'[१]

एक दिन बैठे-ठाले मैथिलीशरण से जैनेन्द्र की बातचीत का संयोग फिर बन बैठा। इस बार शुरुआत मैथिलीशरण ने की—

"तो तुमने पढ़ाई छोड़कर राष्ट्रीय दायित्व को अपना कर्तव्य माना, यह तो बहुत ही अच्छी बात हुई। पर इसके पीछे प्रेरणा किसकी थी?"

जैनेन्द्र ने कहा—"निस्सन्देह मेरे मामा की, मामा—महात्मा भगवानदीन की।"

"गाँधी जी ही तो मूल में होंगे?"

"हाँ, प्रेरक तो वही थे, पर जब वे बनारस आये थे, तो उनसे इतना प्रभावित न हुआ था, पर उनके आह्वान से देश के हज़ारों-लाखों छात्रों ने अपनी पढ़ाई छोड़ दी थी।"

"फिर?" मैथिलीशरण गुप्त ने पूछा।

---

१. *'स्मृति-पर्व',* पृ.-७२

''उसके बाद मामा का पत्र आया, उन्होंने पढ़ाई न छोड़ने पर डाँटा और राष्ट्रीय मुहिम से जुड़ने की बात की, तो हमने पढ़ाई छोड़ी और तब से जीवन का वही ध्येय बना हुआ है।''

''लिखते भी तो अच्छा हो। सियाराम बता रहे थे, ग़ज़ब की भाषा है, लय है और झकझोर देने वाले विषय उठाते हो।''

जैनेन्द्र को संकोच हुआ। वे बोले—''ऐसा कुछ नहीं है। बस, कुछ कोशिश कर लेते हैं। वैसे हम लेखक तो मानते भी नहीं अपने को।''

''पर एक बात है, कुछ प्रभाव तुम्हारे पश्चिम के दिखते हैं जो यहाँ की व्यवस्था के बहुत अनुकूल नहीं बैठते शायद।''

उनका इशारा निश्चय ही 'परख' की तरफ़ था जिसने जड़ व्यवस्था को झकझोरा था। वे कुछ देर मौन रहने के बाद बोले—''बात पश्चिम और पूरब की नहीं, जितनी कि मानवोचित व्यवहार-विचार की। हमें अपने सामाजिक ढाँचे में बदलाव करने की ज़रूरत है और स्त्री पक्ष को समुचित स्वतन्त्रता देने की भी। इस पर सोचे बिना आज़ादी बेमानी है।''

जैनेन्द्र ने अपना उत्तर उसी अन्दाज़ में दिया था, जिस अन्दाज़ में मैथिलीशरण ने उनके लेखन पर टिप्पणी की थी। जैनेन्द्र ने पाया था कि भारत गौरव और उसके प्रेम में सनातनी सामाजिक ढाँचे में भी रहने और उसे बनाये रखने का मोह कदाचित् एक राष्ट्रीय-रोग की तरह है जो आसानी से नहीं जायेगा।

इसके बावजूद जैनेन्द्र ने पाया कि मैथिलीशरण में अनुमान से अधिक उदारता है और वे जड़ता जैसी रूढ़ि के शिकार तो हरगिज़ नहीं हैं। वे लिखते हैं—''वह अँग्रेज़ी नहीं जानते। पर अँग्रेज़ी में चलने वाली राजनीति को वह जानते हैं। सबेरे डाक आयी कि चिट्ठियाँ देखीं। फिर अख़बार पढ़े। वह बातों को जानकर नहीं, जिन्हें जानते हैं, उनके विषय में कुछ महसूस करके दम लेते हैं। वह अपने जानने को मानो हृदय के साथ भी जोड़े रखना चाहते हैं। इससे आधुनिक विचारधाराओं से वह अवगत ही नहीं रहते, उनके प्रति सहानुभूति रख सकते हैं। उनकी आस्था बौद्धिक नहीं है। बौद्धिक तल पर अतः वह बन्धनहीन और उदार हैं और धीरता से प्रश्नों की गहराई छू सकते हैं।''[१]

---

१. *'स्मृति-पर्व'*, पृ. ७२

इस तरह जैनेन्द्र चिरगाँव में तीन-चार दिनों के प्रवास के बाद जब लौटने को हुए तब मैथिलीशरण गुप्त ने उन्हें प्रेमपूर्वक विदा किया। तीन तीन-चार दिनों ने उन्हें सहज आत्मीयता में बाँध दिया था। लौटे तो आँखें सजल थीं और पाँव आगे बढ़ने में असमर्थ हो रहे थे। लेकिन लौटना तो था ही। लौटकर जैनेन्द्र पुन: गाँवों में घूम-घूमकर अपने अभियान में लग गये। लोगों में जागरण की मुहिम फिर शुरू हो गयी।

लेकिन जैनेन्द्र का यह उत्साह ज़्यादा दिन तक न रहा। कुछ ही समय बाद उनके ख़िलाफ़ गिरफ़्तारी का वारण्ट निकला जिससे बचने या भागने की कोई राह न थी। मुक़दमा चला और राजद्रोह की सज़ा सुना दी गयी। जैनेन्द्र गिरफ़्तार कर लिए गये और उन्हें दिल्ली के 'बी' क्लास जेल में डालने का आदेश हुआ। पर जैनेन्द्र ने सज़ा को मंजूर करते हुए भी दिल्ली के 'बी' क्लास जेल में रहने से इनकार करते हुए 'सी' क्लास जेल में अपने अन्य साथियों के साथ रहने की अर्जी दी। लेकिन दिल्ली के गोरा बैरक में स्पेशल क्लास के क़ैदी रहा करते थे जिनमें 'ए' और 'बी' क्लास के मुजरिम रखे जाते थे। पहले तो इसमें जाने-न-जाने का असमंजस बना रहा, पर अन्ततः जाने की मजबूरी आ पड़ी। जैनेन्द्र को मालूम हुआ कि अगर इनकार किया गया तो शारीरिक यातना दी जायेगी। अन्ततः हुआ यह कि उन्हें ज़बर्दस्ती गोरा बैरक ले जाया गया, पर उसके दूसरे ही दिन जैनेन्द्र सहित सभी दूसरी क्लास वालों को गुजरात के स्पेशल जेल में भेज दिया गया। वहाँ दिल्ली, पंजाब और सीमाप्रान्त के विशेष बन्दियों की भरमार थी। वहाँ जाने पर जैनेन्द्र ने देखा कि उस स्पेशल जेल में ख़ान अब्दुल गफ़्फ़ार ख़ान, डॉ. किचलू, डॉ. अन्सारी, ज़फ़र अली ख़ाँ, सत्यपाल और आसफ अली जैसे लोग थे। उन्हें सबसे मिलने और जानने का अवसर मिला, तो लगा जैसे यह जीवन व्यर्थ नहीं जा रहा। देश पर मिटने वाले उन जैसे और उनसे भी बड़े-बड़े लोग हैं जो अपने जीवन की परवाह किये बगैर प्राणपण से लोगों में जागृति पैदा करने का काम कर रहे हैं। एक जीवन और बड़े जीवन का अर्थ यह भी तो है।

यह उस जेल की ही बात है, उस स्पेशल जेल में डॉ. अन्सारी के सुझाव पर एक पार्लियामेण्ट शुरू की गयी थी। उसमें बारी-बारी से सभी क़ैदी देश की दशा, भावी राजनीति और वैश्विक परिप्रेक्ष्य पर भी बात करते थे। इसमें जेल में रह रहे प्राय: सभी, जिनमें डॉ. अन्सारी, आसफ अली,

देशबन्धु गुप्ता, इन्द्र वाचस्पति, आरिफ हसवी, ख्यात पत्रकार जे.एन. साहनी, सत्यवती मलिक आदि इस पार्लियामेण्ट में अपनी बात कहते और उस पर व्यापक बहस-मुबाहिसे का सिलसिला चलता। इस पार्लियामेण्ट में जैनेन्द्र चूँकि वय में सबसे छोटे थे, इसलिए प्रायः चुप ही रहते। एक दिन भारत में खादी की भूमिका और उसके स्वराज और सत्याग्रह से सम्बन्ध को लेकर बेहद दबाव में जैनेन्द्र को बोलना पड़ गया। वे बोले तो उनके तर्क और वाग्विदग्धता से सभी लोग चकित-से हो गये। सबने उनके बोलने की कला और वाकपटुता की सराहना की तथा खादी को स्वराज के आदर्शों से जोड़ने के लाभ और जन-जागरण जैसी स्थितियों के बनने के अवसर को आगत सम्भावना मानकर सराहा। उस दिन दुर्योग से आसफ अली न थे।

अगले दिन आसफ अली जेल में दाख़िल हुए तो जैनेन्द्र की सेल की तरफ़ बढ़ चले। जैनेन्द्र से दुआ-सलाम के बाद कहने लगे, "भई, सुना तुमने कल खादी पर लाजवाब तक़रीर की। खादी से अवाम, इन्क़लाब और उसको हिन्दुस्तान के मुस्तकबिल से जोड़कर जो तुमने जिरह की, उसकी सभी लोग दाद दे रहे हैं, भई वाह।"

आसफ अली की इस सराहना पर जैनेन्द्र सकुचा गये, बोले—"मुझमें यह सिफत कहाँ! आप सब बड़े लोग, पढ़े और दुनिया को समझने वाले। मैं अभी अदना-सा युवक हूँ, जो सोचा, वह बोल गया। आपको ज़रूर बढ़ा-चढ़ाकर बताया गया होगा। फिर भी शुक्रिया कहता हूँ, आपकी दुआ बनी रहे।"

"क्या जैनेन्द्र, तुमसे तो मैं जीतने से रहा, पर एक बात कहने आया हूँ, सुन तो लो?"

आसफ अली के आग्रह ने जैनेन्द्र को झुका दिया।

"तो कहिये ना, हुकुम करें।"

जैनेन्द्र के कहे पर आसफ अली ने कहा—"भई जैनेन्द्र, तुमसे यही कहने आया हूँ कि तुम्हें राजनीति में सक्रिय रूप से भाग लेना चाहिए।"

जैनेन्द्र ने कहा—"मैंने तो निर्णय ले लिया है आसफ साहब, कि राजनीति में सक्रिय रूप से भाग न लूँगा।"

वे सुने तो हैरान हुए। यह व्यक्ति बोल क्या रहा है। फिर भी आहिस्ता से कहा—

''देखो, यह ग़लत फ़ैसला है तुम्हारा। देखो, राजनीति में काम करने वाले बहुत हैं, सोचने वाले नहीं। जो सोचे, बात की गहराई में जाये और अपने अखलाक की बुनियाद पर देश को सँभाले, उसे तरक़्क़ी की राह पर ले जाये, ऐसे लोगों की ज़रूरत है। तुम्हारी सोच उम्दा है और समझ लाजवाब। यही वजह है कि समझा रहा हूँ, बहुत आगे जाओगे। आख़िर, यह राजनीति ही तो है जो तुम्हें जेल में रहना पड़ रहा है। देश को लेकर जज्बा और मुहब्बत न होती तो तुम यहाँ करते? इसी को कायम रखो, पीछे न हटो। इसे मेरी नेक सलाह मानो।''

जैनेन्द्र को कहाँ रुकना था, वे बोले तो बोलते चले गये—''यह राजनीति, इसमें सक्रियता, मुझे नहीं सुहाते। मैं अहिंसक सत्याग्रही हूँ, मैं इसमें शामिल हुआ तो अहिंसक आन्दोलन के साथ न्याय नहीं कर पाऊँगा। मैं जान गया हूँ कि मेरे भीतर भय का वास है। जो भयमुक्त हो, उसके लिए सक्रिय राजनीति है। हिंसक पराक्रम में तो भय भीतर भी रह सकता है। उसमें सेनापति पीछे भी रहे तो कोई हर्ज नहीं। सेनापति आदेश देता है, उसमें सिपाही लड़ता है, जानें जाती हैं, वह तमाशा देखता खड़ा रहता है। इसका अहिंसक आन्दोलन में कोई अवकाश नहीं है। अहिंसक आन्दोलन में तो, सेनापति को, या जो भी सत्याग्रही हो, उसको सामने आकर छाती पर वार लेना होता है, लेना चाहिए। अन्यथा अहिंसा खरी सिद्ध न होगी।''

जैनेन्द्र जब यह कह रहे थे, तो उनके सामने डॉ. गोपीचन्द, सत्यपाल, किचलू, ज़फ़र अली ख़ाँ, मुहम्मद आलम तो थे ही, ख़ान अब्दुल गफ़्फ़ार ख़ान भी थे। सबकी आँखें फटी-की-फटी रह गयीं। क्या तो यह युवक सोचता है, क्या बोलता है और क्या तो इसके इतने ऊँचे आदर्श हैं।

जैनेन्द्र ने फिर कहा—''मेरी कोई चाहना नहीं। मुझे कुछ नहीं बनना। बस, यही एक कामना शेष है कि जीवन भर सत्याग्रही रहूँ, जो बन पड़े, वह कर सकूँ, बस। और कुछ नहीं।''

आसफ अली जैनेन्द्र के उत्तर से सन्न थे। उन्हें उनसे ऐसी उम्मीद न थी। पर उनके मन में यह गहरा सन्तोष हो आया कि यह व्यक्ति गाँधी के आह्वान और अहिंसक आन्दोलन को मन पर लेकर जी रहा है। काश, ऐसे

ही निर्ब्याज भाव से दूसरे लोग भी काम करते और किसी चाहना को लेकर मरे न जाते। जैनेन्द्र की बातों ने खान अब्दुल गफ्फार खाँ को भी तसल्ली दी थी। वे पास आकर जैनेन्द्र की पीठ थपथपाते हुए बोले—"बरख़ुरदार, तुम अपनी जगह दुरुस्त हो, सौ फ़ीसदी दुरुस्त। इन्शाअल्ला तुम इसी अहद के साथ अपनी राह पर चलो। गाँधी को तुम्हारे जैसे ही नौजवान चाहिए और इस मुल्क को भी।"

सीमान्त गाँधी की इन बातों से जैनेन्द्र की आँखें छलछला आयीं। लम्बे क़द के गफ़्फ़ार ख़ान ने झुकते हुए जैनेन्द्र को गले से लगा लिया। उस रात जैनेन्द्र की आँखों में नींद न उतरी और रात काली पड़ चुकीं दीवारों की पपड़ियों को देखते बीती। अन्ततः उनकी रिहाई का समय भी आ गया। महीनों की यातना के बाद जैनेन्द्र रिहा होकर घर न लौटे और वहीं से वे कराची चले गये। वहाँ जाने का उद्‌देश्य यह था कि वे जान पायें कि कराची में किस प्रकार की राजनीतिक गतिविधियाँ चल रही हैं। वहाँ कुछ दिन रहने और आसपास की सरगर्मियों की जानकारी लेने के बाद वे दिल्ली लौटे थे जहाँ उनकी अलग भूमिका तैयार थी।

वे सोच-विचार में लगे थे कि अब आगे क्या होगा। देश का सवाल था, तो अपने जीवन का भी। चिन्ता दोनों तरफ़ से थी। इसी द्वन्द्व में जब-तब वे कुछ लिखते-पढ़ते भी। बीच-बीच में उनके सत्याग्रही मित्र आकर आसपास की गतिविधियों की जानकारी देते और उन्हें सावधान करते रहते। समय बड़ा कठिन था—वह मुश्किल से बीत रहा था। एक तरफ़ घर की फटेहाली, दूसरी तरफ़ बेकारी और तीसरी तरफ़ यह देश। जैनेन्द्र को इन तीन पाटों में लगातार पिसना पड़ रहा था, पर वे साहस के साथ उसमें लगे थे, चारा भी कोई दूसरा न था। इसी आसपास की बात है, 'विशाल भारत' के सम्पादक और अपने समय के महत्त्वपूर्ण लेखक बनारसीदास चतुर्वेदी को अँग्रेज़ी सरकार के एक अधिकारी ने बातचीत के लिए दिल्ली बुलाया। 'विशाल भारत' स्वाधीनता संघर्ष में शामिल था और सरकार के विरुद्ध लेख और परिचर्चाएँ उसमें ख़ूब छपा करती थीं। बनारसीदास चतुर्वेदी निर्भीक लेखक तो थे ही, उतने ही साहसी पत्रकार भी। उन्हीं दिनों उन्होंने प्रवासी भारतीयों पर कोई वक्तव्य दिया था जिससे अँग्रेज़ी सरकार के अधिकारी ख़ासा परेशान थे। सरकार के बुलावे पर पहले तो वे तने, फिर सोच-विचारकर मन बनाया कि मिलकर देख ही

लेते हैं। जैनेन्द्र जेल से रिहा होकर दिल्ली लौट आये थे। वे दिल्ली आये तो जैनेन्द्र को भी बुलावा भेज निश्चिन्त हो गये। उस दौर में दादा गुरु नाम से चर्चित बनारसीदास चतुर्वेदी ने अधिकारियों से मुलाक़ात कर अपना पक्ष रखा, उन्हें अपनी तीक्ष्ण बुद्धि से समझा-बुझाकर शान्त किया और उनसे छुट्टी पायी।

जैनेन्द्र के मिलने पर वे बहुत प्रसन्न हुए और हाल-समाचार पूछने के बाद बोले—"देखो जी, यह जो इन लोगों ने डबल फ़र्स्ट क्लास का फ़ालतू पैसा दे दिया है, उसका एक यही न उपयोग हो सकता है कि जितने बन सकें हिन्दी साहित्यिकों को कवि-गुरु से भेंट कराने के लिए ले जाऊँ। यह दूरी अच्छी नहीं है और कवि ठाकुर की वय काफ़ी है। इतना बड़ा पुरुष भारत को मिला है तो हम हिन्दी वालों को समय रहते उनका लाभ ले लेना चाहिए। अब तुम कहो, चलोगे न? लो मैं भी उलटे पूछने लगा...कहता हूँ, चलना होगा...तैयार हो जाओ।"

जैनेन्द्र ने अपनी तंगहाली का ज़िक्र किया, घर में रहने की मजबूरी का हवाला दिया, पर दादा-गुरु बनारसीदास चतुर्वेदी को न मानना था, न माने। जिद करते हुए वे बोले—"दुःख-सुख सब इस जीवन में ही है। कभी इससे छुटकारा कहाँ है। असल चीज़ है कि मौक़ा आये, उससे चूको नहीं। झट आगे बढ़कर उसे ले लो। कुछ दिन की तो बात है, लौट आओगे?"

"वह तो ठीक है, पर...?"

"नहीं, नहीं, अब टालने से मुझे नाहक नाराज़ करोगे। तुम्हीं बताओ, इस डबल फ़र्स्ट क्लास के मिले पैसे का क्या करूँ। और तुम यह भी तो सोचो कि नये हो। आओ चलो रवि ठाकुर के दर्शन से कुछ पाओगे ही।"

जैनेन्द्र को कोई जवाब न सूझा। यह समस्या बलात् उनके सिर पर आ गिरी। वे जाने की हालत में न थे, पर दादा-गुरु को मनाते कैसे। अन्ततः उन्हें तैयार होना पड़ा। दिल्ली से कलकत्ता और कलकत्ता से शान्तिनिकेतन की इस यात्रा में उनके साथ माखनलाल चतुर्वेदी, सुदर्शन, सत्यवती मलिक सहित कुछ अन्य लेखक भी थे। रास्ते भर दादा-गुरु तरह-तरह की चर्चा से सबको समृद्ध करते रहे। कभी माखनलाल चतुर्वेदी बोल पड़ते तो कभी सत्यवती मलिक। सुदर्शन चुप्पी साधे सबकी बात सुनते

और मुस्कराते रहे। जैनेन्द्र भी बीच-बीच में कुछ बोलते और यात्रा-संवाद के इस संयोग का सुख लेते।

लम्बी और थकान-भरी यात्रा के बाद सब लोग शान्तिनिकेतन पहुँचे थे जहाँ गुरुदेव अपने 'उत्तरायण' नामक बँगले में आराम कर रहे थे। वे जल्दी ही 'शामली' नामक कुटिया में रहने वाले थे जिसे उन्होंने मिट्टी से बनवाया था। दोपहर का समय था और सूरज अपने ताप के प्रभाव को कम करके मद्धिम होने को था। पता करने पर मालूम हुआ कि गुरुदेव अपने बँगले में आराम कर रहे हैं। दादा-गुरु पूरे जत्थे को लेकर उत्तरायण के परिसर में दाख़िल हुए। वे हिदायत देते चलते कि किसी के जूते न बज पायें। वे स्वयं भी हौले-हौले पाँव रखते और चाहते कि सभी लोग उनका अनुकरण कर जूते की धमक से होने वाले शोर को दबायें। दादा-गुरु को चिन्ता थी कि वे कहीं सो रहे हों, तो यह उन पर ज़्यादती होगी। जैनेन्द्र का देसी जूता ज़्यादा ही चर्र-चर्र कर रहा था। वे सोचते कि कवि-गुरु तो बाद में परेशान होंगे, पहले तो दादा-गुरु से ही जान बचे। सबकी यही हालत थी। जैसे-तैसे लोग बँगले के बरामदे तक आये। वहाँ इधर-उधर ख़ाली कुर्सियाँ पड़ी थीं, आदमी कोई न था। दादा-गुरु असमंजस में थे कि अब क्या करें। उन्हें सूचना भी नहीं दी गयी थी। यह भी प्रश्न था कि मिलने का यह वक़्त ठीक भी है या नहीं। कई बार दादा-गुरु को लगा कि यह वक़्त शायद ठीक नहीं। शाम को मिलना ज़्यादा ठीक हो सकता है। इतने में अन्दर से आवाज़ आयी। ध्यान देने पर समझ में आया कि कवि-गुरु से उनका माली बांग्ला में साग-सब्ज़ी की बातें कर रहा है। माली बेधड़क बोले जा रहा था और बीच-बीच में कवि-गुरु 'हूँ', 'हाँ' जैसा कुछ कह रहे थे। सबका असमंजस तो टूटा, पर प्रश्न यह था कि बिना सूचना दिये आने के अपराध का क्या हो। लौट जाया जाय कि बाहर बैठकर गुरुदेव के निकलने का इन्तज़ार हो। जैनेन्द्र ने साहस दिखाया और तय किया कि वे स्वयं जाकर गुरुदेव से कहते हैं कि बाहर हिन्दी के कुछ अभ्यागत आपके दर्शनार्थ उपस्थित हुए हैं। वे अपने क़दम बढ़ाये ही थे कि कवि-गुरु दरवाज़े से बाहर निकल आये। धीमे और स्थिर क़दम, कन्धे ज़रा आगे झुके हुए, शुभ्र वदन, ढीली पोशाक, नीचे चुन्नट से लटकती धोती। पाँव में विद्यासागरी चप्पल।

वहाँ कुछ देर स्तब्ध असमंजस रहा। कवि-गुरु बढ़ते हुए आये। वे कुर्सी

के पास तक आ गये। तब वहाँ उपस्थित सभी लोगों ने बारी-बारी से उनके चरण-स्पर्श किये।

वे कुर्सी पर बैठ गये। बनारसीदास चतुर्वेदी ने तब एक-एक कर सभी लेखकों से उनका परिचय कराया। जैनेन्द्र ने पाया, कवि-गुरु हिन्दी समझ ले रहे हैं, पर बोलते अँग्रेज़ी में हैं। हिन्दी के बारे में उन्होंने सबको सम्बोधित करते हुए कहा—"क्या आप यह न चाहेंगे कि हिन्दी के निकट मैं किसी राष्ट्रीय कर्तव्य की प्रेरणा से नहीं, बल्कि स्वत: रसलाभ और आनन्द की दृष्टि से आया हूँ। हिन्दी राष्ट्रभाषा तो है, पर आप हिन्दी वालों को इतने से ही सन्तोष क्यों हो जाना चाहिए! संख्या के बल पर उसे नहीं टिके रहना है। रस और आनन्द की उपलब्धि के लिए उधर जब आप लोग ही बढ़ेंगे तब उसका मान बढ़ेगा, स्वप्रतिष्ठ होगा।"[१]

कहते समय उनकी दृष्टि नीचे की ओर थी। फिर वे बोले—"मेरी तो विवशता थी। बांग्ला की परम्पराएँ बनीं तो थी नहीं, बन रही थीं। पर संस्कृत का भण्डार भरा था। इससे झट हम उसका सहारा ले लेते थे। वहाँ शब्दों का अन्त कहाँ। कहाँ उनकी थाह। पर हिन्दी में तो इतना सन्त-साहित्य पड़ा है। अनेक देशज शब्द हैं या संस्कृत से आकर बन-सँवर गये हैं। हिन्दी तो उस शब्द-सम्पदा से भरपूर है। वह अधिक लोक-सुलभ हो सकती है।"[२]

गुरुदेव की बात ख़त्म हुई तो बनारसीदास चतुर्वेदी ने उनसे आग्रह किया कि वे मिलने आये लेखकों को कुछ सन्देश दें। बनारसीदास चतुर्वेदी को वे ठीक से जानते थे और उनके मन में दादा-गुरु के प्रति स्नेह-भाव भी बहुत था, जो दिख रहा था। उनके कहने पर गुरुदेव किंचित् असमंजस में पड़े, फिर बोले—"लिखने में लेखक को साफ़ होना चाहिए। सादा और सीधा। उनके कहे में अँग्रेज़ी के शब्द थे—Straight, Simple and Direct."

जैनेन्द्र गुरुदेव को तल्लीनता से सुन रहे थे। बिना देर किये वे बोल पड़े—"आपने डायरेक्ट कहा और सिम्पल भी। आपकी भाषा तो अलंकृत लगती है और गूढ़ भी। सीधी वह कहाँ है ? उसमें तो फेर और पेच दिखाई

१. *'स्मृति-पर्व'*, पृ. १२
२. *'स्मृति-पर्व'*, पृ. १२

देते हैं।"

जैनेन्द्र ने बोल तो दिया, पर जैसे लगा उनसे भारी पाप हो गया। धृष्टता और असह्य बात और क्या होती होगी। सामने बैठे बनारसीदास चतुर्वेदी कुपित हो उठे। उनकी आँखों में जैनेन्द्र के लिए मानो लज्जा और भर्त्सना उभर आयी।

लेकिन उनके मुँह से बात तो निकल गयी थी जिससे वे बेहद सहम गये। वे सोचने लगे, शायद यह उनसे बचपना हो गया। गुरुदेव के प्रति सम्मान और आस्था का भाव उनमें था। अनास्था तो हरगिज़ न थी। कदाचित् यह उनके व्यवहार की भूल थी। जैनेन्द्र सोच ही रहे थे कि बनारसीदास चतुर्वेदी धीरे से बोले—

"यह क्या अनावश्यक प्रश्न पूछ बैठे तुम ? यह तो कुतर्क है जैनेन्द्र ? क्या अपने से बड़े से ऐसा बर्ताव करते हैं ?"

जैनेन्द्र ने कुछ न कहा। लगा जैसे ग़लती हुई है, वैसी ही यह भर्त्सना भी है। वे चुप रहे पर यह उनके ताड़ने में आया कि शेष बैठे लोग भी उनके प्रतिवाद से मुँह बिचकाए असहमत-से दिख रहे हैं। लेकिन तभी असमंजस और द्विधा को काटती हुई गुरुदेव की मद्धिम वाणी गूँज उठी। उनकी वाणी का एक-एक शब्द स्पष्ट था, स्वर स्थिर और गति मंथर। वे कह रहे थे—"Yes, I want you not to follow me. I want you not to follow any one. I want you to follow your self."[१]

(हाँ, मैं नहीं चाहता कि आप मेरा अनुकरण करें। या आप किसी और का अनुकरण करें। अनुकरण तो आपको स्वयं का करना है।)

जैनेन्द्र ने देखा, यह कहते हुए वे चारों तरफ़ देख रहे थे। चेहरे पर सच्चाई का भाव था। उसमें वे अपना उत्तर पा गये थे। उनके शब्दों में न आत्मरक्षा का प्रयत्न था और न अपने कहे का समर्थन ही था। उनके कहे में कोई रोष हो, वैसा भी न था। जैनेन्द्र ने पाया कि उनके कहे वाक्यों के बाद लेखक बन्धुओं की नाराज़गी थोड़ी कम हो गयी थी, पर कितनी कम हुई थी, यह बाद में देखने में आना था।

इसके बाद जैनेन्द्र ने और दूसरे लेखकों ने गुरुदेव से बहुत-सी बातें कीं।

---

१. *'स्मृति-पर्व'*, पृ. १२

जैनेन्द्र बोलते हुए गुरुदेव को बार-बार देख रहे थे और चेहरे के भाव को निरख रहे थे। माथे पर अनगिनत रेखाओं के उभार के बावजूद उनके चेहरे की कान्ति भव्य दिख रही थी। जैनेन्द्र की चेतना में इस भव्यता को लेकर मानो प्रश्न उभर रहे थे। भव्यता क्या इतनी निर्दोष होती है? फिर सोचने में आया, चेहरे में कोई मिलावट भी हो, तो दाढ़ी उसे छुपा ले जाती है। पर बिना किसी त्रुटि के यह भव्यता क्या कल्पनीय नहीं है? पुरुषत्व पुरुषार्थ द्वारा साध्य है। वे देवता होना नहीं चाहते थे, पर उनके समक्ष देवोपमता के सिवा कुछ दिख ही नहीं रहा था।

अब गुरुदेव से भेंट समाप्त हो चुकी थी। कवि-गुरु उठे और सबका अभिवादन स्वीकार कर आशीर्वाद की मुद्रा में मुड़े और अपने कक्ष की तरफ़ मुड़ गये। जैनेन्द्र दूसरे लेखकों के साथ वापस हुए। लौटते समय बनारसीदास चतुर्वेदी ने जैनेन्द्र को धैर्य की सीख दी थी और उतावलेपन से बचने की सलाह भी। जैनेन्द्र ने कहा था—"दादा-गुरु, बड़े-से-बड़े व्यक्ति की बात का प्रतिवाद, अगर विनम्रता से हो, यद्यपि प्रतिवाद का कारण उसके कहे में मौजूद हो, तो वह धृष्टता नहीं होती, अपनी भोली समझ से मैं इतना ही जानता हूँ। पर आप सबको अगर मेरी इतनी-सी बात अखर रही हो, तो मैं खेद व्यक्त करता हूँ।"

बात वहीं ख़त्म हो गयी थी। शान्तिनिकेतन में रात को रुकने के बाद दूसरी सुबह कलकत्ता और फिर दिल्ली की यात्रा सुखद ही रही, जिसमें जैनेन्द्र को बहुत कुछ जानने-समझने को मिला था।

जैनेन्द्र लौट आये थे। घर-गृहस्थी की ज़िम्मेदारी के साथ स्वाधीनता आन्दोलन की भागीदारी और लेखन के द्वैत में फँसे वे तय न कर पाते थे कि क्या करें, क्या न करें। घर में माँ का संघर्ष ज़ारी था। परिवार का ख़र्च बढ़ रहा था, पर उसको पूरा करने का साधन जुट न पाता। सत्याग्रह और लेखन की दुनिया जैसे एकतान हो गयी थी। एक सनक, एक संकल्प, एक सपने को यथार्थ में लाने की जिद ही हैं दोनों। लेखक तो कवि-गुरु भी हैं, पर क्या उन्हें यह दुविधा छू भी पाती होगी? नहीं, क्योंकि वहाँ उद्यम से अधिक विरासत की शक्ति है और इधर अपने छीजते पुरुषार्थ से पल-पल लड़ना है—इसलिए कि कामना निःशेष है और कामना न हो तो प्राप्ति को ही शून्य क्यों न रहना हो?

इस बीच एक अन्य घटना ने उन्हें हैरत में डाला और उनकी ख़ुशी बढ़ा दी। प्रेमचन्द से जैनेन्द्र का पत्र-व्यवहार चलता रहा और निरन्तर वे एक-दूसरे के निकट होते गये। १९३१ में पहली बार जब प्रेमचन्द दिल्ली आये तो जैनेन्द्र को उनके साथ होने और रहने का अवसर मिला। उनका दूसरा कहानी-संग्रह 'वातायन' भी हाल ही हिन्दी ग्रन्थ रत्नाकर से छपकर आया था जिसकी चर्चा हो रही थी, इसकी भी ख़ुशी उन्हें थी। इसके पहले लखनऊ में वे उनसे मिले थे और एक-दो रोज़ की भेंट बनारस में हुई थी। इस बार वे जब आये तो जैनेन्द्र के घर ही ठहरे। साथ खाना होता और गपशप का उन्मुक्त मौक़ा बनता। वे जब भी खाना खाते, उसके बाद नीम की सींक से दाँत खोदते घण्टों बैठकर जैनेन्द्र से बातें करते। वे जैनेन्द्र की बातें ही ज़्यादा सुनते, बोलते बहुत कम। बातें देश और दुनिया की होतीं, सुधार-उद्धार की और नीति या तत्त्व की। उन दिनों जैनेन्द्र के घर में दो बुजुर्ग और थे जो बतकुच्चन में रस लेते। कोई भी व्यक्ति उनके पास पहुँचता तो पता नहीं कर सकता था कि ये वही प्रेमचन्द हैं। उठने-बैठने, सोने-रहने का तरीक़ा इतना घरेलू कि सहसा यक़ीन न होता। पहनावा भी सादा कि कोई देखता तो चकित हो रहता। उस समय जैनेन्द्र के घर में रहने वाले दो बुजुर्गों में एक ठोस विचारों वाले व्यक्ति थे। उनके पास हमेशा कुछ कहने-बताने को होता। जब भी बहस होती, वे ही उसका समापन करते थे। उन्हें हमेशा लगता कि वे ही सही हैं। तीन-चार दिन प्रेमचन्द वहाँ रहे और उन बुजुर्गवार की नसीहतें पाते रहे पर मजाल क्या कि कभी कुछ बुरा माना हो। मानो वह उनसे कुछ सीख रहे हों और वे बुजुर्ग उन्हें सिखा रहे हों। यह जैनेन्द्र को अच्छा न लगता था, पर वे विवश थे। एक दिन खाना खाते-खाते उन्होंने जैनेन्द्र से पूछा—

''जैनेन्द्र, इन साहब की क्या उम्र होगी?''

जैनेन्द्र ने अनुमान से कुछ कहा। सुनकर वे बोले—''क्या कहते हो?''

जैनेन्द्र ने कहा—''एकाध साल से ज़्यादा का फ़र्क़ नहीं हो सकता। क्योंकि मैंने एक बार ख़ुद ही तसदीक़ किया था।''

''तो वाह!'' प्रेमचन्द ठहाका लगाकर हँसे। ''वाह ख़ूब! तब तो यार, बड़े हम हैं।''

उनकी हँसी जल्दी न रुकी और जैनेन्द्र भी उनके साथ देर तक हँसते रहे।

फिर जैनेन्द्र ने उनसे पूछा—"तो आपको इसमें शक था कि आप बड़े हैं?"

सुनकर प्रेमचन्द बोले—"अच्छा, अब उन हज़रत से कहूँगा कि आपसे मैं बड़ा हूँ।"

दूसरे दिन जब बैठक जमी तो प्रेमचन्द धैर्य से उन महोदय को सुनते रहे। वे बुजुर्ग तफ़सील से तक़रीर करने लगे। प्रेमचन्द ने मौक़ा पाते ही उनसे पूछ लिया—"पण्डित जी, आपकी उम्र क्या होगी?" उन महोदय ने जैसे ही अपनी उम्र बताई, प्रेमचन्द ने कहा—"वाह जनाब, तब तो आपसे बड़ा मैं हूँ।"[१] उन्होंने इस तरह अपनी बात रखी कि बुजुर्ग को बुरा भी न लगा। बल्कि वे ख़ुश हो आये, हँसे। इस घटना के बाद दोबारा उनकी न लम्बी तक़रीर हुई, न वे फिर नसीहत देने के फेर में पड़े।

जैनेन्द्र को भी इससे बड़ी राहत मिली। वे अक्सर देखते कि प्रेमचन्द कभी अपने व्यक्तित्व को भारी नहीं बनाते थे। सबसे घुल-मिलकर रहना और अपने को खोये रखना उनके स्वभाव में था। वे इस सलीके से पेश आते कि सामने वाला अगर ग़लती करे तो महसूस कर पछताये और उनका कायल हो जाय। यह प्रवास प्रेमचन्द को अधिक समझने-जानने का कारण बना और जैनेन्द्र उनकी अनन्यता पा सके। अब जब वे जहाँ भी होते, एक-दूसरे के निरन्तर सम्पर्क में रहते, अपना दुःख-सुख बाँटते और अपनी रचनाओं पर भी बात करते।

प्रेमचन्द के दिल्ली से जाने के कुछ समय बाद की बात है, वे गृहस्थी में अनमने भाव से लगे थे। उधर माँ का स्वास्थ्य भी ठीक नहीं चल रहा था। लिखने के काम, पढ़ाई और थोक के भाव आये पत्रों के जवाब भी देने थे। कुछ भी ठीक ढंग से नहीं चल रहा था। लिखने बैठते तो ज़रा-सा काम होता और मन जाने कहाँ-कहाँ हो आता। देश, आन्दोलन, स्वाधीनता, स्वराज, जेल और नारे। कभी चैन न पड़ता। मन कहीं ठहरता न था। जहाँ बैठते, लगता कि किसी यात्रा पर हैं। नारों के शोर से कान फट जाते। सिर चक्कर खाने लगता। प्रश्न उठते—असंख्य लोग घर-गृहस्थी छोड़ जीवन की परवाह न कर आन्दोलन कर रहे हैं और वे बीच-बीच में विराम लेकर व्यर्थ में समय गँवा रहे हैं। कभी ऐसा भी लगता कि कहीं यह उत्साह

१. *'प्रेमचन्द : एक कृती-व्यक्तित्व'*, पृ. ६४

भविष्य के अवसाद में न बदल जाय। राजनीति करते भी मन में न जाने क्या होता। वे राजनीति तो करते नहीं, न उनकी कोई निजी साध है, पर जो इसे करते हुए निजी आकांक्षाओं का प्रदर्शन करते थे और गाहे-बगाहे कपटपूर्ण व्यवहार करते थे, उनसे वे परिचित हो चुके थे। उन लोगों को बहुत नज़दीक से देख-जानकर ही उन्होंने मान लिया था कि यह काम उनके वश का नहीं। पर चैन न पड़ा तो फिर लौटना पड़ा। बार-बार मन में विद्रोह, पर बार-बार लौट आने की विवशता। विवशता देश की पुकार थी, असंख्य जनों की सजल आँखें थीं तो सामने दिखाई दे रहे स्वराज की थी। लेकिन भय भी होता कि जिन लोगों को साथ लेकर यह महासंग्राम छेड़ा गया है, कहीं वे अपने स्वार्थ की बेदी पर उसे न चढ़ा दें।

जैनेन्द्र में अभी यह द्वन्द्व चल ही रहा था कि १९३२ के आन्दोलन की धमक आ पहुँची। एक दिन पौ फटने के साथ ही काँग्रेस के एक वरिष्ठ नेता घर पर आये और पण्डित जवाहरलाल नेहरू की लिखी चिट्ठी उन्हें थमा गये। जैनेन्द्र ने चिट्ठी खोली तो उनके हाथ-पाँव फूल गये। पर यह क्या, पण्डित नेहरू ने तो यहाँ चलने वाले आन्दोलन का उन्हें 'डिक्टेटर' ही मनोनीत कर दिया था। उन्हें इस पर विस्मय तो हुआ ही, बुरा भी लगा। उन्हें स्वयंसेवक तक तो रहना ठीक था। यह 'डिक्टेटर' बनना तो उनके लिए मुसीबत ही था। उनके मन में असमंजस बना रहा। वे इससे मुक्त होने का लगातार प्रयास भी करते रहे, पर निराशा हाथ लगी। किसी को न उनकी बात सुननी थी, न सुनी। सबने यही कहा कि जब पण्डित जी ने यह जिम्मेदारी दी है तो समाधान भी वही कर सकते हैं। दूसरा कोई भी व्यक्ति इस काम में दख़ल देकर मुसीबत मोल लेना नहीं चाहता था।

अब तय था कि यदि उन्हें 'डिक्टेटर' की ज़िम्मेदारी से बरी होना था, तो जवाहरलाल नेहरू से मिलना था, दूसरा उपाय कोई था नहीं। उनमें थोड़ी झिझक थी, तो थोड़ा भय था। जाने वे क्या सोचें, क्या कहें। जैनेन्द्र के सामने बैठे-ठाले आ गयी यह परेशानी उन्हें चैन से रहने नहीं दे रही थी। पण्डित जवाहरलाल नेहरू उनसे अपरिचित न थे। विभिन्न आयोजनों और आन्दोलनों में जैनेन्द्र से उनका आमना-सामना भी हुआ तो पहचान भी बनी थी। जैनेन्द्र को पण्डित नेहरू व्यक्ति तो खरे लगते थे, पर उनकी सोच थोड़ी भिन्न लगती, जो शायद उनके अपने स्वभाव से मेल न खाती। उनकी चेतना में सदा एक द्वैत रहता, पर अपने को लेकर वे हमेशा सचेत

रहते। वे कभी भूल न पाते थे कि वे बड़े और नामी बैरिस्टर खानदान के वारिस हैं। खान-पान, पहनावा, सज-धज और जीने का ढंग बिलकुल अलग, जो उस समय के सत्याग्रहियों से मेल न खाता। उनका हर क़दम महत्त्वाकांक्षा से प्रेरित था, बल्कि कहना चाहिए कि महत्त्वाकांक्षा में से ही वह अपनी नीति बनाते थे। अपने रुतबा और रुआब के प्रति ख़ासे सचेत पण्डित नेहरू से बहुत कम लोग होते जो सहज रह पाते।

वे उन दिनों देशभर में घूमा करते, जैसे सभी सत्याग्रही ज़रूरत पड़ने पर जहाँ भी भेजा जाता, जाते। उनका एक क़दम इलाहाबाद में भी रहता। दिल्ली तो वे जब-तब आते ही रहते। आते तो सबको ख़बर होती। वे यहाँ आते तो मुख्य सत्याग्रहियों को बुलाकर मिलते और ठोस योजनाएँ बनाते, उस पर अमल सुनिश्चित करते।

जैनेन्द्र को चूँकि 'डिक्टेटर' उन्होंने ही बनाया था, तो उनसे ही बात करने से मामला हल हो सकता था। कोई दूसरा इसका रास्ता निकालता भी नहीं। पण्डित नेहरू से मिलने जाना होगा, यह एक प्रश्न की तरह उपस्थित था। वे जायेंगे और बात करेंगे, कहेंगे कि यह दायित्व मेरे अनुकूल नहीं। वे चले थे तो एक निश्चय लेकर, पर मन में यह खटका था कि अपने स्वभाव के कारण कहीं वे टाल न दें, अपनी ही बात ऊपर न रखें। जैनेन्द्र ने सुबह-सुबह ही उनसे मिलने का निश्चय किया और उनके निवास का रास्ता लिया।

घर के दरवाज़े पर जाकर घण्टी बजायी तो नौकर ने दरवाज़ा खोला और नाम पूछा। पण्डित जी को जाकर उसने नाम बताया ही होगा कि वे अपनी गाँधी टोपी ठीक करते आगे बढ़ चले। जैनेन्द्र ने हाथ जोड़कर उनका अभिवादन किया। उन्होंने उनके दोनों हाथ अपने हाथों में थामकर हालचाल पूछा और बैठकख़ाने के सोफे पर बिठाया। उनके आने का कारण पूछने पर जैनेन्द्र ने अपनी समस्या बताई और उसका निदान चाहा।

वे बोले—"आप में रहनुमाई का हुनर है जैनेन्द्र। आप अपनी बात बेहद साफ़गोई और जज्बे के साथ रखने के उस्ताद हैं। जायज़-नाजायज़ को समझाकर कहना भी आपकी तक़रीर की ख़ास बात है जिसे मैं जानता हूँ। लोग आपकी बातों को ग़ौर से सुनते हैं और अमल करते हैं। यही वजह है कि हमने यह जवाबदेही आपको दी है।"

"वह तो ठीक है पण्डित जी, पर...।"

"पर क्या? इसमें इतनी हिचकिचाहट क्यों है भाई। यह हम सबकी लड़ाई है, सब एक साथ लगे हुए हैं।" पण्डित नेहरू ने जैनेन्द्र की बात को काटते हुए कहा।

"पण्डित जी, बात वह नहीं है। यह बताना चाह रहा हूँ कि मैं एक मामूली सत्याग्रही हूँ, स्वयंसेवक तक रहना ही मुझे ठीक लगता है। आपको तो पता है, मुझे कोई लोभ नहीं है, न कुछ बन पाने की लालसा ही। ऐसे में मुझे इससे अलग कर किसी वरिष्ठ को यह ज़िम्मा दे दें तो हर्ज क्या है?"

पण्डित नेहरू अपने स्वाभाविक अन्दाज़ में मुस्कराये और तनिक ठहरकर बोले—"भाई जैनेन्द्र, एक लेखक को समाज की रहनुमाई से इनकार क्यों? यह जंगे-आज़ादी की बात है। आपको तो आगे बढ़कर इसका इस्तेकबाल करना चाहिए। जहाँ तक बात कुछ पाने या चाहने की है, वह तो जब वक़्त आयेगा तो देखा जायेगा। हमें भी तो कोई ख़्वाहिश नहीं है।"

जैनेन्द्र ने पण्डित नेहरू को ध्यान से सुन चुप्पी साध ली थी। पण्डित नेहरू एक डायरी में कोई ज़रूरी टिप्पणी दर्ज़ कर रहे थे कि सहसा वे क़लम को अपने दाहिने कान में फँसाकर कुर्सी से उठते हुए बोले—

"क्या जैनेन्द्र, यहाँ के दो डिक्टेटर बनाये गये हैं एक आप हो, दूसरे इन्द्र वाचस्पति। आसफ अली, देशबन्धु गुप्ता आदि समर्पित स्वयंसेवक आप दोनों के नेतृत्व में काम करेंगे, और डर क्यों इसे लेकर? भई, यह तो अहिंसक संघर्ष है न, तसद्दुद या वायलेन्स हमारी मुहिम में तो है नहीं। तो यह तय रहा कि आप अपनी ज़िम्मेदारी से पीछे नहीं हटेंगे।"

जैनेन्द्र ने पण्डित नेहरू की बात सुनी और अपनी कोई प्रतिक्रिया नहीं दी। कुछ क्षण बाद पण्डित नेहरू उनके कन्धे पर हाथ रखते हुए धीरे-धीरे बाहर तक आये। उनकी माताजी और पत्नी का हालचाल पूछा और इस तरह जैनेन्द्र को विदा किया। जैनेन्द्र थके कदमों से बढ़ते हुए सोच रहे थे, यह पण्डित जी भी बहुत अड़ियल हैं। किसी और की बात सुनते नहीं। भई, आपको तो देश सँभालना है, हमें तो कोई चाह नहीं इसकी। घर-गृहस्थी ही सँभालने में नहीं आते, सोचते क्या हैं, क्या हो जाता है। इसी तरह सोचते-विचारते जैनेन्द्र घर लौटे थे, पर अब इस दायित्व से मुक्ति नहीं थी।

उसी शाम जैनेन्द्र ने सभी स्वयंसेवकों को एकत्र किया जिसमें देशबन्धु गुप्ता, आसफ अली सहित सभी प्रमुख स्वयंसेवक शामिल थे। उस बैठक में इलाक़े के दूसरे डिक्टेटर इन्द्र वाचस्पति भी आये। वे दिल्ली काँग्रेस के अध्यक्ष की हैसियत से 'डिक्टेटर' थे और उनका अध्यक्षीय कार्यकाल भी पूरा होने वाला था। उनसे जुड़ा एक प्रसंग यह भी था कि एक मामले में उन्हें सज़ा हो गयी थी और जल्दी ही उन्हें जेल जाना था। जैनेन्द्र ने एकत्रित छोटे-बड़े स्वयंसेवकों को सम्बोधित करते हुए कहा—"देश की आज़ादी के लिए लड़ी जा रही हमारी लड़ाई अहिंसक है। आप सभी लोग, जब भी, जहाँ भी जाना पड़े, हर घड़ी, हर क्षण; सत्याग्रह के लिए जाने को तैयार हैं न?" उसके बाद जैनेन्द्र ने वहाँ बैठे सबसे एक-एक कर पूछा। आसफ अली, देशबन्धु गुप्ता से भी दरियाफ़्त किया। किसी ने 'हाँ' में सिर हिलाया तो किसी ने चुप्पी साध ली। थोड़ी देर बाद उन्हें लगा कि वे शायद यह पूछकर ग़लती कर रहे हैं; क्योंकि उन लोगों की कार्यपद्धति एक 'शैडो कैबिनेट' बनाकर पीछे से मुहिम चलाने की थी। इसकी जानकारी होने के बावजूद जैनेन्द्र ने कहा—"हमारे नगर के मानस पर जब तक कोई अच्छा और परिचित व्यक्ति, जो बहुत दिनों से नगर का नेतृत्व और उसकी सेवा करता रहा हो, और नगर के लोग उसे ठीक से पहचानते हों, ऐसा व्यक्ति सामने न आयेगा और वह अपनी कुर्बानी नहीं देगा, जेल नहीं जायेगा, तब तक जन-मानस पर सही प्रभाव नहीं पड़ेगा। इसके लिए हमें एक प्रमुख मोर्चा बनाना चाहिए। छोटे-मोटे प्रदर्शन से काम नहीं चलेगा।"[१]

जैनेन्द्र के कहे का तत्काल असर हुआ और तुरन्त यह कार्यक्रम निश्चित हुआ कि दिल्ली के घण्टाघर इलाक़े में कम-से-कम सौ सत्याग्रही अपनी गिरफ़्तारी देंगे। उसमें अमुक-अमुक तीन जाने-माने व्यक्ति होंगे। उनके साथ उन्हें स्वयं यानी जैनेन्द्र को 'डिक्टेटर' के रूप में वहाँ रहना होगा। लेकिन योजना के मुताबिक अमल न हुआ। योजना थी कि इधर से एक जत्था आयेगा, अमुक नेता उस जत्थे का नेतृत्व करेगा, दूसरी ओर से दूसरा जत्था आयेगा, तीसरी तरफ़ से तीसरा जत्था, और सबका नेतृत्व अलग-अलग लोग करेंगे। पर ऐसा हो न पाया। कार्यक्रम के पूर्व कुछ विदेशी संवाददाता जैनेन्द्र से मिलने आये थे और वे कार्यक्रम की पूरी

---

१. *'मेरे भटकाव'*, पृ. ६१

योजना के साथ विवरण भी लेना चाहते थे। पहले तो जैनेन्द्र ने उन्हें टालना चाहा और बेरुखी दिखाई, पर जब वे न माने तो उनसे रोष में कहा— "आप यह जानकर क्या करेंगे? लोग आयेंगे, लाठियाँ चलेंगी, लोगों के सिर फूटेंगे। इसमें आपको क्या मिलेगा? उसी को देखना है आपको? इसमें क्या ख़बर बनेगी आपकी?" वे जैनेन्द्र के बर्ताव से दुखी हुए। दुखी जैनेन्द्र भी हुए और इसी क्रम में उन्होंने घण्टाघर की पूरी योजना का विवरण भी दे दिया।

दूसरे दिन तय कार्यक्रम विफल हो गया। न तीनों जत्थे आये न उनके नेता। आख़िरकार जितना सत्याग्रहियों का जत्था था, उन्हें लेकर ही जैनेन्द्र आगे बढ़े और जैसा सविनय अवज्ञा का तरीक़ा था, झण्डा ऊँचा करके, नारे लगाकर गिरफ़्तार हो गये। यह सन् १९३२ के सत्याग्रह की गिरफ़्तारी थी। गिरफ़्तारी के बाद उनको मुलतान के सेन्ट्रल जेल में भेज दिया गया। वहाँ रहते हुए जैनेन्द्र के मन पर विपरीत असर पड़ा। जेल में भी अपने साथ गिरफ़्तार सत्याग्रहियों के तौर-तरीक़ों से उनके मन पर यह छाप पड़ी कि गाँधी जी के आन्दोलन को, उनके मार्ग को काँग्रेसी अपनाते तो हैं, पर उस पर श्रद्धा नहीं रखते। उन्हें यह आशंका भी सताती कि स्वाधीनता मिलने के बाद कहीं ऐसे ही कोई अन्य मार्ग अपनाकर गाँधीमार्ग के सच्चे मार्ग को छोड़ न दें। जेल में रहते हुए उन्हें कभी-कभी अहसास होता कि वे आस्तिक बनते जा रहे हैं। यह उनके लिए एक द्वैत की तरह था और वे इससे परेशान भी रहने लगे थे मानो ईश्वर से बचने की राह ही नहीं रह गयी हो। ईश्वर पर विश्वास होने के साथ ही यह भाव उभरा कि उन्हें पुनर्जन्म के विश्वास को खो देना होगा। या तो ईश्वर मानो या पुनर्जन्म। दोनों साथ-साथ नहीं चल सकते। यह सोचकर उन्हें बड़ी उलझन हुई। पुनर्जन्म का विचार तो भारत में घुला-मिला है। लेकिन ईश्वर, उससे भी तो मुक्ति चाहें, तो नहीं पा सकते। ईश्वर है या हम उसमें हैं, इससे इनकार करना न भी हो, पर यह पुनर्जन्म का विश्वास भला साथ कैसे रह सकेगा? इससे उनको लगता कि जीवन का आधार ही लुटा जा रहा हो।

जेल में रहते तो चारा न था। बाहर निकले तो मैथिलीशरण गुप्त भी मुस्कराते मिले। वे उनसे एक-से हो गये। वे जैनेन्द्र को डॉ. भगवानदास के पास ले गये। उनके सामने जैनेन्द्र के भीतर ईश्वर और पुनर्जन्म को

लेकर छिड़े द्वैत की बात रखी गयी। भगवानदास ने बिना देर किये जैनेन्द्र को सलाह दी कि वे गाँधी जी को लिखें, कदाचित् वे ही इसका समुचित उत्तर दे सकें। यह बात उनके मन में पहले भी उठा करती थी जिसे वे दबा दिया करते थे। उनके मन में होता कि यह लिखने से गाँधी जी पर जुर्म होगा। वहाँ बैठे प्राय: सब लोगों ने कहा कि गाँधी जी को लिखना चाहिए। लेकिन उनका मन तैयार न हुआ।

जब जैनेन्द्र दिल्ली आये और जेल से रिहा हुए, उसी समय के आसपास गाँधी जी दिल्ली आये थे। जैनेन्द्र को उनके नाम से भी डर लगता था। उनमें उन्हें लेकर जितनी उत्कण्ठा होती थी, उतनी ही आशंका भी। वह यह भी सोचते कि कहीं गाँधी जी के पास जा सकना सम्भव ही न हो पाये। किसी सभा में वे गाँधी जी को देखते तो उनका जी होता कि मुँह छुपाकर दूर हो जायें। उन्हीं दिनों उनकी एक रिश्तेदार, दया, जो अपना जीवन राष्ट्रीय आन्दोलन के लिए समर्पित कर वर्धा रह रही थीं, गाँधी जी से मिलने दिल्ली आयी थीं। वे साबरमती में भी रही थीं और गाँधी जी से उनकी निकटता थी। उसी समय अभयदेव शर्मा भी आ धमके, जो गुरुकुल काँगड़ी के आचार्य थे। दया, जैनेन्द्र की साली लगती थीं, उनकी पत्नी भगवती की बहन। जब सब लोग गाँधी जी से मिलने को उद्यत हो रहे थे, जैनेन्द्र अपने में छुपे संकोच से सिकुड़े जा रहे थे। मन तो उनका था, पर वे चुप थे। दया जब सबके साथ जाने को हुईं तो बोलीं—"जीजा जी, चलिए न, आप भी चलिए।"[१]

"मैं।" जैनेन्द्र ने बुझा-सा जवाब दिया।

"हाँ-हाँ, चलिए।"

दया के आग्रह और सबके दबाव को न टाल, जैनेन्द्र गाँधी जी से मिलने को तैयार हुए। अभयदेव शर्मा ने भी कहा—"हाँ, आओ चलो, चलना चाहिए। इसमें भला क्या संकोच!"

और फिर जैनेन्द्र ने गाँधी जी से मिलने की बात मान ली और साथ चल पड़े। उन्हें बनारस में रहते गाँधी जी से पहली भेंट की क्षीण-सी स्मृति थी जो अब बहुत धुँधली हो चली थी। तब का समय दूसरा था—लेकिन वह

---

१. गाँधी जी से जैनेन्द्र की भेंट का प्रसंग *'अकाल पुरुष गाँधी'*—जैनेन्द्र कुमार, पूर्वोदय प्रकाशन, नई दिल्ली से उद्धृत है।

मूरत तो कहीं उनके भीतर बैठी ही थी जिसके आह्वान पर उन्होंने पढ़ाई छोड़कर आन्दोलन की राह ली थी। उन्हें दूसरी बार उन्होंने हिन्दू-मुस्लिम यूनिटी कॉन्फ्रेन्स में देखा था जो उनके इक्कीस दिन के उपवास के साथ-साथ हुई थी। फिर इस दौरान उपवास पर बैठे गाँधी जी को जैनेन्द्र ने कई बार देखा पर मिलने का सुयोग न बना।

फिर जब जाना मान लिया तो जैनेन्द्र सबके साथ दिल्ली के बिड़ला हाउस पहुँचे, जहाँ गाँधी जी ठहरे हुए थे। वहाँ जाकर मालूम हुआ कि बिड़ला हाउस में पीछे की तरफ़ बरामदे में गाँधी जी बैठे हैं। उन्होंने दया को देखते ही महादेव भाई से कहा—"महादेव, यह दया है। इसे वह खत ला के तो दो, जो भेजने वाले थे।"

महादेव भाई ने बबूल के काँटे से टँके तीन-चार काग़ज़ लाकर दया के हाथ में दे दिये और दया ने लेते ही उसे पढ़ भी लिया। गाँधी जी ने पूछा—

"पढ़ लिया? सब बातों का जवाब आ गया न?"

"जी हाँ"।

"सबका?"

"जी...।"

गाँधी जी ने दृष्टि हटाई। पर, सहसा दया ने कहा—"एक बात रह गयी बापू।"

"पुनर्जन्म?"

उनके चेहरे का रंग यकायक बदल गया। वे गम्भीर हो गये। उनकी दृष्टि में जैसे स्नेह नहीं, ताड़ना का भाव आ गया। वे बोल पड़े—"पुनर्जन्म! यह प्रश्न नहीं धृष्टता है।" दया गाँधी जी की नाराज़गी देख घबरा गयीं। जैनेन्द्र पीछे की तरफ़ अकिंचन की भाँति बैठे थे। उन्हें भी काटो तो ख़ून नहीं।

स्थिति को भाँप गाँधी जी बोले—"तुम कन्या हो। मैं पुरुष हूँ। और हम दोनों में कोई व्याघ्र नहीं है, सो क्यों? इसलिए पुनर्जन्म है।"[१]

पर जैसे इन शब्दों को दया समझ नहीं पायीं। भींगे और डरे हुए भाव से

१. *'अकाल पुरुष गाँधी'*, पृ. २

बोलीं—"मैं नहीं बापू...ये जीजा जी।"

गाँधी जी की आँखें अब जैनेन्द्र की ओर मुड़ गयी थीं। जैनेन्द्र का वश चलता तो वे उसी क्षण मर गये होते। वे सिटपिटाकर बोले—"मैं...मुझे नहीं मालूम था। मैंने नहीं कहा। इसने...दया ने यों ही लिख दिया। मैं कभी लिखने वाला नहीं था। लेकिन अब क्या कहूँ? बैठे-ठाले की उत्सुकता यह नहीं है, बापू। लगता है, मैं रुक गया हूँ, सब अटक गया है। दिमाग़ काम नहीं करता। यह उलझन जैसे मेरे जीवन का मूल बन गयी है। यह कटे तब आगे की बात बने। लेकिन दया बड़ी ख़राब है। इसने आपको नाहक लिख दिया...।"

गाँधी जी बोले—"अच्छा, जो मैंने कहा, वह कैसा लगा?"

जैनेन्द्र ने निर्भय होकर कहा—"उससे सन्तोष नहीं होता।"

यह सुनते हुए गाँधी जी बोले—"जो कहूँगा, उसका क्या करोगे?"

जैनेन्द्र ने सँभलकर कहा—"उसे श्रद्धा से ग्रहण करूँगा, यत्न करूँगा कि उसे अपनी बुद्धि और विवेक से भी अपना सकूँ।"[१]

"ओह," मानो उन्हें कुछ चैन मिला, फिर बोले—"तब तो खुलासा पत्र में लिखना।"

जैनेन्द्र ने कहा—"इस धृष्टता को आप क्षमा कर सकेंगे?"

"हाँ, सो क्षमा तो मुझे माँग लेनी चाहिए क्योंकि हो सकता है कि जवाब आने में कुछ देर हो जाये।"

यह गाँधी जी से जैनेन्द्र की पहली मुकम्मल मुलाक़ात थी। उसकी छाप वे लेकर लौटे। गाँधी जी उन्हें स्निग्ध लगे पर बेहद कठिन भी। उनकी जिरह झेल पाना उन्हें दुर्वह लगा। घर लौटकर जैनेन्द्र ने दया को आड़े हाथों लिया और अपना नाम वहाँ लिये जाने पर आपत्ति की, तो दया ने भी चुटकी ली—"नाम न लिया होता तो गाँधी जी से बात करने का सुख तो न मिला होता। लौटकर यूँ ही आते तो मुँह न लटक गया होता?"

"अरे, ऐसा भी क्या है?"

दया पलटकर बोलीं—"डाँट तो मैंने खायी न, और वह प्रश्न तो आपका

---

१. *'अकाल पुरुष गाँधी',* पृ. ३

ही था, मेरा तो न था, लगा कि बापू बिगड़ ही जायेंगे।''

देर तक ऐसी ही नोक-झोंक चलती रही। भगवती देवी भी इस चुहल में शामिल होकर ख़ुश थीं। चाय के दौर के बाद दया ने जैनेन्द्र से कहा—''गाँधी जी को खत लिखो जीजा जी। जो शंका हो लिखकर पूछो। लो काग़ज़ और कलम।''

जैनेन्द्र ने कहा—''भला इस बेकार-सी बात के लिए गाँधी जी को खत क्यों लिखने बैठूँगा।''

दया नाराज़ हो गयीं और जिद पर अड़ गयीं कि जिस बात को लेकर इतना बखेड़ा हो गया, उस पर तो आपको खत लिखना ही होगा। वह तुनककर बोलीं—''बात इतनी आगे बढ़ गयी है तो क्या अब वापस मुड़ोगे?''

जैनेन्द्र को दया की जिद के आगे झुकना पड़ा। वे खत लिखवाने बैठे। ऐसी ही परिस्थितियों में वे लिखते भी रहे थे—चाहे उन्हें जो भी लिखना रहा हो। दबाव और तक़ाज़ा न होता तो शायद अपने आलस्य और स्वभाव से विवश वे कुछ न लिख पाते। तो इस तरह एक खत तैयार हुआ और जैनेन्द्र के बोले हुए को दया ने खत में दर्ज़ कर दिया। उसे अब गाँधी जी को भेज दिया गया। खत लम्बा था जिसमें जीवन-जगत के बहुतेरे प्रश्न थे, शंकाएँ थीं। अपने होने और जीवन के अर्थ की बात भी उसमें थी तो पुनर्जन्म का यक्ष प्रश्न भी। पर लम्बा अरसा गुज़रने के बाद भी उस पत्र का उत्तर नहीं मिला। गाँधी जी ने उन्हीं दिनों समग्र ग्राम-सेवा का विचार दिया था। उन दिनों कई तरह के रचनात्मक काम होते थे और उनमें आपस में फ़ासला भी समझ लिया जाता था। सभी कामों के अलग-अलग संगठन थे, पर सभी लोग सब तरह के काम करते थे और उनमें परस्पर सद्‌भाव होता। सभी कामों के मान बराबर होते और सबमें सबकी दिलचस्पी हुआ करती थी। एक विचार उनके मन में आया कि क्यों न स्वयं को इसमें झोंक दूँ। पर तब कुछ शंकाएँ थीं और जैनेन्द्र ने पुनः गाँधी जी को पत्र लिखा। यह पत्र उतना जटिल नहीं था जितना पहले वाला था। यह सीधा-सादा और कामकाजी था। पुनर्जन्म की वह पहली मुलाक़ात उसे न छू सकी थी। उत्तर जो आया वह यह था—

''भाई जैनेन्द्र कुमार,

तुम्हारा खत मिला है। तुम्हारा निर्णय मुझे बहुत प्रिय लगा है। दिल्ली के

इर्द–गिर्द का कोई देहात ले लो। वहाँ सपरिवार रहो, तीन घण्टा आजीविका के साधन में देते रहो और बकिये समय ग्राम–उद्योग में देना। राज प्रकरण उसके साथ में न चलेगा। लोगों की सेवा ही सर्व–वस्तु है। मैं इस मास के आख़िर में दिल्ली आने की आशा रखता हूँ। उस समय मुझे मिलना और कुछ पूछना है तो पूछना।

वर्धा बापू के आशीर्वाद''[१]

जैनेन्द्र के मन को अपार शान्ति मिली और वे उस तारीख़ का इन्तज़ार करने लगे जब गाँधी जी से दिल्ली में भेंट होनी थी।

और वह दिन भी आ धमका जब गाँधी जी दिल्ली आये। जैनेन्द्र वहाँ समय रहते ही पहुँच गये थे। पर गाँधी जी को भीड़ से फ़ुरसत ही न थी। सब तरह के ख़ास लोग उन्हें घेरे हुए थे और व्यूह भेदन मुश्किल था। और उन जैसा पस्त–हिम्मत आदमी उसे भेदता भी कैसे। उन्होंने दो–एक गण्यमान्यों से सहायता भी चाही पर बात न बनी। उन्होंने सोचा—आत्मा से ही आत्मा का उद्धार होना लिखा है। क़रीब घण्टाभर किनारे भटकते हो गया तो जैनेन्द्र ने हताश होकर गाँधी जी के पास सीधे पहुँचकर कहा—''बापू, मैं भी हूँ यहाँ, जैनेन्द्र।''

बहुतों के बीच घिरे बैठे बापू ने निगाह ऊपर की। उनकी नीली–सी वे आँखें मानो जादू कर रही थीं। देखे तो हँसकर बोले—''अरे, तो यों कहो कि दया के जीजा जी। पर आज क्या है, सोम। बात परसों बुध को होगी, दो बजे। होगा न सुभीता?''

उन्होंने कहा—''जी।''

''और सब राज़ी?'' गाँधी जी ने पूछा।

''जी।''

जैनेन्द्र ने देखा, उनकी आँखें फिर नीचे यथावत् हो गयीं और वह दूसरी व्यस्तताओं में उलझ गये। जैनेन्द्र और गाँधी जी के संवाद में मुश्किल से डेढ़ मिनट लगे होंगे, इससे उनके काम में कोई बाधा नहीं आयी, पर जैनेन्द्र को उनका प्राप्य मिल गया। घर लौटे तो चित्त में प्रसन्नता थी। उस

१. *'जैनेन्द्र संचयिता'*—सं. ज्योतिष जोशी, पूर्वोदय प्रकाशन, नई दिल्ली, पृ. ५०९

डेढ़ मिनट की स्वीकृति में उन्हें लगा जैसे बापू ने उन्हें समूचा स्वीकार कर लिया है।

कहा गया है, कर्म सुकौशल योग है। बिना योग के ऐसा कर्म-कौशल सध नहीं सकता। इन्द्रियाँ पूरी जगी होनी चाहिएं। पर उतनी ही वशीभूत वह हों। व्यक्ति को हर क्षण ऐसा होना चाहिए कि वह एक में हो, तो और सब में भी हो। एकाग्र हो पर सर्वोन्मुख भी वह हो।[१]

जैनेन्द्र गाँधी जी को मन में साथ लिये घर आये थे। जो उनके जीवन में घटा वह विलक्षण अनुभव था। पहला साक्षात्कार अत्यन्त साधारण था और अत्यल्प भी, और उसमें जाने कितने बरस बह गये थे। पर उन्होंने देखा, गाँधी जी विस्मृत नहीं होते, हर चीज़ की बहुत गहरी स्मृति उन्हें रहती है और वे हर क्षण उसे स्पंदित किये रहते हैं। वे सोचते, क्या यही वह साधना है जिससे पुरुष अकाल-पुरुष बनता है, व्यक्ति विराट हो जाता है और एक होते हुए अखिल विश्व का हो जाता है, अपनी दीप्ति में समूचे जगत को आभामय कर देता है? गाँधी जी से भेंट के समय वैयक्तिक और निर्वैयक्तिक की सीमा लुप्त हो गयी थी। निश्चय ही जैनेन्द्र से निगाह हटते ही वे उनके नहीं रह गये थे, पर जब तक निगाह उन पर थी तब तक मानो वे ही उनके सब कुछ थे और निजता उनसे अलग न थी। ऐसे थे वे अकाल-पुरुष, जिनसे भेंट के उन क्षणों को याद कर पुलकित होते जैनेन्द्र बुधवार की बेचैन प्रतीक्षा करने लगे, जब गाँधी जी यानी बापू उनके सामने होंगे और वे उनसे बातें कर सकेंगे, उनको अपने में समो सकेंगे—महात्मा के आत्म में विसर्जित होने को उद्यत जैनेन्द्र का आत्म निरा सांसारिक नहीं रह गया था। अन्ततः बुधवार आ ही गया और प्रतीक्षा की घड़ी भी दूर हुई। दो बजे के पहले ही जैनेन्द्र गाँधी जी के पास पहुँचे। गाँधी जी ने देखते ही बुला लिया। जैनेन्द्र ने उनके चरण छुए। झुके हुए जैनेन्द्र की पीठ पर बापू के आशीर्वाद बने उनके हाथ मानो परम सुख दे रहे थे। फिर पास बिठाया और कहा—"पूछो तो, क्या पूछते हो?" जैनेन्द्र निःशंक होकर बोले—"सेवा तो ठीक है। पर किस बल पर सेवा हो? रहता यहाँ हूँ, जीविका मेरी चली आये पाँच सौ मील दूर से आने वाले मनीऑर्डर के रूप में, तो क्या यह सहज है कि जहाँ हूँ वहाँ लोगों से मेरा हितैक्य और आत्मैक्य बन

---

१. *'अकाल पुरुष गाँधी'*, पृ. ४

जाय? गाँव का सेवक उद्धारक हो, तो कैसे चलेगा? उसे क्या जीविका के लिए वहीं निर्भर नहीं रहना चाहिए?"[१]

गाँधी जी सुनते रहे, सुनते रहे, बोले—"क्या चाहते हो?"

जैनेन्द्र ने कहा—"गाँव में बैठा हूँ तो यह चाहता हूँ कि उनके दु:ख-सुख का भागी बनूँ, उसी वर्ग का होकर रहूँ। कोई बाहर से आयी अर्थवृत्ति मेरा पोषण न करे।"

गाँधी जी हँसे फिर बोले—"यह उत्तम है। और है पूछने को?" गाँधी जी मुस्कराते हुए आगे बोले।

"जी बापू!"

"तो बोलो।"

गाँधी जी के कहने पर जैनेन्द्र बोलने लगे—"राज-कारण को जीवन से अलग रखने का वचन कैसे दिया जा सकता है बापू? राजनीति ओढ़ी हुई हो तो उतार भी दी जा सकती है, पर विश्वास और विचारों की अभिव्यक्ति अगर वह हो, तो उसे अलग कैसे रखा जा सकता है?"

गाँधी जी ने उनको कौतूहल से देखा और कहा—"ठीक है।"[२]

बात पाँच-सात मिनट में ख़त्म हो गयी थी। इस भेंट में ज़्यादातर जैनेन्द्र ही बोलते जा रहे थे, गाँधी जी की ओर से एक-दो वाक्य ही आये थे। सोचकर आये थे कि खिंच जायेंगे जीते जायेंगे। गाँधी जी ग्राम-सेवकों की एक बड़ी संख्या चाहते थे, उनकी बहाली भी हो रही थी। वे एक उम्मीदवार की तरह प्रस्तुत भी हुए थे, पर उनको उसमें रखने की कोई आकांक्षा दिखती प्रतीत न हुई। इस प्रकार थोड़ी देर और ठहरकर जैनेन्द्र चलने को हुए, पर भीतर से इस विचार पर अपने को वे समर्पित और प्रसन्न पा रहे थे। चलते वक़्त गाँधी जी ने दया की बात की, उनकी पत्नी भगवती की भी, कुछ अन्य पारिवारिक बातें भी कीं। इससे वे मानो बेहद हल्के और भरपूर बन आये थे।

इस भेंट से लौटते हुए वे सोच रहे थे, क्या हुआ, क्या परिणाम मानें इसका। काम-काज और व्यवहार की भाषा में तो यह निष्फल भेंट थी,

---

१. *'अकाल पुरुष गाँधी'*, पृ. ५
२. *'अकाल पुरुष गाँधी'*, पृ. ५

पर भीतर बहुत कुछ घट गया था। उसने जैनेन्द्र को अपार प्रसन्नता दी थी और वे प्रशस्त होकर लौट रहे थे।

यह भेंट प्राप्ति के अर्थ में शून्य रही। आशा थी कि वे स्वयंसेवकों में आ जायेंगे। पर ऐसा कुछ न हुआ। गाँधी जी ने अपनी ओर से कोई ऐसी चेष्टा नहीं दिखाई। गाँधी जी की यह विशेषता उनकी अपनी ही थी। वह अनुयायी नहीं चाहते थे, उनकी पाँत बढ़ाना भी नहीं और न उसके लिए कोई दल। वे सबको स्वयं में रहने देने के हिमायती थे और भीतर से शक्ति देते थे। व्यक्तित्व के इस निर्माण की कला उनके अतिरिक्त किसी भी दूसरे को नहीं आती थी। इसमें उनको सिद्धि प्राप्त थी। इसके लिए अपने को छोड़कर रहना होता है। अपने को होम सके, वही इसे साध सकता है।[१]

जैनेन्द्र इस तरह सोचते-विचारते गाँधी जी के प्रभाव के मूल तक पहुँचे। उसका एक तत्त्व था—न किसी को किसी शर्त के साथ स्वीकार करना, न किसी शर्त में अपने को बाँधना। जो तुम हो, उसी रूप में तुम्हारा वहाँ सत्कार है, स्वागत है। यह नितान्त निस्पृह, निस्स्व और सबमें घुल जाने की शक्ति उनमें थी, जो उनको सबसे अलग और परम बनाती थी।

यही कारण था कि उनके स्वयंसेवकों में शामिल होने के प्रश्न पर भी गाँधी जी निस्पृह ही बने रहे थे। उनकी कोई सलाह इस पर नहीं थी। वे चाहते थे कि वे अपना समय लें और स्वयं किसी निर्णय पर पहुँचें।

अधिक दिन नहीं बीते थे कि फिर गाँधी जी से भेंट का संयोग बन बैठा। मिलने पर वही आत्मीय मधुरता और स्नेह पाकर जैनेन्द्र पुलकित हो उठे। पास बिठाकर गाँधी जी ने पूछा—"कैसे हो?"

जैनेन्द्र ने कहा—"बेकार हूँ।"

हँसकर बापू ने कहा—"तुम अकेले तो नहीं, बहुत-से साथ हैं।"

जैनेन्द्र ने इसी भेंट में अपनी पहली चिट्ठी की याद दिलाई जिसका जवाब उन्हें नहीं मिला था।

वे बोले—"नहीं मिला?"

---

१. 'अकाल पुरुष गाँधी', पृ. ६

"नहीं।"

"कितना बड़ा था?"

"आठ-दस पृष्ठ रहे होंगे।"

"ओह, तब तो हो सकता है, हो सकता है, रोक लिया हो। मेरे पास दयालु लोग हैं न? कहकर वे हँस पड़े।"[१]

वे किंचित् निरुत्साह होने को थे, तब तक गाँधी जी ने पूछा—"उसकी कॉपी है?"

"है," जैनेन्द्र ने कहा।

"तो ऐसा करना कि फिर लिखकर भेज देना। अब उत्तर मिलेगा।"

"वक़्त आप पा सकेंगे?" जैनेन्द्र ने कहा।

"वही तो सवाल है। पर पाना होगा भाई।" कहकर गाँधी जी फिर ठठाकर हँस पड़े।

देर तक जैनेन्द्र उनके पास रहे, तरह-तरह की बातें कीं। देश और दुनिया की, आन्दोलन की, तो भावी भारतीय राज्य की। हर प्रश्न की काट और शंका के शमन-सूत्र। जैनेन्द्र लौटे तो सोचते चले—यहीं पर गाँधी अविजय हैं। काटते हैं, पर भर भी देते हैं। समझ नहीं आता कि ऐसे आदमी के साथ क्या किया जाय। मालूम होता है कि उसकी राह रुक नहीं सकती। मानो वह हम सबमें से अपनी राह बना ले सकता है। सब उसके मित्र हैं। अवरोध भी जैसे उसके लिए सहायता है।[२]

जैनेन्द्र ने पहली चिट्ठी की नकल उन्हें फिर भेजी, देर हुई पर उसका जवाब आया। उन्होंने फिर चिट्ठी लिखी, उसका भी जवाब आया। लिखते रहे, जवाब पाते रहे। और एक समय ऐसा भी आया कि कोई शंका शेष न रही—मन भर गया, उनके प्रति श्रद्धा के अतिरेक से हृदय में रक्त की जगह भाव प्रवाहित हो चला। आवश्यकता ही मानो तब नि:शेष हो गयी।

जैनेन्द्र ने महसूस किया कि यह अनुभव अद्वितीय है। गाँधी जी उत्तर देते

---

१. *'अकाल पुरुष गाँधी'*, पृ. ५-६

२. *'अकाल पुरुष गाँधी'*, पृ. ६

हैं, मानो शान्ति देते हैं। खण्डन-मण्डन उनका स्वभाव नहीं और न ही वे अपनी ओर से कोई प्रतिपादन करते हैं। उनकी श्रद्धा में कोई त्रुटि रह जाए, तो वे बस आँखें मूँद लेते हैं और कान जैसे कुछ सुने ही न हों। जैनेन्द्र के मन में विचार आया—सच में, संकल्प आदमी का बल है। वह बल संशय या शंका की राह से बूँद-बूँद आदमी में से रिसता रहता है। ऐसे वह छूछा रह जाता है और किसी ओर गति नहीं कर पाता। प्रश्न में तो जिज्ञासा होती है, अभीप्सा भी। उससे आदमी बढ़ता और ऊपर की ओर उठता है। किन्तु वही जब संशय बन जाय तो खाने लगता है। गाँधी जी की संगति पर, संवाद पर मनन करते मुग्ध होते जैनेन्द्र पाते कि उनकी बात प्रश्न को मन्द नहीं करती थी, पर शंका को अवश्य बन्द कर देती थी। इस प्रकार व्यक्ति उनके उत्तर को लेकर अपने में अधिक संयुक्त और संकल्प में दृढ़ ही बनता था। मतवादी के पास वह गुण नहीं होता, न विचारवान के पास। यह विशेषता चिद्पुरुष के पास ही हो सकती है, जो मत और विचार से अपरिग्रही है। बस, अनुभूतिशील चैतन्य उसमें भरा है। ऐसे लोग भारी नहीं होते, दुरूह और दुर्गम भी नहीं लगते। वे उद्यत, प्रस्तुत, प्रसन्न और सदा ताज़ा दीखते हैं।

थोड़ी देर की चुप्पी के बाद जैनेन्द्र ने कहा—"बापू, एक अनुमति चाहता हूँ।"

गाँधी जी ने ऊपर आँखें उठाईं और उन्हें देखा—"कहो तो।"

गाँधी जी की अनुमति पाकर जैनेन्द्र ने कहा—"यह चाहता हूँ कि आपके इस कमरे में दो दिन के लिए मुझे कोई रोके-टोके नहीं। मुझे कोई बात भी नहीं करनी है। सिर्फ़ रहना और देखना चाहता हूँ। आपका कुछ हरज होता देखूँगा...कोई निजी बातचीत।"

"निजी मेरे पास नहीं है। सब खुला है," कहकर गाँधी जी हँस पड़े। फिर बोले—"यह प्राइवेट मानो कि बाथरूम जाता हूँ तो...लोग कुछ अपने साथ बातचीत को प्राइवेट मानना चाहते हों तो बात दूसरी है, और वह तुम समझ ही लोगे।"[१]

गाँधी जी की अनुमति पाकर जैनेन्द्र मानो धन्य हुए और दो दिन लगातार बेखटके उनके कमरे में रुके। उन्होंने वहाँ देखा कि उनका हर क्षण एक

---

१. *'अकाल पुरुष गाँधी'*, पृ. ७-८

अनुभव था, जैसे सदा जाग्रत। वे सोते भी सोते न हों, अपने भीतर जगे ही रहते हों। ऐसा नहीं लगता था जैसे कुछ कर्तव्यनिष्ठों के साथ होता है कि वे अतिरिक्त कसे, चुस्त और चौकसी पर हों। तपस्वी का रूप उनमें न दिखा, लगा जैसे वह हर क्षण हार्दिकता से ओतप्रोत हों। उनमें काम और आराम का बँटवारा न दिखा। कर्तव्य-कर्म जैसे उनके लिए सहज कर्म हों। यह देखना उन्हें अत्यन्त विरल लगा। गाँधी जी की देह यन्त्र जैसा काम करती। कोई भी परिस्थिति उन्हें बाँधती न थी। वे जब चाहते, सब तरफ़ से शून्य हो जाते। चाहने पर भी कोई उपस्थिति, यहाँ तक कि भीड़ भी उनकी एकाग्रता भंग नहीं कर सकती थी। वे जब कुछ लिख रहे होते तो अयाचित कितने भी लोग वहाँ आ बैठें, तो लोग यह अनुभव कर सकते थे कि वे लोग यहाँ होते हुए भी नहीं हैं।[१]

उन्हीं दो दिनों में एक विदेशी महिला गाँधी जी से मिलने आयी। प्रतीत हुआ कि मिलने के लिए उसने लम्बी प्रतीक्षा की है। वह आयी तो जैसे प्रीति, प्रसन्नता और भय से काँप रही थी। गाँधी जी ने उसे देखते ही कहा—''आओ, आओ, तुम पर तो रंग है। सब ठीक ? खत मिला था ?''

उस महिला से, सहज उत्तर दे पाना सम्भव न हो पा रहा था। वह बड़ी विह्वल और आवेग से भरी थी। जैसे-तैसे ही वह जता पायी कि उसे कोई पत्र नहीं मिला है। गाँधी जी के लिए जैसे कोई दुर्घटना-सी घटी प्रतीत हुई। वे बोले—''लेकिन वह तो प्रेमपत्र था। यह न समझना कि मैं बुड्ढा हूँ।''

महिला लाल हो आयी। उसने आह्लाद में कुछ शब्द कहे होंगे, सुनाई न पड़ा। वह बहुत संकोच में थी।

सच में उसने कोई प्रेमपत्र भेजा था जो कई पृष्ठों में था।

गाँधी जी ने पूछा—''अब हिन्दुस्तान में हो, तो यहाँ सेवा करोगी ?''

उसने धीरे से कहा—''मैं यहाँ की भाषा तो नहीं जानती।''

''यह तो और अच्छा है। मुँह आप ही बन्द रहेगा। जैसे झाड़ू लगा रही हो। जब किसी ने तुमसे बात करनी चाही, झट दो उँगली मुँह के आगे रख ली और हाथ हिला दिया। वह समझेगा, वह गूँगी है और तुम्हें इससे लाभ

---

१. *'अकाल पुरुष गाँधी'*, पृ. ८

होगा। तुम झाड़ू लगाती जाओगी।''

कहने के साथ ही गाँधी जी ने मुँह पर उँगलियाँ रख ली थीं और हाथ हिला दिये थे और अन्तिम वाक्य तक आते-आते खिलखिलाकर हँस पड़े थे।

जैनेन्द्र ने देखा कि उस महिला को अपने स्वागत का यह तरीक़ा प्रीतिकर लगा। वह इतनी आह्लादित थी कि उसके अंग-अंग मानो हँस रहे हों।

गाँधी जी ने यकायक गम्भीर होकर कहा—''हम अन्तिम होंगे...वहाँ पहले पिछले हो जायेंगे और पिछले पहले...तुम्हारी बाइबिल ही है न। यह न समझ लेना, मैं उसका पण्डित हूँ। बस यह सरमन ऑफ़ द माउण्ट जानता हूँ...तो अब भारत में रहोगी? और वह तुम्हारा देश होगा? यहाँ दरिद्र हैं, पर दरिद्र में नारायण बसते हैं।''

जैनेन्द्र ने सुना, महिला ने भी कुछ-कुछ कहा। शब्द उसके टूट रहे थे और वे वाक्य में नहीं आते थे। वह इतनी विभोर थी कि स्वयं को सँभालना न बन पा रहा था।

''तो मेरा प्रेम व्यर्थ न जायेगा। हम दोनों क्राइस्ट की राह पर चलेंगे।''

उस महिला ने गाँधी जी को अपनी नीली-भूरी आँखों से देखा और अपनी पलकों को तुरन्त गिरा दिया मानो वह उस मूरत को छुपा लेना चाहती हो।

''तो क्या हुआ...अब वह कोना है। बैठो तो एकदम चुप बैठी रहना। बाक़ी कल।'' गाँधी जी ने कहने के साथ ही उँगली उठाकर कोना बता दिया और फिर अपने काग़ज़ों में डूब-से गये।

वह महिला स्तब्ध थी। कुछ क्षण की चुप्पी के बाद वह उसी कोने में जा बैठी जहाँ गाँधी जी ने इशारा किया था। बैठी तो बैठी रहकर गाँधी जी को देखती रही, उस गाँधी जी को, जो प्रेमी बनकर भी शासन ही करता है।

इन दो दिनों में जैनेन्द्र ने महसूस किया, उनका स्नेह कहीं छलकता नहीं, बहता नहीं। वह निस्सन्देह स्निग्ध है, पर कठोर भी कम नहीं। वह अतिशय दारुण है तो अतिशय निर्मम भी है।

उन दो दिनों में ही एक दिन गाँधी जी के पास साग-भाजी की एक डलिया आयी। सुबह-सुबह की ही सब्ज़ियाँ थीं जो किसी के खेत से आयी थीं।

डलिया मीरा बहन लाई थीं, गाँधी ने देखते ही त्योरी चढ़ा ली। मीरा सकपका गयीं।

"यह क्या है?" गाँधी जी ने ग़ुस्से में कहा।

मीरा ने डरते-डरते कहा—"देखकर बता दीजिये, क्या बनेगा?"

"सब मुझसे पूछा जायेगा? सीखा न जायेगा? वक़्त फालतू है मेरे पास?"

कहने के साथ ही गाँधी जी ने डलिया को अपने पास खींच लिया। उन्होंने अपने हाथ से पालक के पत्ते को बीच में से मोड़ा और वह चटखकर टूट गया। दूसरे पत्ते को इसी तरह लिया और उसे मोड़कर दिखाया। कहा—"ऐसे जो टूट जाये, वह ठीक है। मुड़ जाये, उसे रहने देना। इतना तुम्हें जानना चाहिए। सब्ज़ी ताज़ा है, उसकी यही असल पहचान है। और सुनो, यों ही मेरे पास न आ धमका करो।"

मीरा बहन को कुछ कहने का अवसर न मिला। वह स्वयं भयाक्रान्त थीं। पसीना उनके माथे पर आ गया था। सफ़ाई देने का अवकाश वहाँ न था, क्योंकि सफ़ाई ले सकना भी वहाँ सम्भव न था।

जैनेन्द्र ने पाया कि गाँधी के इस व्यवहार में अफ़सरी न थी, हुकूमत थी। यह व्यवहार स्वेच्छया था। इसमें प्रेम था, इसलिए इसका उल्लंघन सम्भव न था और किसी भी प्रकार के बन्धन से भी वह मुक्त था।

इन्हीं दिनों गाँधी जी के दाँत में तकलीफ़ हो गयी थी। दवा लेने के बाद भी जब आराम न हुआ तो डॉक्टर को बुलाया गया। उनके उस दाँत को निकाल देने से ही आराम हो सकता था। डॉक्टर आये तो कोई सज्जन उनके पास आये और बोले—"डॉक्टर आ गये हैं, जब सुविधा हो, बता दें।" गांधीजी तकिये से सीधे होते हुए बोले—"सुविधा...अभी है।"

थोड़ी देर में डॉक्टर आया। गाँधी जी कुर्सी पर बैठ गये। डॉक्टर अपनी तैयारी में जुट गया। तभी जैनेन्द्र के कान में एक व्यक्ति ने आकर कहा—"ऐसा न हो जैनेन्द्र, कि दाँत डॉक्टर के पास ही रह जाय।"

जैनेन्द्र ने कहा—"इसमें हर्ज क्या है अगर वह दाँत ले जाना चाहे?"

वे सज्जन फुसफुसाकर बोल पड़े—"नहीं, यही तो नहीं होना चाहिए।"[१]

१. *'अकाल पुरुष गाँधी'*, पृ. ९

जैनेन्द्र को इसमें दिलचस्पी हुई, बोले—''तो यह बात है। अच्छा, दाँत को नहीं जाने दूँगा डॉक्टर के पास। आप निश्चिन्त रहें।''

यह कहकर वह सावधान हुए ताकि दाँत को डॉक्टर से सुरक्षित रख सकें।

डॉक्टर ने ज़रा-सी कोशिश की, दाँत निकल आया। बुढ़ापे का दाँत था, कष्ट नहीं हुआ। दाँत बाहर निकला तो जैनेन्द्र आगे बढ़कर बोले—''इधर दें, धो लें इसे।''

डॉक्टर ने दाँत आहिस्ता से जैनेन्द्र को थमा दिया। उन्होंने उसे धोया-पोंछा और रुई के फाहे में लपेटकर एक लिफ़ाफ़े में रख उसे अपनी जेब में डाल लिया।

वह दाँत चौबीस घण्टे तक जैनेन्द्र के कुर्ते की ऊपरी जेब में पड़ा रहा। दूसरे दिन एक सज्जन आकर उनसे पूछने लगे—''वह दाँत क्या आपके पास है?''

जैनेन्द्र ने कहा—''जी, सर्वथा सुरक्षित है। चिन्ता की बात नहीं है।''

जैनेन्द्र ने उन सज्जन की बात को समझकर भी न समझा था। वे सज्जन कुछ और न पूछ पाये और चले गये।

फिर जैनेन्द्र ने पाया कि उस दाँत में अनेक बड़े लोगों की दिलचस्पी हो आयी है। जैनेन्द्र को यह भी पता चला कि एक प्रस्ताव ऐसा भी आया है कि जैनेन्द्र उस दाँत को रखने के अधिकारी नहीं हैं और दाँत ऐतिहासिक महत्त्व का है। ऐसा प्रस्ताव करने वाले वे लोग थे जो रात-दिन गाँधी जी की सेवा में रहते और उन पर केवल अपना अधिकार मानते। जैनेन्द्र अपने को अनधिकारी ही मान रहे थे, पर सामने आकर कुछ कह नहीं रहे थे। लगता जैसे वे बहरे हों और कोई भी आवाज़ उनके कानों तक नहीं पहुँच पाती।

फिर वे क्या देखते हैं, उनसे कई सज्जन बारी-बारी से मिले और हर बार जैनेन्द्र ने उन्हें आश्वस्त किया कि वह दाँत बहुत सुरक्षित है, चिन्ता की कोई बात नहीं। सज्जन आते, लौट जाते और जैनेन्द्र कहकर चुप हो जाया करते।

लेकिन जब तूल जाया-जाय तो छोटी-से-छोटी बात भी बहुत बड़ी हो जाया करती है। वही यहाँ हो रहा था। वहाँ रहने वाले छोटे-बड़े सभी

परेशान हो गये थे, मानो कितनी बड़ी घटना हो गयी थी।

एक दिन बातचीत के क्रम में गाँधी जी ही पूछ बैठे—"जैनेन्द्र, वह दाँत तुम्हारे पास है?"

जैनेन्द्र ने तत्पर जवाब दिया—"जी, है तो।"

"अभी पास में है?"

"जी, है तो, पर आप उसका क्या करेंगे?"

"क्या करूँगा? वापस मुँह में तो लगा नहीं पाऊँगा।"

जैनेन्द्र ने तब साहस कर कहा—"तो फिर रहने ही दीजिये न, जैसा कहीं और, वैसा ही मेरे पास।"

गाँधी जी न माने। बोले—"आख़िर भई, है तो वह मेरा न? हो तो लाओ।"[१]

जैनेन्द्र ने देखा, यह व्यक्ति कोरा महात्मा नहीं है, पहुँचा हुआ वकील भी है। उस पर और भी न जाने वह क्या-क्या है। इस गाँधी की अवहेलना असम्भव है। सोचते हुए जैनेन्द्र ने कुर्ते की जेब से पुड़िया निकालकर गाँधी जी के आगे कर दिया।

गाँधी इतिहास पुरुष थे और उनका दाँत भी निरा दाँत भर न था, वह ऐसे व्यक्ति का दाँत था जो दिग-दिगन्त तक छाया हुआ था। पूरी दुनिया जिसके प्रभाव से आलोकित थी और ब्रिटिश साम्राज्य जिसके भय से आक्रान्त था। जैनेन्द्र ने सोचा—"साँची के स्तूप में महात्मा बुद्ध का दाँत ही तो है। उस दाँत को हज़ारों वर्षों बाद विराट समारोह के साथ प्रतिष्ठित किया गया था जिसमें दुनियाभर के गण्यमान्य सम्मिलित हुए थे। पर इस गाँधी को इतिहास से कोई मतलब न था। वे अपने से इतिहास को मुक्त रखना चाहते थे। वह नहीं चाहते कि उनका सहारा लेकर इतिहास खड़ा हो, न दें सहारा तो वह लँगड़ा हो जाये।"[२]

उन्होंने अपने एक विश्वस्त व्यक्ति को पास बुलाया और कहा—"देखो, किसी गहरे कुएँ में इसे डाल आओ।"

---

१. *'अकाल पुरुष गाँधी'*, पृ. ११
२. *'अकाल पुरुष गाँधी'*, पृ. ११

वह व्यक्ति गाँधी जी के कहे को अमल में लाया होगा और निश्चिन्त हो रहा होगा कि उसने उनके आदेश का पालन कर दिया है। लेकिन गाँधी जी थे कि निश्चिन्त न थे। तीन-चार दिन बाद ही उसे बुलाकर पूछ बैठे— "दाँत तो तुमने कुएँ में फेंक दिया था न?"

"हाँ। गहरे कुएँ में।"

"ठीक से याद है? फेंक दिया था न?"

उस व्यक्ति ने हामी भरी और गाँधी जी ने निश्चिन्त होकर गहरी साँस ली मानो कितना बड़ा बोझ उनके मन से उतर गया हो।

जैनेन्द्र फिर सोचने लगे, गाँधी जी हल्की-से-हल्की सम्भावना के लिए भी कोई जगह नहीं छोड़ना चाहते शायद। उसे सिरे से समाप्त कर देना चाहते हैं। दुनिया के मोह और आसक्ति की पकड़ के लिए वह कुछ भी छोड़ दें, यह उन्हें मंजूर नहीं। वे आसक्तियों की विवशताएँ देखते हैं और उनकी अनुकम्पा से भींग भले आते हों, पर निर्ममता से उसे अलगाकर भी रख देते हैं।

जैनेन्द्र ने पाया कि गाँधी जी की दृष्टि जितनी सूक्ष्म थी उतनी ही निर्मम भी वह थी। मैल का एक छींटा भी उन्हें असहनीय था। मैल उनके लिए असत्य था, झूठ था। इसके ठीक विपरीत घोर-से-घोर दुष्कर्म के प्रति वह दयालु और सहृदय थे। निर्ममता और सहृदयता का यह विरल संयोग ही गाँधी जी को बनाता था और गाँधी जी को जानने का यही सुगम रास्ता भी था कि हम उनके इन दोनों रूपों को देख-समझ सकें।

अब जैनेन्द्र गाँधी जी के बहुत निकट थे और उनके सोच-विचार को भी जीने लगे; उन मूल्यों को भी जीने का प्रयास करते जो गाँधी-मूल्य थे। हालाँकि सत्याग्रही वे गाँधी जी के प्रभाव में ही हुए थे और उस सत्याग्रह की शुचिता के लिए वे लगातार संघर्षरत थे, पर अब जबकि गाँधी जी से उनकी अनन्यता हो आयी और वे जाने गये से अधिक देखे और जिये गये में शामिल हो गये, तो जैनेन्द्र का अपना एक निश्चित ध्येय हो गया, अधिकाधिक इस मार्ग पर चलना और सत्याग्रही-सा सच्चा होकर जीना।

इसी समय की बात है, वर्ष शायद १९३३ का रहा होगा। सच्चिदानन्द

वात्स्यायन 'अज्ञेय' की चिट्ठी उन्हें मिली जिसमें उन्होंने अपने कविता संकलन 'भग्नदूत' के प्रकाशन की बात लिखी थी और प्रस्तावना के लिए जयशंकर प्रसाद से अनुरोध करने को कहा गया था। तब वे जेल में थे और जेल में से ही यह चिट्ठी उन्होंने लिखी थी। इस बीच जब बनारस जाने का संयोग बना तो प्रेमचन्द को लेकर जैनेन्द्र जयशंकर प्रसाद के घर पहुँचे। इसके पहले प्रेमचन्द के साथ सुबह की सैर करते जैनेन्द्र को प्रसाद जी मिले थे, पर वहाँ यह बात करना उचित नहीं लगा था। प्रणाम-पाती के बाद प्रसाद ने प्रेमचन्द और जैनेन्द्र को सामने बिठाकर कहा—"क्या बात है प्रेमचन्द जी?"

"अरे, मुझे नहीं, जैनेन्द्र को कोई बात करनी है तो चले आये।"

प्रेमचन्द के कथन पर प्रसाद मुस्कराये, बोले—"कहो जैनेन्द्र, बात क्या है?"

इस पर जैनेन्द्र ने अज्ञेय के कविता संग्रह 'भग्नदूत' की पाण्डुलिपि सामने रख दी और कहा—"इसके रचनाकार यानी अज्ञेय जेल में हैं, मानें तो वह मुद्दई ही हैं जो जेल में होने की वजह से अपना मामला आपके सामने नहीं रख सकते। इससे मेरी बात का दुगुना वज़न समझें।"

इस पर प्रसाद ने कहा—"वे हैं कौन?"

जैनेन्द्र ने कहा—"अज्ञेय हैं, जेल में बन्द हैं, क्रान्तिकारी हैं। मैं तो आया हूँ, कह रहा हूँ।"

प्रसाद थोड़ी देर चुप रहे। उसके बाद बोले—"तुम कुछ चाहोगे, यह मैंने नहीं सोचा था। पर तुमने भी न सोचा होगा कि तुम कहोगे और प्रसाद न कर पायेगा। पर विनोद शंकर व्यास को तो जानते हो, कितना निकट है? कभी मैं उसके लिए भी लिखकर नहीं दे सका हूँ। अब तुम्हीं बताओ?"

जैनेन्द्र एक क्षण चुप रहे, फिर बोले—"मुझसे न पूछिए, क्योंकि मेरा बताना एकदम आसान है। लीजिये बताता हूँ कि लिखना मान लीजिये और कुछ नहीं तो कारण यही कि अज्ञेय आपके लिए अज्ञात हैं, जेल में हैं।"

प्रसाद ने उन्हें देखा। कुछ देर की चुप्पी साधी, पर आँखें उनकी विवशता प्रकट कर रही थीं। अन्त में बोले—"जैनेन्द्र?"

वे आगे कुछ न बोले और चुप रह गये। जैनेन्द्र ने झेंपते हुए किंचित् झेंप

की हँसी हँसकर पाण्डुलिपि को अपनी ओर खींच लिया और कहा—"कोरा तो आपके यहाँ से कभी कोई गया नहीं, कब कुछ आ रहा है?"

नाश्ता आया, सबने साथ बैठकर नाश्ता किया। कुछ इधर-उधर की बातें हुईं और हँसी-मज़ाक़ भी। फिर वे बोले—"कहोगे तो तुम जैनेन्द्र कि एक बात तो तुमने कही और प्रसाद ने वह भी न रखी।"

जैनेन्द्र ने कहा—"क्यों साहब, यह कहना भी मुझसे छीन लेंगे आप? एक तो आपने बात नहीं रखी, फिर हम कह भी न पायें कि नहीं रखी। कहिये प्रेमचन्द जी, यह अन्याय सहा जाय और अपनी वाक्-स्वतन्त्रता को छिन जाने दिया जाय।"

जैनेन्द्र की बात पर प्रेमचन्द ने ठहाका लगाया। उसमें प्रसाद भी शामिल हुए। पर जैनेन्द्र ने देखा, हँसते हुए भी वे सहज नहीं थे मानो सहजता उनके स्वभाव का अंग ही न हो।

इस तरह जैनेन्द्र अज्ञेय की भेजी हुई पाण्डुलिपि लेकर प्रेमचन्द के साथ लौट आये। रास्ते में प्रेमचन्द ने कहा कि तुमने बदला ले ही लिया।

इस पर जैनेन्द्र ने कहा—"बदला पहुँचा कहा? वह तो ज्यों-का-त्यों मुझ तक लौट आया। प्रसाद को उसने छुआ कहाँ?"

प्रेमचन्द बोले—"बात ठीक है। ख़ूब आदमी हैं प्रसाद।"

जैनेन्द्र को प्रसाद कभी अप्रिय लगे हों, सो नहीं, पर वे हमेशा जिस गम्भीरता में रहे, वह छवि शायद उनके लिए कभी उतनी सहज नहीं रह पायी। प्रसाद से उनकी न जाने कितनी भेंटें थीं—'कामायनी' भी जब लिखी न गयी थी और वह प्रसाद के मस्तिष्क में थी, तब भी बनारस के बेनिया पार्क में वे प्रेमचन्द और प्रसाद के साथ टहला करते। तब प्रसाद 'कामायनी' की प्रस्तावित कथा सुनाते। पर उनका यह रूप कुछ ख़ास उन्हें न भा सका, यद्यपि उनको प्रसाद का स्नेह मिलता रहा। वे लिखते हैं—"मुझे वह शिष्ट, सभ्य, कुलीन रूप उतना न भाया। शायद इसी कारण कि वह इतना निर्दोष और सुन्दर था। उस पर शालीनता की छाप थी। इस वस्तु को मैं आत्मा से अधिक पैसे के साथ जोड़ता हूँ। मैं प्रसाद से मिला अनेक बार, लेकिन एक साथ कभी अधिक बात के लिए नहीं। इससे सामाजिक रूप से उस प्राचीर को चीरकर वास्तव अन्त:प्रवेश पा

सका, ऐसा मुझे आश्वासन नहीं है। इसी से मैंने कहा कि वे मुझे दूर लगे। दूर लगे और दूर लगते रहे। मैंने अनुभव तो किया कि आमन्त्रण है और भीतर में प्रवेश मेरे लिए निषिद्ध न होगा, पर मैं उसका लाभ न उठा पाया। शायद एक कारण यह कि प्रेमचन्द से मैं अभिन्नप्राय: था।''[१]

जो हो, अज्ञेय के 'भग्नदूत' की प्रस्तावना प्रसाद ने नहीं लिखी और बनारस से तत्काल ही वे लौट आये थे।

इन्हीं दिनों यानी १९३४ के आसपास अज्ञेय, जैनेन्द्र से मिलने आये थे। अज्ञेय के ही शब्दों में—''जेल और क़िले की नज़रबन्दी से छूटकर लाहौर में घर में ही नज़रबन्द था कि एक गवाही के लिए अजमेर आना पड़ा। लाहौर से अजमेर जाना दिल्ली होकर ही था। रात की गाड़ी से चला और सबेरे दिल्ली पहुँचा। स्टेशन से नहा-धोकर दरियागंज के लिए रवाना हुआ। सी.आई.डी. के दो साइकिल सवार गुर्गे मेरे ताँगे के पीछे-पीछे आ रहे थे। उनकी विशेष चिन्ता मुझे नहीं थी। ख़ाकी क़मीज़ और ख़ाकी क्रीचेज पहने हुए था। ताँगा छोड़कर जैनेन्द्र जी की ओर बढ़ा तो देखा, वह बाहर ही थोड़ी-सी हरियाली में दो अन्य व्यक्तियों के साथ कुर्सियों पर बैठे हैं और उन्हें कुछ सुना रहे हैं। पहले तो ख़ाकी-सी वर्दी पहने आगन्तुक को उन्होंने कुछ असमंजस भाव से देखा, फिर पहचानते हुए पुकारा—''आओ-आओ वात्स्यायन, यहीं आ जाओ।'' फिर दूसरी ओर मुड़कर उन्होंने पुकारा, ''अरे भाई, लाना कुछ कुर्सी-वुर्सी और...'' जब तक कोई प्रतिक्रिया हो तब तक खड़े-खड़े दोनों साथियों से परिचय कराया—प्रफुल्ल चन्द ओझा 'मुक्त', पदमकान्त मालवीय। अपनी नयी कहानी 'एक रात' वह उन दोनों को सुना रहे थे। मेरे आने से वाचन में व्याघात हो गया था। मेरा नाम सुनकर पदमकान्त जी तो कुछ बेचैन दीखे और फिर कुछ कारण बताकर जल्दी से खिसक गये—शेष कहानी उन्होंने नहीं सुनी।''[२]

तो इस प्रकार अज्ञेय से जैनेन्द्र की यह पहली भेंट थी जो बाद में सरस आत्मीयता में बदल गयी थी।

---

१. *'स्मृति-पर्व'*, पृ. ७६-७७

२. *'जैनेन्द्र : साक्षी हैं पीढ़ियाँ'*, सं. विष्णु प्रभाकर, खण्ड-३, पूर्वोदय प्रकाशन, नई दिल्ली, पृ. १५८

जैनेन्द्र अब दूसरे कामों में जुटे, पर गाँधी जी के निर्देश या कहें सलाह मानकर हरिजन बस्ती की तरफ़ रुख न कर सके। इसको जब वे याद करते तो ग्लानि से भर जाते। कुछ ही समय बीता होगा कि फिर अख़बारों से पता चला, गाँधी जी दिल्ली आने वाले हैं। जिस दिन अख़बार से उनके आने की ख़बर मिली, उसी दोपहर को उनका पत्र भी मिला। गाँधी जी का यह पहला पत्र था जो किसी प्रश्न के उत्तर में न था। पत्र पढ़कर जैनेन्द्र सन्न तो रहे ही, उनकी आँखें छलछला आयीं। उन्हें याद हो आया कि उन्होंने गाँधी जी को अपनी कोई पुस्तक न दी थी। अपनी अव्यावहारिकता से किंचित् लज्जित होते हुए वे फिर याद करने लगे। याद आया, 'बा हिन्दी सीखना चाहती हैं और उसके लिए कोई किताब चाहती हैं' कहने वाले किसी कार्यकर्ता को उन्होंने अपनी हाल ही की छपी किताब 'दो चिड़ियाँ' दी थीं। बा के हाथ में देखकर गाँधी जी ने उसे उलटा-पलटा होगा और पत्र लिख दिया होगा। जैनेन्द्र भाव-विभोर थे और उनका रोम-रोम पुलकित हो रहा था। उस पत्र में स्नेह और आशीर्वाद भरे थे। उसकी भाषा, चरित्र और भाव को गाँधी जी ने सराहा था और भविष्य के लिए अनन्त शुभकामनाएँ दी थीं। जैनेन्द्र सोच रहे थे, यह विशाल भारतवर्ष इसी आदमी पर न्योछावर है, जो सबका मूल्य जानता है, सबके लिए जो जीता है, आख़िर क्यों न रीझे, क्यों न मान करे। जो तिरस्कृतों से प्रेम करता है। जो सबसे अनासक्त है, जो सबसे प्रेम करने वाला है, जो सही अर्थों में योगी है और उस जैसा लोक संग्राहक पूरी दुनिया के इतिहास में खोज पाना असमभव है। वह गाँधी है, बापू है जिसके उत्साह और आशीष के दान से ही भारत को असम्भव कार्य करना है, अपना राज पाना है। निश्चय ही उनकी अमित प्रीति और अमित श्रद्धा से अनहोनी को भी होनी बन जाना है।

गाँधी जी के उस आगमन पर जैनेन्द्र संकोच और लज्जा के कारण उनसे मिलने न जा सके। हरिजन बस्ती में जाकर सेवा न करने की क़ीमत उन्होंने इस तरह चुकाई। वे उनका सामना कैसे कर पाते। कैसे झूठ बोल पाते। इसका प्रायश्चित तो करना होगा, प्रायश्चित का विचार आते ही उन्हें तनिक शान्ति-सी मिली।

सन् १९३४ की बात थी। एक ज़रूरी काम से प्रेमचन्द ने तार देकर जैनेन्द्र को बनारस बुलाया। जैनेन्द्र ने अपना सामान बाँधा और रात को ही गाड़ी

पकड़ बनारस की राह ली। वहाँ जाने पर पता चला कि उनकी एक पाण्डुलिपि देखने का काम है और उसे जल्दी प्रेस में दिया जाना है। जैनेन्द्र जाते ही उस काम में लग गये ताकि वे प्रेमचन्द को इस काम से राहत दिला सकें। तब प्रेमचन्द बनारस में बेनिया पार्क वाले मकान में रहते थे। जाड़े के दिन अब जा रहे थे, एक दिन सुबह के समय जब नीचे के कमरे में धूप की किरणें तिरछी पड़ रही थीं, जैनेन्द्र नित्यकर्म से निवृत्त होकर पाण्डुलिपि देखने के काम में लगे थे, प्रेमचन्द कमरे में आये। आकर पूछने लगे—"तुम नहा चुके क्या?"

जैनेन्द्र ने कहा—"नहा चुका।"

"मुझे आज देर हो गयी।" कहकर वे नीचे फ़र्श पर बैठ गये।

उस दिन, सुबह, दोपहर, शाम को और रात तक यह चर्चा चलती रही कि सत्य का स्वरूप कहाँ तक स्थिर मानना होगा और कहाँ तक निरन्तर परिवर्तनीय। यह बात क्यूप्रिन के उपन्यास 'यामा' से निकलकर आयी थी जिसे प्रेमचन्द उन दिनों पढ़ रहे थे। 'यामा' की चर्चा चली तो वे बोले—"जैनेन्द्र, कहीं-कहीं तो वह मुझसे पढ़ा न गया। दिल इतना बेकाबू हो गया। एक जगह तो आँसू रोकना मुश्किल हो गया।"

जैनेन्द्र देख रहे थे जैसे वह प्रसंग अब भी उनके भीतर चल पड़ा है और उसी प्रकार आँसू रोकना कठिन हो रहा है।

फिर वे बोले—"उस जगह मुझसे आगे पढ़ा ही न गया, जैनेन्द्र, किताब हाथ से छूट गयी।"[१]

इसके बाद उस किताब पर बोलने लगे। जैनेन्द्र सुनते रहे, धूप कमरे में तिरछी आ रही थी। वे कानों की अपेक्षा उस कथा को आँखों से देख रहे थे। प्रसंग बहुत कारुणिक था। प्रेमचन्द अपना आपा खोये उसमें डूबते जा रहे थे। सहसा जैनेन्द्र ने देखा, वाक्य अधूरा छूट गया है। काँपते शब्द ठहरकर थम गये हैं। आँख उठाकर देखने पर लगा जैसे उनका चेहरा सफ़ेद पड़ गया है। एकदम सन्नाटा, और उसके बाद उनकी आँखों से तार-तार आँसुओं की लड़ी लग गयी। यह अचानक क्या हुआ? भान होते ही जैसे प्रेमचन्द लजा आये। काँपते शब्दों में बोले—"जैनेन्द्र!" उनसे

---

१. *'प्रेमचन्द : एक कृती-व्यक्तित्व,* पृ. ४९

आगे कुछ बोला न गया। आँसू अब भी थे कि बहे जा रहे थे, मन पर काबू न था। थोड़ी देर में वे सहज हुए, पर गिरे आँसुओं को पोंछे बिना बोले— "जैनेन्द्र, मुझसे आगे नहीं पढ़ा जा सका।"

जैनेन्द्र सोच रहे थे, यह व्यक्ति जो न जाने कितनी मुसीबतों में से हँसता हुआ निकला है, जो व्यक्ति अपने ही दुःख के प्रति इतना निर्मम रहा है, वह एक पुस्तक की कल्पित कथा और उसके पात्र के दुःख से दुखी हो, रो उठता हो, यह विलक्षण अनुभव ही तो है। रोने वाला कोई सामान्य व्यक्ति नहीं, वह प्रेमचन्द है जिसने न जाने कितने पात्रों को जीवन दिया है। जैनेन्द्र ने तब जाना कि 'जो काल के दुर्धर्ष थपेड़ों से अचल रहेगा, वही किसी की सच्ची वेदना, सच्चे त्याग पर एकाएक गलकर किस भाँति बह भी सकता है।'[१]

उसी समय जैनेन्द्र ने निश्चय किया कि वे अलेक्जेंडर क्युप्रिन के इस 'यामा' नामक उपन्यास को पढ़ेंगे और इसको अनुवाद के ज़रिये हिन्दी पाठकों तक ले जायेंगे। कुछ दिन वहाँ जैनेन्द्र ने प्रेमचन्द की पाण्डुलिपि को देखने में लगाया, 'हंस' के कुछ काम निपटाये जिससे प्रेमचन्द को बहुत राहत मिली। साथ रहते दोनों में साहित्य और जीवन-जगत के प्रति इतनी बहस होती कि समाँ बँध जाता।

उन दिनों बीच-बीच में उर्दू-हिन्दी का विवाद भी चला करता जो कभी-कभी अप्रिय हो उठता। गाँधी जी बार-बार हिन्दुस्तानी ज़ुबान की बात करते और हिन्दुस्तानी में ही बोला करते। प्रेमचन्द तो उर्दू से ही हिन्दी में आये थे। वे भी चाहते थे कि एक ऐसा संगठन बनाया जाये जो हिन्दी में उर्दू शब्दों के प्रयोग पर बल दे और ऐसी भाषा का चलन हो जाये जो हिन्दुस्तानी हो। प्रेमचन्द ने जब जैनेन्द्र से इस बाबत सलाह माँगी तो उन्होंने अपनी सहमति दे दी। फिर क्या था, प्रेमचन्द, जैनेन्द्र आदि लेखकों ने मिलकर 'हिन्दुस्तानी सभा' बनाई। बाद में इसमें रामचन्द्र शुक्ल, कृष्णप्रसाद गौड़, सम्पूर्णानन्द, जवाहरलाल नेहरू और जयशंकर प्रसाद भी जुड़ गये। इस सभा की एक औपचारिक बैठक भी जवाहरलाल नेहरू की अध्यक्षता में १९३४ में हुई। इलाहाबाद में आयोजित इस बैठक में अन्य बातों के अलावा इस बात पर विशेष बल दिया गया था कि हिन्दी

---

१. *'प्रेमचन्द : एक कृती-व्यक्तित्व'*, पृ. ४९

में उर्दू के आमफहम शब्दों को मंजूर किया जाय और उसे हिन्दी भाषा के विरोध में न देखा जाय। इससे हिन्दुस्तानी ज़ुबान सहजता से सबके बीच अधिक लोकप्रिय हो सकेगी।

इधर जैनेन्द्र का जीवन जैसे-तैसे चल रहा था। माँ अक्सर बीमार हो जाया करतीं, पर ऐसे रहतीं जैसे उन्हें कुछ हुआ ही न हो। जैनेन्द्र चाहते कि उन्हें कहीं दिखायें, कुछ दवा आदि का प्रबन्ध करें, पर माता रामदेवी बाई को यह मंजूर न होता। वे अपने नियम-धर्म का पालन करतीं और अपने साहस के बल पर चला करतीं। यह वर्ष १९३४ था जिसमें उनकी पत्नी भगवती देवी ने अपनी दूसरी सन्तान को जन्म दिया। यह दूसरी सन्तान कन्या के रूप में जन्मी, जिसका नाम रखा गया कुसुम। फूल-सी प्यारी इस बच्ची को रामदेवी बाई ख़ूब लाड़-प्यार करतीं और असीसें देतीं। घर में तंगी के बावजूद सहज सादगी से रहना होता और कोशिश की जाती कि कोई अनावश्यक खर्चे की लत न पड़े क्योंकि उसकी गुंज़ाइश न थी। भगवती देवी भी बच्ची के जन्म के बाद जल्दी स्वस्थ हो गयीं और घर का कामकाज पूर्ववत् देखने लगीं। जैनेन्द्र पर आया यह नया दायित्व दबाव बना रहा था, पर सब कुछ नियति के अधीन कर वह अपने दैनिक उद्यम में लगे रहते, लेकिन ज़िम्मेदारियों का दबाव उन्हें परेशान किये रहता। बाहर और भीतर के द्वैत से जूझते जैनेन्द्र कभी हताश होते तो कभी मन को शान्त कर लिखने-पढ़ने में लगे रहते। इस बीच कहानियों के साथ-साथ उपन्यास लेखन का क्रम भी चलता रहा। घर की स्थिति बहुत ठीक न होने के बावजूद वे इस बात से सन्तोष करते कि वे अपने आप कुछ कर पा रहे हैं और उनको समझने-जानने वाला एक समाज भी आकार ले रहा है। बचपन से लेकर अब तक जो संस्कार मिला था और हाल के वर्षों में सत्याग्रही का जीवन जीने के बाद उन्होंने जो महसूस किया था, उसे सोचते-गुनते कहानियाँ बनती जातीं। 'परख' की अपार सफलता ने उन्हें उपन्यास लेखन का क्रम नियमित रखने का उत्साह दिया था। प्रेमचन्द के निरन्तर दबाव ने भी उन्हें आलसी बने रहने से बचाया। सत्याग्रही के जीवन में आये खट्टे-मीठे अनुभवों और 'नौजवान भारत सभा' जैसे संगठनों के हिंसक विचारों ने उन्हें अन्दर तक मथ डाला था। वे गाँधी के मंतव्यों और आदर्शों के विरुद्ध जाकर कुछ समय के लिए ऐसे रास्ते पर चल पड़े थे जिसमें सिर्फ़ हिंसा थी, अतिचार था। इसके अलावा

गाँधी जी से निकटता और आत्मीयता ने भी उन्हें इतना परिष्कृत कर दिया था कि हिंसा और उग्रता के लिए उनके मन में कोई जगह नहीं बची थी। १९३२ में वे ऋषभचरण जैन के साथ मिलकर 'तपोभूमि' लिख चुके थे। 'वातायन' नामक सफल कहानी-संग्रह भी १९३१ में हिन्दी ग्रन्थ रत्नाकर, बंबई से छपकर लोकप्रिय हो चुका था।

जैनेन्द्र के मन में गाँधी के सत्याग्रह, प्रेम और स्वराज का एक स्वप्निल आदर्श था जिसे उग्र और हिंसक संगठनों में शामिल होकर युवक अपने आचरण से तहस-नहस कर रहे थे। जैनेन्द्र स्वयं सत्याग्रहियों के भीतर भी ऐसे तत्त्वों को देख चुके थे जो स्वार्थ और सत्ता के खेल में माहिर थे। उन्हें सत्याग्रह भी अपने स्वार्थ का ही एक हथियार लगता था। इन्हीं द्वैतों और गतिविधियों का प्रतिकार करते हुए उन्होंने एक उपन्यास बुना जिसका नाम दिया—'सुनीता'। उपन्यास लिखा जा रहा था, उसके पहले उनका एक और कहानी-संग्रह 'दो चिड़ियाँ' नाम से १९३४ के आरम्भ में छपा जो बहुत चर्चित हुआ। कहानी-संग्रह के आने के थोड़े समय बाद ही जब 'सुनीता' नामक उनका दूसरा उपन्यास प्रकाशित हुआ तो जैसे हिन्दी साहित्य जगत में भूचाल आ गया। अपने नये प्रयोगों और एक नयी परम्परा का सूत्रपात करने के कारण जो ख्याति उन्हें 'परख' से मिली थी, उसमें 'सुनीता' के प्रकाशन ने विस्तार दिया। भाषा, शिल्प तथा कथ्य के नये रूप के कारण इस उपन्यास को अपार लोकप्रियता मिली, तो विवाद भी ख़ूब हुआ। इस उपन्यास में जैनेन्द्र ने सुनीता नामक ऐसी स्त्री की कथा कही, जो प्रेम के दोराहे पर खड़ी है। पति श्रीकान्त से वह प्रेम तो करती ही है, पति के मित्र हरिप्रसन्न की कामना का आदर भी करती है। वह दोनों का निर्वाह करती है। उसे मालूम है कि घर ही उसकी बुनियाद है। वह टूटेगा तो उजड़ जाना होगा। एक भारतीय स्त्री का यह रूप, जो पति के अतिरिक्त उसके मित्र से भी जुड़ा है; लोगों के विरोध का कारण बना। लोग विचलित हुए, पर उनकी समझ में यह न आया कि हरिप्रसन्न से प्रेम वह अपने पति की इच्छा से करती है क्योंकि पति चाहता है कि वह उसके मित्र को प्रेम देकर उसे उग्रवाद से बचाये।

ज्ञातव्य है कि हरिप्रसन्न एक क्रान्तिकारी संगठन का नेता है जो हिंसा और आतंक के बल पर देश को आज़ाद कराना चाहता है। यह उस गाँधीमार्ग का प्रतिकार है जो प्रेम और सविनय के साथ सत्याग्रह के माध्यम से देश

को स्वाधीन कराना चाहता है। प्रेम से ही हिंसा दमित हो सकती है। प्रेम ही वह शक्ति है जो उग्रता को, घृणा को और अन्तर के क्षोभ को दूर कर सकता है। सुनीता ही वह प्रेम है जो हरिप्रसन्न को उग्रता से लौटा लाने का यत्न करती है और उसे लौटाने के लिए पति ही यह युक्ति सुझाता है। सुनीता घर ही लौटती है क्योंकि घर को उसे जोड़े रखना है। हरिप्रसन्न की दैहिक कामना भी उसे स्वीकार होती है यह नहीं कह सकते, पर विवशता में वह उसके आगे प्रस्तुत होती है जिसके बाद हरिप्रसन्न भाग खड़ा होता है। 'सुनीता' में हरिप्रसन्न के प्रति सुनीता के इस आचरण तथा पति के मित्र के साथ उसके इस समर्पण को आपत्तिजनक ठहराते हुए लोगों ने नकारात्मक टिप्पणियाँ कीं और इस उपन्यास को भद्रता की सीमा से बाहर का माना।

प्रेमचन्द ने भी २४ दिसम्बर, १९३५ को लिखे अपने पत्र में इस उपन्यास की प्रशंसा तो की, पर कुछ प्रश्न भी उठाये। उन्होंने लिखा—"प्रिय जैनेन्द्र, 'सुनीता' पढ़ गया। आधी दूर तक कुछ रस न आया, लेकिन पिछला आधा सुन्दर है। नारीत्व का जो आदर्श तुमने रखा है, वही सच्चा आदर्श है। नारी केवल गृहिणी क्यों हो, गृहिणी से अलग भी उसका जीवन है। अगर उसमें गृहिणीत्व से आगे बढ़ने का सामर्थ्य है तो वह क्यों न आगे बढ़े! सुनीता के मन में इस नये क्षेत्र में आने से जो संघर्ष हुआ है, वह उसके रक्त में सने हुए गृहिणी-जीवन के आगे अनुकूल है। पर तुम्हारा हरिप्रसन्न अन्त में जाकर मुझे कुछ...जान पड़ता है। शायद मुझे भ्रम हो, लेकिन श्रीकान्त से छिपकर वह कृत्य क्यों किया गया? इसमें मुझे नैतिक दुर्बलता का भय होता है। श्रीकान्त की पूरी अनुमति से यह काम किया जा सकता था। श्रीकान्त जैसा उदारचेता मनुष्य सुनीता के इस नये मार्ग में बाधक न होता; और होता तो सुनीता को अपने निश्चय पर दृढ़ रहना और उसके नतीजे (बर्दाश्त कर) लेना चाहिए था। हरिप्रसन्न ने सुनीता को सिड्यूस किया, कुछ ऐसा भासित होता है। सुनीता ध्वजाधारिणी बने, इसमें हर्ज नहीं; नहीं वह गौरव की बात है। उसके लिए भी और देश के लिए भी। लेकिन हरिप्रसन्न के मन में यह कुत्सित भावना क्यों?"[१]

पत्र अभी और लम्बा है जिसे हम उद्धृत न करते हुए सिर्फ़ इतना संकेत कर रहे हैं कि अन्त तक आते-आते प्रेमचन्द हरिप्रसन्न के सामने सुनीता

१. *'प्रेमचन्द : एक कृती-व्यक्तित्व,* पृ. १५७

के समर्पण का प्रश्न उठाते हैं और एक ब्याहता के लिए इसे शोभा का विषय का नहीं मानते। इस उपन्यास पर लगभग सबकी यही प्रतिक्रिया थी। लोग सुनीता जैसी ब्याहता से यह उम्मीद नहीं करते थे कि वह पति के अलावा किसी और के प्रेम में पड़े तथा उसके आगे समर्पण कर दे।

असल में यह उपन्यास उतना सहज न था कि पारम्परिक मानदण्डों और प्रचलित सामाजिक मान्यताओं में रखकर देखा जाता। यह एक विरल विषय था जिसमें प्रेम और अहं का टकराव दिखता है और अन्त में प्रेम की विजय सामने आती है। वह प्रेम सुनीता है तो हरिप्रसन्न अहं, जो सुनीता के समर्पण के बाद पराजित होता है। श्रीकान्त तो प्रेम और अहं के बीच निमित्त ही है जो प्रेम की जीत का कारण बनता है।

'सुनीता' उपन्यास के लिखे जाने की कथा बड़ी दिलचस्प है। वह पहले ऋषभचरण जैन के साप्ताहिक पत्र 'चित्रपट' में धारावाहिक छपा था। स्वयं जैनेन्द्र इसका खुलासा करते हुए कहते हैं—"...दूसरा उपन्यास है 'सुनीता'। ऋषभचरण जैन पत्र निकालते थे—चित्रपट, कहते, इसमें लिखो। मैं कह देता, लिखूँगा। वो कहते, मैं भी कह देता। यों बरस से ऊपर निकल गया। बैठक में बैठा बात कर रहा था कि ऋषभ जी कहके गये, अभी आता हूँ। मैं निःशंक। लेकिन दरवाज़ा बन्द हुआ, चिट सरका दी गयी कि काग़ज़, क़लम रखा है, पानी है, चाय भी है, ये पन्ना लिख दोगे, तब खुलेगा दरवाज़ा। आवेदन-निवेदन सब व्यर्थ। किस मुसीबत से लिख गया। चित्रपट के अगले अंक में वे पंक्तियाँ छपीं और घोषणा हो गयी कि उपन्यास धारावाहिक चलेगा। चौथे रोज़ आदमी आ गया कि लाइये अगली किस्त। वो कौन टलने वाला था। ख़ैर, कुछ बोला, लिखाया और उसे लम्बा किया। सप्ताह-के-सप्ताह आदमी आता रहा और क्रम चलता रहा। ऐसे बना 'सुनीता' उपन्यास।"[१]

इसी के उपरान्त 'एक रात' नामक उनका तीसरा संग्रह १९३५ के आरम्भ में आया और अपने प्रकाशन के साथ ही उसने भी अपार ख्याति पायी।

अपने उपन्यास 'सुनीता' की ही तरह जैनेन्द्र ने 'एक रात' में उन कहानियों को बुना जिसमें देशप्रेम सर्वोपरि है और कोई दूसरी निष्ठा न तो काम्य है

१. *'जैनेन्द्र की आवाज़'*—सं. अशोक वाजपेयी, पूर्वोदय प्रकाशन, नई दिल्ली, पृ. १४९

और न संगत। कहानी–संग्रह की शीर्षक कहानी 'एक रात' जयराज और सुदर्शना के प्रेम पर बुनी गयी है जिसमें देशप्रेम की प्रबलता है। जयराज, सुदर्शना से प्रेम तो करता है, पर देश के प्रति दायित्व के सामने उसे अधिक महत्त्व नहीं देता। चाहे वह सुदर्शना को अब तक भूला रहा हो, पर उसके प्रेम में वह आबद्ध रहा है। यह दोनों के परस्पर गहरे प्रेम से ही सम्भव होता है कि वे स्टेशन पर एक ही कम्बल में पूरी रात गुज़ार देते हैं और सुबह अपने–अपने गंतव्य की ओर प्रस्थान करते हैं। जैनेन्द्र देश के लिए समर्पित सेनानी जयराज की कथा कहते सुदर्शना के प्रति उसके गहरे प्रेम को आँकते हैं जो किसी अन्य की ब्याहता होकर भी अपने प्रिय के लिए समर्पित है। ध्यान रहे कि सुदर्शना अपने पति से अनुमति लेकर ही जयराज से मिलती है और पुनः अपने घर लौट जाती है। प्रेम का यह आदर्श सर्वथा नया था जो न केवल पाठकों को हैरान कर रहा था वरन् आलोचकों को भी परेशान कर रहा था जिसको लेकर वे जैनेन्द्र को सह न पा रहे थे। क्या कोई विवाहिता अपने पति से अनुमति लेकर प्रेमी से मिल सकती है? क्या इसके बाद वह पति की दृष्टि में संदिग्ध न होगी? क्या पति प्रेम के इस समर्पित रूप पर मुग्ध हो सकेगा? ऐसे बहुत से प्रश्न इस कहानी को लेकर उठाये गये और जैनेन्द्र को, उनके समस्त लेखन को प्रश्नांकित करने का प्रयत्न किया गया। जैनेन्द्र ने सर्वथा नयी दृष्टि के साथ प्रच्छन्न ढंग से सदा चलायमान उस प्रवृत्ति को एक स्वरूप देने की कोशिश की, कि एक पत्नी रहते हुए कोई स्त्री दूसरे के प्रेम के प्रति समर्पित रहे। यह सम्बन्ध दैहिक न होकर आत्मिक रहे जिसमें स्त्री को शर्म की आवश्यकता न रहे; क्योंकि उसके प्रेम का स्वीकार स्वयं उसका पति करे, जिसकी दृष्टि में उसे संदिग्ध होना हो। जयराज देश के लिए समर्पित है, वही उसका जीवन है जिसे सुदर्शना का प्रेम सम्बल देता है। इस तरह जैनेन्द्र ने कहानी या उपन्यास से विश्वसनीयता जैसे पद को ही संदिग्ध बनाया और जीवन तथा जगत की अनन्त सम्भावनाओं में उसे देखने की पहल की।

इस बीच प्रेमचन्द के दिल्ली आने का संयोग बना। यह वर्ष १९३५ की फरवरी की बात होगी। होली निकट थी। प्रेमचन्द को आकाशवाणी, दिल्ली से दो कहानियों के प्रसारण का पत्र मिला था। उन्होंने इसे स्वीकार किया तो उसका एक उद्देश्य जैनेन्द्र के घर आकर उनकी माताजी को

देखना भी था, जो बीमार चल रही थीं। अन्ततः वह दिन आ गया, जब प्रेमचन्द बनारस से चलकर दिल्ली आये और सीधे वे पहाड़ी धीरज स्थित जैनेन्द्र के घर पहुँचे। वहाँ पहुँचकर उन्होंने रामदेवी बाई के चरण छुए, आशीष लिये और हालचाल पूछकर ज़रूरी एहतियात बरतने की सलाह दी। फिर भगवती देवी और बच्चों को अपना स्नेह देकर जल्दी-जल्दी वे जैनेन्द्र को लेकर रेडियो स्टेशन रवाना हुए। उन्होंने अपने पहुँचने की ख़बर रेडियो वालों को न दी थी, इसलिए वे सब खासे परेशान थे। उन्होंने बस इतनी ही ख़बर दी थी कि वे उस दिन दिल्ली पहुँच जायेंगे लेकिन कहाँ होंगे, यह किसी को पता न था। उन दिनों आकाशवाणी केन्द्र सिविल लाइन्स में था जो पहाड़ी धीरज से पैदल का रास्ता था। जैनेन्द्र उन्हें लेकर पैदल निकल चुके थे। इधर रेडियो की गाड़ियाँ दौड़ती रहीं कि प्रेमचन्द जहाँ भी मिलें, उन्हें ले आया जाय। पर प्रेमचन्द का कोई मुस्तकिल ठिकाना होता तब तो वे मिलते। सब थके-हारे बैठे थे। उन दिनों रेडियो नया-नया था और उसका बड़ा नाम था। इधर प्रेमचन्द भी देश के ख़ास लेखक थे जिन्हें सब जानते थे। जैसे ही प्रेमचन्द को लेकर जैनेन्द्र सिविल लाइन स्थित आकाशवाणी पहुँचे, सनसनी फैल गयी। वहाँ उन्हें एक बड़े कमरे में ले जाया गया। वहाँ एक व्यक्ति ने प्रेमचन्द को आगोश में लेकर इस्तेकबाल किया और वे उन्हें निहायत ही अदब के साथ रिकॉर्डिंग के लिए अन्दर स्टूडियो में ले गये। रिकॉर्डिंग हो गयी और वे जब बाहर निकले तो जैनेन्द्र से उन्होंने धीरे से पूछा—

"क्यों भई, वह बुखारी थे?"

"हाँ।"

"बुखारी! पतरस!!"

"नहीं।"

"तो फिर कौन थे?"

जैनेन्द्र ने कहा—"आप तो जाने कितनी तड़प के साथ उनके आगोश में आ गये और पूछ हमसे रहे हैं।"

"मैंने समझा, बुखारी होंगे। लेकिन...।" कहते-कहते वह रुक गये।

जैनेन्द्र ने हँसकर कहा—"लेकिन क्या?"

वे बोले—"कोई अजब हज़रत थे। देखा न, ऐसे बढ़े चले आये जैसे मैं उनका लँगोटिया हूँ।"[१]

जैनेन्द्र ने चुहल करते उनसे कहा—"आपने उनसे पूछा क्यों नहीं?"

वे बोले—"क्या कहते भले मानस से। पर जी में तो आया कि...।"

जैनेन्द्र सुनकर हँसते-हँसते लाल हो आये और प्रेमचन्द भी अपनी मूँछों की हरकत के साथ खिलखिला पड़े।

वे फिर घर आये, दो-एक दिन ठहरे और जाने को हुए तो बोले—"जैनेन्द्र, भई, जीवन का कुछ अता-पता नहीं चलता, कैसे बीत जाता है। इतना सारा काम, इतना सारा बोझ, कैसे निपटे यह सब।"

चलते-चलते जैनेन्द्र ने उनका सामान अपने हाथ में लेकर कहा—"जो सहजता से होता जाये, वही श्रेयष्कर है और होना उसी का ठीक है। शेष की चिन्ता करना नाहक अपने को उलझन में डालना है।"

"कभी-कभी तुम बहुत गहरी बात कह जाते हो, जैसे हर प्रश्न का समाधान तुम्हारी चुटकी में हो।" प्रेमचन्द ने कहते हुए सिर हिलाया।

देर तक वे जैनेन्द्र से बतियाते रहे। बीच-बीच में अपनी सेहत को लेकर भी चिन्ता जताते। ट्रेन का समय हुआ तो वे गाड़ी में बैठे। चलते हुए खिड़की के पीछे से हिलते उनके हाथ देर तक जैनेन्द्र को आशीष देते रहे। जैनेन्द्र की आँखें भी छलछला आयी थीं।

१९३५ के वर्ष में ही मेतरलिंक के नाटक का अनुवाद 'मग्दालिनी' नाम से हिन्दी ग्रन्थ रत्नाकर, बम्बई ने प्रकाशित किया जिसमें जैनेन्द्र कुछ महीनों से जुटे थे। उनका चौथा कहानी-संग्रह 'एक रात' भी हिन्दी ग्रन्थ रत्नाकर ने इसी वर्ष छापा था। प्रेमचन्द के जाने के बाद और घरेलू स्थितियों से तंग जैनेन्द्र ने इस बीच पाया कि शहरी जीवन उनके अनुकूल नहीं है, इसलिए उन्हें गाँव में रहकर जीवन गुज़ारना चाहिए। फिर जब बात बढ़ी तो सहारनपुर ज़िले का एक गाँव निश्चित हुआ लेकिन किसी कारणवश वहाँ रहना न हो पाया। लेकिन उसी निश्चय के साथ वे देहरादून के पास राजपुर में सपरिवार कुछ महीने रहे भी। माता रामदेवी बाई दिल्ली ही रहीं; क्योंकि उन्हें अपने आश्रम का मोह था और उसे छोड़कर वे कहीं

१. *'प्रेमचन्द : एक कृती व्यक्तित्व'*, पृ. ६६

जा नहीं सकती थीं। जैनेन्द्र गाँव के जीवन में शामिल होकर शहर से दूर एक अलग दुनिया में रह रहे थे जहाँ कोलाहल न था, भीड़ न थी, शान्ति की छाया में वे लिखते-पढ़ते, विचार करते और भविष्य को देखने का यत्न करते। कभी माँ को लेकर मन उदास होता तो कभी आर्थिक विपन्नता को लेकर कचोट उठती। वे धीरे-धीरे अपने जीवन में ग्राम्य-प्रयोग को लेकर सहजता भी अनुभव कर रहे थे। कुछ समय वहाँ बिताने के बाद वे दिल्ली लौट आए थे।

इसी बीच यानी १९३५ में हिन्दी साहित्य सम्मेलन के लिए इन्दौर जाने के आमन्त्रण ने जैनेन्द्र को असमंजस में डाल दिया। घर की स्थिति ऐसी न थी कि उन्हें बाहर जाने की इजाज़त देती। पर लोगों के बार-बार के आग्रह से तय किया कि उन्हें जाना चाहिए। ज़्यादा दिन की तो बात नहीं है, जल्दी लौट आयेंगे। उनके लिए सम्मेलन में जाने का एक बड़ा आकर्षण आचार्य रामचन्द्र शुक्ल का उसका सभापति होना था। उनके प्रति मन में श्रद्धा लिये जैनेन्द्र इन्दौर पहुँचे और मिलना हुआ तो मानो हृदय पसीज आया। स्वास्थ्य ठीक न होने से वह अपना भाषण नहीं पढ़ सके थे। उस भाषण को किसी दूसरे व्यक्ति ने पढ़ा। वहाँ बड़ी अव्यवस्था थी जो आचार्य शुक्ल को खिन्न कर रही थी। आचार्य के भाषण को जिन सज्जन ने पढ़ा था, उसके बाद एक-दो ऐसे लोग भी थे जो ज़बर्दस्ती मंच पर चढ़कर अनावश्यक तर्क-कुतर्क करने को उद्धत हो आये। उन्होंने कुछ अनर्गल बातें भी कीं। उन्हें शायद शुक्ल जी की कुछ स्थापनाओं पर एतराज़ था। आचार्य गम्भीर मुद्रा में इन बातों से तटस्थ और अनासक्त थे। जैनेन्द्र ने लिखा—"भाषण वह न पढ़ सके। दूसरे ने पढ़ा, पर पूरा नहीं। परिषद् में गड़बड़ भी मची। पर शुक्ल जी ऐसे बैठे रहे मानो सुधि भूले दर्शक हों—गम्भीर मुद्रा और दूरस्थ अनासक्ति। मैं नहीं जानता कि उस अनासक्ति को कर्म और कौशल वाली अनासक्ति मैं कह सकता हूँ। मंच पर प्रस्ताव लेकर एक अपरिचित आ धमके। जाने वे कौन थे। प्रस्ताव अयाचित अनधिकृत था। सभा में उससे खलबली मची थी। कुछ लोग उसके विरोध पर उतारू दीखे। मंच पर आकर एकाध विरोध में बोल भी गये। पर शुक्ल जी क्या करें ? मानो वह चाहते थे कि कोई बतावे कि वह क्या करें।

पहली यह छाप मुझ पर पड़ी। इतने पास से मनुष्य की आँखों से मनुष्य

को देखना हो सकता था कि साहित्यिक दर्शन के लिए दूर जाना ज़रूरी था। पास से देखा कि वे झमेले के आदमी नहीं हैं। मानो सामने झमेला आ पड़े तो वह खो रहेंगे।''[१]

बाद में आचार्य शुक्ल ने जैनेन्द्र से जो बातें कीं, उसमें उनका मन बोझिल-सा दिखा। फिर भी एक सत्कार-भाव उनमें था जो एक नये लेखक को लेकर हमेशा उनमें रहता आया था। जैनेन्द्र के 'परख' उपन्यास के साथ उनकी कई कहानियों से वे परिचित थे। उनके नये विचारों से भी अनजान न थे। सामने खड़े जैनेन्द्र को पास बिठाकर वे बोले—''इन दिनों सभा-आयोजनों में जाने का चित्त नहीं होता। कितना हर्ज कर कहीं जाने का संयोग बनता है, पर जाकर पश्चाताप ही हाथ आये तो कोई क्यों जाये।''

जैनेन्द्र कुछ क्षण चुप रहने के बाद बोले—''स्थितियाँ तो ऐसी ही हैं, पर आप ये न कहें। आप लोगों से हिन्दी साहित्य की आश्वस्ति है।''

''छोड़ो इसे, आजकल नया क्या कर रहे हो?''

''कुछ विशेष नहीं। एक उपन्यास पूरा किया है, प्रकाशित हो गया है, नाम रखा है—'सुनीता'। कहानियाँ, छिटपुट लेख आदि तो चलते ही रहते हैं। पर मैं ठहरा पूर्णकालिक सत्याग्रही, सो लिखना नियमित नहीं होता।''

''वह तो है।'' आचार्य शुक्ल ने कहा। कुछ देर रुककर वे बोले—''अच्छा, एक बात बताओ, कहानी या उपन्यास के अपने शिल्प में नयी कथावस्तु में प्रेरक किसे मानते हो?''

आचार्य शुक्ल के प्रश्न पर तनिक विस्मय के साथ जैनेन्द्र ने कहा—''न मेरे शिल्प में कोई प्रेरक है, न कथा-वस्तु में। यह बस मन का कौतुक है। जो प्रश्न उठते हैं, वे वस्तु हैं और जैसे उन्हें व्यक्त हो जाना होता है, वे शिल्प। यह अनायास है। सचेतता सिर्फ़ इतनी ही है कि जो हो, वह कुछ नया, कुछ स्फूर्त, कुछ समयानुरूप हो—उससे कुछ टूट सके तो टूट जाये, जुड़ सके तो जुड़े भी।''

आचार्य शुक्ल जैसा मनस्वी और गम्भीर व्यक्ति भी जैनेन्द्र के उत्तर से मुस्करा उठा। वे सिर हिलाते रहे और कुछ देर के लिए खो-से गये। फिर अचानक चिन्तामग्न हो बोले—''सत्याग्रह और स्वाधीनता आन्दोलन का

---

१. *'स्मृति-पर्व'*, पृ. ८१-८२

भविष्य तो देखते होगे?"

"जी, देखते हैं। भविष्य न होता तो उसमें जीवन को ऐसे अकारण क्यों छोड़ देता। भविष्य उसके गाँधी जी हैं। वे हैं तो हम एक दिशा में जा रहे हैं। हालाँकि संघर्ष की दिशा को कुन्द करने वाले तत्त्व काँग्रेस में भी कम नहीं हैं, पर वे इतने नहीं कि उसे प्रभावित कर सकें।"

आचार्य शुक्ल ने कहा—"ठीक कहते हो।"

फिर थोड़ी इधर-उधर की बातें हुईं जिसमें जैनेन्द्र का निजी प्रसंग भी था। माँ की बीमारी और घरेलू मुश्किलों के दीगर सवाल भी उसमें थे। शाम ढलने को थी। आयोजकों को फ़िक्र थी कि आचार्य को कोई असुविधा न हो, इसलिए वे उनकी तीमारदारी में लग गये थे। जैनेन्द्र ने आचार्य शुक्ल से विदा लेकर सधे क़दमों से अपने कमरे का रुख किया। कमरे में आकर अन्य बातों के अलावा जो बात ज़्यादा मथ रही थी, वह सत्याग्रह और आन्दोलन पर आचार्य की शंका थी। पर ज़्यादा सोच-विचार किये बिना वे खा-पीकर जल्दी सो गये थे, क्योंकि उन्हें सुबह दिल्ली लौट आना था।

जैनेन्द्र के जीवन में एक तरफ़ ख्याति थी, तो दूसरी तरफ़ विवाद। वे साहित्य में नये विचारों का साक्षात्कार करने का प्रयत्न करते और जीवन को प्रेम के आदर्श की फलश्रुति में देखते। लिखना-पढ़ना और राष्ट्र-चिन्तन साथ-साथ चलते, मानो वे एक-दूसरे से पृथक् ही न हों। बीच-बीच में इधर-उधर की आवाजाही से भी ध्यान भंग होता। घर की आर्थिक स्थिति बड़े प्रयासों के बाद भी सँभलने का नाम न लेती थी। दिल्ली में रहते दो-चार दिन ही बीतते कि कहीं न कहीं जाने की मजबूरी आ पड़ती। इधर कुछ दिनों से वे दिल्ली से बाहर थे और वहाँ से आए हफ्तों हो गये थे।

इस बीच उनकी माँ महीनों अस्वस्थ रहीं, पर जैनेन्द्र को वे ख़बर नहीं कर रही थीं। अब तक तो जैसे-तैसे सब चल रहा था। पर उनकी माताजी की स्थिति अचानक बिगड़ी तो जैनेन्द्र को पत्र देकर बुलाया गया। जैनेन्द्र लौटे तो माँ को खाट से लगा पाया। अस्वस्थ होने पर भी पहले इतनी दृढ़ता से कहतीं कि उन्हें कुछ नहीं हुआ। थोड़ी-सी दिक़्क़त है, वह ठीक हो जायेगी, चिन्ता करने जैसी कोई बात नहीं। पर अब स्थिति बहुत चिन्ताजनक

थी। इधर-उधर भागदौड़ और डॉक्टरों से छानबीन करने के बाद पता चला कि उन्हें जलोदर रोग हो गया है। स्थिति विकट थी, पर वे अपने नियमों में बँधी थीं। देसी दवाएँ जितना काम आ सकीं, वे आयीं पर जलोदर का वे क्या करतीं। अँग्रेज़ी दवा वे लेती न थीं। चाहे कोई भी जुगत की जाय वह निष्फल हो रही थी। जान उनकी भले चली जाय, वे ऐसा न कर सकती थीं। उस पर उनकी मर्यादा और नियम का कठोर अनुशासन। वे बार-बार उल्टियाँ करतीं, बहुत प्यास लगा करती। पर शाम ढलने के बाद कुल्ला तो वह कर लेतीं पर पानी की एक बूँद गले में नहीं उतार सकती थीं। ऐसी तो उनकी प्रतिज्ञा थी और जीवन में नीति-धर्म का कठिन अनुशासन था।

उस समय गर्मी उन्हें बहुत लगती, पर ज्वर था कि छोड़ता न था। वे बार-बार रजाई को देह से अलग करने का प्रयास करतीं और सिर पर उसे तो बिलकुल ही रहने न देतीं। जैनेन्द्र ढकते तो वह फिर सिर उघाड़ लेतीं। जैनेन्द्र को इस पर ग़ुस्सा आया और वे बोले—"क्या करती हो, ओढ़ लो।"

उनकी आँखें जैनेन्द्र तक उठीं। उनकी आँखों में वत्सल प्रार्थना थी और हृदय में ममता का अछोर विस्तार, जो आँसुओं के रूप में अविरल प्रवाहित हो रहा था। उनको देखकर लग रहा था कि अब वे अधिक देर तक रहने वाली नहीं। वे रजाई में सिर ढके गर्मी से ऊभ-चूभ हो बोलीं—"बेटा।" जैनेन्द्र चाहते न थे कि रजाई फेंक दें; क्योंकि उन्हें बहुत तेज़ ज्वर था। वे फिर बोलीं—"बेटा, रजाई को यूँ लादे मत रख, ज़रा हटा दे, बहुत गर्मी लग रही है।" यह कहते हुए उन्होंने रजाई को अपने ऊपर से फेंक देना चाहा, पर वह हो न सका। जैनेन्द्र कातर भाव से माँ की यह दशा देख अन्दर से फटे जा रहे थे। उनकी आँखें मानो अपने बेटे के लिए सजल हों, प्रार्थना में ऊपर उठीं थीं कि अचानक वे उठी-की-उठी रह गयीं और उनकी साँसें टूट गयीं।"[१]

जैनेन्द्र जैसा साहसी और सुलझा व्यक्ति भी दहाड़ें मार रो पड़ा। कहीं पत्नी भगवती, कहीं बच्चे—जिधर देखें उधर दहाड़ें मार लोगों के रोने की आवाज़ें आतीं। जो जहाँ था, वहीं बेसुध था। जैनेन्द्र को जैसे इस अनहोनी का भान भी न था। माँ की मृत्यु से जैनेन्द्र का जीवन थम-सा गया। वे

---

१. *'स्मृति-पर्व'*, पृ. १२६-१२७

एक साथ उनके माता-पिता दोनों थीं। उनके जीवन के अन्तिम पचीस वर्ष जैन-समाज की सेवा में बीते। वे अन्तिम क्षण तक उसकी चिन्ता ही करती रही थीं, पर वह जैन-समाज इतना कृतघ्न निकला कि उनकी अन्तिम यात्रा में भी उसके इक्के-दुक्के लोग ही शामिल हो पाये। आख़िरी वर्षों में जैन बिरादरी से बाहर उनकी शादी करने पर जैनियों का जो कोप उन पर बरसा, वह जीते-जी उन जैसी महिला को अपमानित किया और मरने पर भी इस निकृष्ट कोप से वह बरी न हो पायीं। जैनेन्द्र जब यह सब सोचते तो घोर नास्तिकता उनके मन पर छा जाती। लगता कि अगर सेवा-धर्म की यही परिणति होनी हो, तो इसकी आवश्यकता ही क्या है। जब विकल-व्यथित मन से माँ के बारे में सोचते तो आँखें बरस पड़तीं, कलेजा फटने को हो आता। शब्द चुक जाते, शरीर मानो निस्पन्द हो आता। वे सोचते—वह एक ऐसी नारी थीं जिनको कहीं प्रश्रय न मिला, बल्कि सबने उन्हीं का प्रश्रय लिया। उन्हें कभी लता बनकर दूसरों के सहारे खड़ा होना और हरा-भरा होकर जीना न हो पाया। वृक्ष की तरह वह स्वयं खड़ी हुई अपनी छाया देकर सबकी रक्षा करती रहीं। अपने ही ऊपर उन्होंने आपदा को झेला और वर्षा, ताप और शीत को भी ख़ुशी-ख़ुशी सहा। वह हमेशा जीवन से जूझती रहीं और अपने को संस्था बनाकर सबके लिए जीती रहीं। जैनेन्द्र सोचते तो सोचते ही चले जाते—"अपने डैनों के नीचे अनेक को समेटे इस अपार शून्यता में मानो हठपूर्वक वह ऊँचाई की ओर ही उड़ती गयीं। समय आया तो शरीर गिर गया, लेकिन प्राण तब भी उसमें से ऊपर की ही ओर उठे।"[१]

माता के न रहने के दुःख के साथ यह तकलीफ़ भी उन्हें साल रही थी कि कफन के पैसे कहाँ से आयेंगे और अर्थी कैसे उठेगी। फटेहाली की यह दशा हृदय विदारक थी, पर परिजनों की सहायता से यह सब सम्पन्न हो गया।

एक कसक जाते-जाते भी उनकी रह ही गयी थी। यह कसक जैनेन्द्र को लेकर थी कि वह जियेगा कैसे? न कोई नौकरी, न कोई हाल-रोज़गार। तिस पर यह अँग्रेज़ों के ख़िलाफ़ संघर्ष, जेल। और यह लिखना-पढ़ना भी

१. *'स्मृति-पर्व'*, पृ. १२१

क्या, किसी का पेट भरता है भला इससे? वह चाहतीं कि कहीं से भी उनके लिए कोई ठोस आश्वासन मिले, पर वह मिलता कहाँ से? दूसरा कोई अभिभावक भी तो न था। भाई थे, तो वैरागी। दीन-दुनिया से बेख़बर। जिसे अपनी ख़बर नहीं, वह उनके बेटे का क्या करेगा? यह सोचती रहकर भी वह भाई के प्रति विकार न लातीं, उलटे सजल आँखों से उन्हें लाख-लाख असीसें ही देतीं।

यह चिन्ता उन्हें हमेशा अवश बनाती थी और वे कातर हो जाया करतीं। कैसे जैनेन्द्र पेट भरने लायक रोटी भी जुटा पायेगा, उनके न रहने पर दो बच्चों का पिता बन चुका यह उनका बेटा कैसे जी पायेगा, जीते-जी उनको कहीं से भी इसकी सांत्वना न मिली। लिखने-पढ़ने और नाम होने से जैनेन्द्र के प्रति थोड़ा धीरज बँधा था, पर वह जीवन को ठोस धरातल पर टिकाये रखने के अनुकूल न था। जो हो, जैनेन्द्र को सोच से मुक्ति कहाँ थी। वे सदैव अपने को कोसते कि उन्होंने अपनी माता को केवल दुःख ही दिया, सुख का एक क्षण भी शायद ही दिया हो।

कई बार उन्हें लगता कि माँ की स्मृति में कुछ करना चाहिए, कोई महिलाश्रम ही उनकी याद में बन जाये, पर नहीं। उन्हें लगता कि वे इसके अपात्र हैं, जीते-जी सुख न दे पाया तो मरने पर क्या देना होगा उनसे। यह हो सके तो अच्छा हो कि अपना घर चला सकने की सुविधा बन सके, हम कुछ ऐसा तो बन सकें जिससे तनिक भी तो उन्हें सुख हो सके। लगे कि यह जैनेन्द्र अपने पैरों पर खड़ा है, सब ज़िम्मेदारियाँ ढो पाने में समर्थ, चिन्ता जैसी कोई चीज़ सोचने से परे है, पर यह कब हो, जो उन्हें अपने अन्तर की तृषा से मुक्ति दे?

जैनेन्द्र माता के गुज़रने के बाद अकेले हो चले थे। जहाँ बैठते बैठे रह जाते। याद उनकी जाती न थी। घर काटने को दौड़ता, मन में जाने क्या-क्या भाव आते। वे अकेले में रोते और उनको याद कर तड़प उठते। बार-बार 'बेटा', 'बेटा' या कभी 'जैनेन्द्र' की पुकार कानों में आकर मर्मान्तक वेदना देती। कैसे वह उस वियोग से निकल पाते, माँ के साथ पिता भी वही रहीं। दो वर्ष के हुए थे कि पिता का साया उठ गया था। पालन-पोषण, शिक्षा-दीक्षा और यहाँ तक कि इस घर का सारा निर्वाह उन्होंने ही किया था। मामा भगवानदीन के सहारे परिवार कुछ वर्ष चला, पर जब उनको दुनिया से ही विरक्ति हो गयी तो माँ करतीं भी क्या। भाई के

विरक्त होने के बाद माँ दोनों परिवारों का बोझ उठाये चलती रहीं और कभी थक-हारकर आँसू न बहाए। भाग्य की प्रतीक्षा किये बिना उन्होंने लगातार श्रम कर सबकी परवरिश की और उनकी इस उम्र तक भी गृहस्थी को ढोते हुए ही गयीं।

मृत्यु किसे नहीं तोड़ती, किसे नहीं रुलाती? बड़े-बड़े ज्ञानी इस मृत्यु नामक आपदा से विचलित हो टूट जाया करते हैं। यह जैनेन्द्र जो निरे आम नहीं रह गये थे, अब तक देश उन्हें जान गया था और उनके आदर्शों की, ज्ञान और समझ की सभी दाद दिया करते थे। वे जैनेन्द्र, जो उस समय के शीर्षस्थ नेताओं के सान्निध्य में थे; गाँधी-नेहरू जिनकी क़द्र करते और दूसरे बड़े नेता उनकी वाग्मिता से हत्प्रभ हो जाया करते—इस तरह कलपते जैसे वे निरीह, निराश्रित कोई शिशु हों। उन्हें लोग समझा-बुझाकर थक गये थे पर उन पर कोई प्रभाव नहीं पड़ता था। उनके लिए समूचा जीवन ही निस्पन्द हो गया था। समय की गति थम गयी थी। ऐसी माता का जाना जैसे एक प्रकाश-स्तम्भ का लोप हो जाना था जिसके बाद अँधेरा-ही-अँधेरा था।

कुछ दिन ऐसे ही निपट अँधेरे में गुजरे। धीरे-धीरे जब थोड़ी उदासी छँटी और मन पक्का होने लगा तो उन्होंने प्रेमचन्द को पत्र लिखा। लिखकर उन्हें थोड़ी राहत मिली। पत्र पाते ही प्रेमचन्द ने उसका जवाब दिया और उन्हें धीरज से रहने की सलाह देते हुए अपनी गहरी संवेदना व्यक्त की।

९ दिसम्बर, १९३५ को लिखे पत्र में उन्होंने लिखा—

''प्रिय जैनेन्द्र, कल तुम्हारा पत्र मिला। मुझे यह शंका पहले ही थी। इस मर्ज में शायद ही कोई बचता है। पहले ऐसी इच्छा थी कि दिल्ली आऊँ, लेकिन मेरे दामाद तीन दिन से आये हुए हैं, और शायद बेटी जा रही है। फिर यह भी सोचा कि तुम्हें समझाने की तो बात है ही नहीं। यह तो एक दिन होना ही था। हाँ, जब यह सोचता हूँ कि वह तुम्हारे लिए क्या थीं, और तुम उनके काल में आज भी लड़के-से बने फिरते थे, तब जी चाहता है तुम्हारे गले मिलकर रोऊँ। वह तुम्हारे लिए जो कुछ थीं, वह तो थीं ही, मगर उनके लिए तो तुम प्राण थे। आँख थे। सब कुछ थे। विरले ही भाग्यवानों को ऐसी माता मिलती है। मैं देख रहा हूँ, तुम दुखी हो, और चाहता हूँ, यह दुःख आधा-आधा बाँट लूँ अगर तुम दो। मगर

तुम दोगे नहीं। इसे तुम सारे का सारा अपने सबसे निकट स्थान में सुरक्षित रखोगे।''[1]

पत्र पाने के समय तक जैनेन्द्र थोड़े स्वस्थ हो चले थे, अब पत्र पाकर उन्हें थोड़ा और करार आया। होनी तो होनी है, वह तो होकर ही रहती है। गुज़र गये व्यक्ति की स्मृति ही शेष रहती है और वही शक्ति भी होती है जिसके बल पर हम अपनी यात्राएँ पूरी करते हैं। माता की गहरी स्मृति के साथ जैनेन्द्र ने घर की ज़िम्मेदारियों को अपने कन्धों पर लिया और साथ-साथ अपने उन कामों को शुरू किया, जो छूट गये थे।

इसी बीच गाँधी जी ने हिन्दुस्तानी प्रचार सभा की स्थापना की। उन्हें पता था कि प्रेमचन्द, जैनेन्द्र आदि ने मिलकर हिन्दुस्तानी सभा बनाई है। गाँधी जी ने काका कालेलकर को कहा कि वे जैनेन्द्र को पत्र लिखकर इस सभा का फॉर्म भेज दें ताकि वे इसके सदस्य बन जायें। पत्र आया तो जैनेन्द्र ने तुरन्त उसका जवाब लिख डाला जिसका मजमून यह था कि 'हिन्दुस्तानी में उनकी श्रद्धा है, सदस्यता में नहीं। भाषा के विषय में मुझे अपने लिए कुछ करने को है भी नहीं, इसलिए माफ करें।'[2]

पर काका कालेलकर मानने वाले थे नहीं। उन्होंने फिर लिखा कि गाँधी जी के कहने पर उनसे आग्रह कर रहे हैं। गाँधी जी की इच्छा है कि जैनेन्द्र को इसका सदस्य बनना चाहिए। अब वे करते भी क्या। फॉर्म भरकर अपेक्षित फीस भी भर दी, पर उस बैठक में जाने का उत्साह न हुआ, इसलिए न हुआ कि उस बैठक को वर्धा के सेवाग्राम में होनी थी। वे यह सोचकर परेशान हुए कि गाँधी जी का सामना कैसे कर पायेंगे। मन-ही-मन उन्होंने सोचा कि वे बैठक में तो जायेंगे, पर वर्धा से अलग वह होगी, तभी जाना ठीक होगा। इधर पता चला कि प्रेमचन्द बैठक में जा रहे हैं तो झट उनको पत्र लिखा और राहत की साँस ली। पत्र में विशेष तौर पर लिखा कि—''वर्धा जायें और गाँधी जी से मिलें तो मेरा प्रणाम कहें और बतायें कि जैनेन्द्र को उनका पत्र मिला है और वह साहस-संग्रह कर लेगा, तब उन्हें उत्तर लिखेगा।''

पर इससे निस्तार कहाँ था? वर्धा न जाने का हठ ज्यादा दिन तक टिका न रह सका। हिन्दुस्तानी प्रचार सभा की दूसरी बैठक जल्दी ही आयोजित

---

१. *'प्रेमचन्द: एक कृती-व्यक्तित्व'*, पृ. १५६
२. *'अकाल पुरुष गाँधी'*, पृ. १६

हो गयी जिसमें गाँधी जी की आज्ञा मान उनको बैठक में भाग लेने जाना पड़ा। जैनेन्द्र जब सेवाग्राम पहुँचे, तब उनके पास महादेव देसाई बैठे थे। प्रणाम करने के बाद लज्जित जैनेन्द्र संकोच में ही थे तब तक आँख उठाकर मुस्कराते हुए गाँधी जी ने पूछ ही लिया—"कहो कैसे आये हो?"

"वह हिन्दुस्तानी की बैठक है ना!"

"उसके लिए आ गये हो?"

"हाँ, क्यों?"

"तब तो हिन्दुस्तानी में भी ज़रूर कुछ है। योगी जो आ गया है।"[१]

गाँधी जी की बातें सुनकर जैनेन्द्र सन्न रह गये, जैसे उनके शब्द भीतर तक उन्हें काट गये। उसमें व्यंग्य तो था ही, पर गाँधी जी की ओर से जैसे सत्यता भी उसमें पड़ गयी हो। उन्हें लगा, यही तो उनकी मोहनी है। इसी मन्त्र से वे मनुष्य की अमित सम्भावनाओं को प्रत्यक्ष कर निकालते थे। उनकी अगम-निष्ठा में से असम्भव सम्भव हो उठता था। वे विगलित होते चले गये। वे झेंप-से गये। गाँधी जी की आँखें हँस रही थीं, मानो उनका मैल अन्दर गल रहा हो। सम्भावनाएँ जो ताल में दबी थीं मानो वह उठ आना चाहती हों। तब उनकी समझ में आया कि पारस क्या होता होगा। कैसे उसके स्पर्श से लोहा, सोना बनता होगा। सामान्य मनुष्यों के इस भारत देश में गाँधी के चमत्कार का रहस्य जानकर जैनेन्द्र चकित हुए और अपनी ग़लती के लिए मन में ही बार-बार विनीत भी।

बैठक हुई और कई संकल्पों के पारित होने के बाद वह सम्पन्न हुई। जैनेन्द्र दिल्ली लौट आये थे।

इसके कुछ ही समय बाद १९३६ में प्रेमचन्द का भेजा एक तार जैनेन्द्र को मिला जिसमें प्रेमचन्द ने लिखा था—"तुम आये नहीं, लखनऊ में प्रोग्रेसिव कॉन्फ्रेन्स है।" उनके ध्यान में आया कि कुछ समय पहले प्रेमचन्द उनसे 'तरक़्क़ीपसन्द' लेखकों की एक जमात की बात कर चुके थे।

वे जल्दी-जल्दी तैयार हुए और रात की ट्रेन दिल्ली से लेकर लखनऊ के लिए रवाना हुए। जब वे लखनऊ पहुँचे तो बहुत देर हो गयी थी। बैठक सुबह ही हो चुकी थी जिसकी जानकारी उनको न थी। बैठक में प्रेमचन्द

---

१. *'अकाल पुरुष गाँधी'*, पृ. १७

के अतिरिक्त मुल्कराज आनन्द, प्रमोद रंजन सेनगुप्ता और एम.डी. तासीर जैसे लेखकों ने इसमें भाग लिया था और सज्जाद ज़हीर ने अध्यक्षता की थी। स्वयं प्रेमचन्द ने बैठक का शुभारम्भ किया था और लेखकों को सम्बोधित किया था। इस बैठक में १९३५ में लन्दन में मुल्कराज आनन्द, सज्जाद ज़हीर और ज्योतिर्मय घोष द्वारा बनाये घोषणापत्र को मंजूरी दी गयी थी। घोषणापत्र में जो मूल बातें थीं, वह थीं—

शोषण के विरुद्ध आवाज़ उठाना, ब्रिटिश उपनिवेशवाद से मुक्ति का संघर्ष, निजी संकीर्णताओं को त्यागकर सामाजिक समरसता के लिए काम करना और तदनुरूप लेखन।

इसके पहले भी सज्जाद ज़हीर के नेतृत्व में 'अंजुमन तरक़्क़ीपसन्द मुसान्नफिन' नामक संगठन सक्रिय था। अब उसके समानान्तर बना यह 'प्रगतिशील लेखक संघ' सभी भाषाओं के उन लेखकों को लेकर खड़ा हो रहा था जो समाजवादी लक्ष्यों को लेकर चलने में विश्वास करते थे।

जैनेन्द्र लखनऊ पहुँचे तो सर वजीर हसन साहब के बँगले पर प्रेमचन्द के साथ ठहरे। सज्जाद ज़हीर इन्हीं वजीर हसन साहब के बेटे थे। जैनेन्द्र को आने में देर हुई, इससे प्रेमचन्द अप्रसन्न दिखे। फिर कहा—"ख़ैर, कोई बात नहीं। हमने सबेरे मेनिफेस्टो स्वीकार कर लिया है, लो यह देख लो।"[१]

इस पर जैनेन्द्र ने कहा—"अभी तो आपने बातचीत की होगी, कॉन्फ्रेन्स तो शुरू होने वाली है न, 'मेनिफेस्टो' कब और कैसे बन गया?"

प्रेमचन्द फिर बोले—"भाई, किस चक्कर में पड़ते हो, ठीक है, काम हो रहा है, तुम इस पर बस साइन कर दो।"

इस बीच जैनेन्द्र ने मेनिफेस्टो को उलट-पलटकर देख लिया था। कुछ समय बाद जैनेन्द्र बोले—"मैं आपके साथ हूँ, सब लेखकों के साथ हूँ, लेकिन दस्तख़त इस पर कि 'डिवोशनल लिटरेचर रिएक्शनरी' है, मेरा मन तो यह नहीं कहता।"[२]

जैनेन्द्र को इस बात से एतराज़ था कि साहित्य को प्रतिबद्ध बना दिया जाय

---

१. *'मेरे भटकाव'*, पृ. १०
२. *'मेरे भटकाव'*, पृ. १०

और उसे क्रान्तिधर्मी रूप दे दिया जाय।

इस पर प्रेमचन्द बोले—"जाने तुम किस फेर में हो। इन सब बातों में क्या रखा है।"

जैनेन्द्र ने उत्तर दिया—"नहीं रखा है, तो या तो इसे ओपन कर दीजिये बहस के लिए या नहीं तो मुझे माफ कर दीजिये।"

इस पर प्रेमचन्द कुछ बोले नहीं और न ही इस पर फिर कभी उनकी बात हुई। पर आगे की तीन लगातार हुई बैठकों में जैनेन्द्र उपस्थित होते रहे। लेकिन इस संघ का उद्देश्य जैसे-जैसे स्पष्ट होता गया, शुरू में शामिल हुए लोग भी अलग होते गये। नरेन्द्र देव जैसे लोग भी उसमें शामिल थे, वे भी अलग हुए। जैनेन्द्र को बाद में जाकर स्पष्ट हुआ कि यह समाजवाद कम्युनिस्ट सोशलिज़्म से प्रेरित है, यह वह समाजवाद नहीं जो भारतीय विचारों का समाजवाद है। यानी कि कम्युनिज़्म और सोशलिज़्म में अन्तर होने और इस संगठन के शुद्ध दलगत होने के कारण जैनेन्द्र को धीरे-धीरे इससे अरुचि हुई और वे तब पूरी तरह से इससे विरत हो गये।

एक दूसरा कारण यह भी था कि जैनेन्द्र शुद्ध सात्त्विक व्यक्ति रहे थे, जैसे अपने आचरण में वैसे ही खानपान में। इन बैठकों के वास्ते वे जब-जब गये, तब-तब उनको लगा कि भोजन से लेकर आचार-विचार तक में वे अन्यों से भिन्न हैं। एक अकेले व्यक्ति के लिए सब कुछ अलग बन्दोबस्त हो, यह न अनुकूल था, न संगत। अन्ततः उनसे यह न हो पाया कि वे इस संगठन में रहें और साहित्य को प्रतिबद्ध या क्रान्तिकारी बनाकर पेश कर दें। वे सोचते कि क्या साहित्य को नारा बना देने से वह नारा बन जाता है? और क्या तयशुदा लेखन से हम पाठक के मन पर उतर सकते हैं? लेखन होगा तो वह मन के अनुकूल होगा, मन का भाव ही होगा जो व्यक्त होगा—वह कोई हथियार तो नहीं जिसे जैसा चाहे हम चलाकर काम कर लें। उनके लिए साहित्य की मान्यता थी—"जो साहित्य सबसे ऊँचे दर्ज़े का है, वह विद्वान के लिए उतना ही सुन्दर है जितना जन-साधारण के लिए। फिर भी उसमें इतनी गूढ़ता है कि उसकी सच्चाई का अन्त नहीं है। भाषा चाहे जैसी हो, भाषा और शैली जैसी हो, व्याकरण और परिष्कार भी न हो, किन्तु वह जीवन की, हृदय की चीज़ ज़रूर हो। वह हमारी कमज़ोरियों की दीवार में झरोखे पैदा कर दे जिसमें शुद्ध हवा आने-जाने

लग जाय। बीमार के लिए स्वच्छ हवा कैसे हानिकारक है? मनुष्य-मनुष्य के बीच जो दीवारें खड़ी कर दी गयी हैं, साहित्य उसमें खिड़कियाँ खोल देगा। उनके बीच में बहेगा और वह राजसियों के निकट हरिजनों और किसानों का चित्रण करेगा। राजा का चित्रण उसी स्वाभाविक रीति से होगा कि जिसमें किसान का भी चित्र प्रतिबिम्बित हो। सब मनुष्य हैं, सब एक हैं। यही साहित्य का काम है। उसमें चोर को फाँसी देने वाला न्यायाधीश और चोर स्वयं एक हों, सब में ईश्वर—इसका नाम साहित्य है।''

वे यही सोचते कि साहित्य को क्या हम इसी तरह हाँक दे सकते हैं? वे जब प्रेमचन्द का साहित्य देखते तो लगता, यही वह सच्चा साहित्य है जो सबके मन पर उतरता है। नैतिक आदर्शवाद से प्रेरित उनका साहित्य समाज को बदल देने की क्षमताओं से भरा-पूरा है। फिर वे प्रतिबद्ध लेखन की पैरवी क्यों कर रहे भला? विचार करते तो पाते कि शायद प्रेमचन्द को लगने लगा है कि नैतिक आदर्शवाद वर्तमान परिस्थितियों के अनुकूल नहीं रह गया है। शायद वे मानने लगे हैं कि आदर्शवाद प्रश्नों को भावात्मक स्तर पर छोड़ देता है। पर नैतिक रूप से वे आदर्शवादी ही रहे हैं। गाँधी को वे छोड़ते नहीं; भले ही मार्क्स और लेनिन की विचारधारा उन्हें थोड़ा-बहुत प्रभावित कर सकी है। गाँधी तो उनमें बराबर बने हुए हैं।

जो हो, जैनेन्द्र कुमार दलगत और विचारगत सीमाओं से जुड़कर नहीं रहना चाहते थे और न ही उनका यह स्वभाव था। वे सत्याग्रही थे, गाँधी का जीवन और आदर्श उनका ध्येय था, हालाँकि उसमें भी वे अपने विचारों और नूतन कल्पनाओं का समावेश करते बहुधा दूसरी दिशा में भी जाते। अन्ततः वे इस प्रतिबद्धता से दूर ही रहे।

इसी आसपास यानी १९३६ के मध्य में जैनेन्द्र ने दरियागंज में एक मकान किराये पर लिया जो १५, दरियागंज का मकान था। पहाड़ी धीरज वाला मकान अपेक्षाकृत छोटा था और उससे जुड़ीं यादें भी इतना कष्ट देती थीं कि अब वहाँ रुकना अच्छा नहीं लगता था। यह मकान आगरा होटल से लगा था और उसकी छत इस मकान से मिली हुई थी। छत के मिलने से घर के कई सामान चोरी भी हो गये। पर मकान में ७-८ कमरे थे इसलिए इसमें रहने लायक पर्याप्त जगह थी जिसमें उनके पूरे परिवार सहित बहन के परिवार के सदस्य भी रह सकते थे। लेकिन बड़ा मकान होने के

बावजूद उसमें सुरक्षा न थी।

इस बीच प्रेमचन्द बीमार पड़ गये और उन्होंने जैनेन्द्र से अपेक्षा की कि वे तुरन्त उनके पास आयें और अधूरे पड़े कामों को देख लें। 'हंस' पत्रिका के अंक सहित कई काम थे जो तत्काल ध्यान माँगते थे, पर प्रेमचन्द की हालत ऐसी न थी कि उन्हें देख पाते। जैनेन्द्र को इसी समय शान्तिनिकेतन जाना पड़ गया। शान्तिनिकेतन जाते समय जैनेन्द्र ने प्रेमचन्द को पत्र लिखकर आश्वस्त कर दिया था कि वे किसी बात की चिन्ता न करें, जो भी काम-धाम हैं, वे आयेंगे और देख लेंगे।

गर्मियों के दिन थे, रवीन्द्रनाथ ठाकुर से मिलने का कार्यक्रम बना था। जैनेन्द्र के साथ हजारीप्रसाद द्विवेदी भी थे, जो उन दिनों वहाँ हिन्दी विभाग में अतिथि प्राध्यापक के रूप में पढ़ा रहे थे। मिलने का समय दोपहर ढाई बजे तय था। गुरुदेव इन दोनों की प्रतीक्षा बरामदे में बैठकर कर रहे थे।

जैनेन्द्र लिखते हैं—"बाहर सरकण्डों का पर्दा लगा था। सामने खुली बड़ी मेज़ थी। गुरुदेव मोढ़े पर बैठे थे, सीधे मानो ध्यानस्थ, एकाग्र सामने काग़ज़ फैला चित्रकारी कर रहे थे। दूर से देखने पर जो राजसी विलास का मण्डल कवि के चारों ओर मालूम होता था, पास से जान पड़ा कि उसका रहस्य क्या है। मालूम हो गया कि कीर्ति सस्ती वस्तु नहीं है। महँगे मोल से ही उसे उपार्जित किया जा सकता है। सब सिद्धि के नीचे तप है। जो तब दीखा वह अब भी याद है। मानो उस व्यक्ति के लिए विराम और विश्राम कहीं नहीं है। अजस्त्र और निरन्तर तप ही एक मार्ग है।"[१]

जैनेन्द्र के मन में कई बातें एक साथ चल रही थीं। वे सोच रहे थे, हर भले आदमी के लिए यह विश्राम का समय था। उनके मन में प्रश्न उठा कि क्या उनको समय का पता नहीं है? इस ताप भरे दिन की ज्वाला का आभास नहीं? एक क्षण के लिए जैनेन्द्र को लगा जैसे सचमुच कवि-गुरु को इन सब बातों का अहसास नहीं है। जैनेन्द्र देखते हैं, वे पसीने से तर-बतर हो रहे हैं, उसे पोंछ रहे हैं और फिर भी उन्हें इसकी चिन्ता नहीं हो रही।

जैनेन्द्र को गाँधी जी की कही हुई बात याद आयी—"दिन में घण्टाभर

१. *'स्मृति-पर्व'*, पृ. १४-१५

नींद अवश्य ले लिया करें।'' गुरुदेव ने शायद कहा था—''कैसे लें। दिन में नींद मुझे आती नहीं।'' जैनेन्द्र का मन संवाद कर उठा—कोई गहरा विरह ही होगा, जो उन्हें चैन लेने नहीं देता होगा।

प्रत्यक्ष पड़े कवि-गुरु को प्रणाम कर बैठते जैनेन्द्र को मुस्कराकर आशीष देते गुरुदेव ने सामने बैठने का संकेत किया। आचार्य हजारीप्रसाद द्विवेदी भी पास ही बैठे। संवाद की शुरुआत आचार्य द्विवेदी ने की, कहा—''अभी इन जैनेन्द्र जी का एक उपन्यास 'सुनीता' नाम से आया है जिसकी तुलना आपके 'घरे-बाहिरे' से की जा रही है।'' कविगुरु ने किंचित् आश्चर्य के साथ ऊपर की ओर देखा। कुछ कहा नहीं। जैनेन्द्र ने कहा—''क्या आपका अभिप्राय यह है कि घर और बाहर के बीच रेखा रहनी चाहिए? किंचित् विरोध और विमुखता?'' उन्होंने आगे कहा—'' 'घरे-बाहर' का 'संदीप' मानो बाहर की ओर से प्रहार है। घर के अन्तरंग को, अपने को बचाये रखना है?'' उनके मन में यह भी आया कि पूछें—''क्या बाहर को बहिष्कृत करना ठीक है? संदीप को अहेरी जैसा रूप देकर क्या यही कहलवाना चाहा है'', पर यह वे न पूछ सके।

रवीन्द्रनाथ ने बाँग्ला में जो उत्तर दिया, उसका आशय यही था कि—''भारतीय संस्कृति में पश्चिम से एक दस्युवृत्ति का प्रवेश हुआ है। यह वृत्ति हमारे बल को जानती है, पर दुर्दान्त है। वह शिकार करने निकली है, मानो जो भी शुभ और सत्व है, उसे वह निगल लेना चाहती है। सबसे कठिन स्थिति यह है कि यह दस्युवृत्ति इतने से ही सन्तुष्ट नहीं होती, अपनी प्रभुता भी चाहती है। 'घरे-बाहिरे' के संदीप में यही दस्युवृत्ति है जिसे पराजित होना है तभी शुभ है।''[१]

जैनेन्द्र ने देखा, बोलते हुए उनका चेहरा निर्विकार हो गया और वे तल्लीन हो आये। ऐसा लग रहा था जैसे हिमगिरि से भागीरथी फूट पड़ी हो।

इस तरह देर तक विभिन्न विषयों पर उनसे बातें हुईं। देश-काल, स्वाधीनता-संघर्ष, पश्चिम से आ रही विकृति सहित स्वराज के प्रश्नों पर भी बातें हुईं। वे अविचल भाव से संयत होकर उत्तर देते और शून्य की तरफ़ देखने लग जाते।

जैनेन्द्र उनके व्यक्तित्व में आभिजात्य का जो उपस्थित रूप देख पाये,

---

१. *'स्मृति-पर्व'*, पृ. १६

उसमें भी यह महसूस कर सके कि यद्यपि कि वह उसे पहने रहे, फिर भी उनकी अनवरत चेष्टा रही कि वह उसे उतारकर अलग कर सकें। पर ऐसा हो न पाया। उनकी सबसे बड़ी देन वे प्रकृति की स्वीकृति मानकर पा सके कि वे शिक्षा में बौद्धिकता की अधिकता देखकर क्षुब्ध हुए क्योंकि उसमें रागात्मकता न थी। प्रकृति को हर तरह से ग्रहण कर, स्वीकृत कर रवीन्द्रनाथ ने मनुष्य के अन्तर में जिस राग को प्रतिष्ठित करने की कोशिश की, उसका महत्त्व सर्वाधिक है।

चले तो उनके साथ आचार्य हजारीप्रसाद द्विवेदी भी उठने को हुए। गुरुदेव ने जैनेन्द्र को पास बुलाया और कन्धे पर थपकी देकर बांग्ला में मुस्कराते हुए कुछ कहा। आचार्य द्विवेदी को देखकर वे चुप ही रहे, मानो कहना चाहते हों, इन्हें बता दें जो हमने कहा। आचार्य द्विवेदी ने वापसी में उनके कहे का अर्थ कर जब समझाया, तो जैनेन्द्र की आँखें छलछला आयीं। उनके शब्द थे—"अब तुम्हीं लोगों को आगे देखना है।" यानी कवीन्द्र को जैसे आभास हो चला था कि अब उन्हें अधिक दिनों तक नहीं रहना है। जिन आदर्शों और मूल्यों के लिए जीते रहे रवीन्द्रनाथ अपनी रचनाओं में जैसे दिखाई देते हैं, विराट तो वे बनते ही हैं, किंचित् हमें अपने भीतर झाँकने की ओर भी प्रवृत्त करते हैं ताकि हम अपने दूषित विचारों से बाहर निकल प्रेम की धारा में बह जायें।

रवीन्द्रनाथ से यह दूसरी भेंट जैनेन्द्र को एक बड़े लेखक की उस आत्मा से मिला सकी थी जो हर क्षण मनुष्य-मात्र के शुभ के लिए स्पन्दित होती रही है। अब विलम्ब हो रहा था और प्रेमचन्द को दिये वचन की याद उन्हें बेचैन कर रही थी।

इधर निराला से प्रेमचन्द का साक्षात्कार एक पत्र में छपा दिख गया जिसमें प्रेमचन्द ने कहा था कि 'जैनेन्द्र आते होंगे, मुझे कोई चिन्ता नहीं है।' यह पढ़कर जैनेन्द्र सोच में पड़ गये। जल्दी-जल्दी वे शान्तिनिकेतन से चलकर दिल्ली आये। अब चूँकि उन्हें प्रेमचन्द के पास जाना था, घर असुरक्षित था। पुरुष सदस्य के नाम पर वही अकेले व्यक्ति थे। तब उस मकान के पीछे एक छोटा मकान लिया गया जो उसके मुक़ाबले ज़्यादा सुरक्षित था। यह बन्दोबस्त इसलिए भी ज़रूरी था कि प्रेमचन्द के यहाँ रहते महीनों बीत सकते थे। घर सुरक्षित रहे तो उन्हें कोई चिन्ता तो न हो। यह ७/८, दरियागंज वाला मकान था जिसमें उस समय

तक बिजली न थी और इसी मकान में वे जीवनपर्यन्त रहे। इस मकान के मालिक एक ठेकेदार थे जिन्हें जैनेन्द्र चाचा कहा करते थे और वे भी उन्हें बहुत स्नेह देते थे। तब तक वह मकान पूरा बना भी न था और न उस बड़े मकान से सारा सामान ही आ पाया था। इसी आनन-फानन में जैनेन्द्र बनारस भागे थे; क्योंकि प्रेमचन्द ने उन्हें बुलाया था और उनकी तबीयत बिगड़ रही थी।

वे पहुँचे तो प्रेमचन्द प्रसन्न हुए, पर यह क्या? जैनेन्द्र देखकर मानो काठ हो आये। प्रेमचन्द चारपाई पर पड़े थे। रोग बढ़ गया था और वे चल-फिर नहीं सकते थे। देह पीली पड़ गयी थी, पेट फूल गया था, पर चेहरे पर शान्ति थी। जैनेन्द्र को अपनी माँ की याद आयी, यही तो रोग है जलोदर, जिसे हो जाये वह बच न पाये। उनका कलेजा मानो फटने को हो आया। वेदना को दबाकर और आँसुओं को रोककर जैनेन्द्र, प्रेमचन्द की चारपाई के पास बैठते, उनके हाथ, हाथ में लेते और अप्रिय की आशंका को टल जाने की कामना करते। वे प्रतिदिन यूँ ही बैठते, सेवा करते। समय-समय पर दवाएँ देते। जैनेन्द्र देखते, प्रेमचन्द के मन में कोई खीज, कड़वाहट या मैल नहीं। वे सोचते, वे अपने समस्त अतीत जीवन को देख रहे हैं और अज्ञात को भी, जिसमें कल्पनाएँ डूब-उतरा रही हैं। लेकिन अतीत और भविष्य दोनों को देखते वे शान्त भाव से पड़े रह रहे हैं, शरीर में व्यथा है, पर मन निर्विकार है।

ऐसी ही हालत में प्रेमचन्द ने एक दिन जैनेन्द्र के हाथों को थामते हुए कहा—"जैनेन्द्र, लोग ऐसे ही समय में ईश्वर को याद करते हैं। मुझे भी लोग याद दिला रहे हैं कि मैं उसे याद करूँ, देख तो रहे तुम। पर अभी तक मुझे ईश्वर को कष्ट देने की ज़रूरत नहीं पड़ रही है।"[१]

जैनेन्द्र देख रहे थे, शब्द धीरे-धीरे थिरता से कहे गये थे और वे इस अत्यन्त शान्त नास्तिक सन्त की शक्ति पर विस्मित थे।

उस आख़िरी रात को जैनेन्द्र उनकी चारपाई के बराबर में बैठे थे। चारों ओर सन्नाटा था। उस छोटे-से कमरे में अँधेरा था, ढिबरी बेशक एक तरफ़ जल रही थी। सब सोये पड़े थे। शब्द उनके मुँह में फुसफुसाकर खो जाते थे। उन्हें कान से अधिक मन से सुनना पड़ता था। तभी उन्होंने

१. *'प्रेमचन्द : एक कृती-व्यक्तित्व'*, पृ. ५६

अपना दाहिना हाथ जैनेन्द्र के सामने कर दिया। बोले—"इसे ज़रा दबा दो।"[१]

हाथ पीला क्या सफ़ेद था और फूला हुआ था। वे उसे दबाने लगे।

प्रेमचन्द बोले नहीं, आँखें भींचे पड़े रहे। रात के बारह बजे उन्होंने जैनेन्द्र से 'हंस' की बात की। अपनी आशाएँ, अभिलाषाएँ, कुछ शब्दों से और उससे भी अधिक आँखों से वह उस समय उन पर प्रकट कर चुके थे। 'हंस' की और साहित्य की चिन्ता उन्हें तब भी थी। जैनेन्द्र के होने से उन्हें ढाढ़स था।

अब तीन बजे उनके फूले हाथ को अपने हाथ में लिये जैनेन्द्र सोच रहे थे कि क्या उन पर इतना भरोसा ठीक है! रात के बारह बजे उन्होंने उनसे कुछ तर्क करने की धृष्टता की थी। यह बात उन्हें अन्दर तक साल रही थी, मानो कोई बड़ा काँटा हो जो चुभकर वेदना दे रहा हो। वे यही सोच रहे थे कि क्या करें, क्या न करें?

इतने में प्रेमचन्द बोले—"जैनेन्द्र।"

बोलकर वे चुप हो गये और उन्हें देखते रहे। जैनेन्द्र ने उनके हाथ को अपने दोनों हाथों से दबाया। उन्हें देखते हुए जैनेन्द्र बोले—"आप कुछ फ़िक्र न कीजिये बाबूजी। आप अब अच्छे हुए। और काम के लिए हम लोग हैं ही।"

वे अब जैनेन्द्र को देखते रहे। फिर बोले—"आदर्श से काम नहीं चलेगा—उन्होंने कहना चाहा, आदर्श... ।" वे बोले, बहस न करो, कहकर उन्होंने करवट लेकर आँखें भींच लीं।[२]

उस समय जैनेन्द्र के मन पर मानो व्यथा का पत्थर ही आ बैठ गया हो, ऐसा प्रतीत हुआ। लग रहा था कि सब तरह की चिन्ताओं ने प्रेमचन्द के प्राण पर बोझा डाल रखा हो। उस समय कोई भी इस बोझ को कम करने की हालत में न था। उनकी चिन्ता का मुख्य केन्द्र था—'हंस' कैसे चलेगा? नहीं चलेगा तो क्या होगा? 'हंस' के लिए तब भी जीने की आस उनके मन में थी और 'हंस' न जियेगा, यह कल्पना उन्हें असहनीय थी।

---

१. *'प्रेमचन्द : एक कृती-व्यक्तित्व,* पृ. ५६-५७

२. *'प्रेमचन्द : एक कृती-व्यक्तित्व',* पृ. ५७

पर हिन्दी संसार का अनुभव उन्हें आश्वस्त नहीं कर पाता था। 'हंस' के लिए वे कुछ भी करने को तैयार रहते, चाहे जो हो, 'हंस' निकलता रह सके।

जैनेन्द्र के मन में आया कि कहें, 'हंस' नहीं मरेगा। वे बिना इसके लिए झुके जिये हैं तो 'हंस' भी बिना झुके ही जी लेगा। लेकिन वे कुछ भी न कह सके और कोई भी आश्वासन उस उपन्यास सम्राट को आश्वस्त न कर सका।

थोड़ी देर में वे बोले—"गर्मी बहुत है पंखा करो।"[१]

वे पंखा करने लगे। प्रेमचन्द को नींद आती न थी। बहुत तकलीफ़ थी। पर वे कराहते न थे, चुपचाप आँखें खोलकर पड़े रहते और शून्य को निहारते, गोया उसी शून्य में उन्हें जा मिलना है, यहाँ से तो छुट्टी ही हुई समझो। यह देखना भयानक होता। छाती फटने लगती। जलोदर रोग था ही ऐसा कि जिसे हो जाय, उसकी जान को कोई रोक न सके। दवा-इलाज निष्फल सिद्ध हुए। बस धैर्य और नियति की आस ही मानो सम्बल रह गयी थी।

पंखा झलते जैनेन्द्र से दस-पन्द्रह मिनट बाद प्रेमचन्द बोले—"जैनेन्द्र, जाओ, सोओ।"[२]

यही उनके आख़िरी शब्द थे। वे जाकर सो गये और सुबह उठने पर उनमें कोई हरकत न दिखी, वे जा चुके थे, अब नहीं थे। वे न थे कि जगते और जैनेन्द्र से 'हंस' की बात करते, पंखा झलने को कहते, हाथ दबाने को कहते। 'आह, बाबूजी'। जैनेन्द्र अन्दर से फट पड़े थे। चीत्कार ऐसा कि सब कुछ लुट गया हो। जैनेन्द्र, प्रेमचन्द की सेवा में ठीक सवा महीने रहे थे, पर उन्हें बचा न पाये। अफ़सोस, इतने जतन और जुगत के बावजूद प्रेमचन्द को बचाया न जा सका। उन्हें लगा, माँ के बाद उनके जीवन पर यह दूसरा सबसे बड़ा आघात है। अब वे सचमुच बेसहारा हो चले। अब वे बाबूजी न रहे, न उनकी बहसें रहीं, न झिड़की, न डाँट, न बेपनाह प्यार।

प्रेमचन्द की अन्त्येष्टि की क्रिया तक वे वहीं रहे, फिर बुझे हुए मन से

---

१. *'प्रेमचन्द : एक कृती-व्यक्तित्व',* पृ. ५८
२. *'प्रेमचन्द : एक कृति-व्यक्तित्व',* पृ. ५८

दारुण व्यथा लेकर दिल्ली लौटे। मन बार-बार तड़पता। जी में आता कि लौट चलें, बनारस से कभी न जायें। रह-रहकर उनकी आँखें बहने लगतीं। अन्दर कचोट-सी उठती तो कलेजा फटने को हो आता। बार-बार प्रेमचन्द का चेहरा सामने आता तो तड़प और बढ़ जाती। 'जैनेन्द्र-जैनेन्द्र' की टेर कानों में गूँजती तो जान निकल जाती।

जैसे-तैसे जैनेन्द्र स्वयं को सँभालते, आश्वासन देते दिल्ली पहुँचे थे। आगे के कई दिनों तक वे सबसे कटे—एकान्त में ही रहे। उन्हें सब तरफ़ ख़ाली-ख़ाली लगता, महसूस होता जैसे अब कहीं कुछ भी न बचा हो। हिन्दी सहित उनका भी सूरज डूब गया था जिसके बाद केवल अँधेरा-ही-अँधेरा था।

इसके बाद जैनेन्द्र पुनः बनारस आकर कुछ महीने रहे थे और 'हंस' को सम्पादित कर उसके कुछ अंक निकाले थे। लेकिन उनकी अपनी ज़िम्मेदारियाँ इतनी बढ़ गयी थीं कि आगे वे इस काम को करते रहना संभव नहीं था। प्रेमचन्द के निधन के बाद जैनेन्द्र ने उन पर एक अविस्मरणीय संस्मरण लिखा था—'नास्तिक सन्त' और उन्हें भरे मन से याद किया था।

कुछ दिन बाद जैनेन्द्र के पास प्रेमचन्द के लिए श्रद्धा-स्वरूप कुछ राशि आयी और उन्हें लगा कि उनकी स्मृति में स्मारक की बात सोचनी चाहिए। जैनेन्द्र इस काम के लिए बनारस गये, फिर फैजपुर काँग्रेस अधिवेशन में गये जहाँ उन्होंने व्यस्तताओं के बीच गाँधी जी से बात की। गाँधी जी ने उन्हें इस प्रसंग में विस्तार से बात करने के लिए वर्धा बुलाया। जैनेन्द्र गाँधी जी द्वारा तय की गयी तिथि को वर्धा पहुँचे, जहाँ उन्हें जमनालाल बजाज मिले। वे बोले—"गाँधी जी को एक ज़रूरी काम से पूना जाना पड़ गया है। कह गये हैं कि तुम ज़रूरी समझो तो पूना आ जाओ।"

जैनेन्द्र ने पूना की राह ली। स्टेशन पहुँचे तो सोच में थे कि कहाँ कैसे जाना होगा कि गाँधी जी मिलेंगे। प्लेटफॉर्म पर उतरे तो एक सज्जन ने नमस्कार कर उनसे पूछा—"आप जैनेन्द्र जी हैं न? आइए।"

उन्होंने आश्चर्य से उनसे पूछा—"आप, मुझे जानते हैं?"

"मैं कनु हूँ। बापू ने आपके बारे में हुलिया सहित हमें बता दिया था, लेने आया हूँ, चलें।"

जैनेन्द्र को सहसा यक़ीन न हुआ कि एक ऐसा व्यस्त व्यक्ति पहनावा और

हुलिया तक याद रखता है और वह भी एक सामान्य व्यक्ति का, जिसकी हैसियत कोई बड़ी नहीं। सोचने में आया, इसीलिए तो वह गाँधी जी हैं, बापू, जिनके बिना यह देश तो क्या, समूची मानवता भी अपने को सनाथ न पा सकेगी। जैनेन्द्र उन सज्जन के साथ गये, गाँधी जी से मिले, साथ रहे और दूसरे दिन वर्धा लौटे।

उन दिनों जैनेन्द्र के मन में एक अँग्रेज़ी साप्ताहिक निकालने की योजना बन रही थी। गाँधी जी के सामने जब यह प्रस्ताव आया, तो वे खिन्न हो आये, बोले—"अँग्रेज़ी क्यों, हिन्दी क्यों नहीं?"

जैनेन्द्र ने कहा—"अँग्रेज़ी में बात उन तक पहुँचती है जहाँ उसे पहुँचना चाहिए।"

गाँधी जी बोले—"इसीलिए तो कहता हूँ, अँग्रेज़ी में नहीं, ज़रूरी समझो तो हिन्दी में निकालो। जिन तक पहुँचनी चाहिए, वह हिन्दी में ही पहुँचेगी। अँग्रेज़ी वालों को ज़रूरत होगी तो देख लेंगे।"[१]

"तो आपकी अनुमति नहीं?"

"मेरी तो राय है, अनुमति अपने अन्दर से लो। मैंने तो अपनी कह दी, निर्णय के लिए तुम स्वयं हो।"

गाँधी जी का वह समय बहुत व्यस्त था। उनका एक-एक क्षण मूल्यवान था। उन्होंने उनकी साली दया के बारे में पूछा जो उन दिनों अपने पिता के पास गयी थीं। फिर पूछा—"आज ही चले जाओगे?"

"जी, और क्या?"

हँसकर बोले—"ठीक है। कहीं ठहरना है क्या?"

जैनेन्द्र उस दिन सेवाग्राम में ही रुक गये थे। मुख्य बात तो हो नहीं पायी थी, उस पर बात ज़रूरी थी और वे इसीलिए आये भी थे। मौक़ा पाकर उन्होंने प्रेमचन्द स्मारक के बारे में बात की। प्रेमचन्द का नाम आते ही गाँधी जी उदास हो आये और एक क्षण के लिए लगा जैसे वे प्रार्थना में चले गये। बाद में सहज हो बोले—"प्रेमचन्द को अभी नहीं जाना था। हिन्दी को अनाथ कर गये वे।"

---

१. *'अकाल पुरुष गाँधी'*, पृ. १४

कुछ देर वे फिर चुप हो गये। फिर बोले—''हिन्दी और उर्दू वाले प्रेमचन्द को लेकर अपनी दूरी तो मिटायें पहले। स्मारक दोनों के प्रयासों से बने। पर मुझे इसमें सन्देह दिखता है।''

वे खिन्न हो आये। जैनेन्द्र ने कहा—''हम कोशिश कर रहे बापू, कि ऐसा ही हो।''

गाँधी जी ने 'हिन्दुस्तानी प्रचार सभा' भी इसी उद्‌देश्य से बनाई थी कि हिन्दी-उर्दू का बैर ख़त्म हो और दोनों भाषाएँ बोलने वाले एक-दूसरे से मिल-जुलकर रहें। स्वयं प्रेमचन्द इस सभा के सदस्य रहे और उसकी अनेक बैठकों में वे शामिल भी हुए थे। वे कुछ बरस और जीवित रहते तो भाषायी विवाद इतना उग्र न होता क्योंकि वे दोनों भाषाओं के बड़े लेखक थे और दोनों भाषाओं के लोग उनका आदर करते थे। अन्ततः बात बनी नहीं और जैनेन्द्र को दिल्ली लौटना पड़ा। जैनेन्द्र इस प्रयास में रहे कि कोई रास्ता निकले और गाँधी जी की इच्छा के अनुकूल काम हो।

लौटते समय जैनेन्द्र के मन में गहरा विषाद था। देश पराधीन है। अँग्रेज़ी शासन का अनाचार बढ़ रहा है। स्वराज के लिए सत्याग्रह हो रहा है। लोग जेलों में बन्द हो रहे हैं। गाँव-के-गाँव जल रहे हैं, पर आपसी तनाजे ख़त्म होने का नाम ही नहीं लेते। कभी धर्म, कभी जाति, कभी भाषा के नाम पर लड़ते हुए हम कौन-सी स्वाधीनता पायेंगे?

लौटे तो अपने लेखन में पुनः जुटे जैनेन्द्र ने कहानी-संग्रह आने के बाद बहुत दिनों से उथल-पुथल मचा रहे प्रश्नों पर सोचना शुरू किया। पहले माता रामदेवी बाई और फिर प्रेमचन्द के देहान्त के बाद वे टूट चुके थे। हिम्मत कर उन्होंने १९३६ में ही 'नयी कहानियाँ' शीर्षक से अपना छठवाँ कहानी-संग्रह तैयार किया जिसे सामयिक साहित्य सदन, लाहौर ने छापा। अब वे अनमेल विवाह से उपजी त्रासदी, विवाह नामक संस्था का क्षरण, प्रेम को लेकर मूढ़मगज सोच सहित जीवन और जगत के बहुत-से प्रश्न, जो हमेशा उन्हें कचोटते, उसे लेकर विचार करने में लगे। इसी बीच उन्होंने एक उपन्यास लिखना शुरू किया, नाम दिया—'त्यागपत्र'। एक बार लिखना शुरू किया तो यह उपन्यास जल्दी ही पूरा हुआ और १९३७ में इसे हिन्दी ग्रन्थ रत्नाकर, बम्बई ने प्रकाशित किया। उपन्यास के प्रकाशन के साथ ही हिन्दी के साहित्यिक जगत में सनसनी फैल गयी।

अपने छोटे-से कलेवर में, नये शिल्प के साथ आया यह उपन्यास ताज़ा हवा के झोंके की तरह आया। इसे उनके लेखन का सर्वश्रेष्ठ कहा गया। इस उपन्यास में मृणाल नामक एक स्त्री के माध्यम से जैनेन्द्र ने हिन्दू समाज की पारम्परिक नैतिकता को ध्वस्त कर भारतीय सामाजिक जीवन में स्त्री के लिए नयी नैतिकता की नींव रखी। मृणाल समाज की उन मर्यादाओं की परवाह नहीं करती जो मर्यादाएँ उसकी स्वाधीनता और अस्मिता की अनदेखी करती हैं। यह उपन्यास स्त्री शक्ति के अभ्युदय का, उसके चरितार्थ होने का विराट आख्यान था जिसके प्रकाशन ने सामाजिक रूढ़ियों की चूलें हिला दीं। 'त्यागपत्र' मनुष्य के जीवन, उसकी हार-जीत, छल-छद्म और उसके अवसाद को अभिव्यक्ति देता ऐसी रचना बन सका जिसमें जीवन की सार्थकता और व्यर्थता दोनों की खोज हो सकती थी। हिन्दी की औपन्यासिक परम्परा में आधुनिक नारी का यह पहला प्रवेश था जो अपने स्वरूप में क्रान्तिकारी थी और जिसने सामाजिक ढाँचे पर ज़बर्दस्त चोट की थी। यहाँ परम्परागत मूल्यों का तिरस्कार था तो नये मानवीय सम्बन्धों की खोज का प्रयत्न भी। इसमें गाँधीवाद की अन्तर्धारा भी मौजूद थी तो मनोविज्ञान की सूक्ष्मतम सरणियाँ भी। पाप-पुण्य की समीक्षा से शुरू होता यह उपन्यास त्यागपत्र के साथ समाप्त होकर अनेक प्रश्नों को जन्म दे सका। त्यागपत्र किससे? उत्तर है—जज के ओहदे से, मायने व्यवस्था से, समाज से, सदियों से चली आ रहीं दमघोंटू परम्पराओं से। मृणाल कहती है—

"तुम समाज की परवाह न करो, भाई तो चल सकता है, लेकिन मैं तो ऐसा नहीं कर सकती कि परवाह न करूँ। मैं समाज को तोड़ना-फोड़ना नहीं चाहती। समाज टूटा तो हम किसके भीतर बनेंगे? इसलिए मैं इतना ही कर सकती हूँ कि समाज से अलग होकर उसकी मंगलाकांक्षा में टूटती रहूँ।"[१]

मृणाल का समाज को तोड़ना-फोड़ना न चाहना और स्वयं उसी के बनाये मूल्यों को ध्वस्त करना उसका विद्रोह है जो विवाह संस्था के उसके द्वारा किये गये तिरस्कार में दिखता है। यह समाज तो अपने कुकृत्यों को अनैतिक नहीं ठहराता, पर उसकी यातना भोग रहे व्यक्ति को अनैतिक कहता है। वस्तुतः मृणाल के रूप में जैनेन्द्र ने ऐसी भारतीय स्त्री

१. *'त्यागपत्र'*—जैनेन्द्र कुमार, पूर्वोदय प्रकाशन, नई दिल्ली, पृ. ६२

को सिरजा जो पूरी हिन्दू समाज-व्यवस्था के लिए चुनौती बनकर खड़ी हो गयी।

'त्यागपत्र' की लोकप्रियता जैनेन्द्र को आश्वस्त कर सकी या वे सन्तुष्ट हो सके, यह तो नहीं कहा जा सकता, पर उन्हें इस बात का सन्तोष अवश्य हुआ कि एक सत्याग्रही के नाते देश और समाज की बद्धमूल समस्याओं पर वे इसके माध्यम से विचार कर सके। उन्हें जड़ता पसन्द न थी और न ही वे रूढ़ मान्यताओं के पक्षधर रहे। नया राष्ट्र बनेगा, अगर बन सकेगा, जिसके लिए संघर्ष चल रहा है, तो उसके लिए एक नया समाज भी चाहिए, व्यक्ति भी, तो शासन भी, जो प्रेम पर आधारित व्यवस्था कायम कर सके।

इसी वर्ष यानी १९३७ में 'जैनेन्द्र के विचार' शीर्षक पुस्तक प्रकाशित हुई जो जैनेन्द्र के लेखों, व्याख्यानों, प्रश्नोत्तरों, पत्रांशों तथा स्फुट निबन्धों का संकलन थी। इस पुस्तक में 'साहित्य विचार' और 'जीवन विचार' नामक दो खण्ड शामिल हुए। इसमें जैनेन्द्र के उन विचारों को शामिल किया गया जो उन्होंने साहित्य, कला, धर्म, दर्शन, आलोचना और संस्कृति पर व्यक्त किये थे। एक कथाकार के साथ-साथ प्रबुद्ध विचारक और चिन्तक के रूप में इस पुस्तक ने उन्हें प्रसिद्ध किया और वे एक ऐसे व्यक्ति के रूप में उभरे जिसके मानस में भारतीय राष्ट्र का एक व्यावहारिक विचार था। वे एक स्थल पर साहित्य और समाज पर विचार करते हुए लिखते हैं—
"साहित्य वास्तव में वह है जो समाज के नेतृत्व के लिए सृष्ट होता है।"[१]

इस कृति में उन्होंने संस्कृति से धर्म, व्यक्ति से समाज और साहित्य से कला के उन सभी प्रश्नों को परखा जो तत्कालीन समय के संकटों का कारण थे। इसी वर्ष यानी १९३७ में ही लिओ टाल्सटाय के नाटक 'पावर ऑफ़ डार्कनेस' का उनके द्वारा किया गया अनुवाद 'पाप और प्रकाश' नाम से छपा। यह नाटक हृदय परिवर्तन की अवधारणा पर केन्द्रित था जिसका बहुत स्वागत हुआ और स्वयं गाँधी जी ने इसे बहुत पसन्द किया।

इसी कड़ी में उनके निबन्धों की दूसरी पुस्तक 'अप्रस्तुत प्रश्न' १९३८ में छपी। यह पुस्तक प्रश्नोत्तर शैली में तैयार हुई जिसमें प्रश्नकर्ता थे—हरदयाल मौजी। इस पुस्तक में जैनेन्द्र देश पर केन्द्रित हुए जिसमें स्वाधीनता,

---

१. *'जैनेन्द्र के विचार'—सं. प्रभाकर माचवे, हिन्दी ग्रंथ रत्नाकर, बंबई,* पृ. १९

विभिन्न देशों से पारस्परिक सम्बन्ध, देश की इकाइयाँ, शासन-तन्त्र पर विचार सहित व्यक्ति और शासन के रिश्ते पर विचार किया गया है। 'लीग ऑफ़ नेशन्स' पर एक प्रश्न के उत्तर में जैनेन्द्र ने कहा—"मेरा विचार है कि इस मामले में अन्तर्राष्ट्रीय सेना या पुलिस या अन्तर्राष्ट्रीय गुप्तचर विभाग अन्ततः हमारी मदद करने वाले नहीं बनेंगे। पर जब तक राष्ट्रों में अन्तर्राष्ट्रीय भाईचारे की भावना नहीं पनपेगी, तब तक 'लीग ऑफ़ नेशन्स' जैसी संस्थाओं को व्यवहारोपयोगी पाना भी असम्भव है।"[१]

इसी वर्ष उनका चौथा उपन्यास 'कल्याणी' प्रकाशित हुआ। यह उपन्यास भी नये प्रश्नों के साथ हिन्दी जगत के बीच आया। यह उपन्यास भी स्त्री-पुरुष के प्रश्नों को लेकर लिखा गया जिसमें जैनेन्द्र ने कल्याणी के माध्यम से यह देखने की कोशिश की कि स्त्री-पुरुष के बीच प्रेम और दाम्पत्य के स्तरों पर समान सम्बन्ध का अभाव क्यों है? क्यों अन्ततः स्त्री, पुरुष की अनुचित कामना का शिकार होती है और क्यों उससे प्रतिरोध करते नहीं बनता। अनमेल विवाह की त्रासदी झेलती कल्याणी डॉ. असरानी से सामंजस्य नहीं बिठा पाती, पर प्रतिरोध भी उससे नहीं होता। वह त्रास पाकर भी अपने को ही लांछित करती है—

"प्रेम में कामना नहीं हो सकती। उसमें इतनी अपूर्णता ही नहीं हो सकती। सच्चे प्रेम का दूसरा नाम है विश्वास। कोई है, जिसका अब भी मुझ पर विश्वास है? विश्वास। मेरे देवत्व पर विश्वास। जो मुझसे स्फूर्ति ले, जिसकी मैं स्वप्न हूँ। क्या कोई ऐसा है? नहीं, तो जीवन मेरा क्यों वृथा नहीं है।"[२]

'कल्याणी' नामक अपने चौथे उपन्यास के बाद जैनेन्द्र ने 'नीलम देश की राजकन्या' नामक अपना संग्रह तैयार किया और उसे हिन्दी ग्रन्थ रत्नाकर, बम्बई को देकर राहत की साँस ली। यह संग्रह भी १९३८ में ही प्रकाशित होकर आया और इसे भी पाठकों का अपार प्रेम प्राप्त हुआ। संग्रह की शीर्षक कहानी 'नीलम देश की राजकन्या' विशुद्ध मनोवैज्ञानिक और कल्पनाप्रसूत कहानी थी जिसमें प्रेम का सूक्ष्म रूप चित्रित हुआ था और बाल अवस्था में घटित प्रेम संवेदना का अपूर्व अंकन भी। नीलम देश के

१. *'प्रस्तुत प्रश्न'*—जैनेन्द्र कुमार, पूर्वोदय प्रकाशन, नई दिल्ली, पृ. १०१
२. *'कल्याणी'*—जैनेन्द्र कुमार, पूर्वोदय प्रकाशन, नई दिल्ली, पृ. १४०

कल्पना लोक की राजकन्या के मन में प्रेम की जो चाह है और जो उसकी व्यथा है, वह भी कहानी में अंकित है जिसकी वेदना को एक राजकुमार राजपाट त्यागकर दूर करता है और उसे अपनाता है। यह संग्रह आया तो बहस–मुबाहिसों की झड़ी लग गयी। यथार्थ से दूर प्रेम की चाह और उसके आवेग से बुनी गयी यह कहानी जीवन के सार को ग्रहण करती थी, पर निपट यथार्थ के खोजी तथाकथित आलोचकों ने कहानी को समझे बिना अपनी प्रतिक्रियाएँ दीं। जैनेन्द्र अपने काम में रमे रहे, उन्हें इसकी क्या परवाह कि कोई उनके लिखे पर क्या सोचता है।

यह वह समय था जब बेपनाह दुःख और अवसाद झेलते हुए भी जैनेन्द्र ने लगातार लिखा और उनकी कई पुस्तकें प्रकाशित हुईं। पर ज़ाहिर है, लिखना उनका प्राथमिक धर्म न था, वह तो एक निमित्त था जिसमें उन्हें अपने समय और दायित्व को देखना था। एक समाज और एक ऐसे नागरिक को देखना, तैयार करना जिसमें वे भविष्य के भारत को तैयार कर सकें। प्रेम का वह क्षेत्र हो, समतामूलक समाज में सामरस्य हो, कोई परस्पर भेद न हो। स्त्री–पुरुष में परस्पर विश्वास बने, पारम्परिक रूढ़ियाँ टूटें और सामाजिक संस्थाएँ अपने को नये समय के लिए तैयार कर सकें। चिन्ता की यही बुनियाद थी जो उनके लेखन को राष्ट्रीय दायित्व में शामिल करती थी।

इसी बीच १९३७ में काँग्रेस ने प्रान्तीय सरकारों का गठन किया था जिसका उद्देश्य जनहित का काम करना था और इसी शर्त पर गाँधी जी ने काउंसिलों में भागीदारी की बात स्वीकार की थी, पर कुछ लोग जनहित का कार्य भूलकर सरकार को अन्दर से कमज़ोर करने को अपना लक्ष्य मान बैठे जिससे गाँधी जी नाराज़ हुए। फिर जब १९३९ में विश्वयुद्ध छिड़ गया तो गाँधी जी के आह्वान पर सभी काँग्रेसी मन्त्रियों ने इस्तीफे दे दिए। इस पूरी प्रक्रिया में जैनेन्द्र शामिल थे और इस बीच लिखना छोड़ वे राष्ट्रीय दायित्व में प्राणप्रण से जुटे थे। इसी १९३९ में ७ फ़रवरी को उनकी तीसरी सन्तान प्रदीप का जन्म हुआ।

पर्व तीन

स्वाधीनता

अब जैनेन्द्र सपरिवार दिल्ली से बहुत दूर एक गाँव में जाकर ठहरे जहाँ उन्हें चिन्तन-मनन की सुविधा दिखी। पर वहाँ जाने के कुछ ही दिन बाद पूरे गाँव को मलेरिया ने धर दबोचा। स्वयं जैनेन्द्र सहित उनका पूरा परिवार इस चपेट में आ गया। गाँव में इस रोग से कई मौतें भी हुईं। यह रोग आग की लपटों की तरह चारों तरफ़ फैलता जा रहा था। दवा-इलाज की सुविधा न होने से मौतें होती जा रही थीं और सरकार की ओर से बचाव या राहत की कोई व्यवस्था नहीं हो पा रही थी। अँग्रेज़ी शासन के ख़िलाफ़ टकराव बढ़ा तो आन्दोलन शुरू हुआ। इस १९४० के आन्दोलन का एक अन्य मुख्य कारण ब्रिटिश शासन का अगस्त प्रस्ताव भी था जिसे ८ अगस्त, १९४० को तत्कालीन वायसराय लिनलिथगो ने ज़ारी किया। द्वितीय विश्वयुद्ध में हिटलर की सफलता तथा बेल्जियम, हॉलैण्ड एवं फ्रान्स की पराजय के बाद ब्रिटेन की स्थिति ख़राब हो गयी। भारतीयों से सहायता पाने और हिन्दू-मुस्लिम में फूट डालने की नीयत से यह प्रस्ताव लाया गया ताकि अपना काम भी निकल आये और भारत-विभाजन के रास्ते को भी मज़बूत किया जा सके। प्रस्ताव में अन्य बातों के अलावा मुस्लिम तुष्टीकरण के लिए 'डोमिनियन स्टेट' बनाने की बात भी थी। काँग्रेस ने इस प्रस्ताव को सिरे से ख़ारिज कर दिया। जवाहरलाल नेहरू ने डोमिनियम स्टेट को पूरी तरह अप्रासंगिक बताया तो गाँधी जी ने कहा—"अगस्त प्रस्तावों के रूप में सरकार ने जो घोषणाएँ की हैं, उनसे राष्ट्रवादियों तथा उपनिवेशी सरकार के बीच खाई और चौड़ी होगी।"

गाँधी जी द्वारा प्रस्ताव निरस्त करने के बाद देशभर में इस प्रस्ताव का

विरोध हुआ। जैनेन्द्र अभी मलेरिया से ही ग्रस्त थे। हालत ऐसी न थी कि वे हिल भी पाते।

इन्हीं दिनों यानी १९४१ में उनकी बेटी कुमुद का जन्म हुआ था। फिर समय बीता, स्वस्थ होते-होते बहुत दिन लग गये। वह गाँव ही उनका अब तक ठिकाना था। जब १९४२ का 'भारत छोड़ो' आन्दोलन शुरू हुआ तो वे वहाँ से निकलने को हुए। जगह-जगह उनकी खोज ज़ारी थी, पर पता न था कि वे कहाँ हैं। वे निकले तो पता चला, ट्रेनें बन्द हैं, रेल की पटरियाँ उखड़ी पड़ी हैं। उधर गाँधी जी गिरफ़्तार हो चुके थे। पूरे देश में आग लगी थी। अब क्या हो, कैसे निकलना हो, राह सूझती न थी। वे जैसे-तैसे बच-बचाकर दिल्ली आये, परिवार साथ था, पत्नी थीं, बच्चे थे, नहीं तो अकेले होते तो आ सकने का चारा भी होता। इस तरह उनके आने तक आन्दोलन थम गया था, पर देश में जो आग लगी थी, वह अभी पूरी तरह से बुझी न थी। गाँधी जी के अहिंसक आन्दोलन के आह्वा़न के बावजूद लोगों ने हिंसा की थी जिसका अफ़सोस गाँधी जी को जेल में रहते भी हुआ था। वे दिल्ली लौटे तो पता चला, उनके घर के आसपास पुलिस का कड़ा पहरा था। कई पुलिसवालों ने आसपास के लोगों से भी पूछताछ की थी कि जैनेन्द्र कहाँ हैं, कहाँ छुपे हैं। पर किसी को मालूम हो, तब तो बताये। स्पष्ट था कि वे घर पर भी रहते तो गिरफ़्तार हो चुके होते, पर न थे और इस तरह उनके मन में भी यह कसक बाक़ी रह गयी कि काश, वे होते तो अवश्य ही सत्याग्रह में भाग लिए होते। पर जैसे ही वे लौटे, सत्याग्रहियों की आवाजाही शुरू हो गयी। अब वे काँग्रेसी बैठकों में जाने लगे और सक्रिय सत्याग्रही होकर काम करने लगे। दिन बीते, १९४४ का वह समय आया जब दरियागंज में अखिल भारतीय काँग्रेस कमेटी की कार्यसमिति का इजलास[१] हुआ।

उस इजलास में भारत-विभाजन पर चर्चा होनी थी। उसमें नेहरू, पटेल, मौलाना आज़ाद, ख़ान अब्दुल गफ़्फ़ार ख़ान, राजेन्द्र प्रसाद, राधाकृष्णन्, जयप्रकाश नारायण सरीखे सभी नेता थे जो देश की स्वाधीनता के लिए लड़ रहे थे। जैनेन्द्र, जयप्रकाश नारायण के पास ही बैठे थे। सभा में सबके

१. *'मेरे भटकाव'*, पृ. ७६

चेहरे तने थे। कोई भी शायद ही रहा हो, जो सहज दिखाई देता हो। गाँधी जी आये, थोड़ी देर बैठे, फिर बोलने के लिए सीधे मंच पर गये। अपनी लड़खड़ाती आवाज़ में बोले—"मैं कह चुका हूँ, देश बँटेगा तो मेरी लाश पर। मेरी जान लेकर बँटेगा। पर मैं क्या करूँ।" काँग्रेस विभाजन के प्रस्ताव पर एक स्वर से सहमत थी। जो लोग विभाजन के प्रस्ताव पर असहमत थे, उनकी संख्या इतनी न थी कि वे प्रस्ताव गिरा सकते और बँटवारा टालने की सूरत बनती। पर जाने क्या हुआ कि गाँधी जी को विवश होना पड़ा था और गाँधी जी की सहमति से ही विभाजन के प्रस्ताव को काँग्रेस की कार्यसमिति ने पारित कर दिया था। इस मर्माहत कर देने वाले क्षण के साक्षी बने जैनेन्द्र, गाँधी जी की मनःस्थिति को समझने की चेष्टा कर रहे थे कि जाने उन पर क्या बीत रही होगी। वे सोच रहे थे, शायद ही कोई व्यक्ति होगा जो गाँधी जी के परम विसर्जन और आत्म-दहन के रूप को सही-सही समझ सकता हो। देश को चलाने वाले जब एक स्वर से देश के बँटवारे की माँग कर रहे हों, तो गाँधी जी करते भी तो क्या। जैनेन्द्र के सोचने में आया कि जो लोग उदारतापूर्वक भी गाँधी जी के जीवन को समझना चाहेंगे, वे ज़रूर कहेंगे कि उन्होंने लिहाज किया, दया बरती, सहृदय ही नहीं, अतिरिक्त दयावान हो आये और सत्य के आग्रह का पल्ला उनसे शायद अहिंसा के नाते छूट गया।

शायद इसलिए छूट गया कि हिंसा न हो, लोग एक-दूसरे की जान के दुश्मन न बन जायें। देश में साम्प्रदायिकता का ज़हर घुल चुका था। दो धर्म अब दो राष्ट्र माँगने लगे थे और काँग्रेस के आला नेता, जो आपस में तने भी रहते थे, इस विभाजन के प्रस्ताव पर एकमत थे। पटेल और नेहरू जैसे दो ख़यालों के नेता भी विभाजन पर एक ही राय रखते थे। गाँधी जी को विवश होकर प्रस्ताव का समर्थन करना पड़ा था और अपने जीवन की, शायद अपने समस्त सुफल की यह सबसे बड़ी हार उन्होंने अपने सामने देखी थी।

राजनीति को निरा सत्ता का खेल मानने वाले वे नेता, जो गाँधी के हृदय से अनुगामी थे, आहत थे। उन्हें काठ मार गया था। वे चुप थे गोया उनका सब कुछ लुट गया हो। वे गाँधी जी की विवशता से दहल उठे थे। इजलास उठने को हुआ था कि अचानक उठ खड़े हुए जयप्रकाश नारायण ने जैनेन्द्र के कन्धे पर हाथ रखा और कहा—"आओ चलें, अब क्या बचा

है जो देखना–सुनना है।''

जैनेन्द्र ने कहा, 'बात तो ठीक कह रहे, जो घट रहा है, वह बहुत दुखद है। पर जाने कौन–सी लाचारी है जो बापू को यहाँ तक लायी है, यह भी तो देखना हो।'

'अभी तो प्रस्ताव आया है। आगे देखते हैं क्या होता है। यह मुस्लिम लीग वाले जो न करायें।' जयप्रकाश नारायण ने गहरी साँस लेते हुए कहा था।

इजलास के बाद दोनों जनों ने देर तक देश–दुनिया की बातें की, अपने–अपने अनुभव बाँटे और फिर अपनी–अपनी राह ली। जैनेन्द्र चले तो बहुत–से प्रश्न उन्हें मथ रहे थे। कांग्रेस की यह जल्दबाज़ी उन्हें समझ में नहीं आ रही थी। अँग्रेज़ों ने तो हिन्दू–मुस्लिमों में फूट डाल ही दी थी, पर क्या यही विकल्प बचा है? समझौता नहीं हो सकता? क्या हम सबने इसी खण्डित भारत के लिए लड़ाइयाँ लड़ी थीं? यह तो नहीं होना चाहिए, बिलकुल नहीं होना चाहिए। बापू को यूँ झुक न जाना चाहिए। उन्हें अपना कौल देकर कहना चाहिए कि यह न हो सकेगा।

घर लौटे पर बेचैनी थी कि जाती न थी, किससे बात करें, हल क्या है? गाँधी जी से मिलना कठिन था। वे बेहद रुष्ट हैं, किसी से भी मिलना–जुलना नहीं चाहते। काँग्रेस के कर्णधार समझे जाने वाले नेता एक स्वर से खण्डित भारत के पक्ष में हैं। वे करें तो क्या करें।

इसी वर्ष उनका सातवाँ कहानी–संग्रह 'ध्रुवयात्रा' सामयिक सदन, लाहौर से छपकर आया था। ऐसे तनाव भरे दौर में भी इस संग्रह को लोगों ने पढ़ा और उसे सराहा था।

कुछ समय ऐसी ही चिन्ताओं में बीता। वे जहाँ भी जाते, इजलास के प्रस्ताव पर लोग प्रश्न करते। सत्याग्रहियों में भी निराशा का भाव था। ऐसा माहौल बन गया था कि कहीं जाने की सूरत न थी। आसफ अली, ख़ान अब्दुल गफ़्फ़ार ख़ान, रफी अहमद किदवई जैसे लोग तो बँटवारे के एकदम ख़िलाफ़ थे, ख़िलाफ़त में मौलाना आज़ाद भी शामिल थे, पर उनकी सुनता कौन? गाँधी जी प्रस्ताव का समर्थन कर चुके थे। जैनेन्द्र ने बारी–बारी सबको टटोला। उन्हें धीरज दिलाने की कोशिश की। अभी तो यह प्रस्ताव था, देखें आगे क्या होता है। यह भी तो हो सकता है कि यह प्रस्ताव अन्तिम रूप से वापस ही ले लिया जाय। फिलहाल तो यह

सम्भावना ही थी, आगे कौन जाने!

इन्हीं दिनों अक्टूबर, १९४५ में उनकी छोटी पुत्री कनक का जन्म हुआ था। घर और बाहर की परिस्थितियाँ एक जैसी थीं—हालात बुरे थे।

इधर-उधर के भटकाव और मानसिक द्वन्द्व के बीच जैनेन्द्र ने इस बीच अपना ध्यान भटकाने के लिए पत्रिकाओं में प्रकाशित निबन्धों को संकलित कर एक पुस्तक तैयार की जिसका नाम रखा—'जड़ की बात'। इसे भी उन्होंने हिन्दी ग्रन्थ रत्नाकर, बम्बई को भेजा जो १९४५ में प्रकाशित होकर आ गयी। 'जड़ की बात' उन दिनों के उनके द्वैत और पराधीन भारत की बुनियादी चिन्ताओं को लेकर लिखे गये उनके निबन्धों की पुस्तक थी जिसमें जैनेन्द्र बेतरह प्रश्नाकुल थे और उनके भीतर उठ रहे प्रश्न पाठकों को उद्वेलित कर रहे थे।

'बाज़ार दर्शन', 'जड़ की बात' और 'स्वतन्त्रता और समता' जैसे चिन्तनपरक निबन्ध तत्कालीन भारत की चिन्ताओं के साथ नागरिक समाज के दायित्वों की याद दिला रहे थे। 'जड़ की बात' में उन्होंने लिखा—"मैं अन्त:करण की सच्चाई से कहता हूँ कि दया की प्रेरणा मुझे सच्ची प्रेरणा नहीं मालूम होती। और अगर उस भूखे, कंगाल इनसान के वहीं सड़क की धूल में पड़े रहने का कारण सिर्फ़ इतना होता कि आदमी में दया नहीं रह गयी, तो मुझे यह लेख लिखने की प्रवृत्ति नहीं होती। पर आज तो मुझे इसी पर विस्मय है कि समझदारी हमें यह समझाती मालूम होती है कि हमें, ज़िन्दा आदमियों को, उस मरते हुए प्राणी के झंझट में नहीं पड़ना चाहिए। समझदार बेशक दयालु नहीं हो सकता। उसे दयालु नहीं होना चाहिए। दया का मतलब एहसान होता है। बेशक एहसान झूठ है। इससे दया भी झूठ है। पर समझ को तो समझदार होना चाहिए और आज का समझदार आदमी अगर अपनी राह चला जाता है और मरने वाले को अगर सड़क के किनारे पड़े रहने देता है तो ज़रूर कोई बहुत बड़ी ख़राबी है।"[१]

पुस्तक आयी, लोगों तक गयी, पर इससे विरत जैनेन्द्र तो खण्डित भारत की आशंका से त्रस्त इतने व्यथित थे कि कुछ सूझता न था। अन्तत: १९४७ का वर्ष आ गया जो आशा और निराशा की कारुणिक गाथा लिखने वाला था। वर्ष के आरम्भ में ही देश के कोने-कोने में दंगे होने लगे थे।

---

१. *'जड़ की बात'*—जैनेन्द्र कुमार, पूर्वोदय प्रकाशन, नई दिल्ली, पृ. ६२

अन्तरिम सरकार का प्रयोग चल रहा था।[1] साम्प्रदायिकता उफान पर थी। बंगाल में भयानक रक्तपात हुआ और उसकी प्रतिक्रिया में दूसरी अनेक जगहों पर काफ़ी ख़ून-ख़राबा हुआ। आज़ादी तो मिलनी थी, क्योंकि अँग्रेज़ी हुकूमत जान गयी थी कि पूरे देश में उबाल आ चुका है और अब यहाँ ज़्यादा दिन तक टिके रहना सम्भव नहीं है। उसकी दी हुई 'क्रिप्श' और 'डोमिनियन स्टेट' के प्रस्ताव को काँग्रेस ने अपने अनुसार माना था। पर मुस्लिम लीग थी, जिसको उकसाकर ब्रिटिश सरकार देश को दो फाड़ करने में लगी थी। तब केन्द्र में जवाहरलाल नेहरू के नेतृत्व में अंतरिम सरकार बनी थी जिसमें गृह विभाग का काम वल्लभभाई पटेल के पास था, तो वित्त मन्त्रालय लियाकत अली ख़ाँ की देखरेख में था। यह वही लियाकत अली ख़ाँ थे जो पाकिस्तान बनने पर उसके प्रधानमन्त्री बने थे।

लियाकत अली लगातार रोड़े अटकाते थे और हर काम में बाधा डालते थे। पाकिस्तान की धुन उन पर भी सवार रहती। गाँधी जी साम्प्रदायिक तनाजे को दूर करने के निमित्त नोआखली की यात्रा पर थे।

साम्प्रदायिकता तब केवल राजनीति में ही नहीं आयी थी, वह समाज और संस्कृति में भी व्याप्त हो गयी थी। गाँधी जी ने यही भाँपकर १९३६ में 'भारतीय साहित्य परिषद्' बनाई थी जिसके वे अध्यक्ष थे और उसकी स्थापना में प्रेमचन्द, काका कालेलकर, पुरुषोत्तम दास टंडन, कन्हैयालाल मुंशी सहित स्वयं जैनेन्द्र का भी योग था। १९३३ में एक अन्य संस्था बनी थी, 'हिन्दुस्तानी प्रचार सभा', जो हिन्दी-उर्दू को जोड़ने की पहल कर रही थी और लिपियों के फ़र्क़ से दोनों के बीच तनाजे को दूर करने का प्रयास भी। इस सभा में जैनेन्द्र सहित प्रेमचन्द, जाकिर हुसैन, जोश मलीहाबादी, अली बुखारी पतरस आदि शामिल हुए थे। १९४७ के आरम्भ की बात है, जब सभी सदस्यों ने भाषायी एकता को मज़बूत करने के विचार से 'भारतीय साहित्य सम्मेलन'[1] के अधिवेशन की योजना बनाई। यह समय बेहद नाजुक था और साम्प्रदायिक तनाव चरम पर था। उस समय सभी भाषाओं से एक-एक स्थानीय परामर्शदाता नियुक्त हुआ था। अपने प्रदेश के अतिथियों के स्वागत आतिथ्य का भार उन्हें उठाना था। जैनेन्द्र ने दक्षिण की भाषाओं के परामर्शदाताओं से कहा कि वे इस सम्बन्ध में राजगोपालाचारी से सलाह ले लें। पर यह जानकर आश्चर्य

---

१. *'मेरे भटकाव',* पृ. ७८

हुआ कि राजगोपालाचारी से सम्पर्क कर चुके एक दक्षिण भारतीय परामर्शदाता को उन्होंने फटकार दिया था और कहा कि हम दक्षिण वालों को एक होकर चलना चाहिए। जैनेन्द्र को इससे बड़ी चिन्ता हुई और उन्हें इस बात का बोध हुआ कि आज़ादी के बाद यही भाव रहा तो हिन्दी के प्रति हिकारत बढ़ेगी और भाषायी एकता नहीं बन पायेगी।

इस साहित्य सम्मेलन के उर्दू परामर्शदाता जामा मस्जिद के पास चितली क़बर की गली में रहते थे। एक दिन जैनेन्द्र उनके दरवाज़े पर गये और घण्टी बजाई। वे घर की ऊपरी मंज़िल से उतरकर आये और उन्हें सामने देख बेतरह परेशान हुए। जल्दी-जल्दी साथ लेकर वे एक अलग कमरे में गये और बोल पड़े—"तौबा-तौबा! यह आपने क्या किया? आप यहाँ क्यों आ गये?"

जैनेन्द्र ने आश्चर्य के साथ कहा—"तो इसमें अचरज की बात क्या है भाई! मैं तो सम्मेलन के लिए मशविरा करने आया हूँ।"

"ओफ्फ जैनेन्द्र जी, आप कितने भोले हैं। क्या आपको मालूम नहीं कि हिन्दू-मुसलमान जानी दुश्मन बन गये हैं? यह मुसलमानों का इलाक़ा है। कोई हिन्दू यहाँ फटक नहीं सकता। गनीमत है कि आप बचे रह गये हैं, ख़ैर ही मानिये इसे। आप ही बताइये, ख़ुदा ना खास्ते आपको कुछ हो गया होता तो मैं किसी को क्या मुँह दिखाने वाला रहता? आप वादा कीजिये जैनेन्द्र जी, कि आइन्दा इधर नहीं आयेंगे। लोगों पर दहशत छाई है। सब पर ख़ून सवार है, ख़ामख़ाह उसका शिकार बनना नादानी है। मेरा कुछ भी ख़याल हो तो अर्ज है कि आप यहाँ दोबारा नहीं आयेंगे।"[१]

जैनेन्द्र को जैसे काठ मार गया। "तो क्या इतनी बुरी हालत हो चली है?" उनके मुँह से अनायास निकला।

"हाँ, भई, हाँ।"

"नहीं आऊँगा। समझ गया। आप परेशान न हों।" कहकर वे लौटे। काम की बात हो न सकी थी। लौटे तो विचार करते आये, वे भयभीत होकर गये होते तो शायद हमला हो सकता था। वे दहशत में न थे, शायद इसीलिए न किसी ने ताड़ा और न हमला किया। अच्छा हुआ, जान बची।

---

१. *'मेरे भटकाव'*, पृ. ८०

वे वहाँ से कनॉट-प्लेस की तरफ़ मुड़े। प्रस्तावित सम्मेलन की एक सदस्या सत्यवती मलिक भी थीं जिनसे मशविरा करना ज़रूरी था। वे उनसे मिले, बातचीत हुई और जब सीढ़ियाँ उतरने लगे तो देखते हैं, कुछ लोग घायल हालत में सड़क पर गिरे हैं और कुछ लोग बगल में कुछ सामान दबाये बेतहाशा भाग रहे हैं। सामने की दो दुकानों में लूट मची थी जिसके कामगार ज़ख़्मी होकर ज़मीन पर पड़े थे। ऐसी वारदातें हर तरफ़ हो रही थीं, कहीं कोई शान्ति न थी।

जैनेन्द्र के पड़ोस में एक मुस्लिम परिवार रहता था। इसके बगल में ही घटा मस्जिद थी। वहाँ भी कुछ मुस्लिम रहते थे। परिवार की बड़ी औरत को जैनेन्द्र मुमानी कहते थे। सब लोग दहशत में थे कि जाने कब क्या हो जाय। वहाँ रहने वालों में केवल जैनेन्द्र ही थे, जो जब-तब उस परिवार को भरोसा देते कि उनका कुछ न बिगड़ेगा। पर दूसरे लोग दहशत फैलाने में मज़ा लेते और वह परिवार डर के मारे सिहरा रहता। जैनेन्द्र सोच-सोचकर परेशान होते। क्या अब यही आज़ादी मिलने वाली है जिसमें कोई किसी का न हो पाये? हर आदमी डर से सिहरा रहे? हिन्दू इलाक़ों में मुसलमान ख़ौफ़ में रहें तो मुस्लिम इलाक़ों में हिन्दू। क्या इसी भय के रास्ते हम सुराज पायेंगे? क्या गाँधी की अहिंसा की यही फलश्रुति है। अब तक के किये-धरे पर सोचते तो लगता जैसे सब अकारथ हो गया है, यह तो न चाहा था हमने, जो दिख रहा है। 'भारतीय साहित्य सम्मेलन' की धुन सवार थी, मन खट्टा था, पर जो दायित्व लिया था, उसे तो निभाना था। बहुत-से लोग इस काम में जैनेन्द्र के साथ हो आये थे। इसमें प्रो. गुरुमुख निहाल सिंह आगे रह रहे थे जो बाद में मुख्यमन्त्री बने थे। उनका सहयोग जैनेन्द्र को बड़ी राहत दे रहा था। तैयारियों के बीच यह उपद्रव दिल हिला रहा था कि जाने क्या हो। लोग दिल खोलकर पैसे भी दे रहे थे। लेकिन अगस्त के आरम्भ में ही डाक-व्यवस्था बिगड़ गयी। लोग मनीऑर्डर से पैसे भेजते, पर डाक की गड़बड़ी से वे मिल नहीं पा रहे थे। एक समय सात दिन तक कोई चिट्ठी न आयी तो जैनेन्द्र कुछ लोगों को साथ लेकर गोल डाकख़ाने पहुँचे। पहुँचने पर डाक का ढेर देख सबका माथा ठनक गया। उसे कोई देखने-पूछने वाला न था। जैनेन्द्र ने लोगों से कहा—"भई, इस हालत में सम्मेलन को टालना पड़ेगा। इसमें उसका विचार रखना फ़ज़ीहत कराना होगा।" यशपाल जैन दफ़्तर का काम देखते थे, वे

भी उनके कहे से नाख़ुश हुए। सबका इरादा यही था कि काम शुरू हो गया है, तो सम्मेलन कर लेना चाहिए। जैनेन्द्र ने कहा—"देखते हैं। अगर सब ठीक रहा, तो होगा।"

पर होना क्या था। क़त्ल होने लगे और चारों तरफ़ ख़ून-ख़राबा, मार-काट के सिवा कुछ भी न सुनाई पड़ता। सम्मेलन की तैयारी और उसका विचार वहीं रह गया, अब तो जान बचाने की नौबत आ पड़ी। सुनाई पड़ा कि घटा मस्जिद में बहुत-से मुसलमान हथियारों से लैस होकर हमले की ताक में हैं। अब यह तय हुआ कि दस-बारह लोग सिर पर मोटा साफा बाँधकर रातभर लाठी लिये छत पर जमे रहें। जब हमला होगा तो देख लेंगे। वही हुआ। जैनेन्द्र दस-बारह लोगों के साथ मोटा साफा सिर पर बाँधकर लाठी लिये छत पर जमे रहे और इस तरह वह रात दहशत में कटी। सम्मेलन का विचार जैसे उठा था, वैसे ही थम गया। ऐसे में वह होता भी तो कैसे।[१]

उन दिनों अफ़वाहों का बाज़ार भी गर्म था। अफ़वाहें उड़तीं और दंगे हो जाया करते। कहीं कोई स्त्री इज्जत गवाँ बैठती, कहीं बच्चे जला दिये जाते, कहीं घर फूँक दिये जाते। हर तरफ़ 'हर-हर महादेव' और 'हनुमान बली की जय' की प्रतिक्रिया में 'अल्लाहो-अकबर' की ललकार सुनाई देती। अँग्रेज़ी शासन को पता था कि उन्हें अब जाना होगा, पर जाने के पहले उसने जो ज़हर घोल दिया था उसकी क़ीमत चुकाता भारत ज़ख़्मी हो चला था। देश में फैली हिंसा और लीगी नेताओं की जिद से लगने लगा कि अगर गाँधी जी ने बँटवारे के प्रस्ताव का समर्थन किया है तो हो न हो, यह कारण भी रहा होगा। आज़ादी मिलने पर इतनी घृणा के बाद हिन्दू-मुसलमान साथ कैसे रहेंगे, कैसे उनमें परस्पर विश्वास जागेगा। मुहम्मद अली जिन्ना की एक ही टेर थी—"हमें आज़ाद पाकिस्तान के सिवा कुछ न चाहिए।" काँग्रेस आहत थी, देश दहशत में था। फिर भी यह उम्मीद थी कि शायद गाँधी जी बँटवारे के पिछले प्रस्ताव को रद्द कर दें और कहें कि देश किसी भी सूरत में नहीं बँटेगा।

उन्हीं दिनों जैनेन्द्र ने एक कहानी लिखी थी—'चोर'। साम्प्रदायिकता और दहशत के उस माहौल से अलग रखकर जैनेन्द्र ने उस कहानी में मुमानी को अंकित किया था जो उनके पड़ोस में रहने वाली मुस्लिम थीं। आपसी

१. *'मेरे भटकाव'*, पृ. ८२-८३

प्रेम और उनकी वत्सलता ऐसी कि बाँग्ला के विख्यात कथाकार विमल मित्र को वह कहानी भा गयी और वे उसी बीच एक आयोजन में पटना में मिले जैनेन्द्र से गले लग गये। विमल मित्र पूछ बैठे थे—"आज के बिलकुल उलट परिवेश में ऐसी कहानी कैसे बन सकी?"

जैनेन्द्र का जवाब था—"कहानी का सम्बन्ध बाह्य से नहीं, हमारे अन्तर से होता है। एक वह दुनिया है जिसे हम देखते हैं और एक वह, जिसे हम घटित होते देखना चाहते हैं। घटित देख सकने में ही लेखक का स्वप्न जन्म लेता है। एक तरह से यह विचार बीभत्स यथार्थ का विलोम रचता है।" विमल मित्र की आँखें भर आयीं, सिर्फ़ कह सके—'दारुण'। इस कहानी के बाद जिद में आकर जैनेन्द्र ने वर्षों तक कुछ न लिखा था। जिद यह कि अब तक का लिखा जिस स्वप्न को लेकर था, वह टूट रहा था।

अन्ततः वह दिन आ गया जब बँटवारे के प्रस्ताव पर अन्तिम निर्णय होना था। परिस्थितियाँ विषम थीं और लग रहा था, देश का बँटवारा माने बिना गति नहीं है।[१]

एक आदमी था जो परिस्थिति के कारण कोई बेबसी स्वीकार नहीं कर सकता था—वह था गाँधी। उसकी आस्था डिगने वाली न थी और वह मानता था कि परिस्थितियों का सामना यदि मरने का भय न हो तो अपनी मानवता को अक्षुण्ण बनाये रखकर किया जा सकता है और स्थिति के ऊपर मनुष्यता की प्रभुता की प्रतिष्ठा की जा सकती है। पर वह आदमी तो निपट बन रहा। काँग्रेस संगठन के हर पद से ही नहीं, सदस्यता तक से विहीन। फिर राजनीतिज्ञों के समक्ष ठहरा वह एक असम्भव आदर्शवादी। इसलिए काँग्रेस के व्यवहार कुशल नेताओं ने लॉर्ड माउंटबेटन के साथ मिलकर विभाजन को काँग्रेस की ओर से अधिकृत रूप से स्वीकार कर लिया था। कारण भी यही था कि गाँधी जी ने १९४४ के अगस्त में काँग्रेस के द्वारा भारत-विभाजन के प्रस्ताव को न चाहते हुए भी अपना समर्थन दिया था, न देते तो भी कृतघ्न काँग्रेसी उनकी कौल को मानने वाले न थे। फिर भी लोगों को उम्मीद थी कि १९४४ में पारित काँग्रेस कार्यसमिति का वह प्रस्ताव अखिल भारतीय काँग्रेस कमेटी में पास होने आयेगा, तो हो सकता है, वह गिर जाय, गाँधी जी सख़्त हो जायें और काँग्रेस के आला

---

१. *'मेरे भटकाव'*, पृ. ८३-८४

नेता भी यह न होने दें। देश को मालूम था कि गाँधी जी कहते हैं कि भारत अगर बँटा भी तो उनकी लाश पर ही बँटेगा। देश को यह कहाँ मालूम था कि उनकी पीठ पीछे काँग्रेस ने विभाजन का समझौता कर लिया था।

१४-१५ जून, १९४७[१] के वे दिन बहुत कठिन थे। उन दिनों दरियागंज, दिल्ली में स्थित कॉमर्स कॉलेज के हॉल में अखिल भारतीय काँग्रेस कमेटी का अधिवेशन हुआ। मंच पर वल्लभभाई पटेल, जवाहरलाल नेहरू और महात्मा गाँधी बैठे थे।

सरोजिनी नायडू, अमृत कौर, जे.बी. कृपालानी, जयप्रकाश नारायण, नरेन्द्र देव, मौलाना अबुल कलाम आज़ाद आदि नेता भी वहाँ उपस्थित थे। जैनेन्द्र भी काँग्रेस सत्याग्रहियों के बीच बैठे थे। उन्हें भी अन्य लोगों की तरह भरोसा था कि अँग्रेज़ों की कूटनीति कामयाब न होगी और इस अखिल भारतीय काँग्रेस की बैठक में कार्यकारिणी द्वारा पारित प्रस्ताव निरस्त हो जायेगा। कोई-न-कोई उपाय भी शायद सामने आ जाये, जो विभाजन को टाल दे। जैनेन्द्र और उनके जैसे असंख्य लोग भारत की और गाँधी की पराजय की कल्पना भी नहीं कर सकते थे। सबकी तरह जैनेन्द्र भी इस बात को मानते थे कि काँग्रेस की सत्ता गाँधी जी से बाहर नहीं जा सकती, और न ही गाँधी जी का जनता को दिया हुआ कौल झूठा हो सकता है।[२]

काँग्रेस का बहुसंख्यक समुदाय इस बात को लेकर आश्वस्त था कि देश विभाजित नहीं हो पायेगा। बैठक के आरम्भ में बड़ा हो-हल्ला हुआ। काँग्रेस के अधिकांश नेताओं ने दर्शक-दीर्घा से मुहम्मद अली जिन्ना के 'द्विराष्ट्र सिद्धान्त' का विरोध किया। बड़ी कोशिश के बाद जब शोर थमा तो गाँधी जी खड़े हुए और बोलने लगे—''मेरे विचार इस विषय में सबको मालूम हैं। इस सभा को कार्यसमिति के निर्णय को मानने या न मानने का अधिकार है। लेकिन याद रखना होगा कि कार्यसमिति, उसके प्रतिनिधि की हैसियत से जो करती है, उसको मान्य रखना अखिल भारतीय काँग्रेस कमेटी का सामान्य कर्तव्य है। हाँ, अगर वे उत्कटता से मानते हैं कि इसमें देश का अनिष्ट है तो वह प्रस्ताव गिरा सकते हैं।

---

१. *'मेरे भटकाव'*, पृ. ८४
२. *'मेरे भटकाव'*, पृ. ८४

लेकिन उसे गिराने का यह अर्थ होगा कि उन्हें अपने बीच नये नेता खड़े कर लेने हैं, जो न केवल कार्यसमिति बनायें बल्कि सरकार चलाने का भार भी अपने ऊपर लें। कार्यसमिति के सदस्य परखे हुए नेताजन हैं और वही काँग्रेस की रीढ़ हैं। आज की घड़ी में उनको हटाना असम्भव नहीं तो अबुद्धिमानी का काम तो होगा ही। काँग्रेस पाकिस्तान के विरुद्ध रही और वह ख़ुद भारत-विभाजन के सख़्त ख़िलाफ़ हैं, फिर भी अखिल भारतीय काँग्रेस समिति के इस सभा में सबके सामने वह उपस्थित हुए हैं यह कहने के लिए कि इस प्रस्ताव को स्वीकार कर लिया जाय। कभी-कभी बहुत कड़वे और अनहोने निर्णय भी करने या स्वीकार करने पड़ जाया करते हैं।"[१] अपने भाषण के बाद गाँधी जी भावुक हो गये थे। चेहरा मुरझा गया था और आँखें सजल हो आयी थीं—मानो उनके सामने ही कोई ऐसी अनहोनी हो गयी हो जिसके लिए वे तैयार न हों।

गाँधी जी के भाषण के बाद कुछ कहने को शेष न रहा। सब लोग स्तब्ध थे। गाँधी जी ने जो कहा था, उसमें सन्देह न था, वे पराजित हो चुके थे। जैनेन्द्र सोच रहे थे, यह क्या! जवाहरलाल नेहरू और वल्लभभाई पटेल ने उनकी राय लिये बिना या परवाह किये बिना लॉर्ड माउंटबेटन के साथ भारत-विभाजन का फ़ैसला करके मानो उनकी मौत को ही माँग लिया था और गाँधी ने उन्हें आशीष देकर कह दिया—"तुम खण्डित भारत के राज्य का मुकुट अपने सिर के लिए चाहते हो तो लो और सुख से राज्य करो।"[२] जैनेन्द्र सोच रहे थे, बात यह उसी तरह की थी जैसे महाभारत में श्रीकृष्ण ने पितामह भीष्म से उनकी मृत्यु चाही थी और उसका उपाय पूछा था। गाँधी जी से उपाय न पूछा गया, पर बँटवारा तय करके जैसे उन्हें मौत दे दी गई।

अब सरदार वल्लभभाई पटेल ने बोलना शुरू किया—"काँग्रेस कार्यसमिति ने विभाजन की योजना को किसी डर से स्वीकार नहीं किया है। डर हम जानते नहीं। इसके लिए जो बड़े पैमाने पर ख़ून-ख्वारी बरती गयी है, इस पर हम क्या कहें? हालत यह है कि जहाँ तीस आदमियों का एक कुटुम्ब था, उसमें सिर्फ़ दो बचे, बाक़ी सब मार डाले गये। इस प्रलय से हम गुज़रे हैं। लेकिन भय एक ही है कि इन बहुत से वर्षों में जो कुछ भी हमने

---

१. *'मेरे भटकाव'*, पृ. ८६
२. *'मेरे भटकाव'*, पृ. ८७

कड़ी मेहनत से किया और बनाया है, वह सब ढह न जाय। ज़रूरी है इसलिए इसको ख़त्म करना, इस माहौल को बदलना। इसमें हमें आप सबका सहयोग चाहिए। उम्मीद है, आप लोग काँग्रेस की इस मजबूरी को समझेंगे और अपना समर्थन देंगे। हमने स्वतन्त्रता के लिए काम किया था और इस देश को, जितना सम्भव हो सके उतने बड़े भाग को हम मुक्त और मज़बूत देखना चाहते हैं। यह मौक़ा है कि भारत स्वतन्त्र रूप से उठे और अपना निर्माण करे। तीन-चौथाई से अधिक देश हमारे आगे है और यह चुनौती है हमारे लिए कि हम उसे सम्पन्न और हर तरह से समृद्ध करके दिखायें। हम इस चुनौती से पीछे नहीं हट सकते।''[१]

उसके बाद आचार्य जे.बी. कृपलानी, जो उन दिनों अध्यक्ष थे, बोलने को हुए। उन्होंने कहा—''मैं तीस साल से गाँधी जी के साथ चम्पारण के समय से चल रहा हूँ। उनके प्रति वफ़ादारी में कभी डिगा नहीं हूँ। मतभेद के समय भी मैंने माना है कि मेरे सारे तर्कों के सामने उनकी सहज सूझ कहीं ज़्यादा विश्वसनीय है। आज भी मैं मानता हूँ कि अपनी अनुपम निर्भयता में वह सही हैं और मैं अपनी ग़लती पर हूँ, लेकिन अँग्रेज़ी साम्राज्य के ख़िलाफ़ अहिंसक असहयोग का उपाय उन्होंने बताया तो हमने विशाल पैमाने पर उसे सार्थक करके भी दिखा दिया। ऊपरी ही सही, पर हमने उन्हें माना है, और हम सफलता तक पहुँचे हैं। लेकिन अब तो वही अनिश्चय में पड़े दीखते हैं। नोआखली और बिहार में जो उन्होंने किया, वह करिश्मा ही हो सकता है। वे कहते हैं कि यहाँ से भारत की समस्या हल होगी, पर वैसा हमें होता नहीं दिखाई देता। ऐसी परिस्थिति में बेहद व्यथा के साथ भारत के विभाजन का मैं समर्थन करता हूँ।''[२]

और इस तरह एक-एक मंचासीन काँग्रेसी ओहदेदारों ने भारत-विभाजन के प्रस्ताव को मंजूरी दे दी जिसे कुछ वर्ष पूर्व काँग्रेस कार्यसमिति ने पारित किया था। सब तरफ़ दुःख पसर गया था। लोगों के चेहरे बुझे थे मानो उन पर राख मला गया हो। अब कोई उपाय न था, देश को बँट जाना था और जिन्ना की जिद के आगे उसे पराजित होना था क्योंकि देश जल रहा था, लोग मारे जा रहे थे और इसकी उम्मीद न के बराबर थी कि बँटवारा न करके इन पर काबू पाया जा सकेगा। काँग्रेस का शिखर नेतृत्व

---

१. *'मेरे भटकाव'*, पृ. ८५-८६
२. *'मेरे भटकाव'*, पृ. ८६

जब तय कर चुका कि बँटवारा ही अन्तिम विकल्प है तो गाँधी जी करते भी क्या। वे तो काँग्रेस के कोई पदाधिकारी तो दूर, उसके प्राथमिक सदस्य भी न थे। जैनेन्द्र के मन में द्वन्द्व चल रहा था। गाँधी जी अगर बँटवारे के प्रस्ताव से इनकार करते तो क्या वह टल जाता? देशभर में विद्रोह होता, साम्प्रदायिक हिंसा होती, सब कुछ होता, पर वह टल न पाता; क्योंकि काँग्रेस आधिकारिक रूप से जिनके पास थी, वे निर्णय ले चुके थे। जिन्ना की जिद और अँग्रेज़ी राज की कूटनीति के आगे हथियार डालकर काँग्रेस ने एक तरफ़ देश का बँटवारा करने का आत्मघाती फ़ैसला लिया तो दूसरी तरफ़ गाँधी की मृत्यु की मानो घोषणा ही कर डाला। पर जो हुआ, वह अघटनीय घटना थी।[१] शायद ही कोई उसको सही परिप्रेक्ष्य में रखकर समझ पाये। नेहरू, पटेल, आज़ाद ने मान ही लिया था तो भी क्या गाँधी जी के वश का यह नहीं था कि काँग्रेस को उस माने हुए को रद्द करने की सलाह देते और नेतृत्व को सीधे अपने हाथ में लेने को तैयार हो जाते। पर जो गाँधी जी ने किया, वह उससे बिलकुट उलटा ही था। उन्होंने काँग्रेस को यह क्या सलाह दे डाली कि वह अपने नेताओं का सम्मान करे और उनके किये को अनकिया करने की कोशिश न करे।

जैनेन्द्र इस घटना के साक्षी थे और सब कुछ देख–समझकर अनुभव कर रहे थे कि यदि गाँधी का सहारा न होता तो काँग्रेस का बहुमत इस प्रस्ताव को मान्य न कर पाता। लेकिन वह हुआ और इसलिए हुआ कि काँग्रेस और देश का ज़िम्मा जिन पर था, वे डर गये थे और निर्णय ले चुके थे। गाँधी अगर राजनीतिक व्यक्ति होते तो कदाचित् यह न होता, इस किन्तु–परन्तु ने जैनेन्द्र को बहुत थकाया था और उनका मन अवसाद से भर उठा था।

अन्य समर्पित काँग्रेस सत्याग्रहियों की तरह जैनेन्द्र भी आहत थे। कहीं मन न लगता। वर्षों से लिखना जो छूट गया था, वह अब भी यथावत् था। देश सर्वोपरि है, वही रहा है अब तक और आगे भी रहेगा। फिर जैसा कि होना था, देश का विभाजन हुआ और बड़े पैमाने पर रक्तपात शुरू हो गया। १४ अगस्त, १९४७ को पण्डित जवाहरलाल नेहरू ने जिस स्वाधीनता को 'नियति से भेंट' कहा था, वह नियति आयी तो देश के लिए विपदा की

१. *'मेरे भटकाव'*, पृ. ८४

सौगात लेकर आयी। बँटवारे के बाद भारत और पाकिस्तान के सीमावर्ती इलाक़ों में जो नरसंहार हुआ, वह मानवता के इतिहास में काले धब्बे की तरह चस्पाँ है। एक तरफ़ नरसंहार, पलायन, हाहाकार, तो दूसरी तरफ़ आज़ादी का जश्न। इस जश्न से दूर-सुदूर उत्तर-पूर्व में गाँधी हिन्दू-मुस्लिमों को शान्त करने में लगे थे और इस विभाजन पर अफ़सोस कर रहे थे। हिंसा को रोकने की गरज से हुआ बँटवारा अन्ततः हिंसा की भेंट चढ़ा और देश को तबाह कर डाला।

जैनेन्द्र को यह आधी-अधूरी आज़ादी हमेशा कचोटती रही और वे मन मारकर उसे कबूल करते रहे। यह वह आज़ादी तो न थी जिसके लिए वे जेल गये, पढ़ाई छोड़ी, यातना सहे और बेपनाह सपने देखे। जिस गाँधी ने अँग्रेज़ी साम्राज्य को देश छोड़ने पर विवश किया, आज वही हाशिये पर है। जिसे राज चाहिए था, उसे राज मिला और गाँधी को मिली नफ़रत, हिंसा, लूट और विद्रोह, जिसे शान्त करने के लिए वे निहत्थे घूमते रहे, हाथ जोड़ लोगों को मनाते रहे कि वे भाईचारे से रहें, आपसी प्रेम न छोड़ें। फिर उपवास किया और तब धीरे-धीरे स्थिति सुधरी, पर जो ज़हर बोयी गयी थी उसे फैलना ही था और वह फैलती-फैलती पूरी मानवता को शर्मसार करती गयी।

इसी बीच देश और दिल्ली में बढ़ती जा रही हिंसा के ख़िलाफ़ गाँधी जी ने आमरण अनशन की घोषणा की। १३ जनवरी, १९४८ को शुरू हुआ उनका आमरण अनशन चमत्कारिक सिद्ध हुआ। उसके बाद देश में शान्ति बहाल होने लगी और उपद्रव में कमी आने लगी। १८ जनवरी, १९४८ की सुबह लगभग एक सौ संगठनों के प्रतिनिधि, जिनमें हिन्दू महासभा, राष्ट्रीय स्वयंसेवक संघ, जमायते-उलेमा भी शामिल थे, गाँधी जी से मिले और शान्ति स्थापना के लिए उनके द्वारा रखी शर्तों को स्वीकार किया। सबने 'शान्ति शपथ' प्रस्तुत किया। उसी दिन एक शान्ति समिति गठित हुई जिसमें एक सौ तीस संगठनों के प्रतिनिधि थे जिसके संयोजक डॉ. राजेन्द्र प्रसाद थे। उन्होंने गाँधी जी को आश्वस्त किया कि अल्पसंख्यकों के ख़िलाफ़ किसी भी प्रकार का भेदभाव नहीं किया जायेगा। सबसे आश्वासन मिलने के बाद गाँधी जी ने १८ जनवरी, १९४८ को अपना अनशन समाप्त किया था। जैनेन्द्र, गाँधी जी के सत्याग्रह और उपवास में उन अनेक अनुयायियों की तरह शामिल रहे जिनके लिए देश सर्वोपरि था

और गाँधी जी का कौल मानवीय कर्तव्य था। इसी बीच २० जनवरी, १९४८ को गाँधी जी की हत्या का प्रयास हुआ, पर वह व्यर्थ हुआ। लेकिन वह दिन दस दिन बाद ही आ गया और गाँधी जी मौत की नींद सुला दिये गये।

३० जनवरी, सन् १९४८। किसी ने शाम को कहा—"सुना जैनेन्द्र, गाँधी जी गये!" लेकिन मैंने नहीं सुना। उसने जिद से कहा—"न मानो, रेडियो पर सुन लो।"[१]

'जिद से ज़्यादा कहने में रंज था। टालना और सम्भव न हो सकता था। तभी, उस कहने से निरपेक्ष, अन्दर लग आया कि हाँ, गाँधी जी गये। पर क्या सच? मन सच जानता था, फिर भी हठ से शंका करना चाहता था। रेडियो खोला, वह रो रहा था। सुना और वहाँ से हट गया। दूर, जहाँ कुछ सुनाई न दे। पर कोने में अकेले मुँह डालकर बैठ जाने से भी न हुआ। क्या करूँ? अपना क्या करूँ? और यह जो चारों तरफ़ है, समय और शून्य, उसका क्या करूँ? उठकर निकल आया नगर से बाहर निर्जन में। पर मालूम हुआ कि यहाँ भी सब घुट गया है। कहीं खुला बाक़ी नहीं है। उस रात नींद तो आयी, पर वह नींद जैसी नहीं थी। वह जगी-सी थी और दुखती थी—मानो सपनों की लड़ी हो। सबेरे घड़ी में जब देखा, चार बजे हैं, तब उठा। पर सोचा, जल्दी है, अभी चलना ठीक न होगा। चार को किसी तरह साढ़े चार तक टाल सका, फिर पाँव-पाँव चल दिया। मानो सब राहें उधर ही जाती हों। मानो दुनिया का जीवन एक अतल रिक्त को पाकर उस पर केन्द्रित आवर्त बन आया हो। मानो समस्त चेतना एक शून्य पर आ टिकी हो, और साँस घुट गयी हो।

भीड़ का ठिकाना न था। पर उस भीड़ में से भीड़पन गायब था। मानो सब अपने-अपने में हों और कोई दूसरे में चुभता न हो। सब संयत और शान्त और मानो समाप्त होने को तैयार हों। वे बेबस भाव से चले जा रहे थे। मानो कोई मृत्यु क्यों उन्हें जीता छोड़ गयी, यह पूछने जाते हों।

एक भूले भाई ने प्रार्थना के समय गोली मारकर उन्हें शान्त कर दिया था। वैसे जीवन का और भिन्न अन्त न होने वाला था। मृत्यु जीवन के अनुकूल ही हो सकती है। वह गाँधी जी की अर्जित मृत्यु थी, भगवान की वरद

---

१. *'अकाल पुरुष गाँधी'*, पृ. २२

मृत्यु थी। अकाल मृत्यु! मुझसे उसे अकाल मृत्यु कहते नहीं बनता। भला फिर सकाल और सार्थक मृत्यु क्या होती होगी? जीवन सतत यज्ञ है। जिसका जीवन निरन्तर आहुति बनकर उजलता रहा हो, मृत्यु अन्त में उसे पूर्णाहुति के रूप में ही तो आ सकती है। कमरे में शव रखा था, और लोग चारों ओर बैठे थे। रातभर वह उस भाँति रखा रहा था और लोग बैठे रहे थे। किन्तु अन्त में शव को उठना था और सबको भी उठ आना था। क्योंकि जो शव में था वह अनन्त में जा मिला था, और इस तरह अन्त में सबके पास आ गया था। व्यक्ति तत्त्व हो गया था और वह सबके आत्म में पहुँच गया था। अब यही भवितव्य और कर्तव्य बचा था कि शव को फूँकें और अपने-अपने आत्म में उस तत्त्व को सँभालें और सँवारें, जो कभी व्यक्त होकर व्यक्ति में मूर्त था और अब अव्यक्त होकर सबके निभृत में पहुँच चुका है। व्यक्ति होकर कुछ का ही हो सकता था, किन्हीं के लिए अपना, किन्हीं दूसरों के लिए ग़ैर। अब शरीर सीमा की बाधा जो हट गयी है, सो सब विश्व अपना सके, इसके लिए वह मुक्त हो सका है।

यह सब था और जानता था कि मर्त्य ही मरा है और ऐसा होने से ही सुविधा हुई है कि जो अमर था वह सदा जीता रह सके। फिर भी मालूम हो रहा था कि सब खो गया है : अस्तित्व सत् जहाँ हुआ हो, हुआ हो, हमारे लिए मानो लुप्त बन गया था।

रह-रहकर कमरे में जाता और झाँकता। क्षणभर उधर देख पाता। देख पाता कि वह आता और फिर मकान की लम्बी गैलरी में डग भरने लगता। सभी तो आदमी थे, बड़े-से-बड़े और छोटे भी। ये मकान में थे और बाहर भी असंख्य थे। सबका कुछ लुट गया था।

शरीर को क्या रख न लिया जाये? वह तो अभी पास है। विज्ञान से उसे जितना स्थायी किया जा सकता हो उतना क्यों न कर लें? अभी तो दुनिया दर्शन को तरसेगी। उसके प्रति सदय होकर क्यों न कुछ रोज़ के लिए इस काया को सुरक्षित कर लें? एक प्रेम यह चाहता था और वह विचारवान था।

पर विजय दूसरे प्रेम की हुई, जिसे जीते गाँधी की याद थी, उसने कहा कि नहीं, जो जीता था वह मरे की पूजा न चाहता। तब अर्थी उठी और सड़कों पर, मैदानों में, जितने समा सके आदमी साथ हुए और उसको

भस्मीभूत कर आये जो आत्मभूत हो गया था।'[१]

भारत को मिली खण्डित स्वाधीनता ने तो वैसे ही राजनीतिक विरक्ति पैदा कर दी थी, पर गाँधी जी की हत्या के बाद रही-सही कसर भी पूरी हो गयी थी। जैनेन्द्र का मन अब पूरी तरह उचट गया था। जिस देश के लिए अपना सब कुछ छोड़कर सत्याग्रही बने थे, वह कुछ अँग्रेज़ों की कूटनीति, कुछ मुस्लिम लीग, तो कुछ अपने ही लोगों की भेंट चढ़ गया था। बचे थे गाँधी, जिनसे अभी बहुत-सी उम्मीदें थीं, सपने थे—वे भी जैसे उन्मादियों के उन्माद में डूब गये। अब हर तरफ़ अँधेरा था। जो जहाँ था, वहीं कलपता, बिसूरता और भारत के भयावने भविष्य की चिन्ता से डर जाता। पाकिस्तान के बन जाने के बाद भी हिंसा को न रुकना था न रुकी, बदले में गाँधी जैसे महात्मा की बलि ले ली गयी। अब वर्षों से बन्द लेखन को शुरू करने का ही ध्येय था जिससे मन का अवसाद विराम ले और जीवन का एक मार्ग फिर से शुरू हो सके।

लेकिन मन था कि बार-बार तड़पता और अन्दर ही अन्दर हूक उठा करती। लगता कि कहीं कुछ शेष नहीं रह गया है। देह मानो ज़िन्दा लाश बन गयी थी जो सिर्फ़ ढोई जा सकती थी। ऐसी हालत में क्या होना था जो होता। सत्याग्रह का दौर बीत गया था। अब खण्डित ही सही अपने पास आज़ादी थी। लाव-लश्कर से भरी सत्ता थी। जो लोग जेल की कोठरी की काली दीवारें देखते रातें बिताते थे, वे अब सत्ता के ओहदेदार थे। वे अब सुरक्षा घेरे में रहते, उनसे मिलना-जुलना अब आसान न था। जैनेन्द्र को ऐसे लोगों की पहचान छोटी उम्र से ही हो गयी थी, इसलिए राजनीति उन्हें कभी रास न आयी। सत्याग्रही का तपस्वी-सा जीवन चुनकर उन्होंने देश के लिए अपने को जिलाये रखा था, तो उसकी प्रेरणा वे गाँधी थे, जो अब नहीं थे। वे पीछे लौटकर एक बार फिर सच को देखना चाहते थे। तब जैनेन्द्र ने स्थिति का जायजा लिया और इसकी ज़रूरत महसूस की कि जो गाँधी जी यह कहते रहे कि देश का बँटवारा उनकी लाश पर होगा, यानी जीते-जी सम्भव न होगा, वही इसके लिए क्यों तैयार हो गये। पर सच्चाई यह सामने आयी कि—"नेतृत्व ने बँटवारा स्वीकार कर लिया था। वायसराय को वचन दे दिया गया था। काँग्रेस के

---

१. *'अकाल पुरुष गाँधी',* पृ. २३-२४

ही अन्दर बहुत-से तत्त्व इस विभाजन के ख़िलाफ़ थे। उन सबसे, एक-एक से गाँधी जी ने बात की थी। सबके सामने सीधा प्रश्न उन्होंने रखा कि अगर काँग्रेस की जनता तुम्हारी बात माने और तुम्हें विश्वास सौंपे तो तुम अपनी 'वर्किंग कमेटी' बनाने को तैयार हो, इन नेताओं से अलग? कोई एक भी इसके लिए तैयार नहीं निकला। जो लोग बँटवारे के विरोध में खड़ा होने को उद्यत थे, उन्होंने हिम्मत नहीं दिखाई। नहीं कहा कि हाँ, हम नहीं चाहते विभाजन। अगर राष्ट्र इसमें हमारा साथ देता है, तो ठीक है, हम राष्ट्रीय काँग्रेस का दायित्व सँभालेंगे। व्यक्तिशः प्रत्येक से उन्होंने पूछा। पर कोई समर्थ न निकला। गाँधी जी ने देश के राजनीतिक नेतृत्व का दायित्व अपना कभी न माना था। काँग्रेस में कोई तत्त्व तैयार थे नहीं जो बँटवारे के ख़िलाफ़ काँग्रेस का नेतृत्व करे। लोग सोचते हैं, गाँधी जी तब खड़े हो जाते तो क्या दिक़्क़त थी? और यहीं से सब भ्रान्ति खड़ी होती है। कोई नहीं मानेगा कि गाँधी में शक्ति नहीं थी। वे उठते तो नेहरू वग़ैरह सब राजनीतिक नेताओं के विरोध में काँग्रेस ज़रूर उनके साथ होती। और यहीं गाँधी को समझना मुश्किल होता है।"[१]

जैनेन्द्र ने फिर विचार करते हुए सोचा—"गाँधी जी राजनीतिक नेतृत्व को काँग्रेस का ज़िम्मा मानते थे, अपना धर्म नहीं। उनका स्वधर्म राजकरण था ही नहीं, इसलिए जब काँग्रेस का कोई व्यक्ति आगे आकर विरोध करने को तैयार न हुआ, तब गाँधी जी के पास प्रस्ताव का समर्थन करना ही एक मात्र विकल्प शेष रह गया था। काँग्रेस से स्वयं को तोड़ लेते, विद्रोह का झण्डा उठाते? वे ऐसा कर नहीं सकते थे। कारण स्पष्ट है, उनके निकट देश का नेतृत्व काँग्रेस का दायित्व था। उसको काँग्रेस का ही रहने देना था। वह धर्मपुरुष थे, राजपुरुष होने की उद्दीपना, सम्भावना उनमें न थी।

सवाल होता है, जिन लोगों ने बँटवारा स्वीकार किया, वे उनके अपने बनाये हुए ही तो थे। क्या उन्होंने ही उन्हें नहीं बिठाया था? उन्होंने मानो कहा कि हाँ, मैं चाहूँ तो वे मेरे बनाये हुए लोग हैं, उनको हटा भी सकता हूँ। लेकिन फिर मैं करूँगा क्या? नये नेता खड़े करूँगा? आप यों समझ लीजिये कि जिस प्रकार क्राइस्ट ने 'क्रॉस' को अपने कन्धों पर वहन किया, उसी तरह से गाँधी जी ने ख़ुद अपने को नीचे झुकाकर और कन्धा

---

१. *'मेरे भटकाव'*, पृ. ४७

देकर वह 'क्रॉस' अपने ऊपर लिया और काँग्रेस में बँटवारे के समर्थन के प्रस्ताव को पारित कराया। फिर वहाँ से पूरे राजकरण से ही वह दूर चले गये।''[१]

जैनेन्द्र का मन्थन ज़ारी रहा—''मानता हूँ कि परम धर्म ने, जिसकी परिभाषा थी प्रेम और अहिंसा, उनसे ऐसा आचरण कराया। उन्होंने इसी कारण अपने बनाये लोगों पर भी इसे थोपा नहीं। उन्हें आशीर्वाद दिया कि तुम जियो, तुम्हारी राह में मुझे मरना पड़े तो मरने दो। कहा और एकाकी अपने रास्ते पर चले गये। मैं समझता हूँ कि इस बलिदान-धर्म का मूल कारण इस अतर्क्य व्यवहार का है। इसमें आत्मा की अन्तरंगता के अध्ययन और विश्लेषण की आवश्यकता होगी, अन्यथा पहेली, पहेली ही बनी रहेगी, वह कभी खुल न सकेगी। गाँधी जी को मारना जिसने पुण्यकृत और धर्मादेश समझा उसके मन में था कि सारे बँटवारे और देश की तबाही का पाप एक गाँधी पर है, उस पापी को जीने नहीं दिया जा सकता। काँग्रेसी नेताओं की तो हस्ती क्या है, वे तो गाँधी के बनाये हुए हैं। ऐसा मानकर उन्हीं को मारा, और अपने सनातन धर्म की इस तरह उसने रक्षा की।''[२]

इसी वर्ष यानी १९४८ में पहले के प्रकाशनार्थ दो कहानी-संग्रह 'जयसन्धि' और 'पाजेब' छपकर आये जिन्हें देखने तक का उत्साह उनके मन में न हुआ।

---

१. *'मेरे भटकाव'*, पृ. ४८
२. *'मेरे भटकाव'*, पृ. ४८

गांधी जी के उपलक्ष में लिखे गए इन अतिरिक्त लेखों के संकलन के समय संपादक मुझसे भी कुछ शब्द चाहते हैं। लेख फैले समय पर बने हैं। उनमें आपस में वर्षों तक का अंतर है। उपलक्ष से अधिक गांधी जी इन लेखों में लक्ष्य नहीं बन पाए हैं। उनका इतिवृत्त मुझे अभीष्ट न था। उनका जीवन घटनाओं से भरपूर रहा है और उनका वैविध्य स्तब्ध कर देता है। लेकिन देश-काल की स्थिति की चौहद्दी में रख कर देखने में यद्यपि उनके जीवन का चरित अधिक प्रत्यक्ष और सहज हृदयंगम हो पाता है, तो भी वह उन्हें व्यक्ति बना छोड़ता है। आशंका संभव यह है कि उस प्रकार विवरण और विगत ही उनकी व्यापकता और आत्मता को ढँक ले और वन वृक्षों में लुप्त हो जाए। मुझ निज को उस कुंजी की खोज रही है जो उनके अनंत वैचित्र्य और रहस्य को मानों आकाश की भांति खुला कर दे।

गांधी जी हमारे स्मरण में अभी सदेह और सप्राकार-युक्त हैं। विस्मरण की कई पर्तों की गर्त उनपर पड़ जायगी तब संभव होगा कि धरती के भीतर से हमारी भावना का सिंचन पाकर वह नवाविष्करणीय तत्व के रूप में वह अंकुरित हों। इतिहास के गर्भ में पहुँचने पर फिर जो उनका स्मरण होगा वह व्यक्तिमत्व से उत्तीर्ण मानो निकष के रूप में होगा। क्योंकि नहीं तब वह सर्वथा एक जीवन-दर्शन के चिह्न और प्रतीक होंगे। मैं मानना चाहता हूं कि गांधी का यह निर्वैयक्तिक रूप मानव-इतिहास के एक नए युगारंभ का बिंदु होगा। कारण कि वहां से एक समग्र और नूतन धर्म का प्रवर्तन होगा। वहां अध्यात्म और विज्ञान आपस में पृथक तत्व न रहेंगे बल्कि मूल चैतन्य के अधिष्ठान से अभिन्न हो रहेंगे। इन लेखों में मेरा प्रयास उसी धर्म की सामाजिकता और द्वैत-मुक्तता को पाने का रहा है। यदि सुधी एवं चिंतक वर्ग की रुचि के तनिक भी योग्य यह पुस्तक सिद्ध हो सकी तो मैं अपने को कृतार्थ मानूंगा।

गणतंत्र दिवस
२६ जनवरी, '६८

जैनेन्द्र कुमार

'अकाल पुरुष गाँधी' पुस्तक का आमुख, जैनेन्द्र कुमार की हस्तलिपि में

जैनेन्द्र कुमार की
माताजी: रामदेवी बाई

प्रेमचन्द और ऋषभचरण जैन
के साथ जैनेन्द्र कुमार, १९३२

विवाह के उपरान्त सपत्नीक जैनेन्द्र कुमार, वर्ष १९२९

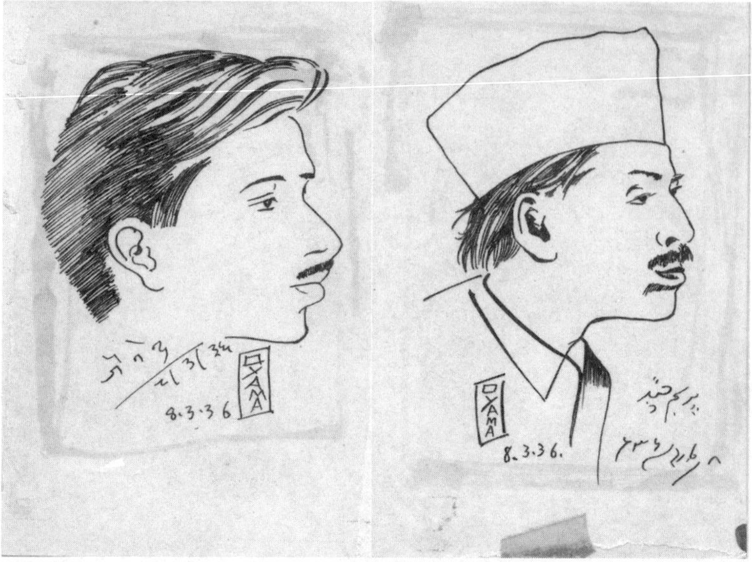

जापानी चित्रकार ओयामा द्वारा जैनेन्द्र कुमार और प्रेमचन्द का रेखांकन, ८ मार्च,१९३६

हिन्दी गल्प सम्मेलन, मेरठ, १९३७
स.ही. वात्स्यायन 'अज्ञेय' आदि लेखकों के साथ जैनेन्द्र कुमार

विनोबा भावे के साथ जैनेन्द्र कुमार, १९४८

नीचे बैठे हुए बायें से दायें—हुमायूँ कबीर, एल्डेस हक्सले, मामा वरेरकर। बीच की पंक्ति में बायें से दायें—जैनेन्द्र कुमार, रामधारी सिंह 'दिनकर', चेलिशेव, जियालाल कौल, सुनील कुमार चाटुर्ज्या, नीरद सी. चौधरी। एशियन राइटर्स कॉन्फ्रेन्स, नयी दिल्ली, १९५५

विद्याव्रत, पाण्डिचेरी में जैनेन्द्र कुमार, १९५५

तत्कालीन प्रधानमन्त्री जवाहरलाल नेहरू के साथ जैनेन्द्र कुमार

अफ्रीकी–एशियाई लेखक सम्मेलन के संयोजक जैनेन्द्र कुमार और मुल्कराज आनन्द, १९५७

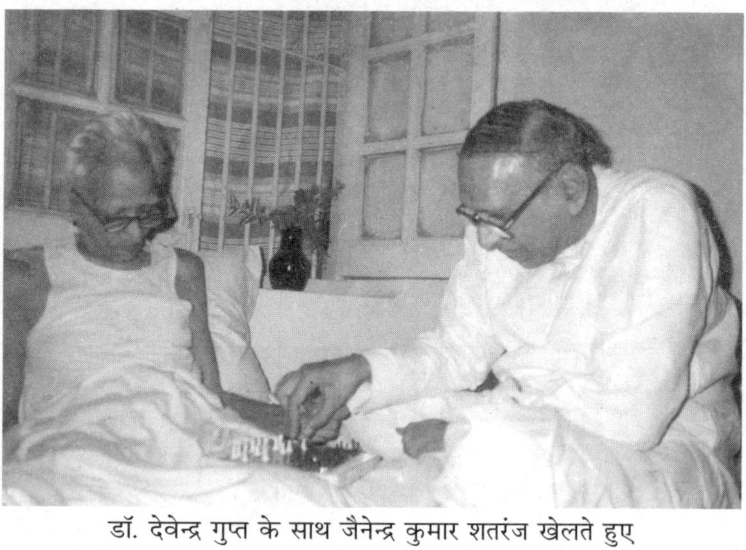

डॉ. देवेन्द्र गुप्त के साथ जैनेन्द्र कुमार शतरंज खेलते हुए

जैनेन्द्र प्रसंग, भारत भवन, भोपाल, १९८६
अशोक वाजपेयी और कृष्ण बलदेव वैद के साथ जैनेन्द्र कुमार

उमाशंकर जोशी, मुल्कराज आनन्द और रूसी लेखक चेलिशेव
के साथ जैनेन्द्र कुमार

महादेवी वर्मा के साथ जैनेन्द्र कुमार, १ मार्च, १९७६

जैनेन्द्र प्रसंग, भारत भवन, भोपाल में अशोक वाजपेयी, निर्मल वर्मा, कुँवर नारायण और रमेशचन्द्र शाह के साथ जैनेन्द्र कुमार, १९८६

आकाशवाणी इलाहाबाद में महादेवी वर्मा, रामकुमार वर्मा और सुमित्रानन्दन पन्त के साथ जैनेन्द्र कुमार

अस्वस्थ जैनेन्द्र कुमार के साथ स.ही. वात्स्यायन 'अज्ञेय', १९८७

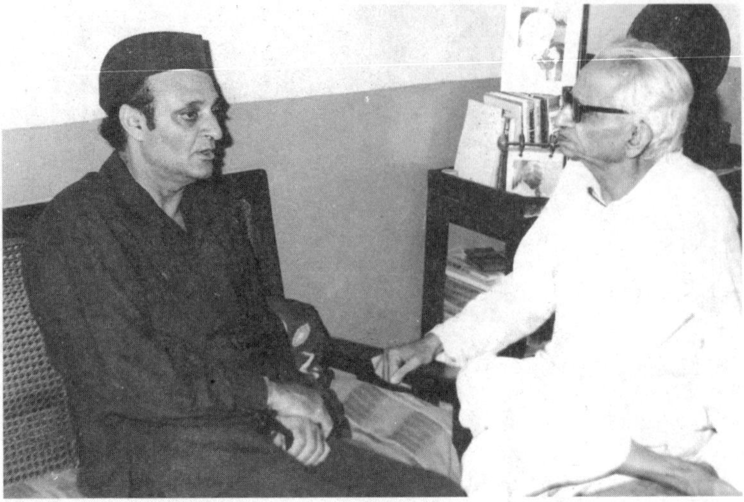

डॉ. कर्ण सिंह के साथ जैनेन्द्र कुमार, १९८५

भवानीप्रसाद मिश्र के साथ जैनेन्द्र कुमार

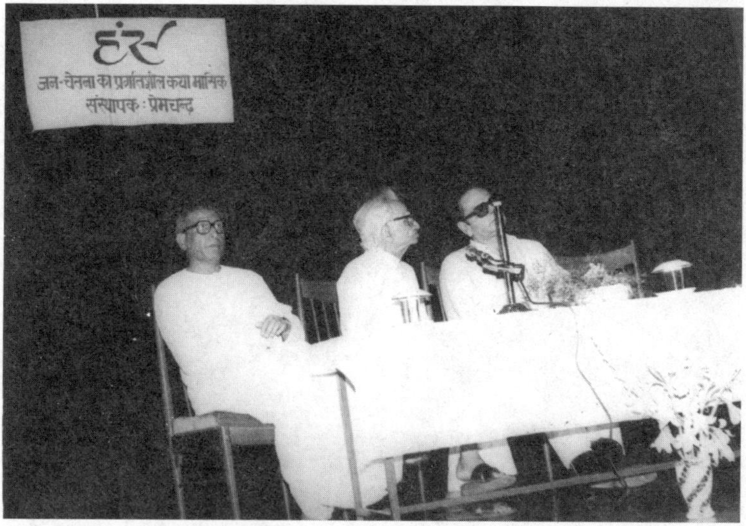

'हंस' पत्रिका के शुभारम्भ पर नामवर सिंह और राजेन्द्र यादव के साथ जैनेन्द्र कुमार

दिल्ली विश्वविद्यालय के कुलपति गोपालस्वरूप पाठक से मानद डी.लिट् की उपाधि लेते जैनेन्द्र कुमार, १९७३

गोपाल प्रसाद व्यास, रामधारी सिंह 'दिनकर' और भवानीप्रसाद मिश्र के साथ जैनेन्द्र कुमार

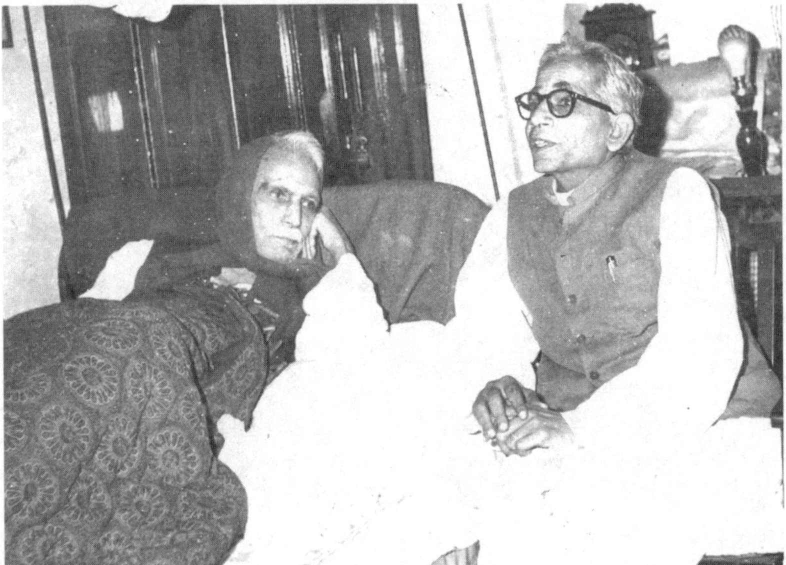

माखनलाल चतुर्वेदी के साथ जैनेन्द्र कुमार, खण्डवा, १९७६

प्रधानमन्त्री राजीव गाँधी द्वारा उत्तर प्रदेश हिन्दी संस्थान में 'भारत भारती पुरस्कार' से सम्मानित होते जैनेन्द्र कुमार, १९८५

जैनेन्द्र कुमार के मामा स्वाधीनता सेनानी, विचारक और शिक्षाविद महात्मा भगवान दीन के अभिनन्दन के अवसर पर राष्ट्रपति डॉ. राजेन्द्र प्रसाद, जैनेन्द्र कुमार, विष्णु प्रभाकर और यशपाल जैन, १३ मई, १९५९

बड़ी बिटिया कुसुम के विवाह के अवसर पर जैनेन्द्र कुमार, भगवती देवी, वर हरिगुप्ता, तत्कालीन उपराष्ट्रपति राधाकृष्णन और अमृता प्रीतम

पुत्र प्रदीप और विनीता की सगाई के अवसर पर 'अज्ञेय' और जैनेन्द्र परिवार के सदस्य

राष्ट्रपति वी.वी. गिरि, जैनेन्द्र कुमार को 'पद्म भूषण' से अलंकृत करते हुए, १९७१

पूर्वोदय प्रकाशन द्वारा प्रकाशित 'रोम्यां रोलां का भारत' के लोकार्पण के अवसर पर प्रधानमन्त्री श्रीमती इन्दिरा गाँधी और जैनेन्द्र कुमार

झण्डा सत्याग्रह नाग़पुर के तीन सत्याग्रही
बायें से तीसरे जैनेन्द्र कुमार और बीच में रुस्तम आवारी (गिरफ्तारी से पूर्व)

जैनेन्द्र कुमार, डॉ. प्रभाकर माचवे और नारायण मेनन

उर्दू शायरों और कलाकारों के संग गोपीनाथ अमन, जैनेन्द्र कुमार, मल्सियानी और राजेन्द्र सिंह बेदी

जैनेन्द्र कुमार भाषण देते हुए। मंच पर : डॉ. रामकुमार वर्मा, डॉ. शिवमंगल सिंह सुमन, विद्यानिवास मिश्र, विष्णुकान्त शास्त्री और जगदीश गुप्त

जैनेन्द्र कुमार (भाषण देते हुए) मंच पर : डॉ. विजयेन्द्र स्नातक, बाबू गंगाशरण सिंह, वियोगी हरि और पण्डित कमलापति त्रिपाठी

टी.एन. चतुर्वेदी से बात करते हुए जैनेन्द्र कुमार साथ में : अज्ञेय और विष्णु प्रभाकर

सर्वोदयी विचारक और समाजसेवी निर्मला देशपाण्डे, कुसुम देशपाण्डे और निर्मला वैद के साथ सपत्नीक जैनेन्द्र कुमार

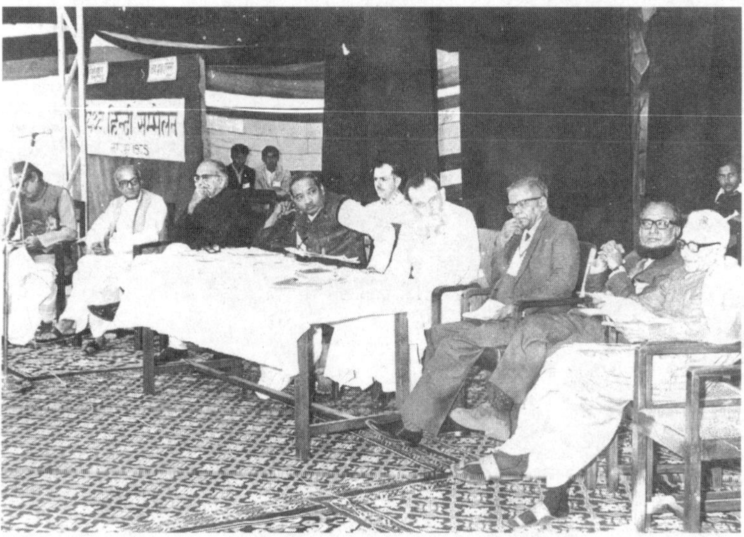

विश्व हिन्दी सम्मेलन, नागपुर, १९७५
उमाशंकर जोशी, पी.वी. नरसिंह राव, फादर कामिल बुल्के और जैनेन्द्र कुमार

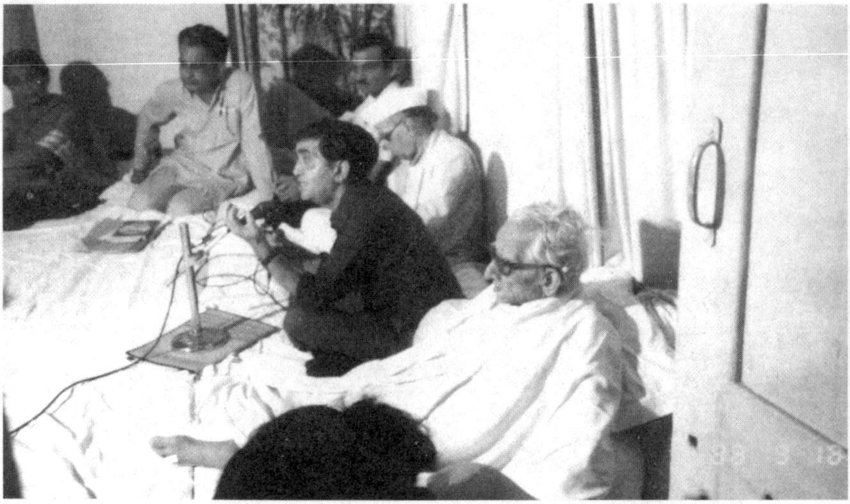

जैनेन्द्र कुमार के सान्निध्य में 'जैनेन्द्र और समकालीनता' नामक गोष्ठी के अवसर पर निर्मल वर्मा, विष्णु प्रभाकर एवं प्रणव कुमार बंद्योपाध्याय (१८ सितंबर, १९८८)

आचार्य श्री तुलसी, आचार्य श्री महाप्रज्ञ और जैनेन्द्र कुमार

'संजीवनी' महिला सभा की अध्यक्ष भगवती देवी, जैनेन्द्र कुमार, डॉ. लक्ष्मी नारायण लाल और भवानी प्रसाद मिश्र

जैनेन्द्र कुमार भाषण देते हुए। मंचासीन : आचार्य हजारीप्रसाद द्विवेदी

मॉरलरि–आर्मामेण्ट, स्विट्जरलैण्ड, एशियाई सदस्यों के मध्य महात्मा गाँधी का चित्र भेंट करते हुए जैनेन्द्र कुमार

जापान प्रवास : सपत्नीक जैनेन्द्र कुमार और आध्यात्मिक सन्त गुरु फूँजी

जापान प्रवास में लक्ष्मीधर मालवीय के साथ सपत्नीक जैनेन्द्र कुमार

चीन प्रवास में चीनी लेखकों के साथ जैनेन्द्र कुमार

बिटिया कुमुद के विवाह के अवसर पर मैथिलीशरण गुप्त से बातचीत करते हुए। कुमुद के साथ मण्डप में हैं कृष्णावतार अग्रवाल

कुमुद बिटिया के विवाहाभिनन्दन पर बायें से शान्ति प्रसाद जैन, जयदयाल डालमिया, सियाराम शरण गुप्त, जैनेन्द्र कुमार, नारायण मेनन, मैथिलीशरण गुप्त एवं वर कृष्णावतार

जैनेन्द्र कुमार के साथ समग्र परिवार

जैनेन्द्र के सान्निध्य में उनके निवास पर गोष्ठी
उषा भगत, डॉ. राजेन्द्र कुमारी वाजपेयी, आदर्श जैन, विजयेन्द्र स्नातक, मन्नू भण्डारी, राजेन्द्र यादव, रंजीत प्रसाद जैन, डॉ. प्रभाकर माचवे (सपत्नीक), बच्चू प्रसाद सिंह, नरेश चतुर्वेदी, यशपाल जैन, अक्षय कुमार जैन, प्रदीप कुमार, दयानन्द वर्मा, हिमांशु जोशी, गंगा प्रसाद विमल, ओम कपूर और डॉ. हरीश नवल (अक्टूबर १९८८)

पौत्र प्रियांक के साथ

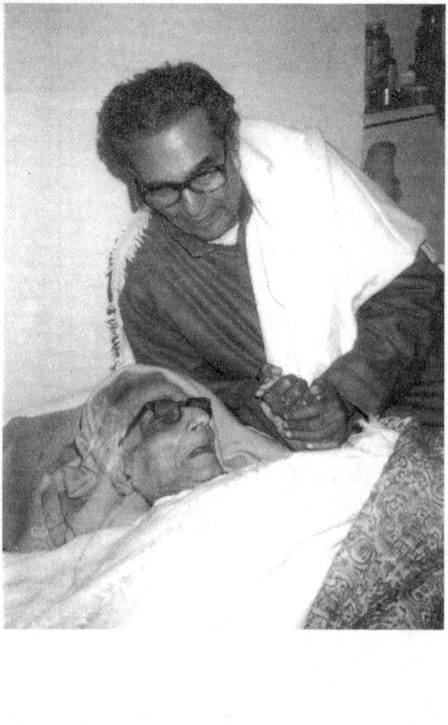

अमृतलाल नागर के साथ
(नवम्बर १९८८)

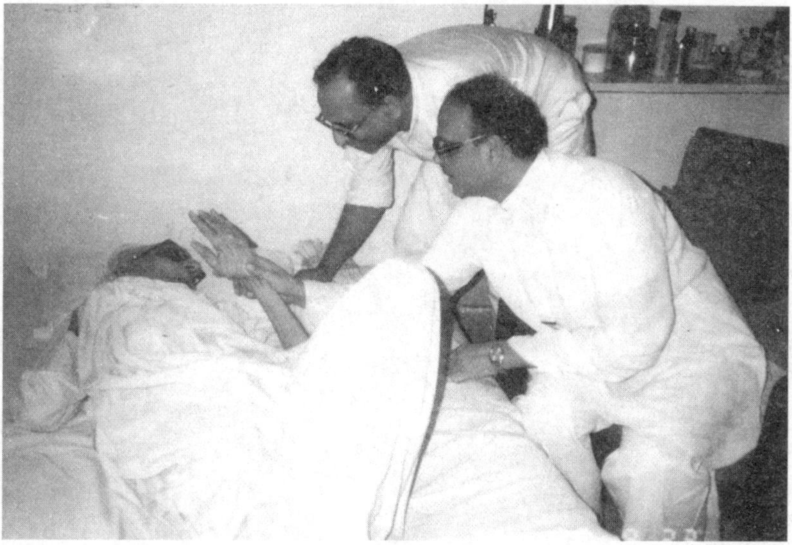

पूर्व प्रधानमन्त्री विश्वनाथ प्रताप सिंह जैनेन्द्र कुमार के स्वास्थ्य की जानकारी लेते हुए (नवम्बर १९८८)

कवि गिरिजा कुमार माथुर के साथ

जैनेन्द्र कुमार, कुसुम गुप्ता, डॉ. कर्ण सिंह और श्री मालवीय

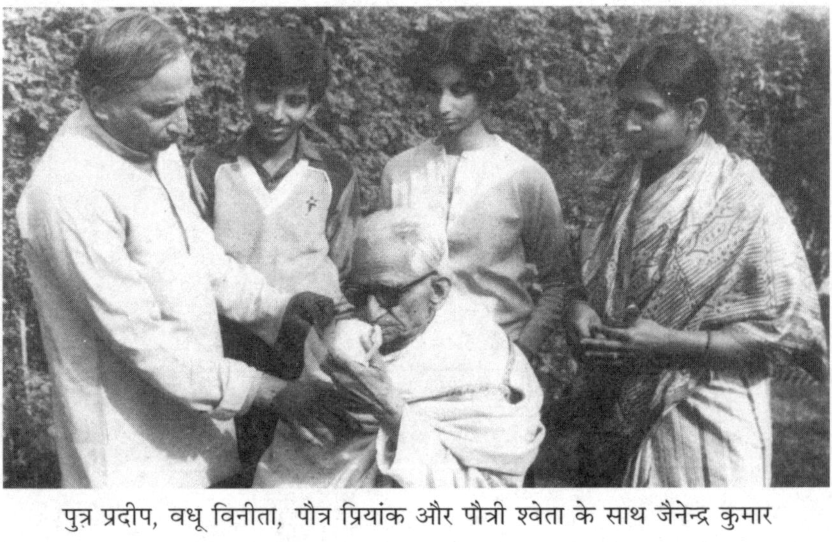

पुत्र प्रदीप, वधू विनीता, पौत्र प्रियांक और पौत्री श्वेता के साथ जैनेन्द्र कुमार

भगवती देवी और जैनेन्द्र कुमार, फुरसत के क्षण में

जैनेन्द्र कुमार और भगवती देवी, १० मार्च १९७३, छायांकन : सुरेश ऋतुपर्ण

जैनेन्द्र कुमार, ६ मई, १९६५

पर्व चार

स्वधर्म

अब जैनेन्द्र का मोह टूट चुका था। वे समझ चुके थे कि अब तक का किया-धरा सत्याग्रह आधी-अधूरी आज़ादी के काम ही आ सका था और उस महात्मा गाँधी की बलि ले ली गयी जिसकी हर साँस देश के लिए, मानवता के लिए चला करती थी। जैनेन्द्र का संकल्प था, जीना तो सदा सत्याग्रही की तरह ही होगा, पर अब सत्ता से और काँग्रेस से कोई वास्ता न होगा। बिना लोभ-लाभ के जो बन सके, वह करना और लेखन को पुनः आरम्भ करना ही एकमात्र ध्येय रह गया। अब इसे टालना न होगा, लिखते जाना होगा, चलते जाना भी। १९४८ से १९५१ तक जैनेन्द्र ने लम्बी ख़ामोशी अख्तियार की। संकल्प लेने के बावजूद कोई काम उनसे होता न था। घर-परिवार की जो दिक़्क़तें थीं, वह तो थी हीं, दूसरे झमेले भी उन्हें रह-रहकर परेशान करते। पर सबसे विरत जैनेन्द्र सोच में ही डूबे रहते। मन में होता कि इस स्वाधीनता से तो वे दिन भले थे जब एक उन्माद सिर पर सवार होता और लगता कि हम कुछ नायाब, कुछ अलग कर रहे हैं। स्वाधीनता ऐसी चीज़ मालूम होती जो कुछ स्वर्गिक जैसा आभास देती थी। तब आन्दोलन करना, जेल जाना हृदय को आनन्दित करता था। कहीं गहरे यह अहसास होता था कि स्वाधीनता पाने के बाद सब कुछ बदल जायेगा, हालाँकि कुछ लोगों की हरकतें ज़रूर सन्देह पैदा करती थीं, पर सब लोग वैसे न थे। पर अब जो स्वाधीनता मिली, उसने सत्याग्रह के सूत्रधार की ही बलि ले ली। उस गाँधी को ही मार डाला गया जो अहिंसा का पुजारी था। अब समझ में आया कि आन्दोलन और सत्ता के बीच रिश्ता क्या है। लम्बे संघर्ष के बाद सत्ता की आकांक्षा ने किस तरह हमें अन्धा कर दिया और उस गाँधी की टेर को अनसुना कर दिया

गया जो चीख़-चीख़कर कहता आ रहा था कि हिन्दुस्तान का बँटवारा उसकी लाश पर ही हो सकता है? जैनेन्द्र चाहे जितना मन बँटाने की कोशिश करते, रह-रहकर वही-वही बातें गूँजती रहतीं, घटनाएँ एक-एक कर दृश्य होतीं और वे तड़प उठते। निर्णय तो वे ले ही चुके थे कि सक्रिय राजनीति से उनका लेना-देना न होगा। उन्हें लोभ भी दिया गया, पर वे डिगे नहीं। तय यही किया था कि अब लेखन ही एकमात्र ध्येय होगा। लिखकर अपने को व्यक्त करना ही उचित भी होगा, क्योंकि उन्होंने सत्ता-सुख के लिए सत्याग्रह नहीं किया था। पर इसका वे क्या करें जब क़लम थामे नहीं थम रही, लिखने का मन ही नहीं होता। ऐसे में उन्हें लगता कि लिखना भी एक सज़ा है, पर मन इससे छूटकर भी कहाँ जाये? कुछ और न कभी किया, न करने की चाह ही शेष रह गयी है। जीवन जहाँ ले जाय, वहाँ जाना है। गति नहीं, स्फूर्ति नहीं—सब तरफ़ नीरवता, निस्पन्दता व्याप्त है।

जैनेन्द्र सोचते तो सोचते ही चले जाते। अशान्त मन को जिस तरह भी समझाने की चेष्टा करते, विफल होते। अकेले हों तो अपने से भी अकेले हो जायें, घर में हों तो भी अकेले ही हो रहें। परिस्थिति विकट थी, होनहार को जाने क्या कराना हो। जो वह करा चुका उसकी मार से तो यह हाल है, अब न जाने क्या होना है, क्या बदा है—जब मन और देह परस्पर विरत हो रहें तो कैसे कोई सन्तुलन में रह सकता है, यही स्थिति जैनेन्द्र की हो गयी थी।

जैनेन्द्र की यह उद्विग्नता थम ही नहीं रही थी। वे अपने में न थे मानो कहीं कुछ शेष न रह गया हो। इसी बीच १९४९ में पवनार आश्रम से विनोबा भावे का एक सन्देश आया जिसमें उन्होंने तत्काल जैनेन्द्र से मिलने की बात कही थी। मन तो इस लायक न था, न देह साथ दे रही थी, फिर भी उन्होंने विनोबा के बुलावे पर पवनार जाना तय किया। रास्ते भर उदास हताश जाने क्या-क्या सोचते जब वे पवनार पहुँचे तो विनोबा भावे ने आलिंगन में लेकर उनका स्वागत किया और भरे मन से कहा—"अब तो ज्योति बुझ गयी। फिर भी हमें अँधेरे से तो लड़ना होगा।"

जैनेन्द्र ने थोड़ी देर की चुप्पी के बाद कहा—"बात तो आपकी ठीक है, पर गाँधी के जाने के बाद अब कोई भी चीज़ आसान नहीं रह गयी है। सब अपने में ख़ुश हैं, राष्ट्रधर्म कहीं पीछे जा पड़ा है।"

''इतने हताश न हो जैनेन्द्र, बापू ने हमें अपनी आत्मा का बल दिया है। तुम्हें तो पता ही है, वे कभी मरेंगे नहीं, बल्कि हम सबके हृदय और विचारों में सदा जीवित रहेंगे। स्वाधीनता तो मिल गयी, चाहे जैसी भी मिली, पर सुराज का ध्येय अधूरा ही है। हमें इस पर सोचना होगा, काम करना होगा। तुम निपट सत्याग्रही रहे, आज भी हो। सत्याग्रही मतलब सत्य के लिए जीवन दान। जीवनपर्यन्त इसी ध्येय को लेकर जीना ही हम सबका धर्म है।''

जैनेन्द्र ने विनोबा की बातों को ध्यान से सुना और कहा—''मैं सहमत हूँ आपसे। सत्याग्रह तो हमारा संकल्प है, वह चिता की आग से ही ठण्डा होगा, जीते-जी तो नहीं। देश के लिए, सुराज के लिए, गाँधी जी के मूल्यों के लिए जो भी बन पड़ेगा, हमें वह करना है और शायद हम सबके जीवन को यही कर्म कृतार्थ भी करेगा।''

विनोबा भावे ने जैनेन्द्र की बातों से बड़ी राहत महसूस की और पाया कि गाँधी जी भले ही चले गये हों, पर अपनी विरासत वे ऐसे लोगों को सौंप गये हैं जो जीवन के अन्तिम क्षण तक उनके सपनों के लिए जियेंगे।

''पर एक बात है।'' जैनेन्द्र ने कहा।

''क्या?'' विनोबा ने पूछा।

''थोड़ा मन स्थिर हो जाय, अभी देह और मन दोनों रोगी-सा हो चले हैं।''

''ठीक कहते हो, पर ऐसा न कहो। तुम तो ज्ञानी हो। बापू के चरणों में रहे हो, उनका भरपूर आशीष तुम्हें मिला है। अपने को इस डूबते मन से उबारो। इस तरह देह न छोड़ो, मन को बैठने न दो।''

''प्रयास करते हैं, पर अभी चेतना मानो निस्पन्द-सी हो चली है। कुछ सूझते नहीं बनता। हरदम एक आग-सी दहकती है अन्दर और लगता है, यह देह उसी में जलकर भस्म हुआ चाहती है।''

''शान्त जैनेन्द्र शान्त। ऐसा न होने दो।'' विनोबा ने जैनेन्द्र को सांत्वना दी। साँझ ढली तो वे दोनों आश्रम के आसपास शान्त भाव से टहलते रहे। रात को भोजन के पहले विनोबा ने जैनेन्द्र को अपनी भावी योजनाओं से अवगत कराया। देश-भर में उनके भूदान-यज्ञ की योजना पर जैनेन्द्र की राय सकारात्मक रही। विनोबा से मिलकर उन्हें अपने को संयत करने में

भी सहायता मिली। रात बीती और सुबह हुई तो जैनेन्द्र ने उनसे लौटने की अनुमति चाही। विनोबा ने कहा—"जाओ, पर संकल्प याद रखना। हम सबको सुराज के लिए जीना है और बापू को अपने अन्तर में जीने देना है। दुःख से निकलो। अवसाद को पास आने न दो। तुम तो इतने बड़े लेखक हो। आत्मा की अजरता पर सन्देह क्यों करते हो।"

जैनेन्द्र चले तो थोड़े स्फूर्त थे। मन थोड़ा स्वस्थ-सा लगा। इस तरह उनके भीतर बर्फ़-सी जमी व्यथा की काली चादर पिघलने को हुई।

पवनार से दिल्ली आने के बाद एक बार फिर वे संकल्पबद्ध हुए और धीरे-धीरे उनकी निष्क्रियता गयी, वे सक्रिय हुए। मन में किंचित् उत्साह उतरा। क़लम हाथ में आयी, विचार स्फूर्त हुए, लिखना फिर शुरू हुआ। एक बार जब लेखन में गति आयी तो वे लिखते चले गये। यह अवधि उनके सक्रिय लेखन के लिए बहुत उर्वर सिद्ध हुई जिसमें उनकी कई पुस्तकें प्रकाशित हुईं। तब ऐसा लगा मानो वे स्वयं को काग़ज़ पर खुदे हर्फ़ों में खो देना चाहते हों।

१९५१ में 'पूर्वोदय' का प्रकाशन उनकी लम्बी चुप्पी के बाद हुआ। इसमें राजनीति और संस्कृति पर विचार-विमर्श था। इस पुस्तक में जैनेन्द्र ने गाँधी जी पर महत्त्वपूर्ण विचार दिया और उसके साथ-साथ सर्वोदय की नीति, नीति या राजनीति, उपवास और लोकतन्त्र जैसे विषयों पर गम्भीरता से विचार किया। इस पुस्तक के निबन्धों—गाँधीनीति और सर्वोदय, गाँधीनीति, गाँधी और विश्व-व्यवस्था, अगर गाँधी जी होते, गाँधीवाद का भविष्य, गाँधी धर्म और कर्मवाद, गाँधी जी और हमारी राष्ट्रीयता के माध्यम से उन्होंने गाँधी जी को अप्रासंगिक मानने वालों की ख़बर ली और उन्हें करारा जवाब भी दिया।

इस पुस्तक में संस्कृति पर विचार करते हुए उन्होंने लिखा—"अपनी संस्कृति का दर्प—यह भाव ही मिथ्या है। इसमें परायी संस्कृति की अवज्ञा समाई है।"[१]

जैनेन्द्र के बड़े पुत्र दिलीप ने 'पूर्वोदय' नामक प्रकाशन शुरू किया था, वहीं से उनकी यह पुस्तक प्रकाशित होकर आयी। इसके बाद जैनेन्द्र की शेष सभी पुस्तकें इसी प्रकाशन से छपीं। इसके बाद १९५२ में उनका

---

१. *'पूर्वोदय'*—जैनेन्द्र कुमार, पूर्वोदय प्रकाशन, नई दिल्ली, पृ. १५५

अगला उपन्यास 'सुखदा' तथा कहानी-संग्रह 'स्पर्धा' प्रकाशित हुए। १९५३ में 'विवर्त' नामक उनका पाँचवाँ उपन्यास प्रकाशित हुआ। 'सुखदा' में उन्होंने सुखदा नामक स्त्री की अशेष इच्छाओं को केन्द्र में रखकर यह दिखाने की चेष्टा की कि घर-परिवार और पति से सामंजस्य बिठाए बिना अनवरत स्वयं को मुक्त करने की चाह अन्ततः स्त्री को अकेला कर देती है और अन्त में कोई नहीं होता, जो उसका साथ दे। सुखदा की परिणति ऐसी ही होती है जो कहती है—"हम स्त्रियों की यह क्या गति है? चाहती हैं कि पुरुष को झुकाएँ, और झुक जाता है तो इसी दोष के लिए उससे नाराज़ होती हैं। मैंने कभी उनसे (अपने पति से) अपेक्षा नहीं की कि वह मुझ पर रुष्ट या धृष्ट न हों, लेकिन जब रोष या ताड़ना के अवसर पर वह विनम्र होकर रह गये हैं तो यह मेरे लिए असह्य ही हो गया है। विनम्रता दुर्बलता है। किन्तु विनम्रता एक बहुत बड़ा बल है, यह तो अब सब भुगतकर मैं जानी हूँ कि जबकि मेरे हाथ कुछ न रह गया है, सब बीत गया है, और जीवन की बाज़ी एकदम लुट गयी है। और फिर नये सिरे से उसे जुटाने का कोई उपाय अब नहीं है। सिर्फ़ आशा यही है कि पुनर्जन्म है। लेकिन पुनर्जन्म...।"[१]

'स्पर्धा' नामक कहानी-संग्रह भी अपने शिल्प, भाषा तथा विषय की नवीनता के कारण लोगों में चर्चा का विषय रहा। इसी वर्ष जैनेन्द्र ने टॉल्सटॉय की कहानियों का अनुवाद किया जो 'प्रेम में भगवान' शीर्षक संग्रह के रूप में प्रकाशित हुआ। यह संग्रह बहुत चर्चित रहा। जिस पर बाद में उन्हें भारत सरकार के शिक्षा विभाग का पुरस्कार भी मिला। १९५३ में पाँच पुस्तकें आयीं। एक उपन्यास 'विवर्त' था, तो दूसरी पुस्तक आलोचनात्मक थी, नाम था—'साहित्य का श्रेय और प्रेय'। इसी वर्ष छपकर आने वाली तीसरी पुस्तक संस्मरणों की थी, नाम था—'ये और वे', चौथी पुस्तक थी—'काम, प्रेम और परिवार' तथा पाँचवीं पुस्तक 'अपना-अपना भाग्य' कहानी-संग्रह के रूप में आयी।

कह सकते हैं कि उनके अब तक के रचनाकाल का यह अत्यन्त उर्वर वर्ष रहा जिसमें उन्होंने लगातार काम किया और एक-से-एक मूल्यवान रचनाएँ साहित्य जगत को दीं। 'विवर्त' में जहाँ वे पारम्परिक स्त्री के मिथक को तोड़कर उसे प्रेमिका और पत्नी की दोहरी भूमिकाओं में रखते हैं वहीं वे

१. *'सुखदा'*—जैनेन्द्र कुमार, पूर्वोदय प्रकाशन, नई दिल्ली, पृ. ६८

उसकी मुक्ति का नया पाठ भी तैयार करते हैं जिस पर साहित्य जगत में बहुत विवाद हुआ। 'साहित्य का श्रेय और प्रेय' में वे साहित्य के श्रेय और प्रेय पर विशद रूप से विचार करते हैं और साहित्य के महत्त्वपूर्ण प्रश्नों पर गहन विश्लेषण प्रस्तुत करते हैं। 'ये और वे' संस्मरणात्मक निबन्धों की पुस्तक है जिसमें जैनेन्द्र ने 'जैनेन्द्र की मौत पर', 'नेहरू और उनकी कहानी', 'शरत्चन्द्र चट्टोपाध्याय' जैसे बारह निबन्ध संकलित किये। इसी कड़ी में प्रकाशित उनकी चौथी पुस्तक—'काम, प्रेम और परिवार' थी जिसने प्रकाशन के साथ ही विवादों को जन्म दिया। यह पुस्तक सुशीला अग्रवाल द्वारा जैनेन्द्र से की गयी बातचीत पर आधारित थी जिसमें जैनेन्द्र ने सामाजिक जीवन की मर्यादा और रूढ़ मूल्यों पर प्रहार किया। इस पुस्तक में सुशीला अग्रवाल के एक प्रश्न—"वासना को आप प्रेम का विरोधी नहीं मानते? वासना जहाँ बाँधती है, प्रेम वहाँ मुक्त करता है, क्या आपको ऐसा नहीं दिखाई देता?"—के उत्तर में जैनेन्द्र कहते हैं—"प्रेम क्या कोई अभिलाषाहीन व्यापार है? क्या उसमें इच्छा नहीं है? और कौन उस प्रेम को जानता है जो वासनाशून्य है? इसलिए मैं नहीं चाहूँगा कि वासना को प्रेम के एकदम विरोध में देखो। ऐसे मालूम होने लगेगा कि जिनको हम वासना में पड़ा मानते हैं वे भी असल में उस विधि वापस जड़ता की तरफ़ नहीं, बल्कि प्रेम की ओर ही उठने को छटपटा रहे हैं। यह बात कोई उनकी हितैषिता में मैं नहीं कह रहा हूँ, बल्कि यथार्थ सत्य इसके सिवा दूसरा हो ही नहीं सकता।"[१]

जैनेन्द्र लिख रहे थे और जो सम्भव हो पा रहा था, पारिवारिक दायित्वों को भी देख रहे थे। मन में यही ध्येय था कि एक लेखक के रूप में उन्हें जो महसूस होता है, उसे लिखना चाहिए। समाज और देश का बहुत भाग ऐसा था, जिस पर नये सिरे से विचार करने की ज़रूरत थी। केवल साहित्य-सृजन ही इसके लिए यथेष्ट न था। धर्म, राजनीति, दर्शन, अध्यात्म से लेकर समाज के रूढ़ हो चुके मूल्यों पर भी विचार की ज़रूरत थी और यह सब उनकी चिन्ता के क्षेत्र थे। वे एक लेखक होकर सन्तुष्ट रह जानेवाले व्यक्ति भी न थे। वे एक सत्याग्रही थे—एक बड़े ध्येय को लेकर जीने वाले सत्याग्रही, दूसरे अर्थों में राष्ट्रचिन्तक, जिनके लिए देशहित

---

१. *'काम, प्रेम और परिवार'* —जैनेन्द्र कुमार, पूर्वोदय प्रकाशन, नई दिल्ली, पृ. १५-१६

सर्वोपरि था और इसके लिए जो ख़तरे आसन्न थे, उससे वे जूझने को तत्पर थे। कोई विवाद हो, इससे उन्हें फ़र्क़ नहीं पड़ता था। वे अपने कहे पर कायम रहते और समाज को लेखन के ज़रिये नयी बयार में साँस लेने को प्रेरित करते।

१९५३ में उनके अपने प्रकाशन पूर्वोदय से पूर्व प्रकाशित कहानी-संग्रहों का परिवर्द्धित संस्करण आया जिनमें कुछ नयी कहानियाँ भी थीं। इनमें—'जाह्नवी' और 'साधु की हठ' भी शामिल हैं।

१९५४ में प्रधानमन्त्री पं. जवाहरलाल नेहरू, शिक्षामन्त्री मौलाना अबुल कलाम आज़ाद और शिक्षा राज्यमन्त्री हुमायूँ कबीर के समन्वित प्रयासों से स्थापित साहित्य अकादेमी की स्थापना हुई तो उसकी उच्चस्तरीय समिति में डॉ. राधाकृष्णन् के साथ जैनेन्द्र कुमार को भी रखा गया। इसके लिए जैनेन्द्र शुरू में सहमत न थे, पर जब जवाहरलाल नेहरू ने ज़ोर दिया और उनकी सेवाओं की ज़रूरत जतलाई तो विवश होकर यह दायित्व उन्होंने स्वीकार किया था और साहित्य अकादेमी को साहित्य की राष्ट्रीय संस्था बनाने के लिए निर्मित होने वाले संविधान और उसकी कार्यप्रणाली से सम्बन्धित बनाई जाने वाली नियमावली को अन्तिम रूप देने में अपनी सक्रिय भूमिका निभाई थी। इसी वर्ष उन्होंने 'टकराहट' नामक नाटक भी लिखा जो अपने कथ्य के कारण बहुत लोकप्रिय हुआ। इस बीच साहित्य अकादेमी की समिति के दायित्व के साथ-साथ जैनेन्द्र ने अलेक्जेंडर क्युप्रिन के रूसी उपन्यास—'यामा द पिट' के अनुवाद का काम भी शुरू किया, जिसका प्रकाशन १९५६ में 'यामा' नाम से हुआ। यह उपन्यास प्रेमचन्द को बहुत प्रिय था और उन्होंने १९३१ में ही जैनेन्द्र को इसका अनुवाद करने को कहा था। अनूदित उपन्यास 'यामा' की प्रस्तावना में चर्चा करते हुए इस प्रसंग पर जैनेन्द्र ने लिखा—"शायद सन् १९३१ की बात है, राह में बनारस उतरा और प्रेमचन्द जी को पुस्तक में लीन देखकर पूछा कि, वह क्या पढ़ रहे हैं?

बोले—"पावरफुल किताब है जैनेन्द्र! लेखक है कोई क्युप्रिन।"

तब तो समय न मिला और मुझे आगे बढ़ जाना पड़ा, लेकिन लौटते हुए मुझे फिर बनारस ठहरना हुआ और फिर उन्होंने इस पुस्तक 'यामा' की चर्चा की, वही कहा—"जैनेन्द्र, पावरफुल किताब है।" मैंने सुना और

आकृष्ट भी हुआ, कारण शक्ति में श्रद्धा न हो, आकर्षण तो है ही। चर्चा वह वहीं न रह गयी, प्रेमचन्द उसकी कथा भी दोहराने लगे। बेनिया पार्क के पास वाले लाल मकान की बात है, पूरब की ओर वाला बड़ा कमरा था, चाँदनी बिछी दरी पर दूर पास किताब, काग़ज़ फैले थे। सबेरे का वक़्त था, धूप की किरणों में ताप न था, सिर्फ़ भीनी गरमाहट थी। थोड़ी देर में नाश्ते के लिए ऊपर जायेंगे। अभी दरी पर बैठे प्रेमचन्द बातें कर रहे थे। मैंने जो कहीं ज़िक्र किया है कि प्रेमचन्द तार-तार आँसू रो उठे, वह यही अवसर था।[१] प्रसंग 'यामा' की कथा का था। पुस्तक में वह प्रसंग जहाँ जेनी युवक पर रीझती और प्यार की प्रेरणा में उसे ही बिन भोगे, बिन छुए वापस भेज देती है, सचमुच जी को हिलाये बिना नहीं रहता। कथा दुहराते प्रेमचन्द जब उस प्रकरण पर आये तो अपने को थाम न सके। सँभाला बहुत पर सब बेकार हुआ। उनके समूचे अन्तरंग को मथता हुआ कोई आवेग उठा और उनको अवश कर गया। आवाज़ रुँध आयी। मुँह खुला रह गया, आँखें फटी-सी रह गयीं शायद दृष्टि उनमें से हर गयी थी, कि देखते-देखते आँसू भर आये और उनका तार बँध गया। कोई डेढ़-दो मिनट यह दृश्य रहा। कमरे में मूक साक्षी एक मैं था और मैं वह भूल नहीं सकता।

ख़ैर, अन्त में बात सम पर आयी और प्रेमचन्द बोले—"जैनेन्द्र, तुम तो करोगे नहीं, मैं जानता हूँ, पर ऐसी किताबों का अनुवाद होना चाहिए।"

प्रेमचन्द का लिखना मेरी निगाह में नीतिनिष्ठ था, यह 'यामा' खुलकर वेश्या के बारे में है, मैंने उन्हें स्तब्ध होकर देखा, पूछा—"किताब इतनी अच्छी है?"

"इतनी नहीं जानता, अच्छी है। तो तुम तो अनुवाद करोगे नहीं, क्यों?"

"सुना है मैंने कि कहते हो, जो लिख पाये, वह अनुवाद क्यों करे, इसलिए तुमसे साफ़ नहीं कह रहा हूँ, पर करो तो अच्छा है।"

बात आयी-गयी हुई और मैं उन्हें आश्वासन न दे सका। पर लौटकर दिल्ली आया तो प्रेमचन्द की बात मन में कटकर बैठ गयी थी, 'यामा' पुस्तक प्राप्त की और पढ़ गया, पुस्तक मुझे महान मालूम न हुई, अब भी किसी ओर से वह महान नहीं लगती, पर ताक़त उसमें है, ईमानदारी और

---

१. *'प्रेमचन्द : एक कृती-व्यक्तित्व'*, पृ. ४८-४९

सहृदयता है, पर त्वेष भी है जो मुझे बहुत ऊँची चीज़ नहीं जान पड़ता। जो हो, पुस्तक पढ़ने पर याद आया कि मैं प्रेमचन्द को अनाश्वस्त छोड़ आया था। क्या मैं उनका ऋणी न था? ऋण भीतरी और गहरा था, इससे चुपचाप मैंने पुस्तक को लिया और लिखना आरम्भ कर दिया।''[१]

जैनेन्द्र ने इस उपन्यास को उठाया और अनुवाद कर जैसे प्रेमचन्द के ऋण से मुक्ति पायी। उन्होंने इस अनुवाद को पूरे मन से किया और ऐसा किया कि उसमें मूल का रस लिया जा सका। उपन्यास जब छपकर आया तो वह जेनी, जो वेश्या है, अपने चरित्र से दग्ध करने लगी और पाठकों के दिल रो उठे। 'यामा' यह दिखाने में सफल हो सका कि चाहे जो समाज हो, देश हो या काल हो, स्त्री की नियति एक जैसी है।

काम और प्रेम के समुचित परिहार के लिए १९५४ में जैनेन्द्र ने 'व्यतीत' नामक उपन्यास लिखा जिसमें देह-प्रयोग की गाँधीवादी धारणा बहुत स्पष्टता से सामने आती है। उपन्यास की नायिका अनिता विवाहिता है, फिर भी जयन्त को चाहती है और उसका यह चाहना उसके पति को मालूम है। प्रेम और काम के इस द्वन्द्व को वह जितेन के सामने अपनी देह के समर्पण का प्रस्ताव रखकर शमित करती है। उसका यह तरीक़ा स्वयं उसी के शमन का कारण नहीं बनता वरन् जयन्त में पुरुषत्व और स्वाभिमान जगाने का भी कारण बनता है। प्रेम की यह आकुलता ही है कि वह अपना सर्वस्व विसर्जन चाहता है, एक ग्रन्थि है जो बरसों से उसके भीतर बैठी हुई है। यद्यपि वह सुरक्षित रहती है पर उसकी यह ग्रन्थि टूटती है और अपने प्रेम में दान का प्रस्ताव देकर वह शान्ति पाती है। जैनेन्द्र ने यहाँ भोग में विराग और विराग में शान्ति की शक्ति पाने का यह अद्भुत प्रयोग काम और प्रेम के इसी जटिल द्वन्द्व को समाधान देने के निमित्त किया है। इस तरह इन वर्षों में जैनेन्द्र लगातार सृजनरत रहते हैं और नये प्रश्नों को सामने लाते हैं।

महात्मा गाँधी की हत्या, देश विभाजन और आधी-अधूरी आज़ादी के साथ खण्डित होते सपनों में जीते भारत को लेकर जैनेन्द्र ने जिस उपन्यास पर वर्षों श्रम किया, वह १९५६ में प्रकाशित हुआ, नाम था—'जयवर्द्धन'। यह वृहद् उपन्यास जैनेन्द्र ने फैन्टेसी में बुना और आगे के पचास वर्ष बाद

१. *'यामा', अलेक्जेंडर क्युप्रिन, अनुवाद— जैनेन्द्र कुमार, पूर्वोदय प्रकाशन, नई दिल्ली, प्रस्तावना,* पृ. ९-१०

की स्थिति तथा राजनीति को इसके विमर्श में रखा। उपन्यास विशुद्ध रूप से उस भारतीयता की खोज में लिखा गया जिसमें सर्वोदय और स्वराज की चिन्ता है तो राजनीतिक महत्त्वाकांक्षाओं की भेंट चढ़ती समरसता भी है। अप्रत्यक्ष तौर पर उपन्यास का नायक राष्ट्राधिप जयवर्द्धन, जवाहरलाल नेहरू का प्रतीक दिखता है तो आचार्य, महात्मा गाँधी का, वैसे स्पष्ट तौर पर उपन्यास को इस रूप में देखने के ख़तरे भी हैं। पर इतना तो निश्चय ही स्पष्ट है कि जैनेन्द्र ने अनेक बड़े प्रश्नों के साथ इस प्रश्न को भी यहाँ प्रमुखता दी है कि क्या सत्ता का दम्भ या अहं व्यक्ति के समूचे सत्य को निगल जाता है? महात्मा गाँधी परोक्ष रूप से आचार्य में विन्यस्त दिखते हैं जिनके आदर्श के आगे जयवर्द्धन का यथार्थ अक्सर विभ्रम में डालता है। हालाँकि इन चरित्रों में गाँधी या नेहरू को देखना बहुत समीचीन या व्यावहारिक नहीं है फिर भी आज़ादी के बाद के भारत और उसमें भी पचास वर्षों के बाद के भारत को नाना वैचारिक द्वैतों में देखना कोई मामूली देखना नहीं है।

अमेरिकी पत्रकार बिलवर और आचार्य के संवाद में गाँधीनीति स्पष्ट दिखती है—

"आप उद्योगीकरण नहीं चाहते तो?"

"उद्योग कहते हो, प्रमाद क्यों नहीं कहते? आलस्य क्यों नहीं कहते? उद्योग मशीन पर डालकर ख़ुद उद्यम से बचने का ही तो बहाना है? फ़ुर्सत चाहिए, यह क्यों नहीं कहते कि मौत चाहिए।"[१]

गाँधी जी का हृदय परिवर्तन का सिद्धान्त भी यहाँ देखा जा सकता है। राज्य के निरंकुश होने पर आचार्य प्रतिवाद करते कहते हैं—"नहीं, आगे बढ़कर मैं अपनी और अपनों की बलि दूँगा। इसी में से राज्य एक दिन बलि लेना भूल जायेगा। वह शक्ति का नहीं, प्रेम का होना सीखेगा। उपाय एक ही है—हृदय परिवर्तन।"[२]

इसी तरह अहिंसा की प्रतिष्ठा भी 'जयवर्द्धन' में है। उपन्यास में आचार्य कहते हैं—"सुनो राज कुछ है तो वह दमन का यन्त्र है। अपने विकास

१. *'जयवर्द्धन'* जैनेन्द्र कुमार, पूर्वोदय प्रकाशन, नई दिल्ली, पृ. २८
२. *'जयवर्द्धन'*, पृ. ४१

में मनुष्य ने राज्य का निर्माण किया है। और विकास की दिशा अहिंसा है फिर भी राज्य का तन्त्र और यन्त्र हिंसा का है, मुझसे ज़्यादा इसको दूसरा कौन जानेगा? मुक्त अहिंसा है, हिंसा में ही है कि हम कुछ रोकते हैं, दबाते हैं। प्रेम खोलता है। वह दबता है तब हिंसा का कारण बनता है।''[१]

'जयवर्द्धन' जैनेन्द्र के भारतीय राष्ट्र-राज्य के चिन्तन का वह दर्शन है जो भारत के विगत और आगत के द्वैत को देखने में हमारी सहायता करता है। इसमें वह अमेरिकी पत्रकार बिलवर भी है जो भारतीय राज्य के आदर्श को देखता है और पाता है कि भारत होने का अर्थ सत्य और अहिंसा है, मानवोत्तम होना है तथा अपने समस्त किये-धरे को उस परम सत्ता को समर्पित कर कृतार्थ होना है जो हम सबका निमित्त है।

'जयवर्द्धन' के प्रकाशन के बाद जैनेन्द्र को आत्मिक सन्तोष मिला। मन के द्वन्द्व कुछ शान्त हुए, लगा कि जीवन का एक अध्याय पूरा हुआ। भारत के अतीत और वर्तमान के द्वैत में यथार्थ और आदर्श के द्वैत को देखकर एक मार्ग खोज पाना, उस पर विचार कर पाना और एक निष्कर्ष तक पहुँचने का यत्न करना उन्हें प्रीतिकर लगा, हालाँकि वे मानते रहे कि कहीं पहुँचने की कोशिश ही हमें कृतकार्य करती है, पहुँचना हो ही, यह आवश्यक नहीं है।

इसी अवधि में यानी १९५६ में ही उन्हें चीन के राष्ट्रीय साहित्यिक महोत्सव में भाग लेने के लिए आमन्त्रण मिला। यह आमंत्रण भारत सरकार द्वारा उनको नामित किये जाने के बाद चीन से आया था। जाहिर है, बिना उनसे पूछे उनका नाम दे दिया गया था। यही कारण था कि बहुत ना-नुकुर करने के बाद प्रधानमन्त्री पण्डित नेहरू के आग्रह पर वे माने थे और महोत्सव में भाग लेने के लिए रवाना हुए। वहाँ उन्होंने भारत के प्रतिनिधि के रूप में भाग लेते हुए दोनों देशों के सदियों पुराने सम्बन्ध की याद दिलाई और कहा कि हमारी सभ्यताएँ साथ-साथ शुरू हुईं और साथ-साथ हम आगे बढ़े हैं। बुद्ध के बोधिसत्व होने का गौरव अगर भारत को है तो चीन को उनके सन्देशों पर चलने का। शान्ति, अहिंसा और सद्‌भाव के गाँधी-दर्शन पर बात करते हुए उन्होंने साहित्य को मानव-मात्र में प्रेम और परस्परता बढ़ाने का माध्यम कहा था, जिसका चीनी लेखकों

१. *'जयवर्द्धन'*, पृ. १०९

ने करतल-ध्वनियों से स्वागत किया था।

इस तरह अनेक उलझनों के बीच इस यात्रा को स्वीकार कर स्वयं जैनेन्द्र को अच्छा लगा था। वे वहाँ कार्यक्रम के सम्पन्न होने पर बिना देर किये लौट आये थे।

जैनेन्द्र पर लेखन के साथ घरेलू दायित्वों का भी दबाव था, पर आर्थिक स्तर पर कमज़ोर रहने के कारण कई बार उन्हें मन मसोसकर रह जाना पड़ता था। एक तरफ शुद्ध सन्त भाव, तो दूसरी तरफ़ ज़िम्मेदारियों का दबाव—सोचते तो बड़ी चिन्ता होती, पर करते क्या! आख़िर घर-परिवार की ज़िम्मेदारियों से भागकर भी जाना कहाँ होता और फिर इससे निस्तार ही कहाँ था। बड़ी बेटी कुसुम ब्याह के योग्य हुई तो चिन्ता स्वाभाविक थी। इधर-उधर कई रिश्ते सुने, देखे गये, अन्त में दिल्ली में ही हरिश्चन्द्र गुप्ता से कुसुम की शादी करना तय हुआ। हरिश्चन्द्र गुप्ता के एक मित्र ने कुसुम को परीक्षा देते हुए कक्षा में परीक्षक की ड्यूटी करते हुए देखा था। कुसुम पसन्द आ गयीं और पिता के रूप में जैनेन्द्र की कीर्ति काम आ गयी। इस तरह क़ानून में स्नातक की पढ़ाई पूरी करने पर कुसुम की शादी पक्की कर ली गयी। हरिश्चन्द्र गुप्ता लकड़ियों के व्यापारी थे और यह उनका खानदानी व्यापार था। जैनेन्द्र के बड़े बेटे दिलीप ने भी क़ानून की ही पढ़ाई की थी, पर क़ानून को अपने समय की नीति मान वे साहित्य को उसका उत्स ही कबूल करते थे। ऐसा न होता तो वे जैनेन्द्र को लिखने के लिए प्रेरित न करते और न ही अन्य व्यवसायों की उपेक्षा कर 'पूर्वोदय प्रकाशन' शुरू करते।

बहरहाल, कुसुम की शादी सादे समारोह के साथ १९५७ में सम्पन्न हुई जिसमें दिल्ली स्थित हिन्दी और दूसरी भाषाओं के लेखकों के साथ जैनेन्द्र के संग स्वाधीनता आन्दोलन में भाग लेने वाले नेताओं की बड़ी संख्या में उपस्थिति थी। पण्डित जवाहरलाल नेहरू विदेश प्रवास के कारण इस समारोह में नहीं आ सके थे, पर उपराष्ट्रपति डॉ. राधाकृष्णन् और पूर्व केन्द्रीय मन्त्री श्री लालबहादुर शास्त्री विवाह सम्पन्न होने तक विवाह मण्डप में जैनेन्द्र के साथ रहे। तब एक आदर्श को जीते हुए उपराष्ट्रपति और पूर्व काबीना मन्त्री के रूप में राधाकृष्णन् और लालबहादुर शास्त्री ने किराये की कार लेकर इस आयोजन में शिरकत की थी; क्योंकि यह समारोह निजी था और इसे वे लोग सरकारी अमले से दूर रखना चाहते थे।

बिटिया कुसुम की शादी कर जैनेन्द्र को बहुत राहत मिली। आर्थिक तंगी के बावजूद बिना लेन-देन के सम्पन्न हुआ यह ब्याह उनकी अपनी मान्यताओं के अनुरूप ही हुआ। बताते हैं कि इस ब्याह में कुल ग्यारह हज़ार रुपये ख़र्च आया था जो परिजनों की मदद से सम्भव हुआ था। इसमें उनके सगे-सम्बन्धियों ने दिल खोलकर मदद की और एक बड़े दायित्व को पूरा कर जैनेन्द्र ने मानसिक सन्तोष का अनुभव किया। वे अभी बिटिया के ब्याह से उबरे ही थे कि प्रधानमन्त्री जवाहरलाल नेहरू ने उन्हें मिलने के लिए सन्देश भेजा। आनन-फानन में जैनेन्द्र जब पं. नेहरू से मिले तो उन्होंने तत्काल ही दिल्ली में आयोजित होने वाले अफ्रीकी-एशियाई लेखक सम्मेलन के संयोजन का दायित्व लेने की बात की। इसमें एक संयोजक अँग्रेज़ी लेखक मुल्कराज आनन्द भी थे। जैनेन्द्र ने अपने स्वभाव के अनुकूल पं. नेहरू से अपनी अनिच्छा जताते हुए कहा—''पण्डित जी, हम अब सिर्फ़ लिखने-पढ़ने में लगे हैं। कोई लोभ-लाभ मन पर नहीं लाते। अब तो जीवन ऐसे ही कट जाय तो बहुत है।''

पण्डित नेहरू ने मुस्कराते हुए जैनेन्द्र के हाथ पकड़े और कहा—''भई जैनेन्द्र, समय कहाँ-से-कहाँ आ गया, हम बीते दौर तक को भूल गये, पर आपका वह सत्याग्रही रूप अब तक बरकरार है। बहुत बार अच्छा लगता है यह देखना, पर मुल्क में कोई आलमी अदबी इजलास हो तो आप ही बतायें, हम कैसे आपको याद न करें? यह सब रहने दें, जिद न करें। अफ्रीकी और एशियाई लेखकों का जो कन्वेन्शन होने जा रहा है, उसके कन्वीनर का ज़िम्मा लीजिए। भई, इसमें कोई लाभ नहीं है और लोभ भी तो नहीं है आप में। और मुल्कराज आनन्द भी तो इसमें आपके साथ होंगे।''

कहते हुए पण्डित नेहरू ने हँसते हुए जैनेन्द्र का कन्धा हिलाया और जैनेन्द्र ने कुछ भी न कहते हुए पं. नेहरू की बात मान ली। जब जैनेन्द्र चलने को हुए तो पण्डित नेहरू ने उनसे कुछ बोलने को कहा, जिस पर जैनेन्द्र ने चुप्पी तोड़ते हुए कहा—''पण्डित जी, यह सरकारी आयोजन है। किन-किन को कहाँ-कहाँ से आना है, कहाँ ठहरना है और क्या-क्या होना है, यह तो आपके कार्यालय ने तय कर लिया होगा या मौलाना आज़ाद के मन्त्रालय ने। अपने अफ़सरों को सिर्फ़ इतना ही कह दें कि वे मुझसे मिलकर हर चीज़ का ख़ाका बता दें। इस बीच मौलाना आज़ाद से

भी ज़रूरत हुई तो मिल लेंगे। शेष की चिन्ता न करें। मुल्कराज जी भी जहाँ आवश्यक हुआ, होंगे ही। और आप भी तो होंगे ही कन्वेन्शन में?''

''हाँ, आप हैं तो क्यों चिन्ता। आपका यह ज़िम्मा लेना ही इस कन्वेन्शन की कामयाबी की गारण्टी है। मैं तो हूँगा ही, इब्तेदा कैसी होगी, क्या बोलना चाहिए मुझे, एक बार मिलकर तय कर लेंगे हम। आपको जो बोलना है, बोलें, ख़ुद मुख्तार हैं आप तो।''

इस तरह यह सिलसिला चल पड़ा और आगे के कुछ दिनों में अफ्रीकी-एशियाई लेखकों का वृहत् सम्मेलन जैनेन्द्र के संयोजन में सम्पन्न हुआ। सम्मेलन में जहाँ पण्डित नेहरू और मौलाना आज़ाद ने भारत और दुनिया के लेखकों को अमन बहाली और भाईचारे को बढ़ाने पर ज़ोर दिया था, वहीं जैनेन्द्र ने लेखकों को गाँधी जी के रास्ते पर चलने, सत्य पर अडिग रहने और हर तरह की हिंसा का प्रतिकार करने को कहा। लेखक जो लिखता है, वह उसके अन्तर का सत्य है—सत्य वह, जो उसने आत्म-साक्षात्कार करके पाया है। उसका स्वयं का आत्म-साक्षात्कार बहुत महत्त्वपूर्ण है, क्योंकि इस पर ही निर्भर है कि उसने जगत को कितना अपना बनाया है।'आत्मवत् सर्वभूतेषु' ही वह सूत्र है जो हमें अपने आत्म को सर्वभूतों के आत्म से जोड़ता है। गाँधी जी का समग्र जीवन इसी सूत्र पर चला। साहित्य वस्तुतः अपने ही आत्म का विस्तार है और हम तीसरी दुनिया के ग़रीब मुल्क जब तक इस सत्य को नहीं पहचानेंगे, तब तक ग़ैर बराबरी की तरफ़ बढ़ती जा रही दुनिया में अपना हिस्सा नहीं पा सकेंगे।

जैनेन्द्र के संयोजकीय वक्तव्य और तदनन्तर हुए आयोजन ने उनकी प्रतिष्ठा को बढ़ाया। मौलाना आज़ाद और पण्डित नेहरू ने आयोजन की सफलता का श्रेय देने के साथ ही जैनेन्द्र को इस बात के लिए भी दाद दी कि उन्होंने राष्ट्रपिता गाँधी को साहित्य के आईने में देखते हुए उनके श्रेष्ठतम विचारों को दुनिया के सामने रखा। जैनेन्द्र को और कुछ नहीं, बस इसी बात का सन्तोष था कि उन्होंने अपने दायित्व का सफलतापूर्वक निर्वाह किया और साहित्य के सत् को शेष विश्व के सामने रखा। सच्चा लेखक सत्याग्रही ही तो है, सत्य का आग्रही न हो, तो लेखक किस बात का?

इस आयोजन के बाद जैनेन्द्र फिर अपने लिखने-पढ़ने के काम में लगे,

पर इस बीच यात्राओं का सिलसिला आ जुड़ा। देश में तो आना-जाना चलता ही रहता, पर अब विदेश यात्राओं का क्रम भी शुरू हो गया। इसी अवधि में उन्होंने अनेक अन्तर्राष्ट्रीय आयोजनों में भागीदारी के लिए स्विट्ज़रलैण्ड, चीन तथा श्रीलंका की यात्राएँ कीं। स्विट्ज़रलैण्ड के मॉरलरि आर्मामेण्ट में आयोजित अन्तर्राष्ट्रीय आयोजन में उनकी वक्तृता को ख़ूब पसन्द किया गया जहाँ उन्होंने भारतीय साहित्य के महत्त्वपूर्ण तत्त्वों पर बात कर साहित्य की वैश्विकता पर महत्त्वपूर्ण व्याख्यान दिया था। यहीं जैनेन्द्र ने अपने एशियाई लेखकों के साथ स्विट्ज़रलैण्ड के साहित्यिक आयोजन समिति के संयोजक को महात्मा गाँधी की तस्वीर भेंट की। अपने स्विस प्रवास के दौरान जैनेन्द्र को दुनिया के अनेक देशों के लेखकों से बड़ा सम्मान मिला। इस सम्मान का एक मुख्य कारण यह भी था कि उन्हें महात्मा गाँधी का वैचारिक उत्तराधिकारी माना जा रहा था। अपनी व्यक्तिता, वक्तृता तथा चिन्तन से तो जैनेन्द्र ने सबके हृदय पर छाप छोड़ी ही थी।

चीन प्रवास भी उनके लिए बड़ा माकूल साबित हुआ जहाँ चीनी भाषा के लेखकों ने जैनेन्द्र की सादगी और उनकी वक्तृता का बड़ा सम्मान किया।

१९५९ का वर्ष जैनेन्द्र के लिए फिर एक बड़ी ज़िम्मेदारी लेकर आया। इस वर्ष उन्होंने अपनी दूसरी बेटी कुमुद की शादी नजीबाबाद में अमीचन्द्र अग्रवाल के बेटे कृष्णावतार अग्रवाल से तय कर दी। इस शादी को भी जैनेन्द्र ने सादे समारोह के साथ सम्पन्न किया। इसमें भी उनके सत्याग्रही मित्रों, लेखकों और सरकार में मन्त्री बन चुके उनके आन्दोलन के दिनों के संगियों की भागीदारी रही जिनमें मैथिलीशरण गुप्त, शान्तिप्रसाद जैन, जयदयाल डालमिया, सियाराम शरण गुप्त तथा श्रीमन्नारायण आदि लेखक भी शामिल थे। बेटी की शादी भले ही वैवाहिक रस्म और धूमधाम से हुई पर यह भी एक आदर्श शादी के रूप में रेखांकित की गयी, क्योंकि दहेज में लेन-देन जैसी कोई चीज़ न थी। दहेज के रूप में अगर अग्रवाल बिरादरी ने पैसे की माँग की होती तो सम्भव था, यह शादी ही न हुई होती। अमीचन्द्र अग्रवाल नजीबाबाद के सम्पन्न व्यक्ति थे और सम्पन्नता के साथ उनमें सज्जनता भी बहुत थी। जैनेन्द्र जैसे कृती लेखक और राष्ट्रीय स्तर के सत्याग्रही के यहाँ रिश्ता करने का जो संयोग बना था, वे उसी को लेकर गौरव महसूस कर रहे थे। जैनेन्द्र ने शादी सम्पन्न कर बेटी

कुमुद को विदा कर राहत की साँस ली। बेटी के जाने का दुःख तो हो रहा था, पर इस बात का सन्तोष भी उन्हें मिल रहा था कि अभाव और अव्यवस्था के बावजूद यह शादी प्रतिष्ठा के साथ सम्पन्न हो गयी। मित्रों, परिजनों और लेखकों को धन्यवाद देने के साथ-साथ वे उस परमात्मा को याद करना कैसे भूल सकते थे। उनका आस्तिक मन बार-बार उस ईश्वर के प्रति कृतज्ञ हो रहा था जिसने न केवल उनकी प्रतिष्ठा रखी वरन् सभी आत्मीय जनों का भरपूर स्नेह-सहयोग भी उन्हें मिला। बेटी का जाना उन्हें पीड़ित तो कर ही रहा था—भगवती देवी का चीत्कार कर अश्रुविगलित होना उन्हें बहुत दुःख दे रहा था। यह तो सृष्टि का नियम है। बेटी आयी है तो उसे दूसरे घर ही जाना है। नहीं जायेगी तो यह सृष्टि चलेगी कैसे? बेटियाँ जन्मते ही परायी हो जाती हैं। हमारे अपने लाड़-प्यार, परवरिश महज उसके प्रति हमारे दायित्व हैं—एक दूसरा संसार उनके लिए बना होता है जहाँ वे जाती हैं और जहाँ से वे एक नयी दुनिया सिरजती हैं।

अपनी आँखें पोंछ, स्वयं को ढाढ़स देते जैनेन्द्र ने अभ्यागतों को एक-एक कर विदा किया और अपने मन को पक्का कर दैनिक कामकाज में लगाया। कुछ दिनों तक घर की अस्त-व्यस्त स्थिति के कारण लिखने-पढ़ने का माहौल न बना। धीरे-धीरे अनुकूल स्थितियाँ बनीं तो काम की सम्भावनाएँ बनीं। इसी बीच भारत सरकार ने उन्हें श्रीलंका की साहित्यिक यात्रा पर जाने के लिए नामित किया जिसमें कुछ अन्य लेखक भी शामिल थे। वे लेखकों के प्रतिनिधिमण्डल के संयोजक की भूमिका में अपनी स्वाभाविक असहमति दर्ज़ करने के बावजूद ज़बर्दस्ती तैयार हुए और कोलम्बो पहुँचे। कोलम्बो में उनका ज़ोरदार स्वागत हुआ और गाँधीवादी चिन्तक के रूप में उनका विशेष सम्मान किया गया। वहाँ के अनेक आयोजनों में उन्होंने साहित्य के विभिन्न पक्षों पर बात की और गाँधी के सत्य और अहिंसा को तत्कालीन विश्व की आवश्यकता बताया।

इसी आसपास यानी १३ अगस्त, १९५९ को महात्मा भगवानदीन का नागपुर में अभिनन्दन का कार्यक्रम हुआ जिसमें एक स्वतन्त्रता सेनानी, विचारक और शिक्षाविद् के रूप में उनकी सेवाओं को याद करते हुए उनका सम्मान किया गया था। आयोजन भारत के तत्कालीन राष्ट्रपति डॉ. राजेन्द्र प्रसाद के सान्निध्य में हुआ था, जिन्होंने महात्मा जी के अवदान को भरे मन से याद किया। इसमें बड़ी संख्या में स्वतन्त्रता सेनानी,

राजनेता तथा लेखक उपस्थित थे। यशपाल जैन, विष्णु प्रभाकर आदि लेखकों की उपस्थिति में महात्मा भगवानदीन आन्दोलन के दिनों को याद करते हुए भावुक हो आये थे। उन्होंने अपने पूरे जीवन को देश की धरोहर बताते हुए लोगों को सत्यनिष्ठा से काम करने की सलाह दी थी।

जैनेन्द्र ने अपने निर्माण में उनकी भूमिका को याद करते हुए कहा था, आज वे जो कुछ भी हैं, उसमें उनकी प्रेरणा और सम्बल का बल रहा तथा दिशा भी उन्हीं से मिली जो हम कुछ भी कर पाये।

इसके कुछ ही समय बाद उनका सोवियत संघ जाने का कार्यक्रम बना जहाँ उन्होंने मास्को की साहित्यिक यात्रा की। यह यात्रा उन्होंने १९६० में 'सोवियत लेखक संघ' के निमन्त्रण पर की थी। १९६० की यात्रा में जैनेन्द्र ने कई गोष्ठियों में भागीदारी कर मास्को के साहित्य-जगत को समृद्ध किया था। उन दिनों भीष्म साहनी मास्को के विदेशी भाषा प्रकाशन गृह में अनुवादक के रूप में काम कर रहे थे। कुछ समय बाद जैनेन्द्र के साथ भीष्म साहनी को टॉलसटॉय के निवास स्थान यास्नाया पल्याना जाना हुआ। जैनेन्द्र के मन में टॉलसटॉय के लेखन के प्रति बड़ी श्रद्धा रही थी और उनकी नैतिक मान्यताओं के वे बेहद निकट भी रहे। जैनेन्द्र के लिए यास्नाया पल्याना की यात्रा एक तीर्थयात्रा के समान ही थी। भीष्म साहनी के अनुसार—"कितनी ही देर तक जैनेन्द्र जी, टॉल्सटॉय की क़ब्र के पास, मौन और गहरी भावनाओं में डूबे हुए खड़े रहे थे। टॉल्सटॉय की क़ब्र की अपनी विशेषता है—उस पर कोई स्मारक नहीं, कोई समाधि नहीं—उनके घर के ही आँगन में पेड़ों के नीचे, मिट्टी का छोटा-सा टीला, यही टॉल्सटॉय की क़ब्र है। ध्यान से न देखें तो शायद उस पर नज़र ही न पड़े। टॉल्सटॉय शायद अकेले ऐसे लेखक हैं जिन्हें संसार भर में मान्यता मिली है। उनका साया संसार के सभी द्वीपों पर फैला है, विश्व संस्कृति की महान विभूति, इसी नाम से वह जाने जाते हैं। पर देखने से लगता है कि वह किसी बेघर आदमी की क़ब्र होगी। टॉल्सटॉय ने शायद ऐसी हिदायत दे रखी थी कि उनकी क़ब्र पर कोई स्मारक न बनाया जाय, किसी प्रकार का कोई आडम्बर न किया जाये। पर एक बात में वह क़ब्र फिर भी अनूठी बनी रही। उस पर सारा वक़्त फूलों का ढेर लगा रहता है। सर्दी, गर्मी, वसन्त, पतझड़, बर्फ़ के फाहे...उसे घेरे हुए हों, पर वह क़ब्र सदा फूलों से लदी रहती है। यह क़ब्र दुनिया भर के टॉल्सटॉय प्रेमियों के

लिए तीर्थ-स्थली है। उन्हीं के श्रद्धा-सुमन उस क़ब्र को सजाये रखते हैं। देर तक जैनेन्द्र क़ब्र के निकट खड़े रहे।

थोड़ी देर के बाद धीरे से बोले—"ऐसे आदमी की ऐसी ही क़ब्र हो सकती है।"

जैनेन्द्र टॉलस्टॉय के घर के अन्दर एक कमरे से दूसरे कमरे में घूम रहे थे। इसी दौरान उनकी नज़र टॉल्सटॉय की एक तस्वीर पर पड़ी जो दीवार पर टँगी थी। यह तस्वीर उनके युवा दिनों की थी। जैनेन्द्र ने इस तस्वीर के नीचे खड़े होकर तस्वीर खिंचवाई। अब जैनेन्द्र टॉल्सटॉय की क़ब्र के पास खड़े हुए थे और बाद में उनके निवास में घूम-घूमकर उनके व्यक्तित्व का आभास पाने का प्रयास कर रहे थे।"[१]

टॉल्सटॉय के निवास यास्नाया पल्याना की हर चीज़ में जैनेन्द्र की रुचि थी। घर के बाहर एक पेड़ के पास, पुराने ढंग की एक घण्टी-सी बँधी थी। पता चला कि यहाँ स्कूल लगता था। टॉल्सटॉय अपने गाँव के ग़रीब बच्चों को पढ़ाया करते थे। यहाँ पर घण्टा बजता और बच्चे पढ़ने आते। जैनेन्द्र इस कथा की जानकारी से भी बहुत प्रभावित हुए।[२]

इस बार की यात्रा में अनेक गोष्ठियों में शामिल होने के साथ-साथ जैनेन्द्र ने सोवियत लेखक संघ के आमन्त्रण पर निर्धारित आयोजन में भी भाग लिया और भारत और सोवियत संघ के बीच के मैत्री-भाव को महसूस किया। पर बात जो दिख रही थी, वह थी नहीं। रूसी लेखकों, छात्रों और चेलिशेव जैसे हिन्दीविदों से संवाद करके भी उन्हें कोई गहरी आश्वस्ति न हुई। भौतिकता और यान्त्रिकता की झोंक में श्रद्धा और प्रेम का लोप होना तथा ईश्वर को माखौल बनाकर देखना वहाँ आम बात थी। टॉल्सटॉय का मानववाद यस्नाया पल्याना में ही सो गया लगता था। जैनेन्द्र ने उसी दौर में भाँप लिया था कि जिस देश में श्रद्धा की जगह नहीं, वह अपनी शान में ज़्यादा देर तक टिका नहीं रह सकता। इस संक्षिप्त यात्रा के बाद वे भारत लौट आये थे।

इसके बाद ९ मार्च, १९६१ को रूसी लेखक लियो टॉल्सटॉय की पचासवीं

---

१. *'जैनेन्द्र : साक्षी हैं पीढ़ियाँ'*—सं. विष्णु प्रभाकर, खण्ड-१, भीष्म साहनी, पूर्वोदय प्रकाशन, नई दिल्ली, पृ. २१४-२१५

२. *वही, पृ. २१५*

पुण्यतिथि पर सोवियत सरकार के निमन्त्रण पर जैनेन्द्र ने दोबारा सोवियत संघ की यात्रा की। उनकी इस यात्रा में एक साथ कई दिलचस्प घटनाएँ घटीं। सोवियत संघ की सरकार ने जैनेन्द्र के १९५३ में प्रकाशित उपन्यास 'विवर्त' को रूसी में अनुवाद के लिए चुना था जिसके दो कारण थे—एक कारण तो यह था कि 'विवर्त' उस समय के प्रसिद्ध और लोकप्रिय भारतीय लेखक का उपन्यास था। दूसरा कारण यह था कि उसके कथानक में रेल उड़ाने जैसी क्रान्तिकारी घटनाओं का चित्रण था जो स्वयं सोवियत संघ के गोला-बारूद और तोड़फोड़ से ग्रस्त क्रान्तिकारी इतिहास से मेल खाता था।[१]

चेलिशेव उस समय 'विवर्त' के रूसी अनुवाद का काम देख रहे थे। कथानक को रूसी संरचना में ढालने के अभिप्राय से वह जैनेन्द्र पर दबाव दे रहे थे कि वे इस उपन्यास के अन्तिम बीस-पच्चीस पृष्ठ बदल दें और 'विवर्त' के नायक जितेन को आत्मसमर्पण न करने दें। परन्तु जैनेन्द्र ने उनके प्रस्ताव को अस्वीकार करते हुए कहा—"मेरी दृष्टि में यही अन्तिम बीस-पच्चीस पृष्ठ मूल्यवान हैं। पहले के दो सौ पृष्ठ फालतू हैं।"[२]

जैनेन्द्र का उत्तर सुनकर चेलिशेव सकपका गये और कुछ बोल न सके। पर असल बात यह थी कि चेलिशेव, जैनेन्द्र से नाराज़ चल रहे थे। उनकी नाराज़गी का कारण यह था कि जैनेन्द्र ने टॉल्सटॉय की बरसी पर लोकार्पित की जाने वाली उनकी दो कृतियों—'प्रेम में भगवान' (कहानी-संग्रह) और 'पाप और प्रकाश' (नाटक) का जो अनुवाद किया था, उन्हें श्रेष्ठ अनुवाद के रूप में माना गया था और उन्हें पुरस्कृत भी किया गया था। यह दोनों कृतियाँ बहुत लोकप्रिय भी हुईं, पर चेलिशेव को जैनेन्द्र के यह अनुवाद पात्रों के नाम बदल देने, परिवेश को ग्रामीण रखने तथा भारतीय बोध के अनुरूप ढालने के कारण पसन्द न आये थे। वे बोले—"आपने इन दोनों पुस्तकों में पात्रों के नाम बदल दिये, परिवेश को बदल दिया, यह आज़ादी लेकर अच्छा नहीं किया।" जैनेन्द्र ने मुस्कराते हुए उत्तर दिया—"तुम इस मर्म को नहीं समझ सकते। आज टॉल्सटॉय होते तो अनुवाद देखकर ख़ुश होते। उनके समक्ष मानव-व्यथा मुख्य थी, मानव को वे

---

१. *'जैनेन्द्र : साक्षी हैं पीढ़ियाँ'* —सं. विष्णु प्रभाकर, खण्ड-१, कमला रत्नम्, पृ. ५५
२. *वही,* पृ. ५५

विभाजित कर नहीं देखते थे।''[१]

होटल में लौटकर जाने के पूर्व जैनेन्द्र से कमला रत्नम् और अनेक रूसी छात्रों, लेखकों से कई विषयों पर बातचीत हुई थी जिसमें वे बिना लाग-लपेट के दृढ़ता से अपनी बात रख रहे थे। एक रूसी लेखक के यह पूछने पर कि—''साम्यवाद को आप किस दृष्टि से देखेंगे?'' जैनेन्द्र ने कहा—''साम्यवाद के शरीर के नीचे यन्त्र अधिक हैं। मार्क्सवाद क्या कम है! कम्युनिज़्म यन्त्राधीन नहीं बना है, उसमें मानसिक क्रिया का अधिक योग है। अपने समाज में, अपने समय पर मार्क्सदर्शन ने अपना काम किया। परन्तु जैसा साम्यवादी सोचते हैं, मार्क्सवाद ही अन्तिम दर्शन है, वैसा नहीं है। मार्क्सिज्म का दर्शन किताब में है (सिद्धान्तों, थ्योरी के रूप में), कम्युनिज़्म उसका राजकारण...पॉलिटिक्स (राजनीतिक प्रयोग)...व्यवहार में है। प्रत्येक सिद्धान्त की कसौटी जीवन-व्यापार में होती है; क्योंकि जीवन विकासशील है। वह किसी एक सीमा या बिन्दु पर खड़ा नहीं रहता। कम्युनिज़्म 'वैज्ञानिक समाजवाद' की बुनियाद पर खड़ा है। एक प्रकार से यह वैज्ञानिक कर्मवाद है। भावनात्मकता के लिए यहाँ जगह नहीं है। परन्तु राजनेता को भी मानव-सामग्री से विकास लेना होता है, और मनुष्य चलता भावना के बारूद से है। इसलिए भावना का पहलू लोक-नेता के लिए उतना नगण्य नहीं रहता। भावना पक्ष कम्युनिज़्म की वैज्ञानिकता में प्रवेश पायेगा तो क्या रासायनिक प्रक्रिया होगी, कहना मुश्किल है। मार्क्सिज़्म ईश्वर और धर्म के लिए जगह नहीं छोड़ता। कम्युनिज़्म को उनके लिए जगह रखनी पड़ जाती है। राज्य के रूप में बिलकुल सम्भव है कि धर्म को प्रश्रय और सहायता देनी पड़ जाय।'' उन्होंने फिर कहा—''धर्म का मेल होने पर साम्यवाद क्या चीज़ बनेगा, यह सोचने की बात है। इस तरह तो वह लामजहबियत का मजहब है (रिलीज़न ऑफ़ इर्रिलीजन)। दो मज़हबों का मेल आसान नहीं होता। लेकिन ज़रूरी हो जाये तो क्या होगा, भविष्य ही जाने। मुझे लगता है, यह मेल अनिवार्य है। Too much objective and scientific thought will ultimately have to reconcile itself with emotional reality and subjectivity of man. Questions are fired? There is no frevious knowledge of preparation. Thought out thought seems lifeless-

१. *'जैनेन्द्र : साक्षी हैं पीढ़ियाँ',* खण्ड-१, कमला रत्नम्,—पृ. ५६

flowing and spontaneous thought has life in it, So, I refuse to think about this - I take all possible pains not to let any thought come in to my mind."[१]

फिर इस प्रश्न के उत्तर में कि—"आप ईश्वर में विश्वास करते हैं?" जैनेन्द्र बोले—"मैं ईश्वर को ही सब कुछ मानता हूँ। उसके सिवा मैं कुछ भी नहीं मान पाता। मेरा ईश्वर वह है जिसमें हर दो, एक हैं। जैन धर्म में ईश्वर के लिए जगह नहीं है। एक आस्तिक होकर मेरा सारा जगत ईश्वर है। त्रुटि और दोष हमारे अपने हैं... मैं ईश्वर से अलग हूँ इसलिए त्रुटि है। ईश्वर में रम जाऊँ तो सारी त्रुटियाँ दूर हो जाती हैं।" इतने पर एक रूसी युवक अपने को रोक न सका, उसे अपनी विजय का एक बिन्दु दिख गया, वह चहक उठा और तदनन्तर बोला—"आप जो कह रहे हैं कि ईश्वर है, वह पूँजीवादी शोषकों का निरीह जनता के शोषण का एक हथियार मात्र है। हमारा स्पूतनिक देख आया है कि ईश्वर कहीं नहीं है...ऊपर स्वर्ग में भी नहीं।"

जैनेन्द्र का एक ही सधा हुआ तीखा उत्तर था—"किसी की श्रद्धा तोड़ने वाले तुम कौन हो? ईश्वर को अन्तरिक्ष में सीमित करने वाले तुम कौन हो?"[२]

इस तरह लम्बे वाद-विवाद के बाद मास्को विश्वविद्यालय से निकलकर जैनेन्द्र अपने होटल में चले गये थे। उनसे प्रश्न बहुत पूछे गये, उत्तर भी उन्होंने सधे हुए दिये थे, पर जाने क्यों अश्रद्धा और नितान्त भौतिकता से आक्रान्त इस देश का भविष्य उन्हें संदिग्ध-सा लगा। उन्हें टॉल्सटॉय की याद आयी। क्या तो वह श्रद्धा और मानवीय करुणा का लेखक था जिस पर एक समय पूरी दुनिया झुकती थी और कहाँ यह वक़्त, जब श्रद्धा के लिए कोई जगह ही शेष नहीं। उसके दूसरे दिन वे मॉस्को से चलकर दिल्ली आ गये थे, पर देह और मन से बहुत थक गये थे।

यात्राओं से थोड़ी फ़ुर्सत मिली तो पुन: घरेलू जिम्मेवारियों के निर्वाह के साथ अपने लेखन-मनन में आ लगे जैनेन्द्र नित-नित नये विचार और चिन्तन में उतरने लगे। उनका लेखन-मनन पर्याप्त तैयारी के साथ होता और वे उसी में सिद्ध साधक की भाँति डूबे रहते। कभी राष्ट्र की दशा

---

१. *'जैनेन्द्र : साक्षी हैं पीढ़ियाँ',* सं. विष्णु प्रभाकर, खण्ड-१, कमला रत्नम्, पृ. ६०-६१

२. *'जैनेन्द्र : साक्षी हैं पीढ़ियाँ',* सं. विष्णु प्रभाकर, खण्ड-१, कमला रत्नम्, पृ. ६३-६४

क्षुब्ध करती तो कभी राजनीति की अदूरदर्शिता व्यथित करती। विचार और चिन्तन में प्रविष्ट हो आयीं विकृतियों ने समाज का संकट कुछ बढ़ा ही दिया था। समय मानो टँग गया था और भारतीय मनुष्य अपनी इयत्ता की चिन्ता करना छोड़ विभ्रम का शिकार हो रहा था। धर्म अपना स्वरूप खोकर पाखण्ड बन रहा था तो संस्कृति पश्चिम की चेरी बनकर भारतीय मूल्यों को विकृत कर रही थी। जैनेन्द्र का राष्ट्र-चिन्तक मन जितना क्षुब्ध होता उससे अधिक ग्लानि से भर उठता। फिर उन्हें गाँधी की स्मृति आती और वे हठात् कुछ करने को सोचने लगते। इसी कशमकश और भारतीय सांस्कृतिक परिवेश के धुँधलके ने उन्हें एक बड़े विमर्श में उतारा जिसकी परिणति १९६२ में 'समय और हम' नामक पुस्तक के रूप में हुई।

यह वृहत् पुस्तक वीरेन्द्र कुमार गुप्त की प्रश्नावली पर आधारित थी जिसमें जीवन-जगत का शायद ही कोई प्रश्न हो, जो छूटा हो। परमात्मा, आत्मा, व्यक्ति, कर्म, भाग्य, प्रतिभा, भविष्य, द्वन्द्वात्मक भौतिकवाद और वर्गभेद, व्यक्ति चित्त, तन्त्र-यन्त्र, प्रजातन्त्र, मार्क्सवाद, साम्यवाद, पराजित नारीत्व, अर्थक्षेत्र में मूल्यों का संकट, अर्थ और काम, साहित्य और कला, जातीय राष्ट्रवाद और गाँधी, संविधान, दलीय प्रजातन्त्र और निर्वाचन, हमारे दल और नेता, सुरक्षा, गृहनीति, विदेश नीति, औद्योगीकरण द्वारा आर्थिक समृद्धि, अध्यात्म, चेतना, कामाचार, मृत्यु, पुनर्जन्म, कर्म विपाक जैसे अनेक उप अध्यायों में यह पुस्तक स्वतन्त्र भारत के व्यावहारिक दर्शन और राष्ट्र-चिन्तन की बुनियाद बनकर आयी। पुस्तक की भूमिका 'स्वीकृति' में जैनेन्द्र ने लिखा—"माना जाता है कि आस्तिक दर्शन ही होता है, विज्ञान उससे बरी है। आज का संकट, जिसमें मानव जाति आ पड़ी है, बहुत-कुछ उसी विच्छेद और विरोध से बना है। पदार्थ विज्ञान और समाज विज्ञान परस्पर तभी पूरक हो सकेंगे, जब दोनों में एक श्रद्धा और श्वास प्रवाहित होगा। अन्यथा विज्ञान यन्त्र-व्यवहार को सम्पन्न करेगा और मानव-व्यवहार को विपन्न करता जायेगा। अवश्य कुछ है, जो अमोघ और अखण्ड है। उसी अटल नियम पर चेतन-अचेतन संसार थमा चल रहा है। इस धर्म में द्वैत नहीं है। आइन्स्टाइन ने उसी अद्वितीय नियम को मस्तिष्क में लेने और गणित में देने की कोशिश की जब सापेक्षवाद प्रस्तुत किया। आवश्यकता है उस व्याप्त ध्रुव को जगज्जीवन पर समग्र

भाव में फलित और प्रतिफलित किया जाय।"[१]

यह पुस्तक जैनेन्द्र को एक ऐसे राष्ट्र-चिन्तक के रूप में रख सकी जिसके चिन्तन का फलक राष्ट्रव्यापी तो था ही, वैश्विक भी था। 'संविधान, दलीय प्रजातन्त्र और निर्वाचन' में वे कहते हैं—"मैंने विधान पूरा पढ़ा तक नहीं है। वह मूल अँग्रेज़ी में बना, इसी में आ जाता है कि बहुत कुछ है उसमें जो उधार है, अनिवार्य नहीं है। उसमें आरम्भ में ही भाषा है कि 'हम भारत के लोग इस (संविधान) को आत्मार्पित करते हैं।' किन्तु सच यह है कि वैधानिकों द्वारा संविधान राष्ट्र को दिया गया था। विधान एक संसदीय तन्त्र भारत को देता है। यह संसदीय स्वरूप गाँधी जी को बहुत आश्वासन देने वाला न था। मैं भी मानता हूँ कि यह संसदीय व्यवस्था शासक वर्ग के लिए सार्वजनिक असन्तोष को वाद-विवाद द्वारा बाहर फेंक देने का सुविधाजनक ज़रिया देती है, अधिकार नहीं। लोकमत का दबाव उस द्वारा, उतना प्रशासन पर नहीं आता, जितना प्रशासक वर्ग को जनमत के प्रति विश्वस्त बनाये रखने में मदद देता है। पार्लियामेंट्री पद्धति आज के ज़माने में साफ़ ही अधूरी सिद्ध हो रही है।"[२]

भारतीय प्रजातन्त्र की दुरभिसन्धियों के साथ इस पुस्तक में जैनेन्द्र ने समूची विश्व-व्यवस्था को देखने-परखने की चेष्टा की जिसमें इस जगत का शायद ही कोई पक्ष हो जो आने से रह गया हो।

एक निष्ठावान सत्याग्रही और मनस्वी राष्ट्र-चिन्तक के रूप में उनका चिन्तन निरन्तर विकसित होता गया जिसमें वे भारतीय स्वराज की सच्चाई का परीक्षण करते रहे। सहमति उनके लिए समझौते की तरह थी जो मन को मारकर ही होती है। जहाँ उन्हें अपने विचारों से वैषम्य दिखा, वहाँ वे तनकर खड़े हुए और उन्होंने अपनी असहमति दर्ज़ कराई। यही कारण है कि देश के शीर्ष पदों पर बैठे लोग, जो कभी सत्याग्रह में उनके साथ रहे—मन से उनके विपरीत ही रहे। इस मायने में जवाहरलाल नेहरू, राधाकृष्णन्, राजेन्द्र प्रसाद सरीखे राजनेता ही उनके निकट रहे, पर एक दूरी सदा उनके बीच रही; क्योंकि गाँधी जी के जिन विचारों और मूल्यों को लेकर जैनेन्द्र सत्ता के आलोचक रहे, उसमें वे लोग शंकित रहा करते थे। अपनी निःस्वार्थता

१. *'समय और हम' — जैनेन्द्र कुमार, पूर्वोदय प्रकाशन, नई दिल्ली,* स्वीकृति, पृ. ५
२. *वही,* पृ. २५५

और लोभ-लाभ से परे रहकर चिन्तन-मनन करते जैनेन्द्र उन नेताओं से अधिक गहरा जुड़ाव मानते थे जो सत्ता से विरत रहकर सर्वोदय और समरसता के लिए कार्य करते आ रहे थे। नरेन्द्र देव, जयप्रकाश नारायण, राममनोहर लोहिया सरीखे समाजवादी नेताओं की चिन्ताओं में उन्हें निश्चय ही यह आश्वासन मिलता था कि कदाचित् ये वे लोग हैं जो गाँधीमार्ग पर चलते हुए सर्वोदय को व्यावहारिक रूप दे सकेंगे।

पर ज्यों-ज्यों स्वराज का स्वप्न खण्डित हुआ, राष्ट्र संकट में पड़ा और दलीय चुनावों से जीतकर सरकारें बनाकर प्रजातन्त्र के मज़बूत होने का ढिंढोरा पीटा गया, जैनेन्द्र ने लिखकर और बोलकर उसका कारगर प्रतिरोध किया। उन्होंने स्वाधीनता संघर्ष के दिनों को याद किया, उसके मूल्यों को याद किया और उन सपनों की याद भी दिलाई जिसने संकल्प के साथ लाखों लोगों को मर-मिटने की प्रेरणा दी। नाना अभावों में रहते हुए भी वे कभी अपने राष्ट्रीय कर्तव्य से विरत न हो सके।

इसी वर्ष उनका एक अन्य कहानी-संग्रह 'अभागे लोग' भी आया जिसमें जीवन और राष्ट्र के प्रश्नों सहित मानव मन की चिन्ताओं का अंकन था। १९६२ का यह वर्ष बेहद व्यस्तता और उलझाव का रहा। इसी वर्ष उनकी छोटी बेटी कनक की शादी हुई। यह शादी कलकत्ता के अलीपुर में हुई जिसमें रमा जैन की अहम भूमिका थी। रमा जैन (साहू शान्ति प्रसाद जैन की पत्नी, ज्ञातव्य है कि इस दम्पती ने ही भारतीय ज्ञानपीठ की स्थापना की थी। तब ज्ञानपीठ का कार्यालय कलकत्ता में ही था और वहीं से 'ज्ञानोदय' नामक पत्रिका भी निकलती थी।) ने ही भारतीय रेल में नियुक्त और पटना में नौकरी कर रहे अशरफी लाल जैन के पुत्र चन्द्रकान्त जैन से कनक की शादी लगाई थी। उस समय जैनेन्द्र की बड़ी बेटी कुसुम अपने पति के साथ कुछ समय के लिए कलकत्ता में ही थीं, जहाँ से यह विवाह सम्पन्न हुआ था। यह विवाह भी सादे समारोह के साथ सम्पन्न हुआ था जिसमें जैनेन्द्र के परिजनों के अलावा कलकत्ता के लेखकों, पत्रकारों और काँग्रेसी नेताओं की शिरकत हुई थी।

ब्याह के लिए अब जैनेन्द्र के दो पुत्र ही शेष थे जिनमें से सबसे बड़े दिलीप शुरू से ही मना करते आ रहे थे कि उन्हें ब्याह करने में कोई रुचि नहीं है। जैनेन्द्र, दिलीप के इस स्वभाव और अड़ियल रवैये से खिन्न रहते थे, पर प्रकाशन में उनकी लगनशीलता तथा उनके समाजोपयोगी कामों

को देखकर उनसे कुछ कहते न थे। मन में सोचते, कुछ समय बाद बच्चे का रुख शायद बदल जाये, तो उसके बारे में भी निर्णय कर पायेंगे। दिलीप के लिए वर्षों पहले से लगातार रिश्ते आते, पर उनका रुख देख जैनेन्द्र कभी उन पर दबाव न बनाते। दिलीप, गाँधी जी के पुत्र हरि गाँधी की तरह आदर्शवाद के विरोधी थे। हरि से उनकी गहरी मित्रता थी। इस मित्रता के मूल में ही था कि स्वप्न सरीखे आदर्श का अपने देश में तब तक कोई अर्थ नहीं है जब तक यहाँ की बुनियादी समस्याओं का निपटारा न होता। देश के बँटवारे के बाद आज़ादी की लड़ाई के आदर्शों का वैसे ही बहुत अर्थ नहीं रह गया था। गाँधी जी की हत्या और उसके बाद बनी सरकार का रंग-ढंग भी आदर्शवाद का मखौल ही उड़ाता था।

कलकत्ता कनक के ब्याह के सिलसिले में रहते हुए ही जैनेन्द्र, बेटी कुसुम और परिवार के साथ असम स्थित काजीरंगा राष्ट्रीय उद्यान घूमने गये थे जहाँ कुसुम के पास के पैसे कहीं गिर गये थे और जैनेन्द्र के पास पैसे थे नहीं, सो बहुत मुश्किल से वहाँ घूमना और लौटना हुआ था। विद्यार्थी जीवन से ही जैनेन्द्र पास में पैसे नहीं रखते थे। बनारस पढ़ने के दौरान भी उन्हें माता रामदेवी पैसे न देकर दूसरे (दीपचन्द) को भेजती रहीं। तब जैनेन्द्र को सिर्फ़ अपने काम से मतलब होता था, पैसों से नहीं। पर जब वे सत्याग्रही हुए तब से यह संकल्प ही हो गया कि सन्त का जीवन जीना है और अपने पास एक पाई भी नहीं रखनी है। गृहस्थ जीवन जीते व्यक्ति के लिए यह संकल्प बड़ी चुनौतियों वाला होता है, जैनेन्द्र के लिए भी इसको लेकर बहुत दिक़्क़तें आयीं पर वे अपने निर्णय से कभी भी विरत न हुए। वे दिल्ली लौटकर फिर अपने लेखन-मनन में लग गये। जैनेन्द्र उन दिनों दरियागंज वाले अपने मकान के अतिरिक्त बड़ी बेटी कुसुम के यहाँ फ्रेण्ड्स कॉलोनी में भी रहते, जब वे किसी काम से पति के साथ बाहर जातीं। तब लेखकों का मजमा फ्रेण्ड्स कॉलोनी में भी लगता और जैनेन्द्र वहाँ भी लिखने-पढ़ने का काम करते।

उन दिनों कनक की शादी के बाद लौटकर जैनेन्द्र ने कई किताबों पर एक साथ काम शुरू किया। दरियागंज वाले घर की सीढ़ियों से सटे कमरे में वे लिखने-पढ़ने और लोगों से मिलने का काम करते थे। इन्हीं दिनों (घटना शायद १९६४ के अप्रैल की है)[१] की बात है। साँझ ढलने को थी,

१. पारिवारिक सूत्रों के हवाले से

पश्चिम का क्षितिज लाल हो चला था। बैसाख का महीना रहा होगा। जैनेन्द्र किसी किताब को लेकर उसमें डूबे हुए थे। तकिये की टेक लेकर अधलेटे, जैसे कि उनकी मुद्रा होती थी, सामने शोर उभरा। जैनेन्द्र का ध्यान भंग हुआ और वे जब बाहर सीढ़ियों तक आकर खड़े हुए तो देखते हैं, अपने को स्वयंभू और ईश्वर का प्रतिनिधि मानने वाले एक बाबा का काफ़िला बढ़ा चला आ रहा है। भक्तों की बड़ी जमात पीछे-पीछे बाबा का जयघोष कर रही है। फिर अपनी गाड़ी से उतरकर वे गली में मुड़ते हैं और दो भक्तों की मदद से सीढ़ियाँ चढ़कर जैनेन्द्र के घर में दाख़िल हो जाते हैं। जैनेन्द्र विस्मय में हैं—प्रणाम-पाती होती है। जैनेन्द्र आदर के साथ उन्हें अपने कमरे में बिठाते हैं—सत्कार करते हैं। आने का जब प्रयोजन पूछते हैं, बाबा उनकी तरफ़ एक किताब की पाण्डुलिपि बढ़ा देते हैं। शायद वह किताब बाबा के अभिनन्दन में छपने वाली है। जैनेन्द्र पूछते हैं—"इसका क्या करना है?"

बाबा मुस्कराते हैं और धीरे से बोलते हैं—"जिस भक्त ने यह किताब लिखी है उसकी इच्छा है कि आपसे इसकी प्रस्तावना के दो शब्द लिखवाया जाय। प्रभु की कृपा है आप पर। वाग्देवी का आशीर्वाद है, इसलिए सुपात्र ठहरते हैं आप।"

जैनेन्द्र ने देखा, बोलते हुए बाबा का सघन केश कुंज सहसा हिला और उनकी आँखें अचानक बन्द-सी हो गयीं। फिर वे जैनेन्द्र के उत्तर की प्रतीक्षा में धैर्य के साथ बैठे रहे।

बाबा देख रहे थे, जैनेन्द्र पाण्डुलिपि उलट-पलट रहे हैं। फिर उन्होंने उसे एक तरफ़ रखकर चुप्पी साध ली। देर तक वे चुप रहे। बाबा का धैर्य जवाब देने लगा। वे बोले—"जानते ही हैं, समय नहीं होता। एक-एक पल भक्तों के लिए होता है। जगह-जगह लोग राह देख रहे हैं।"

पास ही खड़े दो भक्तनुमा अंगरक्षकों ने अपनी-अपनी घड़ियाँ देखीं। जैनेन्द्र अब भी चुप थे गोया वे गहरी सोच में हों। बाबा अचम्भित थे, जिनके दर्शन मात्र के लिए लोग जाने क्या-क्या करते हैं, वही आज चलकर एक लेखक के पास आये हैं और लेखक उन्हें बाबा तो क्या सामान्य जन भी नहीं समझ रहा है जिसको उत्तर देना अपना दायित्व माना जाय। यह तो अवमानना है, अतिथि के साथ असंस्कृत व्यवहार। बाबा

सोच ही रहे थे कि जैनेन्द्र ने पाण्डुलिपि पकड़ाते हुए कहा—"काम यह बुरा नहीं है। जिसने भी लिखा है, शायद वह आपको भगवान मानता है। क्षमा करें, मैं उस परम के अलावा किसी को भी यह पदवी नहीं देता और वे भी इसी मत के हैं। कोई उनका बाना धरे, वह उन्हें मंजूर नहीं। मुझसे यह न हो सकेगा, पुनः क्षमा का प्रार्थी हूँ। आप मेरे घर आये, सुखी हुआ। ऐसे बहुत लोग हैं जो इसकी प्रस्तावना लिख देंगे—नयी पुस्तक भी लिख डालेंगे, पर मुझसे दो शब्द भी लिखा न जा सकेगा। मैं यह करके उस परम के प्रति छल नहीं कर सकता। मेरी धृष्टता ही समझें इसे, नासमझी भी। पर मेरी समझ यही है तो क्या हो इसका।"

बाबा तुनककर उठे जैसे यहाँ आकर भारी ग़लती कर दी हो। अपने सिर को झटका तो लहरेदार केश हिल उठे। भक्तों ने उनके हाथ से पाण्डुलिपि ली और वे सीढ़ियाँ उतर गये। जैनेन्द्र ने हाथ जोड़ अभिवादन किया, पर वे कैसे मुँह दिखाकर अभिवादन लेते, सो अपनी गाड़ी पर सवार हो भक्तों के जयघोष के बीच चलते बने। तदनन्तर जैनेन्द्र के परिजन आकर उनके आने का कारण पूछने लगे, फिर नाराज़गी में उनके कोप की भी याद दिलाई। जैनेन्द्र ने सबको शान्त कर अपने-अपने काम में लगने की नसीहत दी। मन उनका ख़राब हो चला था। पर सोच थी कि जाती न थी। इस देश का पता नहीं क्या होने वाला है। हमारी धर्मभीरुता न जाने कहाँ-कहाँ ले जायेगी। ऐसे-ऐसे कितने स्वयंभू प्रकट हो गये हैं जो स्वयं को भगवान कहते हैं। अपने चातुर्य से चमत्कार दिखाकर, ठगी करते ये लोग वस्तुतः जनता को धर्मभ्रष्ट करते हैं। उन्हें तो पता ही है कि वे पामर हैं—रौरव नरक तो उन्हें भोगना ही है, पर हमारी जनता, जो वेद-पुराण, उपनिषद् और गीता-रामायण में श्रद्धा रखती है, क्या इतना भी नहीं जानती कि जो मनुष्य अपने को भगवान कहता है, वह घोर पापी है। ऐसे ही पापियों का वध तो वे भगवान भी करते हैं, जिन्हें वह पूजती है। इनका क्या हो, कुछ समझ नहीं आता। ये पाखण्डी समाज को गर्त्त में ले जायेंगे। व्यभिचार से उस भगवान के नाम को भी लांछित करेंगे जिसकी श्रद्धा से हम पल-पल स्पन्दित होते हैं। अरे बावलो, यह क्यों नहीं समझते कि भगवान तो तुम्हारे भीतर है, तुम्हारी आस्था और श्रद्धा में है। तुम्हारे शुभकर्मों में है, वाणी में है, तुम्हारी दया और ममता में है—तुम्हारी करुणा में है। इसी आस्था के साथ तुम मन्दिर में भी जाओगे तो वह मिलेगा,

क्योंकि वह तुम्हारा ही प्रकट रूप है। तुम वही तो हो। नहीं समझोगे तो मरोगे, असमय काल ग्रसेगा—लांछित जीवन जियोगे और ये पाखण्डी भगवान के साथ-साथ तुम्हें भी छलेंगे।

जैनेन्द्र यह सोचते-सोचते इतने थक गये कि उन्हें नींद-सी आ गयी। वे कुछ समय तक यूँ ही सोये रहे। जब उनके कमरे में भगवती देवी सँझा-बाती करने आयीं तब उनकी नींद खुली। लगा जैसे अभी जो नींद आयी थी वह एक म्लेच्छ समय का प्रभाव थी। उन्हें अचानक गाँधी जी की याद आयी और उन्हें मन-ही-मन प्रणाम कर वे कमरे से बाहर निकल आये।

पर्व पांच

स्वत्व-बोध

वर्ष १९६४ का आरम्भ जैनेन्द्र के लिए मुश्किलों को लेकर आया। ख़बर आयी कि उनके मामा महात्मा भगवानदीन बीमार हैं। वे नीति-नियम के पाबन्द व्यक्ति थे और शुद्ध सात्त्विक कर्म में जीने वाले, पर वृद्धत्व अपने में ही एक बीमारी है जो बढ़ती उम्र के साथ जाने क्या-क्या व्याधियाँ लेकर आता है और व्यक्ति को तोड़ देता है। बीमार हुए, दवा चली, थोड़े ठीक हुए तो फिर काम में लग गये। उन्हें थका देने वाले कामों से मनाही थी, पर वे कहाँ मानने वाले थे। देह साथ न देती फिर भी सत्कार्य में लगे रहते। जैनेन्द्र ने ख़बर पाकर नागपुर की राह ली, जहाँ कुटिया बनाकर भगवानदीन रहा करते थे। जाकर देखा, हालचाल लिया। भरसक उन्हें आराम करने की सलाह भी दी और प्रार्थना भी की कि यूँ अपनी देह पर ज़्यादती न करें। पर इसका उन पर असर होता न दिखा। देह को पीड़ा देते हुए भी वे आराम करने से बचते। देश के लिए त्याग का व्रत लेकर पूरा जीवन नि:स्वार्थ सेवा में लगा देने वाले भगवानदीन ही जैनेन्द्र के वास्तविक अभिभावक थे जिन्होंने उन्हें और उनकी माता को शरण दी और स्वयं उनकी परवरिश और शिक्षा-दीक्षा में सबसे बड़ी भूमिका निभाई। देश पर मर-मिटने का व्रत हो या एक सत्याग्रही बना देने का कार्य हो—भगवानदीन ने ही जैनेन्द्र को सँवारा था। जैनेन्द्र ने उन्हें याद करते हुए उनके जीते ही लिखा था—''ब्रहाचर्य आश्रम का काल महात्मा जी के जीवन का अत्यन्त स्मरणीय परिच्छेद है। पुस्तकों से जो स्फूर्ति प्राप्त की थी, वह यदि भावुक थी तो आश्रम-जीवन उनके लिए कसौटी बन गया। यहाँ उनकी साधना में जो रुढ़िगत और सामाजिक था, वह कम होता गया और जो शुद्ध नैतिक और आध्यात्मिक था, वह प्रबलतर होता गया। इसी समय ब्रह्मचर्य आश्रम

के इतिहास में संघर्ष उपस्थित हुआ, जिसको मैं तो आज रुढ़ि और प्रगति के संघर्ष में ही देखता हूँ। किन्तु जीवन तो संघर्षशील है और हस्तिनापुर के ब्रह्मचर्याश्रम से अलग होकर उन्होंने जल्दी ही अपने को राष्ट्रीय क्षेत्र में पाया। आन्दोलन के आत्यन्तिक प्रभाव, यानी सन् १९१८ में ही वे जेल पहुँचे। इस काल की उनकी अभिव्यक्ति राष्ट्रीय गौरव से भरी हुई है। उन्होंने भाषण दिये, कविताएँ लिखीं और विविध प्रकार से अपने विचार व्यक्त किये। पहली बार जेल में दो मोटे रजिस्टर तो दोनों तरफ़ से भरकर लिखे ही। यह राष्ट्रीय प्रवृत्ति ठेठ सन् १९३४ तक उनमें प्रधान रही। इसमें जीवन कर्म से इतना भरा था कि अलग से लिखने का अवसर न था। जेल ही लिखने का अवसर हो सकती थी। वह समय उनका साहित्य-रचना की दृष्टि से कभी ख़ाली न गया। कभी मुझे उन जेल के रजिस्टरों में झाँकने का सौभाग्य मिला है, मैंने पाया है कि उनकी अधिकांश अभिव्यक्ति अध्यात्ममुखी है और अतिशय मूल्यवान है। मुझे भय है कि बहुत करके वह आज अप्राप्त है।''[१]

जैनेन्द्र विगत को याद करके फिर लिखते हैं—''मामा पहले हिमालय के पहाड़ घूमे, फिर इधर-उधर गये और अन्त में उन्होंने एक आश्रम स्थापित किया। माँ हम सबको लेकर घर रहीं और नाना जतन से सबको कायम रखा। हम इतने प्राणियों का बोझ कम न था। लेकिन भाई के मार्ग में वह बाधा नहीं बनीं। ऊँचे लक्ष्य को लेकर जब भाई जा रहे हैं तो घर-गृहस्थी की, संसार की बातों का ध्यान तक दिलाना माँ ने सही न माना। मामा की नयी उम्र की पत्नी थीं। नन्हा-सा गोद का बच्चा था। मानो सब पर छाँह का हाथ रखकर माँ ने प्रसन्नता से कहा—''भाई, तुम्हें ऊपर से पुकार आयी है, तुम बड़े बड़भागी हो। जाओ, इन सब बाल-बच्चों की चिन्ता लेकर तुम्हारे कुछ काम आ सकूँ तो यही मेरे लिए बहुत है।'' इस अभय को लेकर मामा गये और महात्मा बन गये और अब तक महात्मा हैं।

उसके बाद महात्मा जी का आश्रम बना और हम दोनों बालक—मैं और वीरेन्द्र आश्रम चले आये। मैं सातवें वर्ष में था और वीरेन्द्र मुझसे भी तीन वर्ष छोटा था।''[२]

मामा भगवानदीन के संघर्षों को याद कर जैनेन्द्र ने भावुक होकर लिखा—

१. *'स्मृति-पर्व',* पृ. ११२-११३
२. *'स्मृति-पर्व',* पृ. १२३

"शुरू में मामा की पन्द्रह रुपये की नौकरी लगी। मैं तब चार वर्ष से भी कम का रहा होऊँगा। लेकिन पन्द्रह रुपये की आमदनी में हम सात-आठ जन कितनी ख़ुशी से रहते थे। आज भी याद करते हैं तो अचरज होता है। मामा नि:संग थे। माताजी पर व्यवस्था थी और सब काम इतने आनन्द और ढंग से चलता था कि अनुमान नहीं किया जा सकता। चार-पाँच वर्ष रेल की नौकरी को न हुए होंगे कि मामा को घर दूभर हुआ। उनका मन ऊँचा था और धर्म पुस्तकों के स्वाध्याय ने जो प्रेरणा दी थी उसका निवारण सम्भव न हुआ। गृहस्थी उन्हें बाँधकर न रख सकी। आत्म-प्राप्ति की खोज में तार से इस्तीफा देकर नौकरी छोड़ दी और हम छह जनों का सब भार माँ पर आ गया।"[१]

वे मामा भगवानदीन बाद में स्वाधीनता आन्दोलन के बड़े सत्याग्रही बने और उन्हीं की प्रेरणा से जैनेन्द्र भी राष्ट्रीय आन्दोलन में पढ़ाई छोड़कर आ लगे। बाद के दिनों में भगवानदीन की पत्नी को वीरेन्द्र के बाद नरेन्द्र नामक दूसरा पुत्र हुआ। वीरेन्द्र की परवरिश तो ठीक हुई, पर भाग्य ने साथ न दिया। वे एक बीड़ी कम्पनी में कामगार हुए तो नरेन्द्र ने फ़ोटोग्राफ़ी के काम में रुचि ली। फिर विधाता की माया, वीरेन्द्र असमय काल-कवलित हो गये। बेटे की मौत से बेतरह टूटकर भगवानदीन ने नागपुर में कुटिया बनाई और स्थायी रूप से वहाँ रहने लगे। इस जीवन को देश और अध्यात्म के कामों में सौंप देने वाले महात्मा भगवानदीन ने वीरेन्द्र के बच्चों—अखिलेश और दिनेश की भी भरसक परवरिश की तथा बहू कृष्णा को भी सँभालने का दायित्व लिया। मालूम हो कि महात्मा भगवानदीन ने अपने बड़े बेटे वीरेन्द्र का ब्याह जैनेन्द्र की साली कृष्णा अग्रवाल से कराया था। बाद के दिनों में नरेन्द्र की शादी वीणा से हुई और इस तरह उनकी वंश-परम्परा आगे बढ़ी, पर सन्तानों में कोई भी उनके मूल्यों और आदर्शों को न जी पाया।

बहरहाल, अस्वस्थ हुए महात्मा भगवानदीन कुछ अपनी लापरवाही और कुछ नियति की मार की वजह से ठीक न हो पाये और ४ नवम्बर, १९६४ को उनका निधन हो गया।

जैनेन्द्र के लिए उनका न रहना बज्रपात से कम न था। वे अब तक उनके

१. 'स्मृति-पर्व', पृ. १२३

अकेले बचे अभिभावक थे जिनका न रहना उन्हें गहरे शोक में डुबा गया। उनके साथ-साथ पूरा परिवार शोकाकुल था। पर जो होनी थी, उसे टालता भी तो कौन। साहस करके जैनेन्द्र ने नागपुर जाकर उनकी क्रिया में भाग लिया और कुछ दिन वहाँ रहकर परिवार को सांत्वना देने का यत्न किया। जब वे लौटे तो मन बहुत भारी था। अन्दर से रह-रहकर हूक उठती। बीते दिन स्मृतियों में आ धमकते। मामा का चेहरा जब आँखों के सामने आता तो वे भावुक हो जाते। कानों में उनके कहे शब्द भी बजने लगते। उनकी कही हुई एक-एक बात उनके ध्यान में आती और उन्हें परेशान करती। घर आकर भी उन्हें हफ़्तों इस शोक से उबरने में लगा। यह तकलीफ़ भी उन्हें सालती कि जीवनभर इतना संघर्ष के बाद उन्हें जहाँ होना चाहिए था, नहीं हो पाये। उनका विपुल लेखन भी समाज के सामने नहीं आ पाया। परिवार भी उनके आदर्शों के अनुकूल नहीं बन पाया। जो जिया, किया— वह इतिहास के पन्नों में सिमटकर रह गया। उन्हें लगा कि कम-से-कम उनके लिखे को प्रकाशित कराने का उद्यम किया जाना चाहिए। पर प्रश्न उस विपुल लेखन के संचय-संग्रह का था। कोशिश होगी तो शायद यह भी हो पाये।

धीरे-धीरे इस आपदा से उबरकर वे लिखने-पढ़ने में प्रवृत्त हुए तो 'दो सहेलियाँ' नामक कहानी-संग्रह १९६४ के अन्त में प्रकाशित कराया और तदनन्तर उन्होंने अपने नये विचारों के आलोक में एक उपन्यास शुरू किया जिसका नाम रखा—'मुक्तिबोध', जो कुछ महीनों के श्रम से तैयार हुआ। उसका प्रकाशन १९६५ में हुआ। इस उपन्यास के प्रकाशन के कुछ ही समय बाद उन्हें 'हस्तीमल डालमिया पुरस्कार' मिला, जो उस समय का बड़ा महत्त्वपूर्ण सम्मान था। यह उपन्यास उनके चिन्तन और आत्मिक प्रेम के दर्शन पर आधारित था जिस पर वे विभिन्न पत्र-पत्रिकाओं में विचार प्रकट करते आ रहे थे। 'काम, प्रेम और परिवार' नामक अपनी पूर्व प्रकाशित पुस्तक में भी वे स्त्री-पुरुष सम्बन्धों पर पारम्परिक रूढ़ियों से अलग अपने विचार दे चुके थे जिस पर साहित्यिक समाज में तीखी प्रतिक्रिया हुई थी। उपन्यास प्रकाशित होकर जैसे ही आया, विवादों की झड़ी लग गयी। लोगों के लिए उसमें व्यक्त विचार को पचा पाना कठिन हो गया। वस्तुतः यह उपन्यास मनुष्य की मुक्ति के बोध की स्थिति को विश्लेषित करता है। सारी सुविधाओं और पारिवारिक सम्पन्नता के बावजूद

उपन्यास के नायक सहाय अन्दर से रिक्त रहते हैं और उन्हें कहीं भी शान्ति नहीं मिल पाती। नीला परायी स्त्री होकर भी सहाय के चित्त को शान्ति देती है और सहाय को पुनः जीवन-संघर्ष में लाती है। सहाय की पत्नी राजश्री को नीला से उनका सम्बन्ध अनुचित नहीं लगता, बहुधा वे तो नीला से सहाय के जुड़ाव में माध्यम भी बनती हैं। उन्हें अपने पति की स्थिति का ज्ञान है इसलिए वे नीला को निर्द्वन्द्व कर इस सम्बन्ध को गहरा करने में मदद करती हैं। पति-पत्नी के बीच इस ग़ैर स्त्री का प्रवेश नैतिक नहीं लगता। यही कारण है कि पारम्परिक रूढ़ियों से भिन्न इस सम्बन्ध पर बवाल खड़ा हुआ। 'मुक्तिबोध' में सहाय की पत्नी राजश्री का सहाय से ही यह कहना विवाद के केन्द्र में रहा—"हाँ, आदमी में देवता होता है। और पत्नी नहीं, प्रेयसी उसे जगाती है। तुम अपने देवत्व से लड़ते क्यों हो? तुमको तृप्त और प्रसन्न आते देखूँ तो क्या इसमें मुझे प्रसन्नता न होगी?"[१]

पत्नी पर प्रेयसी की यह प्रतिष्ठा प्रेम के कारण सम्भव हुई है; क्योंकि जैनेन्द्र की दृष्टि में प्रेम में आकांक्षा नहीं होती और जब प्रेयसी विवाहित पुरुष का वरण करती है, तो ज़ाहिर है कि वह उसे चाहती तो है, पर बदले में उसे अपना लेने और अपनी जागीर बना लेने की आकुलता से अलग होती है। इस तरह 'मुक्तिबोध' लिखकर जैनेन्द्र ने अपने चिन्तन को एक व्यवस्थित भूमि दी जिस पर उन्हें १९६८ का साहित्य अकादेमी पुरस्कार मिला। इस उपन्यास पर उठे विवाद का जवाब भी बेहद संयम और सधे हुए लहज़े में जैनेन्द्र ने दिया और अपने पक्ष से तनिक भी वे टस-से-मस न हुए।

यही वर्ष १९६५ उनके साठ वर्ष पूरे होने का भी था। इस उपलक्ष्य में २ जनवरी, १९६५ को उनकी षष्टिपूर्ति पर एक आयोजन हुआ जिसमें हिन्दी के स्थानीय लेखकों—स. ही. वात्स्यायन 'अज्ञेय', विष्णु प्रभाकर, गिरिजा कुमार माथुर आदि के साथ कुछ अन्य भारतीय भाषाओं के लेखकों ने शिरकत की और उनके शतायु होने की कामना भी। यह आयोजन पारिवारिक स्तर पर ही हुआ था। इसमें परिवार के सभी लोग शामिल थे। आयोजन में सभी उपस्थित लेखकों ने जैनेन्द्र पर अपनी-अपनी बातें कहीं, संस्मरण सुनाये और अनेक ऐसी घटनाओं का खुलासा भी किया था, जो अब तक

---

१. *'मुक्तिबोध'*—जैनेन्द्र कुमार, पूर्वोदय प्रकाशन, नई दिल्ली, पृ. ४८-४९

परिजनों को भी ज्ञात न था। जैनेन्द्र इस मौक़े पर सबकी बातें सुनते रहे थे। अन्त में उन्होंने सबके प्रति आभार व्यक्त किया था और इस तरह यह आयोजन सम्पन्न हो गया था।

जैनेन्द्र की क़लम चलती रही और एक नये संकल्प में भारतीय समाज और व्यवस्था को देखने की उनकी प्रतिबद्धता में कोई कमी नहीं आयी। उनके लेखन-मनन और चिन्तन का आधार सुराज या 'स्वराज' ही रहा जिसके लिए स्वाधीनता का संघर्ष हुआ और उसके बदले में सत्ता-लिप्सा आधी-अधूरी स्वाधीनता ही दे सकी। स्वाधीन भारत को गाँधी के सपनों का भारत बनना था, उसे सदियों पुरानी रूढ़ियों से स्वतन्त्र होना था। जीवन और समाज में नयी नैतिकताओं के साथ व्यवस्थागत प्रश्नों के नये उत्तर लिखे जाने थे, पर वह हो न सका। गाँधी असमय चले गये। भारत को पश्चिम परस्त व्यवस्था और मूल्यों का दास बनाकर ही ख़ुश हो लिया गया। सुराज का स्वप्न अधूरा और एकांगी ही रह गया।

जैनेन्द्र अपने साहित्य और चिन्तन में उसी नये भारत की इबारत लिखने में लगे रहे जो उनके मन के निकट था। अपने चिन्तन में उनके लिए वैश्विक जगत के वे सारे प्रश्न रहे जो मानवता के लिए आवश्यक थे। बीसवीं शताब्दी में प्रकाश में आयी राष्ट्र-राज्य की अवधारणा भी उन्हें अन्दर से मथ गयी। कथित राष्ट्रों की प्रभुता और श्रेष्ठता के नाम पर थोपी गयी बर्बरता, युद्ध, विनाश और प्रजातन्त्र की खोल में छिपी निरंकुशता को देखते हुए उन्होंने १९६५ में ही एक पुस्तक लिखी—'राष्ट्र और राज्य'। उसकी भूमिका में उन्होंने लिखा—"युद्ध के उपकरणों का निर्माण आज विज्ञान का सबसे महत्त्वपूर्ण निर्माण है। क्या यह सब व्यर्थ है? नहीं, तो सार्थकता के लिए युद्ध को होना ही चाहिए? युद्ध की सम्भवता जुड़ी है आधार में राष्ट्र (राज्य) की सत्ता के साथ। विश्व में विज्ञान की अधुनातन उपलब्धियाँ भी रहें और उसकी व्यवस्था के मूल में राष्ट्र-राज्य-सत्ता भी ज्यों-की-त्यों रहे तो युद्ध टल सकता है, कट नहीं सकता है। अणु शक्ति के उदय के बाद बड़े युद्ध की सम्भावना जड़मूल से कटे, तभी मानव के लिए भवितव्यता शेष बचती है, अन्यथा प्रलय की विभीषिका उसे उबरने न देगी।"[१]

---

१. 'राष्ट्र और राज्य' —जैनेन्द्र कुमार, पूर्वोदय प्रकाशन, नई दिल्ली, भूमिका, पृ. ७

भारत को लेकर वे अधिकाधिक चिन्तित रहे। उसे एक ठोस व्यवस्था में बाँधते हुए भारतीय राष्ट्र–राज्य पर वे एक प्रस्तावना देते हैं जिसमें समरसता, सामाजिक, न्याय, समता, सह–अस्तित्व की व्यवस्था है और राज्य का अधिक–से–अधिक नैतिक होने पर बल है। राज्य के जन–प्रतिनिधियों के लिए जैनेन्द्र आचार–संहिता निर्धारित करते हैं और उन्हें जनता के प्रति उत्तरदायी बनाते हैं। संविधान या संसद के प्रति उत्तरदायी होने से पहले यदि वे जनता के प्रति उत्तरदायी नहीं होते तो राज्य–व्यवस्था के सफल होने में सन्देह है। वह अधिक–से–अधिक एक तात्कालिक व्यवस्था भर होगी जिसका समरस समाज के निर्माण से कोई कारगर वास्ता नहीं होगा। जैनेन्द्र अर्थव्यवस्था को नीति से उसी तरह सम्बद्ध देखना चाहते हैं जैसा महात्मा गाँधी चाहते थे। जिस अर्थव्यवस्था में अधिकाधिक लाभ कमाने की धुन होगी, वह उसी अनुपात में अनैतिक भी होगी। उसके कारण भ्रष्टाचार फैलेगा। मनुष्य की जगह पैसे की प्रभुता स्थापित होगी और पूरा समाज धन–संचय में अपनी अर्थवत्ता गँवा बैठेगा। वे लिखते हैं—"उदाहरण के लिए भारत को ही लीजिए। यह स्वतन्त्र हुआ और बड़ी–बड़ी योजनाओं का निर्माण हुआ। उसके शासक त्यागी पुरुष थे। वे गाँधी के अनुगामी थे, जो महात्मा थे। लेकिन योजनाओं के अनुसार जो धड़ल्ले से तरक़्क़ी हुई तो मालूम हुआ कि साथ–साथ आपसी सम्बन्धों से बुना हुआ समाज का पट झीना बन रहा है। धन जितना बढ़ा, धन का लोभ उससे अधिक बढ़ा है। और इन सब कारणों से सबसे अधिक बढ़ना और फैलना पड़ा है राज्य के तन्त्र को और उसके लावाजमे को। यह परिणाम इष्ट और प्रत्याशित था, सो नहीं। शायद शासक नेताओं को अनिष्ट और अप्रत्याशित ही वह लगा। यद्यपि वह एकदम तर्कसंगत और अपरिहार्य था। पर उपाय न था। बाड़ खुल चुकी थी और अपने ही कृत्यों और कृत्य के परिणामों से बचना कैसे सम्भव हो सकता था। कारण, परम–आर्थिक से जीवन–दृष्टि को निरी आर्थिक तक ले आया गया था।"[१]

इस तरह जैनेन्द्र 'राष्ट्र और राज्य' में एक नेशन–स्टेट के लिए व्यावहारिक धारणा प्रस्तावित करते हैं और उसे परमार्थिक व्यवस्था में बाँधते हैं। वे जब स्टेट को पूरी तरह नैतिक व्यवस्था में बाँधते हैं, तब उन्हें व्यक्ति और समाज की नैतिकता की चिन्ता भी होती है, क्योंकि जिस 'स्टेट' में व्यक्ति

---

१. *'राष्ट्र और राज्य'*, पृ. ३१–३२

और समाज ही नैतिक न रह पायें, वहाँ 'स्टेट' कब तक नैतिक रह पायेगा?

इसके बाद उनकी बहुप्रतीक्षित पुस्तक का प्रकाशन हुआ—'अकाल पुरुष गाँधी'। यह पुस्तक १९६६ में प्रकाशित हुई जिसमें गाँधी जी से जुड़े जैनेन्द्र के आत्मीय संस्मरणों के साथ गांधीवाद की सार्थकता और उसकी उपादेयता पर बड़ी गहनता से विचार किया गया है। पुस्तक पर अपनी सम्मति देते हुए जैनेन्द्र के सत्याग्रही मित्र रहे मोरारजी देसाई ने लिखा—"जैनेन्द्र ने गाँधी जी की प्रतिभा का निकट से परिचय किया है और जनजीवन को सहानुभूति और चैतन्य से देखा है, संस्मरणों में जैनेन्द्र के समृद्ध हृदय का दर्शन होता है।"[१]

इस पुस्तक के अध्याय—'गाँधी का धर्म और कर्म का वाद' में जैनेन्द्र लिखते हैं—"गाँधी जी इसी से अपने बारे में कहते थे कि वह राजनीतिक नहीं, धार्मिक हैं। राजनीतिक न होना गाँधी जी का असली होना था। बस यही असलियत हमसे छूट गयी है। हम राजनीतिक होकर गाँधी जी के होना चाहते हैं। वह भला कैसे फल ला सकता है? इसी से देखने में आता है कि गाँधी जी की नीति के नीचे अनीति और उनकी अहिंसा के नीचे कायरता पल रही है। गाँधी जी की नीति, अनीति के लिए सदा चुनौती थी और उनकी अहिंसा, हिंसा के लिए भय का कारण थी। पर गाँधी जी की मूल धार्मिकता के अभाव में वह बात आ नहीं सकती। तब उदारता की नीति निकम्मी और अहिंसा नितान्त आदर्श की चीज़ समझी जा सकती है।"[२]

प्रसिद्ध गाँधीवादी विचारक दादा धर्माधिकारी ने इस पुस्तक पर अपनी सम्मति देते हुए लिखा—"यह रचना अपूर्व है, हृदयस्पर्शी है। उतनी ही स्फूर्तिदायक और रोचक है। जैनेन्द्र की लेखनी का वैभव अनुपम है।"[३]

इसके बाद 'परिप्रेक्ष' और 'प्रश्न और प्रश्न' जैसी चिन्तनपरक कृतियाँ छपीं। इनका प्रकाशन काल क्रमश: १९६५ और १९६६ था। इन पुस्तकों में उनका राष्ट्र-चिन्तन हमारी आँखें खोल देता है। इनमें वे राष्ट्रीयता पर

---

१. *'अकाल पुरुष गाँधी'*, पार्श्व आवरण

२. *वही*, पृ. ४७

३. *वही*, पार्श्व आवरण

भी बहस करते हैं और वर्तमान राजनीति को अच्छी दृष्टि से नहीं देख पाते। वे स्पष्ट कहते हैं कि यदि किसी राष्ट्र की राष्ट्रीयता किसी सम्प्रदाय की विजय भावना को चिह्नित करने के काम आने लगती है, तब वह अपना अर्थ खो देती है। वे लिखते हैं—''यानी राष्ट्रीयता अपनी जगह सामयिक रूप से सही है। पर जो सामयिक नहीं, ऐसे विचार और भावना पर भी वह यदि आरोप की भाँति लाई जाती है तो वह सही नहीं रह जाती, तब वह अपने क्षेत्र और काल की मर्यादा का उल्लंघन करती है। अहंकार शुभ नहीं और उग्र राष्ट्रीयता उसी का लक्षण है।''[१]

इसी में वे आगे लिखते हैं—''नीति से अलग होकर राजनीति भ्रम है और मानवता से च्युत होकर राष्ट्रीयता भी बन्धन ही है।''[२]

१९६६ में ही उनका कहानी-संग्रह 'महामहिम' प्रकाशित हुआ जिसने उन दिनों चल रहे कहानी के विभिन्न आन्दोलनों को बहुत झकझोरा। इसी क्रम में १९६७ में उनकी आलोचना कृति 'कहानी : अनुभव और शिल्प' आयी जो कहानी के सृजन और उसके शिल्प को व्यावहारिक निकषों में देखने के कारण चर्चित रही, तो १९६८ में उनका नया उपन्यास 'अनन्तर' अपने नये भावबोध के कारण नयी स्फूर्ति की तरह आया। इस उपन्यास में जैनेन्द्र ने स्त्री-जीवन में प्रेम और पत्नीत्व की दो दोहरी भूमिकाओं को उठाकर दोनों की स्वायत्तता सिद्ध की और इस माध्यम से पारम्परिक स्त्री मिथक को तोड़ा। परम्परा और आधुनिकता के द्वैत में जीती स्त्री को जैनेन्द्र स्वाधीनता देते हैं और उसकी स्वाधीनता को कुचलने की क़ीमत पर परिवार की कथित रक्षा की दलील को नामंजूर करते हैं। उपन्यास की अपरा तो स्त्री-स्वाधीनता के चरम रूप का ही दर्शन कराती है जिसके लिए किसी बन्धन या बाध्यता का कोई औचित्य ही नहीं है। वह कहती है—''देखिए, आपकी पत्नी नहीं आ सकी हैं। मैं किसी की पत्नी हूँ नहीं। अब उनकी जगह होकर आपकी सुख-सुविधा में मैं कुछ काम आने की सोचती हूँ तो सच कहिये, इसमें बिगड़ने की क्या बात है। ला अ पार्ट, इज़ नॉट माई ह्यूमन ड्यूटी एज़ वेल—क़ानून की याद से आप बच सकें तो सोचिए, क्या आपको ही यह अरुचिकर लगेगा?''

१. *'परिप्रेक्ष'*—जैनेन्द्र कुमार, पूर्वोदय प्रकाशन, नई दिल्ली, पृ. १५-१६
२. *'परिप्रेक्ष',* पृ.-२०

स्पष्ट ही जैनेन्द्र नारी–स्वतन्त्रता के इस अतिचार का विरोध करते देखे जा सकते हैं। वे ऐसी आधुनिकता को भी आड़े हाथों लेते हैं, पर दिलचस्प स्थिति यह है कि यह स्त्री अपने कार्य को कहीं से भी ग़लत नहीं मानती—"बी सीरियस अपरा।"

"आई एम सीरियस, एंड अबव दैट सिन्सियर टू।"

"यू कान्ट डिसमिस दस दि सेक्रामेन्ट ऑफ़ मैरिज़।"

"एंड डू आयी डू इट।"

"विवाह के कारण समाज की तरफ़ से मन में दोष या डर नहीं रहता?"

"दैट इज़ व्हाट इज़ इम्पॉरटेन्ट, दि एसन्स ऑफ़ इट।"

"आई सी।"

"लेकिन मैं बासठ का हो चुका हूँ।"

"आई एम नो मोर एन ऑब्जेक्ट ऑफ़ लव।"

"दैट इज़ जस्ट ह्वाई। आई एम थर्टी फाइव...इनफ़...फॉर बोथ।"[१]

अपरा की यह छवि अपनी ख़ामियों के बावजूद ऐसी दुर्धर्ष है जो किसी भी तरह की दलील को व्यक्ति की भीरुता से अलग महत्त्व नहीं देती। इसमें पूर्णतः स्वाधीनता की ही वास्तविकता है जिसमें दूर–दूर तक पराधीनता का बोध भी नहीं है। जैनेन्द्र की स्त्री–स्वाधीनता का एक रूप यह भी है जो 'सती' और 'पतिव्रता' से बिलकुल भिन्न है। यहाँ किसी भी तरह की रूढ़ 'मर्यादा' का कोई स्थान नहीं है।

श्रीप्रसाद जैसे लेखक–चिन्तक को अपदस्थ करती अपरा की यह छवि भी हिन्दी समाज को चुभ गयी। इस पर नाना तरह के विवाद हुए, पर जैनेन्द्र ने मुस्कुराते हुए सबको उत्तर दिया। अपरा के रूप में उन्हें एक ऐसी युवती मिली थी जो भावी भारतीय समाज को अपने स्वत्व की पहचान से निर्धारित करने वाली थी। उनकी स्त्री–स्वाधीनता का एक रूप यह भी था जिसे आज हम खुली आँखों से देख रहे हैं।

इस बीच जैनेन्द्र ने मामा भगवानदीन और दो अन्य युवकों के साथ १९२७

---

१. *'अनन्तर'*—जैनेन्द्र कुमार, पूर्वोदय प्रकाशन, नई दिल्ली, पृ. २८–२९

में पंजा साहब, तक्षशिला और एबटाबाद होते हुए राष्ट्रीय मुहिम के लिए जो कश्मीर की यात्रा की थी उसे संयोजित करने का काम शुरू किया जिसका प्रकाशन १९६८ में 'कश्मीर की वह यात्रा' नाम से हुआ। १९२७ के बाद जैनेन्द्र ने १९५४-५५ के बीच कश्मीर की दूसरी यात्रा की थी जो पहली यात्रा से बेहद भिन्न थी, पर उस समय भी उसकी सुषमा बची हुई थी। उस यात्रा में कश्मीरी जनता से उनका निकट से साक्षात्कार हुआ था और वे जान पाये थे कि कश्मीरियों के मन में भारतीय स्वाधीनता को लेकर बड़ा उत्साह था। इस यात्रा में उन्होंने कश्मीर की प्राकृतिक रम्यता को देखा ही नहीं था, महसूस भी किया था और उसकी अपूर्व सुषमा को हृदय पट पर अंकित कर लिया था। वहाँ के पर्वत, पठार, झील, नदियाँ, वनस्पतियाँ और लोग जैनेन्द्र के मन पर ऐसे उतर गये थे मानो इतने वर्षों बाद भी उनमें कोई परिवर्तन न आया हो।

इस यात्रा पर उनके दो निबन्ध पहले प्रकाशित हो चुके थे जिनके बीच लम्बा अन्तराल था। पहला निबन्ध 'कश्मीर प्रवास के दो अनुभव' १९३२ में किसी पत्रिका में छपा तो दूसरा उनकी दूसरी यात्रा के बाद तीन किस्तों में 'कश्मीर की वह यात्रा' शीर्षक से 'धर्मयुग'[१] में छपा। इन्हीं निबन्धों को संयोजित कर जैनेन्द्र ने 'कश्मीर की वह यात्रा' नाम से संस्मरणात्मक-यात्रावृत्त १९६८ में प्रकाशित कराया जिसका हिन्दी समाज ने बहुत स्वागत किया। जैनेन्द्र की दोनों यात्राओं में लम्बा अन्तराल था पर निबन्धों की भाषा और वर्णनात्मकता में कोई भिन्नता नज़र नहीं आती। यह पुस्तक अपने भाव में दूर तक बहा ले जाती है और कश्मीर की नैसर्गिक सुषमा में हमारे मन थिर-से हो जाते हैं। पर अपने में कई प्रश्न भी छोड़ती यह पुस्तक कश्मीर की वर्तमान हालत पर हमें कठघरे में भी खड़ा करती है। हम केवल उसका सौन्दर्य ही देखते हैं। उसके विरूपण का दायित्व किसका है ? निश्चय ही हम सबका, हमारी व्यवस्था का, हमारे नीति-नियामकों का। 'कश्मीर की यह यात्रा' की विलक्षणता उसकी संरचना में पगे एक विचारशील मन के कारण भी उद्भासित हो पायी थी।

१९६८ की ही बात है, अब घर में बहू लाने की तलब होने को आयी। भगवती देवी भी थकने लगी थीं और एक-एक कर बेटियों की विदाई के

---

१. *'धर्मयुग'*, १२ जुलाई, १९५९ से २६ जुलाई, १९५९

बाद घर में ख़ालीपन भी रहता। बड़े बेटे दिलीप अपने स्वभाव के कारण शादी के नाम से ही विरत रहते थे। पूर्वोदय प्रकाशन की ज़िम्मेदारी तथा दूसरे कामों की व्यस्तता ने उन्हें उलझा रखा था। जैनेन्द्र भी उन पर दबाव देने से बचते थे। शेष थे प्रदीप, जिनकी शादी होनी थी। पर प्रश्न था कि सुयोग्य कन्या मिले तब तो उसका वरण हो। बीच में अपनी छोटी बहन कुमुद के यहाँ नजीबाबाद जाकर प्रदीप ने संयोग से रिश्ते की बात चलाई जहाँ बाद में उनकी सहधर्मिणी बनीं विनीता की बहन भी थीं। बात चली तो प्रदीप से उनकी भेंट हुई और स्वयं कुमुद की पहल और विनीता की बड़ी बहन की रज़ामन्दी से तय हुआ कि विनीता का रिश्ता प्रदीप से हो। इसके बाद तय हुआ कि विनीता की बहन और जीजा फ़ोन कर जे.पी. जैन (जम्बू प्रसाद जैन) को इसकी सूचना दें और रिश्ते की बात आगे बढ़ाई जाये। विनीता इन्दौर की थीं, जहाँ उनके पिता जे.पी. जैन नामी इंजीनियर के साथ-साथ गाँधीवादी विचारों में रमकर काम करने वालों में ख्यात थे। उन तक जब सूचना गयी तो वे भी प्रसन्न हुए क्योंकि जैनेन्द्र की कीर्ति और गाँधीवादी मूल्यों से वे परिचित थे। उन दिनों वे कस्तूरबा ट्रस्ट से जुड़कर काम भी कर रहे थे। अब देर न कर लड़की विनीता को दिखाने की रस्म पूरी करनी थी। फिर क्या था, दोनों परिवारों की बात हुई और 'दिखाई की रस्म' ३ जनवरी, १९६८ को सुभाष मार्ग, दरियागंज, नयी दिल्ली के ऋषि भवन में करने की योजना बनी। नियत जगह और समय पर रस्म पूरी हुई जिसमें कुटुम्ब के लोग शामिल थे। विनीता को परिवार में सबने पसन्द किया। इस रस्म के दूसरे दिन विनीता को ख़बर दी गयी कि जैनेन्द्र उनसे मिलना चाहते हैं। विनीता के हाथ-पाँव फूल गये, जाने वे क्या पूछ बैठें। जैनेन्द्र के नाम और लेखन का प्रभाव आतंकित किये हुए था। विनीता को सामने आना हुआ, पाँव छुए तो आशीर्वाद देकर जैनेन्द्र ने प्रश्न किया—"तुम इस घर में क्यों आना चाहती हो?"

विनीता ने उत्तर दिया—"मेरा सौभाग्य।"

दूसरा प्रश्न था—"मेरा साहित्य पढ़ा है?"

विनीता के मानो होश फ़ाख़्ता हो गये। क्या बोलें क्या न बोलें वाली स्थिति थी। फिर भी—बोलना तो था—"कुछ-कुछ पढ़ा है, पर उतना नहीं समझ पाती जितना शरत्चन्द्र या अज्ञेय को समझ पाती हूँ।"

जनवरी के महीने में, जब ठण्ड अपने चरम पर थी, विनीता पसीने से भीग गयी थीं। जैनेन्द्र चुप थे और अपने परिचित अन्दाज़ में सोच की मुद्रा में थे। तब विनीता एम.ए. द्वितीय वर्ष की छात्रा थीं और उनसे यह अपेक्षा करना भी ज़्यादती ही थी कि वह जैनेन्द्र के साहित्य की समझ दिखायें।

कुछ पल चुप रहने के बाद जैनेन्द्र बोले—"देखो, इस घर में बहुत काम है। पूर्वोदय प्रकाशन को भी देखना है, दिलीप को देखना-समझना है। उसकी अपनी समस्याएँ हैं। फिर घर-बार। भगवती की देखभाल, परिवार।"

विनीता सिर नीचे किये जी, जी करती रहीं। अन्दर भय व्याप्त था, लग रहा था, जाने क्या हो। अभी विनीता सोच में ही डूबी थीं कि जैनेन्द्र की धीमी आदेश भरी आवाज़ उनके कानों से टकराई—"तुम अपने पिताजी को फ़ोन करके बुला लो।"

विनीता को इस आदेश से मानो जीवन मिल गया। उन्हें उस क्षण अपूर्व ख़ुशी मिली और लगा, अब शायद इस परिवार से जुड़ने का सौभाग्य बन रहा है।

इसके बाद विनीता के पिताजी आये और सगाई की रस्म भी सम्पन्न हुई जिसमें परिजनों के साथ बड़े-बड़े लेखक और जैनेन्द्र के मित्रों की उपस्थिति थी। उसमें वे अज्ञेय भी आये जो विनीता के प्रिय लेखक थे। उनसे प्रदीप ने मिलवाया और पाँव छूने को कहा तो विनीता की सामर्थ्य जवाब दे गयी और वे सिर्फ़ हत्प्रभ हो हाथ ही जोड़ सकीं।

इस तरह विनीता से प्रदीप का ब्याह तय मान लिया गया। इसके पूर्व दरियागंज की ही एक कन्या से प्रदीप के रिश्ते की बात चली थी, जैनेन्द्र ने उसे अपना आशीर्वाद दे भी दिया था, पर एक तो पड़ोस में होने के कारण और दूसरे भगवती देवी की रज़ामन्दी नहीं हो पाने से उस रिश्ते की बात आगे नहीं बढ़ सकी थी।

इसके बाद इन्दौर के निकट ही स्थित कस्तूरबा ग्राम में रहकर समाजसेवा करने वाली विनोबा की शिष्या निर्मला देशपांडे को इस रिश्ते की जानकारी हुई। वे विनीता के परिवार के निकट थीं तो जैनेन्द्र के परिवार से भी उनकी आत्मीयता थी। वे जब दिल्ली आयीं तो भगवती देवी ने उन्हें भोजन पर बुलाया। वे आयीं और उन्होंने विनीता के स्वभाव, शील और गुणों की चर्चा कर भगवती देवी को आश्वस्त कर निश्चिन्त किया। और

इस तरह विनीता और प्रदीप की शादी निश्चित हो गयी।

अब दोनों पक्षों ने तैयारियाँ शुरू कीं। दोनों पक्षों के कुटुम्ब जुटे। विनीता के पिता ने अपने परिजनों के साथ इन्दौर से दिल्ली की यात्रा की। ६ मई, १९६८ को ३, तिलक मार्ग, नई दिल्ली स्थित सरकारी बँगले की लॉन में एक सादे समारोह के साथ विनीता और प्रदीप का पावन-परिणय सम्पन्न हुआ। इस समारोह में लेखकों की बड़ी संख्या में उपस्थिति थी तो जैनेन्द्र के अनेक सत्याग्रही मित्र भी शामिल हुए।

इस तरह जैनेन्द्र परिवार में बहू बनकर आयीं विनीता ने स्वयं जैनेन्द्र को बड़ी राहत दी। उन्हें करार हुआ कि अब पत्नी भगवती को सहारा मिलेगा। पूर्वोदय का काम भी कुछ हल्का होगा तो बेटे दिलीप को भी थोड़ी राहत मिल पायेगी। विनीता ने घर में क़दम रखते ही इसके जो सकारात्मक संकेत दिये उससे घर में अचानक एक स्फूर्ति-सी आ गयी। यह स्फूर्ति एक नये जीवन की थी, जो ताज़ा हवा के झोंके की तरह आयी थी जिस घर की बेटियाँ ससुराल जा चुकी थीं और भगवती देवी की काया अब थकने लगी थी।

जैनेन्द्र को शतरंज का खेल बहुत पसन्द था। वे जब उसे खेलने बैठते तो दिन-दुनिया की उन्हें ख़बर ही नहीं होती थी। इस खेल से उन्हें अपने सत्याग्रही जीवन से ही प्रेम था। शायद जेल यात्रा के शुरुआती दिनों में अन्य राजनीतिक क़ैदियों के साथ उन्हें यह लत लगी हो। यह लत जेल काटने का एक बहाना भले रही हो, पर बाद के दिनों में जैनेन्द्र के लिए ऐसा नशा-सी हो गयी कि कोई भी काम भले छूट जाये, उनसे शतरंज खेलना न छूटता। उनके शतरंज-प्रेम पर अमृत राय का कथन है—

''उन दिनों की एक विशेष स्मृति जो आज भी मेरे दिल में ताज़ा है, वो है उनका शतरंज-प्रेम। मैं नहीं जानता और न कभी बाद को ही उनसे पूछने का ख़याल आया कि वही उनके शतरंज प्रेम की शुरुआत थी या पहले भी खेला करते थे। बाद को तो वो इस शाही खेल को अच्छा-ख़ासा दिल दे बैठे थे, पर उस समय जब वो सन् १९३७ के उन आरम्भिक दिनों में रामकटोरा बाग पर हमारे साथ रह रहे थे और मेरे छोटे मामा बाबू रामकिशोर चौधरी के साथ शतरंज खेलते थे, तब मैं इस बात से चमत्कृत हुआ था कि मामा के संग खेली गयी उन बाज़ियों में जीत अक्सर जैनेन्द्र

भाई की ही होती थी जिससे मुझे बहुत अचम्भा होता था कि एक नये-से नौजवान खिलाड़ी ने और तो और मामा तक को हरा दिया जिन्हें मैं शतरंज का उस्ताद समझता था।'[१]

गरज यह कि शतरंज की लत उन्हें एक ज़माने से थी और जब १९३७ में प्रेमचन्द के साले रामकिशोर चौधरी जैसे शतरंज के उस्ताद को वे शिकस्त दे सकने में समर्थ थे तो ज़ाहिर है, शतरंज का शगल उन्हें इसके आठ-दस वर्ष पूर्व ही हुआ होगा।

तो यह आदत जैनेन्द्र से कभी गयी नहीं। वे चाहें किसी भी हाल में हों, कोई भी समय या परिस्थिति हो, शतरंज ज़रूर खेलते। लिखना-पढ़ना, आना-जाना और दूसरे काम, चाहे जितने ज़रूरी हों, शतरंज से ज़रूरी वे नहीं हो सकते थे। बेटियों के ब्याह के बाद और फिर पुत्र प्रदीप के ब्याह के पश्चात् घरेलू चिन्ताएँ थोड़ी कम हो गयीं तो शतरंज ने उनसे ज़्यादा समय लेना शुरू कर दिया था। वे अब पहले से अधिक उत्साह के साथ उसकी धुन में लगे रहते।

उनके दरियागंज वाले घर से कुछ ही दूरी पर मन्त्री गोपीनाथ अमन का घर हिन्दी पार्क के सामने था। वे भी शतरंज के आला दर्ज़े के शौक़ीन आदमी थे, बैठते तो उठने का नाम न लेते। युद्धवीर सिंह नामक एक अन्य सज्जन थे जो इस खेल के उतने ही दीवाने थे जितने कि ये दोनों—जैनेन्द्र और गोपीनाथ अमन। उन दिनों जैनेन्द्र की दिनचर्या थी कि वे सुबह नहा-धोकर, नाश्ते में दलिया-नमकीन लेते और खूँटी से कुर्ता उतार, पहनकर शतरंज की बाज़ी लगाने चल देते थे। उधर गोपीनाथ अमन और युद्धवीर सिंह उनका इन्तज़ार कर रहे होते। शतरंज की बाज़ियों में वे ऐसे रम जाते कि दोपहर के भोजन तक की सुधि नहीं रहती थी। घर से पत्नी भगवती दोपहर के भोजन के लिए फ़ोन करतीं तो वे कहते—"एक गेम हो जाये तो आता हूँ। आता ही हूँ, समझो आ गया।" भगवती ग़ुस्सा करतीं, फ़ोन पर नाराज़गी दिखातीं, पर वे मनुहार कर आश्वासन ही देते थे और आते-आते बहुत देर हो जाती थी। बहुधा ऐसा होता कि इस बीच उनसे बहुत-से लोग मिलने आया-जाया करते, घण्टों इन्तज़ार करते, पर थक-हारकर लौट जाते। जैनेन्द्र अपनी बाज़ियों में इतना रमते कि लौटने का ख़याल ही

---

१. *'जैनेन्द्र : साक्षी हैं पीढ़ियाँ'* —सं. विष्णु प्रभाकर, खण्ड-१, पृ. २

न आता। पर दिलचस्प यह था कि देर चाहे जितनी हो जाये, वे कहीं और भोजन नहीं करते थे। दलिया-नमकीन के नाश्ते के बाद अधिक-से-अधिक पानी या एकाध प्याली चाय कहीं पी ली तो पी ली, पर भोजन तो वे अपने घर ही करते।

इस बीच उनके इस शगल ने घर की व्यवस्था को भंग कर दिया था। यह आदत पहले इतनी तो न थी कि सब कुछ भले छूट जाये, पर शतरंज न छूटे। यह अब ज़्यादा हो गयी थी। पर जैनेन्द्र मानते तब तो! बात होती, तो वे अगले दिन से ध्यान रखने को कहते, पर बात आयी-गयी हो जाती और दूसरे दिन वही पुराना सिलसिला चलता रहता। इससे भगवती देवी जैनेन्द्र से कुपित रहतीं और जब-तब बोलकर भी इस आदत पर विराम देने को कहतीं, पर जैनेन्द्र को जैसे यह बात सुनाई ही न पड़ती थी। भगवती देवी अनुशासनपसन्द महिला थीं जिन्हें उनकी यह आदत नहीं भा रही थी। आदत है तो वह समय और सुविधा का भी ख़याल रखे, वह इतना भी तो सिर पर सवार न हो जाय कि अपना हित-अहित ही भूल जाय। कितना काम है करने को, कितने लोग हैं जो मिलने आते हैं, पर लौट जाते हैं। घर में नयी-नयी बहू आयी है, वह क्या सोचेगी, इसकी भी परवाह नहीं है। यह नशा, यह आदत और यह घर फूँक तमाशा देखने की मस्ती बुढ़ापे में शोभती है क्या ? क्या यह भी कोई गाँधीनीति का हिस्सा है ?

जैनेन्द्र को भान तो होता कि यह कुछ ज़्यादा हो रहा है, पर ख़ुद को सँभाले न बनता। वे देखते कि काम में हर्ज हो रहा है। घर की व्यवस्था बिगड़ रही है। पर जाने क्यों शतरंज का लोभ उन्हें छोड़ता न था। एक दिन तय भी किया कि खेल को सीमा में रखना है। समय से खेला, घर आ गया, घर के काम देखें, लिखें-पढ़ें—अब इतना ठीक नहीं कि समय का पता न चले और घर के लोग इन्तज़ार करते पथरा जायें। सोचा, पर यह न हो सका। यह गोपीनाथ अमन और युद्धवीर सिंह भी कोई कम न थे। ज़रा-सी देर हुई नहीं कि जीना हराम कर देते। एक तो अपना ताव, दूसरे साथियों के ताव की हवा, सो बात सँभलते-सँभलते बिगड़ जाती। लेकिन हर चीज़ की इन्तेहा तो होती ही है, इसकी भी नौबत आख़िर आ ही गयी।

जून, १९६८ की कोई तारीख़ रही होगी। जैनेन्द्र सुबह उठे, नहा-धोकर दलिया और नमकीन का नाश्ता कर शतरंज की बाज़ी लगाने बढ़ चले। भगवती देवी ने टोका—"कहाँ जाते हो, तनिक सोचो भी तो ?"

''अरे, कुछ नहीं। लोग राह देखते होंगे, जल्दी आयेंगे।''

''और अगर आज भी जल्दी न आये तो?''

भगवती देवी के प्रति-प्रश्न पर जैनेन्द्र थोड़े सकपकाए, फिर बोले—''क्यों नाहक जिद करती हो। आ जाऊँगा, देर न होगी, समझा करो। गोपीनाथ और युद्धवीर का भी परिवार है। वे भी ज़िम्मेदार लोग हैं। राह देखते होंगे, टोका न करो। कहा तो, आता हूँ जल्दी।''

भगवती देवी ने बस इतना कहा—''देखती हूँ, कब आते हो। समय पर न लौटे तो समझना तुम्हीं।''

जैनेन्द्र एक पल के लिए रुके, फिर शतरंज की मोहरें सजाने चल पड़े। उन्हें क्या पता था कि आज बाज़ी चाहें वे जीत लें, पर घर में शिकस्त उनकी हो के रहने वाली है। घर में बड़े बेटे दिलीप थे और पत्नी भगवती। प्रदीप नव-ब्याहता विनीता के साथ कश्मीर घूमने गये थे।

अन्ततः वही हुआ। जैनेन्द्र बैठे तो फिर कहाँ उठने वाले थे। दोपहर को वे खाने पर न आये। फ़ोन आया तो तुरन्त लौटने का भरोसा दिया। शाम हुई, तब भी न लौटे। फ़ोन आया—तो फिर आश्वासन देकर भगवती देवी को समझाया—''आज देर हो गयी, बाज़ी फँसी है, लौटता हूँ। चिन्ता न करो।'' बाज़ियाँ चलती रहीं, मोहरे बिछते रहे, समय का पता न चला और देर होती गयी। देर इतनी हो गयी कि लम्बे समय तक इन्तज़ार करने के बाद भगवती देवी ने दरवाज़े की कुण्डी बन्द कर सो जाना उचित समझा। यह पहली बार नहीं हुआ था। इसके पहले भी जैनेन्द्र कई बार शतरंज खेलते गोपीनाथ अमन के घर ही रात गुज़ार देते थे और सुबह लौटते। पर इस बार की बात अलग थी। इसमें एक होनी जुड़ी थी तो शतरंज के शगल की इन्तेहा भी।

बाज़ियाँ पूरी हुईं तो खेल बन्द करने की बारी आगी। घड़ी देखी गयी तो रात के एक बज गये थे। जैनेन्द्र को आज पहली बार महसूस हुआ कि उनसे ग़लती हो रही है। वे मनाने से मान नहीं रहे और प्रायः नित्य ही एक ही ग़लती दोहराते जा रहे हैं। उन्होंने मन-ही-मन निश्चय किया कि इस दिनचर्या से मुक्ति पाये बिना निस्तार नहीं है। वे गोपीनाथ अमन से बोले—''भई, घर तो यह आपका है, आपको तो कोई दुश्वारी नहीं होती?''

"कैसी बातें करते हैं जैनेन्द्र जी आप, घर चाहे किसी का हो, कोई गवारा कैसे कर सकता है कि दिन-रात वहाँ शतरंज की बाज़ी बिछी रहे।"

"मतलब यह कि नाराज़गी आपके यहाँ भी है?"

"बेशक! वह तो है।" जैनेन्द्र के कहे पर गोपीनाथ का जवाब था।

"भई, इस आदत से थोड़ी मोहलत लेनी होगी। अब बड़ी दिक़्क़त होने लगी है।"

जैनेन्द्र की बात सुनकर गोपीनाथ अमन और युद्धवीर सिंह मुस्कुराए। बात तो अपनी जगह सही थी। गोपीनाथ अमन बोले—"आज बीत जाने दीजिये, कल सोचेंगे। जाइए भाभी जी राह देख रही होंगी। उन्हें मुझे माफ करने को कहियेगा। घर में दिलीप के साथ वे अकेली ही तो हैं। प्रदीप सपत्नीक कश्मीर गये हैं न?"

"ठीक है।" जैनेन्द्र का माथा ठनका। वे घर की तरफ़ तेज़ी से बढ़े। गली के सन्नाटे को चीरते कुछ कुत्ते जहाँ-तहाँ भौंक रहे थे। इधर-उधर चौकीदार भी गश्त पर थे। जैनेन्द्र को यूँ बढ़ते देख चौकीदार भी मुस्कुरा रहे थे। उन्हें देर रात को लौटते वे भी देखते आ रहे थे। पर हद तो तब हो गयी जब जैनेन्द्र ने दरवाज़े पर दस्तक दी। घर के अन्दर से कोई हरकत नहीं हुई। वे कुछ देर ठहरकर दरवाज़ा पीटने लगे, फिर भी कोई प्रतिक्रिया न हुई। अन्त में थक-हारकर उन्होंने चहारदीवारी फाँदकर घर में दाख़िल होने की कोशिश की, जिससे उन्हें काफ़ी चोट आयी और पैर की हड्डी टूट गयी।

फिर क्या था, अस्पताल ले जाकर प्लास्टर चढ़ाया गया और लम्बे समय तक एक ही दिशा में लेटे रहने के बाद जैनेन्द्र को आराम हुआ। गोपीनाथ अमन और युद्धवीर सिंह भी उनका हाल पूछने आते और शर्म से भगवती देवी के सामने सिर नीचा किये बैठकर लौट जाते। स्वस्थ होने के बाद जैनेन्द्र ने शतरंज खेलने की लत तो न छोड़ी पर इस सनक को पहले की तरह दिमाग़ पर सवार न होने दिया।

वे स्वस्थ हुए तो पुन: लिखने-पढ़ने के काम में जुटे पर शतरंज की आदत को बरकरार रखने के बावजूद दोबारा उसे अपने पर इस तरह से हावी न होने देने का जो संकल्प उन्होंने लिया, उससे घर की व्यवस्था में शान्ति बहाल हुई और वे अपने अधूरे कार्यों को पूरा करने में जुट गये।

इसी वर्ष उन्हें १९६५ में प्रकाशित उपन्यास 'मुक्तिबोध' पर साहित्य अकादेमी सम्मान मिला। सम्मान मिलने पर साहित्यिक हलकों में तरह-तरह की प्रतिक्रियाएँ हुईं। उपन्यास चूँकि रूढ़ नैतिकताओं के दायरे को तोड़ता था, इसलिए शुचितावादी लोगों ने बहसें कीं, तरह-तरह की प्रतिक्रियाएँ आयीं पर जैनेन्द्र इन सबसे विरत रहते हुए अपने काम में लगे रहे, उन्हें इसकी परवाह न थी कि उनके लेखन पर कौन क्या कह रहा है। जब भी कोई उनसे इस बारे में संवाद करता तो वे मुक्त भाव से अपना पक्ष रखते और दूसरों की प्रतिक्रिया को सम्मान देने से भी नहीं चूकते।

बात यह १९६९ के किसी महीने की होगी, प्रसिद्ध समाजसेविका और भूदान नेत्री विमला ठकार दिल्ली के कुछ काम निपटाकर जैनेन्द्र के घर आकर रुकीं। फिर एक दिन उनका बापू की समाधि राजघाट पर जाना निश्चित हुआ। वैसे जैनेन्द्र का राजघाट जाना नियमित ही रहता था। जैनेन्द्र उनके साथ राजघाट चले तो सहज नहीं लग रहे थे। रास्ते में वे विमला ठकार से बोले—"विमल एक काम करोगी? दादा (दादा धर्माधिकारी) के पास मेरा अनुरोध पहुँचा दो कि वे मुझे शिष्य के रूप में स्वीकार कर लें।"

विमला को आश्चर्य हुआ, वे अवाक् रह गयीं। वे समझीं कि जैनेन्द्र उनसे विनोद में यह कह रहे हैं। उनकी चेहरे की भंगिमा देखकर जैनेन्द्र ने कहा—"अरे, विनोद में नहीं, मैं गम्भीरता से कह रहा हूँ।"

विमला को अब तो बोलना ही था, बोलीं—"भला कैसी अजीब बात कर रहे हैं आप। दादा तो आपको कितने आदर से देखते हैं, मानते हैं, इसकी..." उनकी बात काटकर जैनेन्द्र ने कहा—"अरे भाई, दादा तो प्रेमी आदमी हैं। अतिशयोक्ति करते हैं। किन्तु तू मेरी बात..." इस बार उन्होंने उन्हें बीच में ही टोकते हुए कहा—"न बाबा, मुझसे यह न होगा। दादा और आप, दोनों गाँधी भक्त हैं। विनोबा जी के प्रशंसक हैं। विनोबा जी के होते हुए आपको दादा के प्रति समर्पित होने की यह क्या सूझी?"

इस पर मन्द-मन्द मुस्कराते जैनेन्द्र ने कहा—"तू क्या इस बात को समझ पायेगी? कोई श्यामवर्णी है और उससे प्यार हो जाये तो तू कहेगी कि गौरवर्णी को छोड़कर श्यामवर्णी के प्रति समर्पण कैसे?"

विमला समझ गयीं कि जैनेन्द्र के अन्तस्तल में मन्थन चल रहा है।

पुरुषार्थ, स्वाधीनता के आराधक समग्रता का अर्घ्य चढ़ाने को उत्सुक हो उठे हैं। उन्होंने काशी लौटने पर दादा धर्माधिकारी से बात की। दादा तो ऋजुतायोगी, सुकुमार चित्त के जीवन रसिक विभूति थे। उनकी आँखें भर आयीं। कहने लगे—"यही तो बात है। जैनेन्द्र जानता नहीं कि वह कितना महान है। हम लोग सर्वोदय के भाष्यकार कहलाते हैं। सच्चा सर्वोदयी, अहिंसा का पुजारी तो जैनेन्द्र है। अब के मिलना होगा, तो मैं उससे बात कर लूँगा।"[१]

यह एक प्रसंग है, पर बीच-बीच में ऐसे प्रश्न उन्हें मथते रहते कि वे क्यों हैं। गृहस्थ जीवन से ऊबन होती। देश की अव्यवस्था उन्हें सालती। समझ न आता कि वे क्या करें। सत्याग्रह का ज़माना बीत गया था। अब ऐसा दौर था, जिसमें सामर्थ्य प्रबल थी। सामर्थ्य धन-जन की और पशुता की। शान्ति क्षीण थी, स्वार्थ की माया ऐसे पसरी थी मानो पूरा जगत उसका ग्रास बनता जा रहा हो। मन उचटता तो वे अन्तर्मुखी ही रहते। स्वयं को सांत्वना देते कुछ मनन करते और अपने भीतर उतर जाते, पर प्रश्न फिर भी पीछा छोड़ने को तैयार न होते। इसी वर्ष उनकी पोती श्वेता का जन्म १२ जुलाई को हुआ था। तब घर में आयी इस नन्ही सन्तान ने उन्हें उत्फुल्ल कर दिया।

१९७० में वे पत्नी भगवती देवी के साथ जापान की यात्रा पर गये। जापान प्रवास पर उन्होंने टोकियो की कई संस्थाओं में व्याख्यान दिया और बौद्ध गुरुओं से भेंट की। आध्यात्मिक सन्त गुरु फूंजी से भेंट उनके लिए यादगार रही और उस भेंट में उन्होंने बौद्ध दर्शन के तात्त्विक सूत्रों पर बातचीत भी की। भगवती देवी के साथ जापान के दर्शनीय स्थलों का भ्रमण करते जैनेन्द्र जापान के विकास पर चकित होते और वहाँ के लोगों की देशभक्ति, श्रमशीलता तथा ईमानदारी उन्हें लुभाती। वे सोचते कि काश, भारत में भी लोगों का मन-मस्तिष्क ऐसा हो जाता और वे ईमानदारी से भारतीय जनतन्त्र के विकास में प्राणपण से लग जाते तो यह दशा न होती, जो हमें रह-रहकर क्षोभ से भर देती है।

साहित्यिक आयोजनों में भी जैनेन्द्र ने जापानियों के बीच भारतीय सभ्यता और संस्कृति की बातें कीं तथा उन्हें बुद्ध और गाँधी के विचारों में निहित

---

१. *'जैनेन्द्र : साक्षी हैं पीढ़िया'* —सं. विष्णु प्रभाकर, खण्ड-२, पृ. १०१

मानवतावाद से परिचित कराया। जापान प्रवास के दौरान उन्हें अनेक आप्रवासी भारतीयों का आतिथ्य मिला जिनमें लक्ष्मीधर मालवीय भी एक थे। थोड़े समय के जापान प्रवास के बाद जब वे वापस आये तो उनका मन कुछ हल्का तथा स्फूर्त था। भगवती देवी भी जापान की इस यात्रा से ख़ुश थीं।

पाकिस्तान के विभाजन के बाद १९७१ में बने बाँग्लादेश को लेकर भारत ने जो भूमिका अदा की, उसके निहितार्थों सहित सभी ज्वलन्त प्रश्नों पर उनकी लिखी पुस्तक—'बाँग्लादेश : एक यक्ष प्रश्न' इसी वर्ष के अन्त तक आयी। उन्हें भारत सरकार की ओर से १९७१ में ही 'पद्मभूषण' अलंकरण राष्ट्रपति वी.वी. गिरि ने देकर सम्मानित किया तो १९७२ में आगरा विश्वविद्यालय तथा १९७३ में दिल्ली विश्वविद्यालय ने डी. लिट्. की मानद उपाधि देकर सम्मानित किया। यह क्रम यहीं नहीं रुका, १९७३ में ही हिन्दी साहित्य सम्मेलन, प्रयाग ने उन्हें 'साहित्य वाचस्पति' की उपाधि दी तो १९७४ में गुरुकुल काँगड़ी विश्वविद्यालय, हरिद्वार ने उन्हें 'विद्या वाचस्पति' उपाधि से अलंकृत किया।

ऐसे अलंकरणों और उपाधियों से सर्वथा दूर रहने वाले जैनेन्द्र ने भरसक कोशिश की कि उन्हें इनसे दूर रखा जाय, पर लोगों की जिद से विवश होकर उन्होंने इन उपाधियों को स्वीकार किया। पर लगभग सभी आयोजनों में अपनी प्रवृत्ति और स्वभाव का परिचय देते हुए जैनेन्द्र ने कहा कि उन्हें न तो इनकी आवश्यकता प्रतीत होती है और न वे स्वयं को इसके योग्य ही समझते हैं कि उन्हें इनसे सम्मानित किया जाय। वे तो बस अपनी सामर्थ्य-भर कुछ लिख-भर लेने की कोशिश करते हैं, यह जाने बिना कि वे क्या लिख रहे हैं। पूरा जीवन उनका एक सत्याग्रह रहा है। अपने देश को समझना, प्यार करना, उसके लिए जीना और यथाशक्ति अपनी सामर्थ्य-भर उसके लिए अपना योग देना। उनकी अन्य कोई विशेषता नहीं, जो उन्हें बड़ा सिद्ध करे।

जैनेन्द्र की यह अकिंचनता उन्हें बड़ा बनाती। उनका जीवन-व्यवहार लोगों का आदर्श बनता और वे जीवित किंवदन्ती होते जाते, जैसे शायद ही कोई पहले हुआ हो जो जीते-जी गृहस्थ होते इतना अनासक्त रहा हो। इन्हीं दिनों उनकी बहुचर्चित पुस्तक—'समस्या, समस्या सिद्धान्त' आयी थी जो भारतीय राज्य को वैश्विक परिप्रेक्ष्य में देखते हुए भारतीय मनीषा

के भीतर उसे परखती है।

इसके कुछ ही समय बाद उन्हें इंग्लैण्ड की यात्रा पर जाना पड़ा। यह सम्भवत: आठवें दशक के आरम्भ की ही बात होगी। यात्रा तो साहित्यिक ही थी जिसमें जैनेन्द्र अनेक लेखकों के साथ गये थे। आयोजन सम्पन्न हुआ तो बी.बी.सी. लन्दन की हिन्दी सेवा के लोगों ने उनसे सम्पर्क किया। प्रसंग था—रेडियो पर उनके साक्षात्कार का। पहले वे ना-नुकुर करते रहे, फिर तैयार हुए तो रिकॉर्डिंग शुरू हुई—

"आपका लेखन एक तरफ़ तो स्त्री को उसका अधिकार देता है तो दूसरी तरफ़ उसे घर की दहलीज से बाँध देता है, आप इसके उत्तर में क्या कहेंगे?"

जैनेन्द्र अविचलित भाव से इस प्रश्न का उत्तर दे रहे थे—"स्त्री को अधिकार मैं नहीं देता, बल्कि स्वयं स्त्री अपना अधिकार लेती है। स्त्री को यह अधिकार उसके अपने अस्तित्व से मिला है। जब तक वह उसे भूली रहती है, तब तक उससे वंचित रहती है। जहाँ तक बात उसे घर की दहलीज से बाँधने की है, तो वह स्वयं इसे चुनती है। अधिकार और स्वतन्त्रता का सम्बन्ध व्यक्ति के भीतर और बाहर से नहीं होता। स्त्री दहलीज के भीतर रहकर अधिकार सम्पन्न हो सकती है तो बाहर रहकर, सम्भव हो सकता है कि वह स्वयं को गँवा दे। अधिकार और स्वतन्त्रता स्त्री हो या पुरुष, उसके आभ्यन्तर से जुड़े भाव हैं। इसे समझे बिना यह प्रश्न उठते ही रहेंगे।"

"आप स्वाधीनता आन्दोलन के सेनानी रहे। आपकी गाँधी जी के साथ निकटता रही। भारत स्वाधीन हुआ। तब क्या आन्दोलन के सपने पूरे हुए?"

"सेनानी मैं ज़रूर रहा, पर कोई सपना लेकर लड़ाई नहीं लड़ी। हाँ, देश के लिए तो एक सपना था—सुराज का। सर्वधर्म समभाव और समरस समाज का सपना। गाँधी का रामराज यही था। यही सर्वोदय था। पर वह पूरा न हुआ। गाँधी चले भी गये। अब राजनीति नित-नित नये प्रयोग करती है। समय संकल्प का नहीं दिखावे का है, इसलिए सन्देह होता है कि कभी वे सपने पूरे भी होंगे या नहीं। कारण यह कि राजनीति से नीति हट गयी है, अब सिर्फ़ राज बचा रह गया है।"

"आपकी दृष्टि में भारतीयता को किस बात का ख़तरा सबसे अधिक है ?"

"स्वयं हमारी निष्ठा खो देने से। हमने अपनी निष्ठा खो दी है। पास हमारे सनक के अलावा कुछ बच नहीं रहा है। पश्चिम से 'विकास' और 'उन्नति' नाम के जो कीड़े हमारे जेहन में घुसते चले आये हैं, वे पैसे की तरफ़ भागने को हमें विवश कर रहे हैं। हम पश्चिम की नकल में मरे जा रहे हैं। यह लोभ हमें मार डालेगा। अँग्रेज़ी और अँग्रेज़ियत का मोह भी इतना बढ़ गया है कि कुछ भी हमारा बचा रह जायेगा, इसमें सन्देह है। समय रहते यदि इस पर हम अंकुश नहीं लगा पाये तो गाँधी का आना और जाना बेकार हो जायेगा।"

"साहित्य में सत्य के मूल्य की प्रतिष्ठा कैसे सम्भव है ? क्या वह भारतीय साहित्य से बाहर हो गया है ?"

"बिलकुल। आज शब्द बहुलता, तज्जनित व्यर्थता का शिकार है। हर तरफ़ शोर है। आज ज़रूरत है कि लेखक तनिक ठहरे और सोचे। उसके पास दूसरा कोई हथियार है भी नहीं। वह प्रचार और शोर से विरत होकर मन की सच्चाई और व्यथा में से उतरकर अपनी थाह तक उतरने की चेष्टा करे। अगर यह होगा तो साहित्य में सत्य के मूल्य की प्रतिष्ठा सम्भव होगी। तब शब्द स्थिर और स्थायी होगा। समय की सतह की लहरों के बैठने पर वह अपनी जगह चमकेगा, उसकी सच्चाई प्रकाश देगी और उसमें समाया हितभाव अपना स्नेह प्रकाशित करेगा। इस तरह यदि प्रयास होगा, तो शब्द की सत्ता प्रतिष्ठित होगी जो सत्य के मूल्य पर आधारित होगी। कोई और मार्ग इसका नहीं है।"

इस तरह अनेक प्रश्न उनसे पूछे गये। सबका उत्तर उन्होंने बिना झिझके दिया। इसमें देश, सत्ता, राजनीति, सत्य, साहित्य और राष्ट्रीयता से सम्बन्धित अनेक प्रश्न थे। बिना रुके, धारा प्रवाह उत्तर देते जैनेन्द्र जब रिकॉर्डिंग पूरी कर स्टूडियो से बाहर निकले तो उन्हें मानदेय के रूप में इंग्लैण्ड की मुद्रा, पाउण्ड में कुछ राशि मिली। पैसा पास में रखने की उनकी आदत तो थी नहीं, इसलिए साथ गये और लाउंज में बैठे एक लेखक को उन्होंने वह राशि लेने को कहा और घर से मिली एक सूची थमा दी कि जो कुछ इसमें आ सके, ख़रीदकर हमें ला दें ताकि हम उसे लौटें तो साथ ले जा सकें। उन लेखक ने सूची के मुताबिक जो चीज़ें उस पैसे में आ सकती थीं,

ख़रीदीं और जैनेन्द्र को सौंप दिया था।

इस तरह जैनेन्द्र का इंग्लैण्ड प्रवास पूरा हुआ। लौटते समय वे सोच रहे थे, इसी इंग्लैण्ड ने हम पर राज किया जिनके पास न नीति का बल है, न सत्य का। हर तरफ़ बेतरह पसरी उदासी है, भागमभाग है और अन्तहीन इच्छाओं के पीछे जान देने का पागलपन है। कहीं कोई ठहराव नहीं। मनुष्य मानो वहाँ एक यन्त्र है जो निरन्तर चलायमान है। आदर्श तो वहाँ है नहीं, बस एक भूख में कुलबुलाती चाहना है—भौतिकता की यह आपाधापी पशुता ही है जिसे गाँधी जी ने ठीक ही पाशविक सभ्यता का नाम दिया था।

बात सम्भवतः १९७२ के मार्च की है। जैनेन्द्र को इन्दिरा गाँधी ने अपने निवास पर किसी विशेष प्रयोजन से बुलाया था। उस दिन कोई व्यस्तता थी, शायद कहीं जाने की बात भी थी, पर इन्दिरा के ज़रूरी बुलावे को न टालते हुए वे अनमने मन से ही सही, पर गये। इन्दिरा गाँधी ने नये बने बाँग्लादेश की राजनीतिक स्थिति और तदनन्तर पाकिस्तान से चल रहे तनाजे पर भी बात की। इसके बाद जैनेन्द्र से उन्होंने घर-परिवार का हाल पूछा और उनसे रिहायश को लेकर उलझ पड़ीं। कहने लगीं—"आप जैसा लेखक-विचारक दरियागंज के एक कोने में छोटे-से मकान में रहता है, क्या यह ठीक लगता है?"

"तो इसमें बेठीक लगने की कौन-सी बात हो गयी? उसमें रहते हमें चालीस साल होने को आये, ठीक ही तो है?"

जैनेन्द्र के उत्तर से असन्तुष्ट होकर वे कहने लगीं—"देखिए, तंग गली में छोटा-सा मकान है आपका। अक्सर हमें बताया जाता है। वहाँ आपको दिक़्क़त होती है। धीरे-धीरे आप वृद्ध हो रहे हैं—पत्नी भी आपकी। उस पर मिलने-जुलने, ठहरने वाले बेशुमार लोग। मकान बदल क्यों नहीं लेते, मतलब ख़रीद लें। थोड़ा आराम तो मिले।"

जैनेन्द्र को मानो बिजली ने छू दिया। वे असंयत हो आये। बहुत धैर्य रखने के बावजूद न सह सके तो बोले—"जीवन में कभी कुछ न चाहा। यह पूरा जीवन मेरा सत्याग्रह है। कुछ भी संचित करने का न मेरा स्वभाव है, न धर्म। जब से दिल्ली में हूँ, किराये पर ही हूँ। न कभी पैसा जोड़ा, न मकान का सोचा। अब तो जो है, उसी में कट जाय तो बहुत है।"

''ओह, तो वह मकान भी आपका अपना नहीं है!'' इन्दिरा ने किंचित् विस्मय से पूछा।

''नहीं तो। वह मेरा क्यों हो गया? किराये पर हूँ। पर गनीमत है कि कभी यह न लगा कि किरायेदार हूँ। मालिक मकान की कृपा समझिए।''

इन्दिरा गाँधी को इस निस्पृह, अनासक्त जैनेन्द्र की बातों से दुःख हुआ। दुःख हुआ कि आज के इस समय में भी ऐसे निष्ठावान लोग तकलीफ़ ही पा रहे हैं। भला इन्हें स्वतन्त्रता संघर्ष ने क्या दिया। क्या मिला जब देश ने अपना शासन पाया? जैसे तब थे, वैसे ही अब भी हैं, बल्कि तब तो एक सपना था—आज तो वह भी नहीं है।

उनकी चुप्पी और भावुक होने के उस क्षण को महसूस कर जैनेन्द्र ने कहा—''आप नाहक परेशान न हों। मैं एकदम मज़े में हूँ। सब ठीक-ठाक है। जीवन में अनासक्ति न हो तो जीवन ही यह क्यों निरर्थक न हो। हम आये हैं और चले जायेंगे। वह घर क्या कभी साथ जाने वाला है? रहने का आश्रय है, वह क्या कम है? आप व्यर्थ ही चिन्ता कर रही हैं। राजकाज की इतनी कठिन साधना में इन बातों का कोई बहुत महत्त्व नहीं। स्वस्थ होइए, सब अच्छा और बहुत अच्छा है।''

''नहीं जैनेन्द्र जी, यह नहीं। आपको मकान बदलना होगा। आप वहाँ न रहिए। इस बुढ़ापे में थोड़ा तो आराम मिले आपको।''

''कहा तो। आराम से हूँ। कोई हर्ज नहीं है।'' इन्दिरा गाँधी के कहे पर प्रतिवाद करते जैनेन्द्र ने कहा था।

''सुनिए, जिद न करिए। मैं सम्बन्धित मन्त्रालय को कहे देती हूँ कि किसी अच्छे इलाक़े में आपको एक बड़ा घर या ज़मीन आबंटित कर दे। आप वहाँ रहेंगे, सुविधा होगी आपको।''

जैनेन्द्र कुछ न बोले। उन्हें मालूम था कि इस समय कुछ भी कहना-सुनना ठीक नहीं। वे अब चलने को हुए तो इन्दिरा उठीं। गाड़ी सामने खड़ी थी। ड्राइवर ने दरवाज़ा खोला। गाड़ी में बैठते हुए जैनेन्द्र को हाथ जोड़कर विदा करतीं इन्दिरा ने कहा था—''मकान बदल दीजियेगा। जल्दी ही आप तक ख़बर होगी।'' जैनेन्द्र चल पड़े थे, मानो उन्होंने कुछ सुना ही नहीं। उसके दो ही दिन बाद एक सरकारी मुलाजिम आया और उसने

दक्षिण दिल्ली में नये बने इलाक़े गुलमोहर पार्क में पाँच सौ गज के भूखण्ड को आबंटित करने का फॉर्म थमा गया।

घर में आम राय थी कि फॉर्म भरकर भेज दिया जाय और ज़मीन ले ली जाय, पर जैनेन्द्र राजी न हुए। दूसरा कोई तो उनसे जिद न कर सका, पर भगवती देवी उनसे बहुत नाराज़ हुईं और जिद करके बोलीं—''अब तक तो तुम हठ ही करते आये हो, अब न करो। यह ज़मीन ले लेने दो। फिर कभी यह मौक़ा आये, न आये।''

जैनेन्द्र सहमत न हुए। बोले—''तो तुम चाहती हो कि हम सरकार की कृपा लें। जो किया उसका प्रतिदान लें। अब क्या यह ज़मीन ही रह गई है लेने को? भाग्यवान, जिद न करो। जहाँ रह रही हो, उसे नेमत मानो। जहाँ हम रहते हैं वही स्वर्ग होता है। किसी का दिया हुआ आसरा हमें सुख नहीं त्रास देता है।''

''तो क्या यह भी जीवन है, जिसमें रहने को अपना घर भी न हो?'' भगवती देवी तुर्शी में बोल गयीं।

जैनेन्द्र का धैर्य जवाब दे रहा था, वे अपने को जब्त किये हुए थे। वे सोच रहे थे, उनके अब तक के किये-धरे पर पानी फेरने को उतारू यह पत्नी उनको समझ क्यों नहीं रही? वह जानती क्यों नहीं कि केवल वह माँ नहीं, गृहिणी नहीं, उनकी पत्नी भी है। उस व्यक्ति की पत्नी, जिसने केवल देना जाना है, लेना नहीं। अब तक के जीवन की कमाई ही यही है कि जितना हो सका दे दिया, सौंप दिया—बदले में चाहा कुछ नहीं। परमार्थिक सत्याग्रही जीवन का यह कैसा मोल लगाना? वे थोड़े सहज हो बोले—''देखो भगवती, घर तो जो है, वह यही रहेगा। मालिक मकान नहीं रहने देगा तो किराये पर कहीं और चले जायेंगे, पर सरकार की कृपा से मिलने वाला मकान या ज़मीन हम न लेंगे।''

''तो क्या हम इस दड़बे में ही जीने को मजबूर हों?''

''यहाँ रहना जीने की मजबूरी नहीं। सुख से रहते हैं, मजबूरी क्या इसमें? अरे, उनकी तो सोच लो, जो सिर पर बिना छत के रहते हैं। लाखों परिवार इस देश में बेघर होंगे कि नहीं? हम तो फिर भी ठाट से रहते हैं किराया देकर।''

पति–पत्नी की नोक–झोंक को घर के शेष सदस्य सुन मुस्कुरा तो रहे ही थे किंचित् क्षुब्ध भी हो रहे थे कि एक अच्छा अवसर मिलते–मिलते हाथ से जा रहा है। ‘‘ओह बाबूजी, मान भी जायें।’’ पर बाबूजी को न मानना था, न माने। ‘‘देखो भगवती, यह जिद छोड़ दो। हम आजीवन सत्याग्रही का व्रत ले चुके हैं, यह तुम जानती हो। यह पूरा जीवन, यह पूरी अपनी देह ही परमार्थिक है—देश, समाज और संसार के लिए है। लोभ की इसमें जगह नहीं है। जो अपने श्रम से मिल जाय, वही अपना है, शेष कोई चाहना नहीं। इसी में जीती आयी हो, इसी में जियो और सन्तोष करो।’’

भगवती देवी बिलख पड़ीं—‘‘सन्तोष तो कर ही रही हूँ, पर यह कभी सोचा कि जब योगियों की तरह ही रहना था तो गृहस्थी क्यों बसाई?’’

जैनेन्द्र ने कहा—‘‘तब शायद सत्याग्रही नहीं हुआ था मैं। बाद में यह नौबत आती तो नहीं भी होती गृहस्थी। गृहस्थी तो गाँधी जी की भी थी, पर क्या वे सांसारिक हो पाये? बेटा भी उनके ख़िलाफ़ चला गया, पर वे बदल पाये? नहीं न?’’

‘‘ओह! जब देखो तब गाँधी, गाँधी, गाँधी। कभी अपना भी तो सोच लिया करो।’’

‘‘तो सुन लो। फिर कभी मकान की चर्चा न हो। ज़मीन नहीं चाहिए, मकान नहीं चाहिए, किसी का दिया आसरा नहीं चाहिए। और रही बात मकान बनवाने, ख़रीदने की, तो मेरा विचार है कि जो लोग मकान बनाते हैं वे ज़िन्दा रहते अपनी क़ब्र बनाते हैं। क्या चाहती हो कि यह ज़मीन लेकर अपनी क़ब्र बनवाऊँ?’’

अब इसके बाद क्या बात होनी थी, जो होती। शाम का समय हो गया था। जैनेन्द्र बाहर निकल गये और घर में चल रही बक–झक को पीछे छोड़ गये। जब इन्दिरा जी को पता चला कि गुलमोहर पार्क के भूखण्ड के आबंटन में जैनेन्द्र की कोई दिलचस्पी नहीं है और उन्होंने सम्बन्धित फॉर्म भरकर भी नहीं भेजा है, तो उन्हें चिन्ता हुई। उन्होंने शहरी विकास मन्त्रालय को उनके नाम एक मकान आबंटित करने का निर्देश देकर तत्कालीन केंद्रीय मंत्री जितेन्द्र प्रसाद को जैनेन्द्र के यहाँ भेजा। जितेन्द्र प्रसाद, जैनेन्द्र के यहाँ १४, कॉपरनिकस मार्ग के मकान का आबंटन पत्र लेकर पहुँचे, साथ में एक फॉर्म भी था जिसे भरने की औपचारिकता पूरी

करनी थी।

वे आये तो जैनेन्द्र ने उनका सत्कार किया। मकान के आबंटन का पत्र और फॉर्म रख लिया और उनसे कुछ कहा नहीं। उनके जाने के बाद नये मकान में जाने को उत्साहित परिवार जनों से स्पष्ट कह दिया कि मकान में बारे में उनका निर्णय अन्तिम है, इस पर कोई चर्चा नहीं होनी चाहिए। हमें सरकार की कृपा से कुछ न चाहिए, हम जहाँ हैं, वहीं ठीक हैं। इसी बीच १९७३ की २७ जनवरी को उनके पोते प्रियांक का जन्म हुआ, तो जैनेन्द्र मानो अन्तर से स्फूर्त हो आये, लगा परिवार में जैसे एक नया दीप जल गया हो।

१९७४ में उनका उपन्यास 'अनाम स्वामी' प्रकाशित हुआ जो समग्रत: जीवन की नि:सारता और व्यक्ति की परम कृतार्थता का बोध कराता है। इसके नायक वही पी. दयाल नामक जज हैं जो 'त्यागपत्र' देते हैं और अपनी बुआ मृणाल की दुर्दशा की ज़िम्मेदारी अपने पर लेकर हरिद्वार चले जाते हैं। इस उपन्यास को 'त्यागपत्र' की कड़ी का विस्तार माना जा सकता है जिसमें पी. दयाल को जीवन के रहस्य और उसके वास्तविक ज्ञान का बोध होता है। इस उपन्यास में अतीत और वर्तमान का द्वन्द्व ही मुख्य है। उनका हरिद्वार के आश्रम में आकर रहना एक तरह से प्रायश्चित्त ही है जहाँ अजीबोग़रीब घटनाएँ घटती हैं और जीवन की निस्सारता का गहरा बोध होता है।

इस उपन्यास में जैनेन्द्र ने जो सत्य देखा और वर्तमान के द्वन्द्व के भीतर से जिस बोध को पाने का सन्देश दिया, वह कदाचित् मनुष्य जीवन की सार्थकता का सूत्र ही था।

पर्व छह

असार संसार

देश में २५ जून, १९७५ को आपातकाल की घोषणा के बाद अफ़रा-तफ़री का माहौल था। नागरिक सेवाएँ स्थगित थीं और पूरे देश में अभिव्यक्ति की स्वतन्त्रता पर पाबन्दी लगा दी गयी थी। नेता जेलों में भरे जा रहे थे तथा एक भय और आतंक का वातावरण बन गया था। देश भर के लेखक सरकार के ख़िलाफ़ प्रदर्शन और लेखन के ज़रिये विरोध कर रहे थे। आपात स्थिति तो लागू हो चुकी थी, पर इन्दिरा गांधी देश की स्थिति को लेकर बहुत परेशान थीं। जुलाई, १९७५ की कोई तारीख़ रही होगी, जब उन्होंने जैनेन्द्र को मिलने का सन्देश भेजा होगा। सन्देशे के साथ एक दूत गाड़ी भी लाया था जो उन्हें ले जाने के लिए आयी थी। बड़े बेटे दिलीप को पीलिया हो गया था। इस चिन्ता से भी परेशान और खिन्न जैनेन्द्र का मन इन्दिरा से मिलने का न था, पर अनमने भाव से वे तैयार हुए और उनके निवास पर पहुँचे। देखते ही वे प्रणाम कर उनकी तरफ़ बढ़ चलीं। उन्हें साथ लेकर वे अपने निवास पर गयीं और सोफे पर बिठाकर समाचार पूछा। जैनेन्द्र ने कहा, सब ठीक है, ठीक ही चल रहा है। ''और देश का हाल?''

इस पर जैनेन्द्र कटु हो आये, बोले—''मुझसे क्या पूछती हैं। आपको तो एक-एक पल की ख़बर होगी। इतना ही कहूँगा, बहुत बुरा है।''

''और जो देश भर में अराजकता फैला दी गयी वह? इतना तनाजा। मेरी मुख़ालफ़त का यह मतलब तो नहीं कि देश में आग लगा दी जाय?''

''बात वह नहीं है। राष्ट्रधर्म यह नहीं कहता। ऐसी दिक़्क़तें आती हैं। आप राजनय को, उसके व्यवहार को भलीभाँति जानती हैं। मैं तो कोरा

लेखक हूँ, गुज़रे दौर का एक मामूली सत्याग्रही। फिर भी मुझे लगता है, यह अनुचित हुआ।''

कहते हुए जैनेन्द्र भीतर से भर उठे। आँखें उनकी सजल हो आयीं।

''आप मेरी जगह होते तो क्या करते?''

''यह क्या प्रश्न हुआ इन्दिरा जी! सहमति, सद्भाव और परस्पर विश्वास की शक्ति पर भरोसा करना चाहिए। इनकी ताक़त कभी कम नहीं होती। उपाय सिर्फ़ यह न था।''

''और वे लोग जो... ?''

जैनेन्द्र ने इन्दिरा गाँधी को बीच में ही टोका और कहा—''और वे लोग अब जो देशव्यापी आन्दोलन कर रहे हैं, लोगों को तैयार कर रहे, बता रहे कि आपातकाल और कुछ नहीं, जनता के दमन का हथियार है?''

इन्दिरा गाँधी ने पूछा—''वही तो, क्या करें हम?''

''मेरी तो बस एक ही सलाह है, इसे तत्काल हटा देना चाहिए। आपातकाल का अधिक दिन रहना न देश के लिए अच्छा है, न स्वयं आपके लिए। और एक बात यह भी कि पुलिस पर अंकुश हो कि वह अत्याचार न करे।''

इसके बाद थोड़ी देर ख़ामोशी रही। इन्दिरा गाँधी बेहद गम्भीर हो गयी थीं।

जैनेन्द्र फिर बोले—''मुझे लगता है कि आपकी नीतियाँ और निर्णय कहीं गहरे भय में से आ रहे हैं। अगर ऐसा है तो अभीष्ट फल कैसे प्राप्त होगा? वह भय तो आतंक और दमन का ही कारण बनेगा?''

इन्दिरा गाँधी ने सुनकर अपनी प्रतिक्रिया दी—''आप ऐसा सोचते हैं? मैं तो सदैव आपको बताती रही हूँ। अभी बाँग्लादेश में क्या हुआ? विरोधी और ध्वन्सात्मक ताक़तें वहाँ काम कर रही हैं। क्या वही ताक़तें हमें दबोच न लेंगी?''

जैनेन्द्र ने सुना, फिर कहा—''मैं आपके व्यक्तित्व का प्रशंसक हूँ। बेहद दबाव और जटिल स्थितियों में भी आप किस तरह सहज और स्थिर रह पाती हैं। पर मेरा कहना है कि भय से उपजी नीति आतंक और दमन का ही कारण बनती है। सामान्य नागरिक जन किस तरह पिसे जा रहे हैं। निरंकुशता क्या-क्या दमन नहीं ढा रही है। इसे रोकिये। यह ठीक नहीं है।''

जैनेन्द्र चलने को उठे। इन्दिरा गाँधी ने बस अभिवादन किया और ख़ामोशी से घर के भीतर चली गयीं।

जैनेन्द्र लौटे तो मन भारी था। कुछ अच्छा नहीं लग रहा था। फिर वही प्रश्न उनको परेशान करने लगा। क्या यही सुराज को होना था? जहाँ जनता ही शत्रु बन जाय, जहाँ के शासन का एक मात्र ध्येय ही उसका दमन हो, वहाँ फिर कैसा लोकतन्त्र? स्वतन्त्रता के थोड़े ही वर्षों में भारतीय लोकतन्त्र का शीराज़ा बिखरने लगा है। सत्ता जोड़-तोड़ का खेल हो गयी है तो नेता किसी-न-किसी उपाय से शक्तिशाली होते जाने के षड्यन्त्र में व्यस्त। इधर बेटे दिलीप की बीमारी उन्हें अलग से खाये जा रही थी। उन्हें लेकर तरह-तरह की आशंकाएँ जन्म लेतीं।

उस दिन वे कुछ न कर सके सिवाय सोचते रहने के। कुछ लोग मिलने-जुलने भी आये, पर मन न हुआ कि उनसे बात हो। शाम हुई, फिर रात। आज भोजन का भी मन न था, पर भगवती देवी की जिद से थोड़ा-सा भोजन ग्रहण कर सोने की चेष्टा में लगे जैनेन्द्र देर तक जगते ही रहे थे।

१९७५ का यह साल अपनी शुरुआत से ही जाने क्यों इतना क्रूर होता गया कि कुछ भी अच्छा नहीं बीत रहा था। हर तरफ़ अफ़रा-तफ़री, विरोध, विद्रोह, अव्यवस्था के बीच आपातकाल की घोषणा और इधर बड़े बेटे दिलीप के स्वास्थ्य की नाजुक स्थिति, चैन कहीं न था। दिलीप को पीलिया हुआ तो लगा, आराम हो जायेगा, पर वह ठीक न हो पा रहा था। पीलिया की हर दवा आजमायी गयी—आयुर्वेदिक दवाओं से लेकर घरेलू उपचार तक हुआ, पर बीमारी ठीक होने का नाम ही नहीं ले रही थी। इस बीच दिलीप बेहद कमज़ोर हो चले थे। खाया-पिया जाता न था और ढेर-से परहेज़ थे वे अलग। जब स्थिति में सुधार होता न दिखा तो उन्हें दरियागंज के ही इर्विन अस्पताल में भर्ती कराया गया। भर्ती कराने के समय भी उनकी हालत चिन्ताजनक ही थी।

जैनेन्द्र के छोटे पुत्र प्रदीप कुमार ने उस दारुण स्थिति का वर्णन करते हुए लिखा—"भाई (दिलीप) प्रखर बुद्धि, चिन्तन और विवेचनशील मानस के थे। वे उतने ही भावुक, शर्मीले और सजग जागरूक भी थे। स्वाभिमान के धनी। मैल चाहे चरित्र का हो, या व्यवहार का हो, बर्दाश्त नहीं कर

पाते थे। मुँहफट। सुरुचि, कलात्मकता और सृजन-सामर्थ्य उनके पोर-पोर में बसी थी। अत्यन्त स्नेही, स्पन्दनशील। वे स्नेह को सहेज नहीं पाते थे, वे ललकते थे कि किसी तरह जो मेरे पास है उसको दे डालूँ। बाबूजी का उन पर विशेष स्नेह और ममत्व था। माँ तो कहती ही रहीं, तुमने ही उसे बिगाड़ा था, सब इच्छाएँ पूरी करते रहे, जब चाहा पैसा दिया, अब भुगतो। क्या इच्छाएँ थीं, क्या चाह थी, अब सब प्रश्नचिह्न बन खड़े हैं। किसी मित्र ने कहा कि वे अपनी प्रतिभा से झुलस गये और उसी में चल बसे।

मुझे याद आता है कि भाई साहब अस्पताल में चौबीस घण्टे भी क्या रह पाये होंगे। भाभी (माँ) और बाबूजी वहीं थे। भाई ठिठुर रहे थे और इस लक्षण को देख डॉक्टर ने आश्वस्त किया कि यह कोई असाधारण बात नहीं थी। रात तीन बजे पुनः पहुँचा और पाया कि भाई बैठे थे और बाबूजी से जिद करते कह रहे थे—"आप समझ नहीं रहे हैं, यह उपचार ठीक नहीं है।" और मालूम हुआ कि डॉक्टर को उन्होंने इत्तला दी कि मैं कुछ दवा न लूँगा और हस्ताक्षर किये। बाबूजी और भाभी को वापस भेजा कि वे आराम करें। स्थिति कुछ सँभलती-सी दिखती थी। ग्लूकोज के लेने पर फिर वही एतराज़। इस बीच बराबर सेब के कतरे, मौसमी के टुकड़े लेते रहे कि सवा छह का समय हुआ और कहा—"प्रदीप नींद-सी आ रही है।" धौंकनी-सा उनका सीना ऊपर-नीचे हो रहा था। दौड़-धूप की। उपस्थित नर्सों और सहायक डॉक्टरों ने मदद की। पर वे कुछ ही क्षणों में जा चुके थे। बाबूजी तो आ ही रहे थे। यह फ़ोन पर ज्ञात हुआ और सूचना पर और जल्दी आ गये। आये तो कुछ क्षण वहीं शरीर के नज़दीक खड़े रहे। निर्विकार, निस्तब्ध वे क्षण। हल्के से मुँह पर से चादर हटाई और माथे पर हाथ फेरा और निर्निमेष खड़े देखते रहे। चादर उढ़ाई। बाप अपने तरुण बेटे के शव के पास खड़ा हो तो क्या होगा? सोचता हूँ, अब इन क्षणों को कैसे बाँधूँ? और बाबूजी के वे मूक क्षण को निःशब्द ही क्यों न रहने दिया जाय?

वे आये हम लोगों के बीच में और कहा कि भई उसको फ़ोन करो, कहाँ-कहाँ सूचना देनी है। यहाँ अब कैसे क्या व्यवस्था करनी होगी, देखो ज़रा। यह महज़ ख़ामख़याली वाला आदमी न दिखता था। लगा कि वेदना के निगूढ़ रहस्यों में से जैसे हो आये हों और अधिक सहज, वत्सल, अर्पित

ही वह हो सकते थे। क्या कहूँ? अतिरेक न मानें कि वही क्षण था कि वे स्फटिक-से कौंधते-से प्रतीत हुए।''[१]

इस आपदा से पूरा परिवार व्यथित था। पर भगवती देवी और जैनेन्द्र पर मानो बज्रपात ही हो गया था। दहाड़ें मारकर रोतीं भगवती बेहाल थीं—कभी-कभी वे चेतनाशून्य भी हो जातीं तो जैनेन्द्र कलेजे पर पत्थर रखकर उन्हें समझाते। यह दुःख काटे न कटता। लोग आते, सांत्वना देते, समझाते—पर इस सांत्वना से जाने वाला वापस तो नहीं आता। जिस पर इस दुःख की मार पड़ती है, वही इसे जान पाता है, दूसरा तो मानो संवेदना जताकर अपने कर्तव्य की पूर्ति ही करता है।

महीनों जैनेन्द्र इस व्यथा से शून्य हो रहे थे। भगवती देवी की सेहत बिगड़ी रही। वे बार-बार बिलख पड़तीं। दिलीप के गुज़रने के बाद पूर्वोदय प्रकाशन का काम-काज बहुत प्रभावित हुआ। उनकी अथक मेहनत और बुद्धि से यह प्रकाशन प्रगति पर था। पूरे घर की व्यवस्था को वे अपने ही कन्धों पर लेकर चल रहे थे। कभी किसी को कोई शिकन न आने दी। सांसारिकता से निस्पृहता इतनी थी कि कभी ब्याह करने तक को तैयार न हुए। वे जब-तब जैनेन्द्र को भी लिखने-पढ़ने को प्रेरित करते। समय होता तो उनके बोले को भी लिखते। न जाने कितने लेख, कहानियाँ उन्होंने लिखी होंगी। ऐसा कर्मठ, उत्तरदायी और समर्थ बेटा खो देने पर कैसे छाती चाक न होती, कैसे हृदय विदीर्ण न होता।

पर अब कोई उपाय न था। विधि के आगे मनुष्य-मात्र का क्या वश! दुःख था तो उसे झेलना था। चाहे उसे जिस विधि झेला जाय। जैनेन्द्र ने संयम से इस विपत्ति को सहा। अन्दर से उठती हूक को ज़ब्त कर आँसुओं को आँखों में सूख जाने दिया। बड़ी पीड़ा होती, पर कोई मार्ग न था, कोई भी युक्ति न थी कि वह दिलीप को लौटा लाने में मदद करती। उनकी एक-एक बातें याद कर अन्दर-ही-अन्दर व्यथित होते जैनेन्द्र, शिव की तरह इस व्यथा को भी पी गये, पर उन्हें सामान्य होने में समय लगा।

आपातकाल के मध्य में ही, जब यह लगने लगा कि स्थितियाँ बेकाबू हो रही हैं और आपातकाल हटाने के प्रयत्न काम नहीं आ रहे तो जनवरी १९७६ में विनोबा भावे ने अपने पवनार आश्रम में आचार्य कुल सम्मेलन

---

१. *'जैनेन्द्र : साक्षी हैं पीढ़ियाँ'* — सं. विष्णु प्रभाकर, खण्ड-२, पृ. ११९

बुलाया। इस सम्मेलन का मुख्य उद्‌देश्य आपात स्थिति की गम्भीरता पर विचार करना था। इस सम्मेलन में जैनेन्द्र को भी बुलाया गया था। संसद के भंग होने, देश के बौद्धिक वर्ग के आक्रोश और इन्दिरा गाँधी की तानाशाही को देखते हुए इस सम्मेलन को बुलाया गया था। इस सम्मेलन में पुराने सत्याग्रहियों, न्यायविदों और लेखकों की उपस्थिति थी। इसमें जैनेन्द्र ने आपातकाल को मनुष्यता के लिए कलंक बताया था और लोकतन्त्र का गला घोंटने का उपक्रम करार दिया था। अनेक न्यायविदों के साथ सम्मेलन में न्यायमूर्ति शाह अन्य न्यायाधीश आपातकाल को तुरन्त हटा देने के पक्ष में थे।[१]

इस सम्मेलन में रातभर बने मसौदे पर बहस होती रही। पर कोई अन्तिम निर्णय न हुआ। इस सम्मेलन में आये अनेक आचार्यों का मानना था कि आपात स्थिति लागू होने से देश में अनुशासन अवश्य स्थापित हुआ है। विद्या संस्थानों में, अध्ययन-अध्यापन में नियमितता प्रतिष्ठित हुई है। अत: आपातकालीन व्यवस्था को बिलकुल नहीं नकारना चाहिए।[२]

जैनेन्द्र आत्मानुशासन के हक़ में तो थे पर यह नहीं मानते थे कि इसे बनाये रखा जाय। लेकिन सम्मेलन में 'आत्मानुशासन' का संकल्प लेकर सम्मेलन समाप्त हो गया था और जैनेन्द्र ने दिल्ली लौटने से पहले विनोबा भावे से बैठक कर देश की गम्भीरता पर विचार किया था। विनोबा को भी बहुत चिन्ता थी, पर उनकी चिन्ता आचार्यों की सहमति से दूर होती थी। वहाँ भी जैनेन्द्र ने एतराज़ जताया कि आत्मानुशासन के नाम पर देश को इस तरह तबाह कर देने की मंशा का मैं समर्थन नहीं करता।

जैनेन्द्र के वहाँ से लौटने के बाद 'सर्वेन्ट्स ऑफ़ इंडिया' के वरिष्ठ सदस्य भीमसेन सच्चर की अध्यक्षता में दिल्ली में कई बैठकें हुईं। इन बैठकों में सम्पादक वर्गीस, अर्थशास्त्री जे.डी. सेठी और विचारक जगतराम साहनी के बीच विचार-विमर्श हुआ। इसमें जैनेन्द्र की भूमिका महत्त्वपूर्ण थी। इस बैठक में तय किया गया कि आपातकाल के विरोध में सरकार को प्रतिवेदन देकर शान्तिपूर्ण तरीक़े से जेल भरो आन्दोलन चलाया जाय। इसके लिए पहले बारह व्यक्तियों का चयन भी हुआ। बैठक में जैनेन्द्र को

---

१. *'जैनेन्द्र : साक्षी हैं पीढ़ियाँ'* —सं. विष्णु प्रभाकर, खण्ड-३, पृ. १६३

२. *वही,* पृ. १६३

अधिकार दिया गया कि वे सत्याग्रहियों और सरकार के बीच प्रभावी भूमिका निभाएँ।[१]

चूँकि इन्दिरा गाँधी से उनका व्यक्तिगत परिचय था और उनके कैबिनेट के ज़्यादातर लोग उन्हें जानते थे, इसलिए यह दायित्व उन्हें दिया गया कि वे तत्काल ही इस पर प्रयत्न कर किसी उचित हल की तरफ़ बढ़ेंगे। इसके बाद जैनेन्द्र ने कोशिश की, पर वह व्यर्थ सिद्ध हुई। अब सरकार पीछे हटने को तैयार न थी। उसकी काफ़ी किरकिरी हो चुकी थी और जयप्रकाश नारायण के नेतृत्व में काँग्रेस विरोधी आन्दोलन पूरे देश में फैल चुका था। सरकार में बैठे लोगों का यही मत था कि अब चाहे जो हो, पीछे हटने का कोई औचित्य नहीं है। जैनेन्द्र ने अपना प्रयास भले ज़ारी रखा, पर वे भी मान चुके थे कि यह सरकार, जो अनीति और बर्बरता के सहारे जनतन्त्र को कुचलने का अभियान छेड़े हुई है, वह अब अधिक दिन की मेहमान नहीं है।

उन्हें जयप्रकाश नारायण के नेतृत्व में चल रहे सम्पूर्ण क्रान्ति आन्दोलन से पूरी सहानुभूति ही नहीं थी, वे उसके समर्थन में भी आ गये थे। वे देख रहे थे कि काँग्रेस में भगदड़ मची हुई है और सभी नामधारी नेता जयप्रकाश बाबू के नेतृत्व में लोकतन्त्र को बचाने की मुहिम में जुटे हैं। वे भी जगह-जगह लोगों को जागरूक करते, मानो सत्याग्रह का पुराना ज़माना लौट आया हो।

इसी बीच १९७७ के आरम्भ की बात होगी, जयप्रकाश नारायण जब दिल्ली आये तो उन्होंने जैनेन्द्र को मिलने का सन्देश भेजा। जैनेन्द्र उनसे मिलने पहुँचे। हाल-समाचार के बाद थके और सेहत से जूझ रहे जयप्रकाश नारायण ने जैनेन्द्र से पूछा—"काँग्रेस के कुशासन ने जीना हराम कर रखा है, आपको क्या लगता है, क्या होगा?"

"इसमें मुझे क्या लगना है जयप्रकाश जी, इसके चन्द दिन ही बचे हैं, आपने जो नया रूप धर लिया है।"

जैनेन्द्र के कहे पर जयप्रकाश मुस्कुराए, बोले—"इन्दिरा को आपने कहा नहीं कि यह उसने ठीक नहीं किया?"

---

१. *'जैनेन्द्र : साक्षी हैं पीढ़ियाँ'* —सं. विष्णु प्रभाकर, खण्ड-३, पृ. १८२

“कहा था, नाराज़गी भी जताई पर कोई लाभ न हुआ। लौट आया था।”

जयप्रकाश का चेहरा तन गया। वे तनिक चुप्पी के बाद बोले—“हमने भी उसे समझाया, अपने सम्बन्ध तक का वास्ता दिया, पर उसने मेरी एक न सुनी। इतनी जिद तो पण्डित नेहरू में भी न थी।”

“सो तो आप ठीक कहते हैं। अब उसका कोई फ़ायदा भी नहीं। आप जो कर रहे हैं, हम उसे एक बड़ा काम मान रहे हैं—अगर आप सफल हुए तो शायद पुराने सपने लौटें।”

“नहीं जैनेन्द्र जी, मुझे उन सपनों के लौटने का कोई भ्रम नहीं है। स्वाधीनता के बाद देश ग़लत पटरी पर आ गया था। अब तो देह में न तो वह ताक़त है, न बाजुओं में ज़ोर। बस हवा बदल जाय, लोगों में ईमान की भूख जग सके, तो भी बहुत है।”

“और यह सम्पूर्ण क्रान्ति?” जैनेन्द्र ने प्रश्न किया।

जयप्रकाश चुप रहे। चुप्पी देर तक रही। फिर कुछ सोचते हुए बोले—“वह तो साथ चल रहे लोगों पर निर्भर करता है। हमने तो नारा दिया है। शुचिता और उसके निमित्त जीवन का आदर्श मेरा है, पर क्रियान्वयन तो समूह को करना है। हम अकेले क्या कर सकते हैं। अकेले गाँधी भी क्या कर सके, शीराज़ा देखते-देखते ही बिखर गया था। हम लोग तो उन्हीं के आदर्शों पर चलने वाले लोग हैं।”

जैनेन्द्र ने जयप्रकाश की बातों में निराशा देखी, पर उत्साह में कमी नहीं। उनके जज्बे में भारत की तक़दीर लिखने की बेकली थी। वे पूरे भारत में नये गाँधी के रूप में अवतरित हुए थे। लोकनायकत्व का यह विरला रूप जयप्रकाश ने अपने त्याग से बनाया था।

जैनेन्द्र ने कहा—“आश्वस्त रहें, आप सफल होंगे। लोक मन यही कह रहा है।”

जयप्रकाश ने हल्की हँसी बिखेरी, तो जैनेन्द्र ने अपने बुलाने का प्रयोजन पूछा।

“प्रयोजन मिलना भी तो हो सकता था। हम जो पुराने मित्र हैं।” कहकर जयप्रकाश ने छलकती आँखों से जैनेन्द्र को आलिंगन में भर लिया।

“हाँ, मन हो रहा था कि बुद्धिजीवियों की एक बैठक होती और उसमें

भावी योजनाओं पर बात होती।''

''ठीक कहते हैं। समय तय करें, हम बैठते हैं।'' जैनेन्द्र ने कहा था।

उसके कुछ ही दिन बाद बुद्धिजीवियों की बैठक जयप्रकाश नारायण की अध्यक्षता में हुई थी, जिसमें जैनेन्द्र विशेष आमन्त्रित सदस्य के रूप में मौजूद थे। उस बैठक के बारे में अटल बिहारी वाजपेयी ने लिखा—''मुझे वह दिन याद है जब लोकनायक जयप्रकाश नारायण द्वारा निमन्त्रित बुद्धिजीवियों की बैठक में, इस प्रकार की बैठकों के बारे में संशयग्रस्त जैनेन्द्र जी, जयप्रकाश जी के मुँह से संस्कृति का शब्द सुनकर कुछ-कुछ आश्वस्त हुए थे और उन्हें लगा था कि सम्पूर्ण क्रान्ति केवल सत्ता परिवर्तन का नाम नहीं, जीवन को अधिक सुन्दर, सुरुचिपूर्ण तथा सुसंस्कृत बनाने का प्रयास भी है।''[१]

इस सभा में जैनेन्द्र ने राजनीति को संस्कृति की परस्परता में विकसित करने की बात की थी और संस्कार उसे कहा जो अस्मिता को परस्परता की ओर मोड़ देता है। इस सभा में बोलते हुए जैनेन्द्र ने कहा था—''हम में हर कोई इनसान है और हर नागरिक भी है। हमारी जमातें भी आख़िर हमारी, यानी इनसानों की हैं और समूची मानव जाति का अंग हैं। एक मतवाद को लेकर या किसी भी बहाने को लेकर, क्या व्यक्ति, क्या दल की छुट्टी हो सकती है ? कि वह आदमियत से हाथ धो बैठे ? नहीं, कभी नहीं हो सकती। संस्कृति का यही अर्थ है। उसका यह तक़ाज़ा और अधिकार है कि वह मनुष्य में से मनुष्यता ही प्राप्त होने दे और मनुष्य को उस अपने स्व-धर्म की राह पर बराबर अडिग रखे, गिरने न दे।''

अन्य बुद्धिजीवियों ने भी अपनी-अपनी बातें रखीं। सबने इस नाजुक समय में राजनीति की क्रूरता की बात की और लेखकों के दमन पर भी चिन्ता जताई। पर एक स्वर से सबने उस राजनीति की वकालत की जो संस्कृति को अपना ध्येय माने और सत्ता को अनीति का पर्याय न बनाये। सभी बुद्धिजीवी जैनेन्द्र की बातों से भी सहमत हुए थे और स्वयं जयप्रकाश भी, जो चाहते थे कि सत्ता परिवर्तन ही उनके आन्दोलन का लक्ष्य न बन जाय, बल्कि भारतीय लोकतन्त्र का सांस्कृतिक आधार मज़बूत हो और भारतीय नागरिक संस्कार-सम्पन्न होकर देश की दिशा तय कर सकें।

---

१. *'जैनेन्द्र : साक्षी हैं पीढ़ियाँ'*—सं. विष्णु प्रभाकर, खण्ड-३, पृ. ३७

बाद के दिनों में भी जब-जब जयप्रकाश नारायण दिल्ली आये, तब-तब जैनेन्द्र से उनकी मुलाक़ातें हुईं। दिल्ली में उन्हीं दिनों आयोजित हुई उनकी विशाल जनसभा को जैनेन्द्र ने भी सम्बोधित किया था। उन दिनों के जैनेन्द्र में राष्ट्रभक्ति, समर्पण भाव और सीधी कार्यवाही में उतर पड़ने की छटपटाहट देख मन श्रद्धा और उत्साह से भर उठा था।[१]

इस सभा में उनके पुराने मित्रों में मोरारजी देसाई, हरिभाई पटेल, मोहन धारिया सरीखे अनेक नेताओं ने भाषण दिये थे। पर जैनेन्द्र के भाषण की स्वयं जयप्रकाश ने बड़ी प्रशंसा की थी। जब १९७७ का आम चुनाव सम्पन्न हो गया और काँग्रेस पराजित हो गयी तो जैनेन्द्र सपरिवार इन्दिरा गाँधी से मिलने उनके आवास पहुँचे थे। उनकी यह भेंट मई, १९७७ में हुई थी। उन्होंने इन्दिरा गाँधी को सांत्वना दी थी और जनता के लिए काम करने की नसीहत भी। उन्होंने कहा था—"राजनीति अन्तर्विरोधों से सामंजस्य की नीति है, जब तक हम अपने इस दुर्गुण पर काबू पाकर सामंजस्य नहीं बिठाते तब तक कामयाब नहीं हो पाते। आप अपने को पहचानें, अपनी खोई ज़मीन को पाने की चेष्टा करें। सत्ता में होना ही राजनीतिक का धर्म तो नहीं है न। सत्ता से बाहर रहकर भी हम अपना काम कर सकते हैं।"

इस अल्प भेंट में इन्दिरा गाँधी ने आपातकाल पर उनकी सलाह की याद दिलाई और कहा था कि आपने उचित सुझाव दिये थे, पर बात बिगड़ चुकी थी। तत्काल उसे हटाना अपनी प्रतिष्ठा गँवानी थी। जो हो, हम आने वाले समय की प्रतीक्षा करेंगे। आपका स्नेह बना रहे, हम यही चाहेंगे। पर आपका स्नेह हमें मुश्किल दिनों में नहीं मिला।

जैनेन्द्र उनका इशारा समझ गये थे। वे बोले—"मैं एक लेखक हूँ। सत्याग्रह के ज़माने के लोग मेरे मित्र हैं। कैसे मैं उनसे न मिलता और कैसे मैं सार्वजनिक रूप से इस आपातकाल का समर्थन करता! वह मुझसे हो नहीं सकता था। मैं अमानवीय नहीं हो सकता था।"

"बात अमानवीय होने की नहीं, मेरे सीधे विरोध करने की है। आप आपातकाल के विरोध में विनोबा के बुलावे पर पवनार गये, जयप्रकाश जी से मिले, मेरे विरुद्ध तरह-तरह की मन्त्रणाएँ हुईं, यह कह रही।"

"वह व्यक्ति का विरोध नहीं, प्रवृत्ति का विरोध था। मैं यहाँ एक व्यक्ति

---

१. *'जैनेन्द्र : साक्षी हैं पीढ़ियाँ'* —सं. विष्णु प्रभाकर, खण्ड-३, पृ. १८२

से मिलने आया हूँ जिसे अपने परिवार का मानता हूँ, मानता रहूँगा।''

बात बढ़े और कटुता को जगह मिले, इससे पहले जैनेन्द्र वहाँ से सपरिवार घर की ओर लौट चले। उन्हें इन्दिरा का ग़ुस्सा जायज लगा, पर वे भी ग़लत कहाँ थे!

१९७८ की ही बात है, उनका स्वास्थ्य ख़राब हुआ, वे बहुत तकलीफ़ में थे। लोगों के सुझाव पर वे भगवती देवी के साथ उपचार के लिए बम्बई गये, जहाँ वे दो महीने रहे थे। जब ठीक होकर आये तो मित्रों ने सुझाव दिया कि बीच-बीच में अखिल भारतीय आयुर्विज्ञान संस्थान में जाँच कराते रहना उचित है। इस सुझाव पर अमल करके जब वे आयुर्विज्ञान संस्थान गये तो डॉक्टर ने जाँच के लिए उनसे कुर्ता उतारने को कहा। जब जैनेन्द्र ने खद्दर का कुर्ता और खद्दर का ही बनियान उतारा तो डॉक्टर हैरान हुआ। उसने कहा—''पता नहीं कितने गाँधीवादियों और नेताओं से मिलना हुआ है, पर मुझे याद नहीं कि खद्दर के कुर्ते के भीतर भी कोई खद्दर का बनियान पहना दिखा हो। लोग अन्दर मुलायम बनियान पहनकर ऊपर से खद्दर धारण कर गाँधीवादी होने का भ्रम ज़्यादा फैलाते हैं।''

यह कहने वाले कोई डॉ. मिश्र थे जो बड़े अनुभवी डॉक्टर थे और उनके कक्ष में कई दूसरे डॉक्टर भी थे जो यह देख हैरान हो रहे थे। इस पर सभी डॉक्टर ठठाकर हँस दिये थे और जैनेन्द्र लजाकर दोहरे हो आये थे, चेहरा उनका लाल हो उठा था।[१]

अपने सहज-सरल जीवन में सादगी से रहना और खद्दर के कपड़ों में ही ख़ुद को ढालकर जीना उन्होंने पच्चीस वर्ष की उम्र से शुरू कर दिया था। कोई बनाव-कढ़ाव नहीं। कोई दिखावा नहीं, न इसकी चिन्ता कि वे सामने वाले को कैसा दिखते हैं। बस यह कोशिश उनकी ज़रूर होती कि जो भी पहनें वह स्वच्छ हो, उसमें एक सादगी तो हो, पर वह मैला-कुचैला न हो। इस मायने में वे यहाँ भी गाँधी का कौल ही जीते थे कि वस्त्र चाहे फटा हो, पर वह कम-से-कम साफ़-सुथरा हो। वह मैला हुआ तो मनो-मालिन्य का कारण बनेगा।

इसी वर्ष उनको 'आचार्य तुलसी सम्मान' से सम्मानित करने की घोषणा हुई। जैनेन्द्र को यह सम्मान साहित्य और संस्कृति में उनके विशिष्ट

---

१. *'जैनेन्द्र : साक्षी है पीढ़ियाँ'*—सं. विष्णु प्रभाकर, पृ. १११

योगदान के साथ-साथ इसलिए भी देने का निर्णय किया गया था कि वे अणुव्रत-सेवी थे। अहिंसा में आस्था, व्यक्तित्व में आर्द्रता और व्यवहार में आत्मीयता के साथ अपरिग्रह और सादा-संयमपूर्ण जीवन का जो आदर्श उन्होंने प्रस्तुत किया था, उसके लिए यह सम्मान उन्हें दिया गया और शुरू में असहमति के बावजूद आग्रह करने पर उन्होंने इसे स्वीकार किया। इससे मिली एक लाख रुपये की राशि उन्होंने अहिंसा के कार्यों पर ख़र्च करने के लिए दे दी थी। यद्यपि जैनेन्द्र जैन मतवाद और धार्मिक आचार से दूर थे, पर उसके मानवीय दर्शन से गहरे अनुप्राणित थे जैसे वे सनातन दर्शन और विभिन्न धर्मों के मानवीय तात्त्विक चिन्तन को महत्त्व देते थे। अनेक मंचों की तरह यदा-कदा बुलावे पर वे अणुव्रत शिविरों में भी जाते थे और हज़ारों शिविर-प्रतिभागियों को सम्बोधित कर उन्हें जैन धर्म की मानवीय करुणा और अहिंसा का सन्देश देते थे। उनके साथ कई शिविरों में विचारक के तौर पर मोरारजी देसाई, हरिवंश राय 'बच्चन', श्रीमन्नारायण अग्रवाल आदि भी जाते।

इसी क्रम में एक बार बम्बई में आचार्य तुलसी के सान्निध्य में अणुव्रत समिति का अधिवेशन हुआ था जिसमें उन्हें अध्यक्ष बनाने का प्रस्ताव आया था जिसे जैनेन्द्र ने अस्वीकार कर दिया था। अध्यक्ष वही हो सकता था, जो विधिवत् अणुव्रती हो। जैनेन्द्र ने न केवल अध्यक्ष बनने से इनकार कर दिया था बल्कि अणुव्रत की सदस्यता का फॉर्म भरने से भी असहमति व्यक्त कर दी थी—"मैं किसी संस्था का न तो सदस्य बनता हूँ और न ऐसे किसी फॉर्म पर दस्तख़त ही करता हूँ।"

बात जब आचार्य तुलसी के पास गयी तो वे भी आग्रह पर उतर आये। जैनेन्द्र ने कहा—"इस सिद्धान्त को मिटाना मेरे वश की बात नहीं है। एक बार गाँधी जी ने भी 'सर्व सेवा संघ' का सदस्य बनने के लिए कहा था, मैंने उसे भी नहीं माना था।"

तब आचार्य तुलसी ने कहा—"यह औपचारिकता है। इसमें आग्रह जैसी बात क्यों होनी चाहिए।"[१]

उनकी सहज आत्मीयता ने जैनेन्द्र को पिघला दिया था जिसके बाद वे फॉर्म पर दस्तख़त कर अणुव्रत समिति के अध्यक्ष बने थे।

---

१. *'जैनेन्द्र : साक्षी हैं पीढ़ियाँ'* —सं. विष्णु प्रभाकर, खण्ड-२, पृ. २१९

सत्य और अहिंसा के साथ अपने जीवन में त्याग, सादगी और वैरागी भोजन ग्रहण करने के साथ–साथ विचारों में परम मानवीय होने के कारण जैनेन्द्र उसी तरह प्रत्येक धर्मसंस्था और धर्मावलम्बी के लिए श्रद्धेय हो जाया करते थे जैसे गाँधी या विनोबा हो जाते। यह उनके विराट व्यक्तित्व का वह पक्ष था जो उन्हें मानवोत्तम बनाता था।

१९७९ के अगस्त की बात होगी, उनकी तबीयत अभी पूरी तरह ठीक नहीं हुई थी। इसी बीच एक दिन प्रधानमन्त्री कार्यालय से पत्र आया, जिसमें उनको संयुक्त राष्ट्र संघ, न्यूयॉर्क में मानवाधिकार पर होने वाले वैश्विक सम्मेलन में जाने के लिए भारतीय प्रतिनिधिमण्डल के अध्यक्ष के तौर पर मनोनीत करने की सूचना थी। वे बड़े पशोपेश में पड़े। मन से वे इस यात्रा के लिए तैयार न थे, पर सन्देश प्रधानमन्त्री कार्यालय का था और पत्र में स्पष्ट था कि तत्कालीन प्रधानमन्त्री चरण सिंह ने उन्हें यह दायित्व दिया था।

पर जैनेन्द्र इस सरकार से नाख़ुश थे। उनकी नाख़ुशी का कारण स्पष्ट था, जिस जयप्रकाश नारायण ने काँग्रेस विरोध पर सम्पूर्ण क्रान्ति का अखिल भारतीय आन्दोलन चलाया था और जनता पार्टी को १९७७ में भारी बहुमत दिलाकर सत्ता पर काबिज किया था, वह सत्ता लोलुपता की भेंट चढ़ गया था। उसकी सबसे बड़ी विडम्बना यही थी कि जिस काँग्रेस के विरोध पर जनता पार्टी खड़ी हुई थी, वह अब दो धड़ों में बँट गयी थी। एक धड़े के नेता चरण सिंह ने काँग्रेस का समर्थन लेकर सरकार बना लिया था। चरण सिंह अब प्रधानमन्त्री थे और उन्होंने ही यह निर्णय लिया था।

जैनेन्द्र ने भरसक इस निर्णय को बदलवाने की कोशिश की, पर व्यर्थ, स्वयं चरण सिंह ने उन्हें बुलाकर राष्ट्रसंघ जाने के लिए आग्रह किया। वे कहते रहे कि स्वास्थ्य ठीक नहीं है, देह इस लायक नहीं कि इतनी लम्बी यात्रा करें, पर चरण सिंह तैयार न हुए। उन्होंने स्पष्ट कहा कि वे अनुभवी व्यक्ति हैं। देश के बड़े लेखक ही नहीं, सुलझे राष्ट्र चिन्तक और एक मायने में राजनीतिज्ञ भी हैं—उनके जाने से देश का मान बढ़ेगा और स्वयं उनकी चिन्ता कम होगी। जैनेन्द्र अब क्या तर्क करते। उन पर चरण सिंह का यह प्रेम सुहा नहीं रहा था, पर विषय देश का था, देश के प्रतिनिधित्व का था।

असल में मोरारजी देसाई और स्वयं चरण सिंह कैबिनेट में शामिल कई

नेता जैनेन्द्र को भलीभाँति जानते ही न थे, उनके साथ काम भी कर चुके थे। वह एक दौर था। सम्भव था कि किसी ऐसे ही मित्र ने उन्हें भेजने का सुझाव दिया हो, चरण सिंह से उनका सम्बन्ध कभी औपचारिकता से आगे नहीं बढ़ा था।

अन्ततः जैनेन्द्र मानवाधिकार के भारतीय प्रतिनिधिमण्डल के अध्यक्ष की हैसियत से संयुक्त राष्ट्रसंघ गये और वहाँ उन्होंने न्यूयॉर्क में आयोजित सम्मेलन में मानवाधिकार के विभिन्न बुनियादी प्रश्नों पर व्याख्यान दिया। इस सम्मेलन का केन्द्रीय विषय 'बाल श्रम और उसके अधिकारों के हनन' को लेकर था। जैनेन्द्र ने आज के समय में बच्चों के शोषण और अवैध श्रम कराकर उनके भविष्य को नष्ट कर देने की प्रवृत्ति की अमानवीयता का विरोध किया और भारत के पक्ष को मज़बूती से सामने रखा। संयुक्त राष्ट्र में उनके व्याख्यान को बहुत सराहा गया था। अपने संक्षिप्त प्रवास के दौरान उन्होंने न्यूयॉर्क के दर्शनीय स्थलों का भ्रमण किया और इसके बाद वे स्वदेश लौट आये थे।

इधर देश की स्थिति दिन-ब-दिन ख़राब हो रही थी। जनता सरकार के प्रयोग की विफलता के बाद जयप्रकाश नारायण के स्वास्थ्य के निरन्तर गिरने की ख़बर से बेहद चिन्तित जैनेन्द्र को जब ८ अक्टूबर, १९७९ को उनके देहान्त की सूचना मिली तो वे बहुत दुखी हुए। सक्रिय राजनीति में रहते हुए वही एकमात्र उम्मीद शेष थे, जो दृढ़ मनोबल के साथ पूरे देश को अपने साथ लेकर चलने में समर्थ थे। उनका स्वास्थ्य तो आपात स्थिति के समय ही ख़राब हो गया था। निरन्तर जेल का जीवन उनकी बूढ़ी काया को बर्दाश्त नहीं हुआ, उस पर उनकी बड़ी उम्मीद का यूँ स्वार्थों की भेंट चढ़ जाना बर्दाश्त न हुआ और वे टूटते चले गये।

जैनेन्द्र को उनके साथ बिताए पुराने दिन याद आये जब वे साथ-साथ काम करते थे। उन दिनों की भी याद आयी जब जयप्रकाश ने एम.एन. रॉय के विचारों से प्रभावित होकर गाँधी जी के बहुत-से विचारों से असहमति व्यक्त की थी, फिर भी वे गाँधी के प्रिय रहे और गाँधी के निकट भी रहे। जयप्रकाश ने राज और समाज दर्शन के जिन विचारों को अपने जीवन का ध्येय बनाया था, गाँधी जी भी उससे प्रभावित रहे। जैनेन्द्र को ध्यान आया, गाँधी जी ने कहा था—"समाजवाद के बारे में जो जयप्रकाश नहीं जानते, उसे इस देश का दूसरा व्यक्ति भी नहीं जानता।"

त्याग और निःस्वार्थ सेवाभाव की मिसाल ऐसी, जो शायद ही कहीं मिले।

जैनेन्द्र को एक पुराने सत्याग्रही के रूप में जयप्रकाश को खो देने का मलाल उतना नहीं था जितना कि देश की राजनीति से उन जैसे व्यक्ति के चले जाने से था। सुराज को सम्पूर्ण क्रान्ति में विन्यस्त कर जयप्रकाश ने जो प्रयोग किया था, वह राजनीतिक रूप से भले ही विफल रहा हो, पर उसकी सम्भावनाएँ अभी मरी नहीं थीं, पर जब उसका सूत्रधार ही न रहा, तो उसका आगे क्या होगा, यह बड़ा प्रश्न था।

१९८० में उनकी वैचारिक पुस्तक 'प्रेम और विवाह' आई तो १९८१ में 'शिक्षा और संस्कृति' तथा 'मेरे भटकाव'। 'प्रेम और विवाह' में जहाँ उन्होंने प्रेम तथा विवाह को व्याख्यायित कर प्रेम को प्रतिष्ठा दी, वहीं 'शिक्षा और संस्कृति' में उन्होंने अनेक बुनियादी प्रश्नों को उठाकर शिक्षा-संस्कृति के परस्पर सहभाव को दिखाया। 'मेरे भटकाव' उनसे की गयी बातचीत की पुस्तक थी जिसमें वे अपने जीवन के कतिपय मर्मस्पर्शी प्रसंगों को रख पाये थे। हिन्दी जगत ने इन पुस्तकों का स्वागत किया तथा जैनेन्द्र के चिन्तन से एक विमर्श की सम्भावना भी बनी।

१९८२ का वर्ष उनके जीवन की दो उपलब्धियों को लेकर आया। पहली उपलब्धि साहित्य अकादेमी के सर्वोच्च सम्मान 'महत्तर सदस्यता' पाना तथा दूसरी 'अणुव्रत सम्मान' से अलंकृत होना। इन दोनों सम्मानों को ग्रहण करने में वे किंचित् झिझक से ही भरे थे, जो उनका स्वभाव था—पर यह उनकी उपलब्धियों में परिगणित करने योग्य तो थे ही।

इसी क्रम में मई, १९८३ में शिमला में आयोजित शिखर लेखक सम्मेलन में भी वे गये। वहाँ उन्होंने सम्मेलन के मुख्य अतिथि की हैसियत से बोलते हुए साहित्य को अधिकाधिक मानवीय और करुण बनाने पर बल दिया था। आयोजन में उपस्थित लेखकों को जीवन और साहित्य की परस्परता में जीने की सीख देते हुए वे दिल्ली लौटे थे।

१९८४ के आरम्भ में कलकत्ता में 'अखिल भारतीय कथा सम्मेलन' का आयोजन हुआ। इसमें कई पीढ़ियों के कथाकार शामिल हुए थे। इस आयोजन को वहाँ के कई सेठों ने मिलकर किया था। इसके सूत्रधार रमेश बख्शी थे जो उन दिनों 'ज्ञानोदय' पत्रिका का सम्पादन कर रहे थे। वहाँ एक साथ कई अप्रिय प्रसंग आये। नये लेखक कुपित भाव से पुराने

लेखकों पर छींटाकशी कर रहे थे। जैनेन्द्र अनमने भाव से ही उसमें शामिल हुए थे, पर आश्चर्य ही था कि लेखक उनकी उपस्थिति से असहज थे और अपने वक्तव्यों में मर्यादा का उन्हें ध्यान ही न था। क्या कमलेश्वर, शैलेश मटियानी, हिमांशु जोशी—प्रायः सबने अपने वक्तव्यों में आयोजन पर निशाना तो साधा ही, स्वयं जैनेन्द्र के लेखन पर परोक्ष रूप से टिप्पणियाँ भी कीं।

शैलेश मटियानी ने इस पूरे आयोजन को ही ठगों की जमात कह दिया था। कमलेश्वर ने भी जैनेन्द्र पर आक्रमण किया और उनके लेखन को पुराना कहकर नयी सोच की बात उठाई। जैनेन्द्र यह सब सुनते-सहते रहे। सम्मेलन के अन्तिम दिन, अन्तिम सत्र में नये लेखक के प्रतिनिधि के रूप में हिमांशु जोशी लेखकीय स्थिति पर बोल रहे थे, पर अचानक जैनेन्द्र आवेश में आ गये और हिमांशु जोशी से माइक छीनकर बोलने लगे—"हिमांशु नयी पीढ़ी के लेखक हैं। इनकी सोच क्या है, ये जानें! परन्तु यह कहना मैं अपना कर्तव्य समझता हूँ कि लेखक को किसी भी आश्रय की आवश्यकता नहीं है। हमें किसी की सहायता, किसी की अनुकम्पा, किसी की दया नहीं चाहिए।"[१]

इसी सत्र में उन्होंने सबके प्रतिवादों का एक-एक कर जवाब दिया और सैकड़ों लेखकों के नकारात्मक विचारों को सिरे से तर्क के साथ निरस्त कर दिया। लेखक उनकी वक्तृता पर क्षुब्ध होते हुए भी मुग्ध हो रहे थे और उनके पास उनके कहे का और तर्कों का कोई जवाब नहीं मिल रहा था। उनकी वक्तृता और तर्कों को याद कर शैलेश मटियानी ने जैनेन्द्र पर प्रतिवाद कर बोलने को इस तरह के बोलने की संज्ञा दी जैसे गुलीवर पर बौने लोग बाण चला रहे हों। उस पर उनका कोई प्रभाव ही न हो। जैनेन्द्र के मुँह से शब्द ऐसे निकल रहे थे जैसे वे उनके मुँह से स्वतः बह रहे हों।[२]

उस दौर में दृश्य में आये कथाकारों ने अपना ध्येय बना रखा था कि वे पुराने कथाकारों पर आक्रमण करेंगे। यह ध्येय उन्हें अपने को स्थापित करने में उपयोगी प्रतीत होता था। इनका नेतृत्व जिन लोगों के हाथों में था, वे तो ख़ुद अनर्गल तर्कों से सबको ध्वस्त करने की मुहिम में लगे ही थे,

---

१. *'जैनेन्द्र : साक्षी हैं पीढ़ियाँ'* —सं. विष्णु प्रभाकर, खण्ड-२, पृ. ३६९
२. *'जैनेन्द्र : साक्षी हैं पीढ़ियाँ'* —सं. विष्णु प्रभाकर, खण्ड-१, पृ. ९७

अपने अनुयायियों को भी यह सब करने को उकसाते रहते थे। जैनेन्द्र ने एक-एक कर सबका उत्तर दिया और बताया कि साहित्य नया-पुराना नहीं होता। वह स्वयं में एक मर्यादा है तो मूल्य भी। लेखक का आचरण बहुधा उसके लेखन का आईना होता है। नयी कहानी और बाद के अनेक कहानी आन्दोलनों के लिए मानो जैनेन्द्र एक बाधा की तरह थे, जो यदा-कदा नये कहानीकारों के प्रतिवादों में दिख जाता था। उसके कुछ उदाहरणों को देखने से जैनेन्द्र से इनकी रुष्टता का अनुमान लगाना कठिन नहीं होगा—'' 'नयी कहानी' के वैचारिक और रचनात्मक उत्स से जैनेन्द्र और अज्ञेय—दोनों ही अपनी-अपनी तरह से 'त्रस्त' थे। जैनेन्द्र ने प्रेमचन्द और प्रसाद—दोनों से ही अपनी अलग रचना की पहचान बनाई थी और भाषा तथा विचार के स्तर पर हिन्दी साहित्य को गरिमा प्रदान की थी। अज्ञेय विदेशी मुहावरे के आभिजात्य संस्कारों से परिपूर्ण थे। दोनों ही दुर्धर्ष रचनाकारों का कथा-संसार हमारे सामने था और ये साहित्यिक भूगोल में उन्नत और विराट पर्वतों की तरह मौजूद भी थे। और हमारे कथा-प्रहरी भी थे।''[१]

यह कमलेश्वर का कथन है जो जैनेन्द्र को अपने आन्दोलन के लिए एक चुनौती की तरह देखते थे। वे आगे लिखते हैं—''नयी कहानी के घनघोर बादलों को इन्हीं विराट पर्वतों से टकराना ा—प्रेमचन्द तो पीछे हिमालय की तरह मौजूद ही थे। इन उन्नत व्यक्तिवादी और सम्भ्रान्त पर्वतों से जो वैचारिक हिमधाराएँ फूट रही थीं, वे आम आदमी की नियति से अलग और विमुख थीं। वे हिमधाराएँ व्यक्तिवाद और जैन संशयवाद से आप्लावित थीं। क्षणवाद, व्यक्तिवाद का साहित्यिक उन्मेष था और संशयवाद उस व्यक्ति का तार्किक ताना-बाना—इस रूप में जैनेन्द्र और अज्ञेय एक-दूसरे के पूरक भी थे।''[२]

इस आयोजन के बाद कलकत्ता के ही एक दो अन्य आयोजनों में शामिल होकर जैनेन्द्र दिल्ली लौट आये थे।

११ सितम्बर, १९८४ का दिन विनोबा भावे की जयन्ती का था। इस दिन तत्कालीन प्रधानमन्त्री श्रीमती इन्दिरा गाँधी के निवास स्थान पर विनोबा

---

१. *'जैनेन्द्र : साक्षी हैं पीढ़ियाँ'* —सं. विष्णु प्रभाकर, खण्ड-२, पृ. १४

२. *वही,* खण्ड-२, पृ. १४-१५

भावे के छोटे भाई शिवाजी भावे द्वारा लिखित जीवनी के विमोचन का समारोह था। जैनेन्द्र को बुलावा आया तो वे विनोबा की जीवनी के विमोचन में गये। आपात स्थिति के कड़वे अनुभव के बावजूद विनोबा भावे के कारण वहाँ गये भी तो सबसे पीछे की क़तार में बैठे। उस आयोजन में इन्दिरा मन्त्रिमण्डल के सदस्य, अन्य राजनेता, अनेक सर्वोदयी तथा समाजसेवी उपस्थित थे। जब कार्यक्रम सम्पन्न हुआ तो इन्दिरा जी की निगाह पीछे की क़तार पर पड़ी जिसमें जैनेन्द्र बैठे थे। फुर्ती से उस ओर बढ़कर इन्दिरा जी हँसती हुई बोलीं—"जैनेन्द्र जी, आप कहाँ छिपकर बैठे थे?"[१]

"छुपकर तो नहीं, क़तार में ही तो था। और फिर मेरा काम तो सुनना भर ही था।"

इन्दिरा जी सुनकर हँस पड़ीं, बोलीं—"हाँ, आप जैसे लेखक-विचारक ऐसे राजनीतिक आयोजन में निश्चय ही ऊब महसूस करते होंगे। चलिए, छोड़िए। कैसे हैं आप? स्वास्थ्य तो ठीक है?"

इन्दिरा जी के प्रश्न पर जैनेन्द्र थोड़े ठिठके, फिर बोले—"फिलहाल तो सब ठीक है। आगे का पता नहीं।"

इस पर हँसी का एक दौर चला। उसके बाद थोड़ी देर तक इन्दिरा जी ने जैनेन्द्र के साथ एकान्त में बात की, शायद घर-परिवार का हाल ले रही हों। थोड़ी देर बाद जैनेन्द्र चलने को हुए तो इन्दिरा जी बोलीं—"कभी फ़ुर्सत में समय दीजिये, बुलाती हूँ आपको। बहुत दिन हुए मन की बात नहीं हो पाई है आपसे।"

और फिर वह फ़ुर्सत का समय न आना था, न आया। इन्दिरा गाँधी अगले ही महीने की ३१ तारीख़ को काल कवलित हो गईं।

जनता पार्टी की सरकार के स्वार्थी गठजोड़ों के बाद विभाजन और उसका पतन, फिर काँग्रेस का आना जितना तात्कालिक ढंग से हुआ, उतना ही वह देश में प्रतिक्रिया पैदा करने के काम आया। असम और पंजाब के उग्रवादियों को राज्य-संरक्षण ने बेकाबू कर दिया जिसके परिणामस्वरूप देश के यह इलाक़े पूरी तरह उग्रवाद की भेंट चढ़ गये। इन्दिरा गाँधी ने

१. *'जैनेन्द्र : साक्षी हैं पीढ़ियाँ'* —सं. विष्णु प्रभाकर, खण्ड-२, पृ. ९१

साहसिक निर्णय कर अमृतसर के स्वर्ण मन्दिर में जिस सैनिक कार्यवाही को अंजाम दिया, वह उनका काल सिद्ध हुआ। ३१ अक्टूबर, १९८४ को अपने ही अंगरक्षकों की गोली का शिकार हो, वे काल-कवलित हो गयीं। उनके अंगरक्षक सिख थे, जिसके कारण सिखों के ख़िलाफ़ दिल्ली में भयानक नरसंहार हुआ और पूरे देश में सिख विरोधी दंगे तथा लूटपाट हुए।

इन्दिरा गाँधी की मृत्यु जैनेन्द्र के लिए व्यक्तिगत क्षति थी। वे इस घटना से बहुत विचलित हुए। देश में लगातार बढ़ रही हिंसा ने उन्हें और भी दुखी किया। एक समय था जब इन्दिरा गाँधी की परिपक्वता का उदाहरण दिया जाता था। वे स्वयं जब-तब उन्हें सलाह देते थे और वे ध्यान से सुनकर उस पर अमल का भरोसा भी देती थीं। पर भारत की राजनीति जिस तरफ़ हाँक दी गयी थी उसमें शान्ति और समरसता की उम्मीद ही मानो व्यर्थ थी। वे देर तक सोचते रहे। मन उद्विग्न था। हर तरफ़ आग लगी थी। लोग एक-दूसरे को काट खाने को तत्पर थे। जिधर देखो, चीख़-चीत्कार, ख़ून, लूट और नफ़रत। एक मौत और उस पर यह नफ़रत। सच में समय बहुत बुरा है—किस-किस की मौत पर दुःख मनायें, किस-किस पर रोयें। गाँधी के देश में यह क्या हो रहा है। मन ग्लानि से भर उठा था। अन्दर से इच्छा जागी कि राजघाट चलें तो शान्ति मिले, पर यहाँ तो घर से निकलना ही मुहाल था। हर तरफ़ पुलिस का पहरा था। वे अब शान्त अपनी दिनचर्या में लगे थे कि 'भारत भारती' सम्मान दिये जाने की घोषणा हुई।

दिसम्बर, १९८४ के मध्य की बात होगी, कुछ ही दिनों बाद २ जनवरी, १९८५ को जैनेन्द्र की ८०वीं वर्षगाँठ आने वाली थी। बड़ी बेटी कुसुम चाहती थीं कि उन्हें बिना बताए उन्हीं के घर एक आयोजन रखकर इस वर्षगाँठ को मनाया जाय। इस योजना में बेटी कुसुम और पुत्र प्रदीप शामिल थे जिसमें परिवार के दूसरे सभी लोगों की सहमति थी। योजना के अनुसार अत्यन्त नज़दीकी लोगों को ही बुलाने का प्रस्ताव था। इसकी ख़बर जैनेन्द्र को न थी और न उन्हें अपने जन्मदिन की कोई बहुत सुधि ही रहती थी। इन्तज़ाम कर लिया गया और योजना के अनुसार अत्यन्त निकट के लोगों को ख़बर भी दे दी गयी थी कि वे फ्रेंड्स कॉलोनी स्थित कुसुम के घर पहुँचे। समय भी निश्चित था।

फ्रेंड्स कॉलोनी का यह सी-१५ नम्बर का घर प्रायः उन सभी लेखकों को

पता था जो यहाँ आते-जाते रहते थे। बेटी कुसुम के कहीं जाने पर जैनेन्द्र कभी-कभी यहाँ रह लिया करते थे इसलिए भी इस ठिकाने का पता अपरिचित न था।

बहरहाल, जैनेन्द्र भूल ही गये थे कि आज उनका जन्मदिन है, पर इतना मालूम था कि आज बिटिया कुसुम के यहाँ परिवार का जुटान है, इसलिए वहाँ जाना है। लेकिन उनकी यह समझ में नहीं आ रहा था कि घर के लोग उनसे बार-बार धोती पहनने का आग्रह क्यों कर रहे हैं? अब से पहले तो कुसुम के यहाँ कभी ख़ास लिबास में गये हों, इसकी याद भी नहीं; फिर धोती में ही क्यों जाना हो। उन्होंने दिमाग़ पर ज़ोर दिया तो माज़रा समझ में आया। ओह, तो आज उनका जन्मदिन है और बच्चे इसी से जिद कर रहे हैं कि वे बने-ठने दिखें। अचानक उन्हें हँसी आयी तो पत्नी भगवती भी मुस्करा पड़ीं। फिर कोई उलझन न हुई। वे धोती-कुर्ता पहने पत्नी भगवती के साथ फ्रेंड्स कॉलोनी पहुँचे।

वहाँ जुटे परिजनों और लेखकों ने सादे पर आत्मीय ढंग से जैनेन्द्र की ८०वीं वर्षगाँठ मनाई। जैनेन्द्र आते समय इस आयोजन का भेद समझ गये थे, इसलिए यह उनके लिए कोई रहस्य नहीं रह गया था। फिर भी उन्होंने इस आयोजन से अपनी प्रसन्नता ज़ाहिर की और आगन्तुक लेखकों के प्रति आभार व्यक्त किया। उस आयोजन में उपस्थित लेखकों में विष्णु प्रभाकर, अज्ञेय आदि, जो उनके परिवार से अभिन्न थे, शामिल थे। इस आयोजन को याद करते हुए अज्ञेय ने लिखा है—"जैनेन्द्र की ८०वीं वर्षगाँठ धूमधाम से मनाने की बात कुसुम, प्रदीप ने सोची थी। मुझे आमन्त्रित किया तो भरोसा नहीं था कि आऊँगा। पूछा—"आयेंगे?" मैंने कहा—"कैसे नहीं आऊँगा? तुम लोग बुलाओगे तो ज़रूर आऊँगा।" कुसुम बोलीं—"बुलाने से आयेंगे, ऐसे नहीं आयेंगे?" मैंने कहा—"यह मतलब नहीं था। आऊँगा ही, बुलाया तो और भी ज़रूर आऊँगा।"

काफ़ी लोग थे। मैं जैनेन्द्र जी को प्रणाम करने झुका तो किसी ने आवाज़ दी—"अरे कोई फ़ोटो लो, फ़ोटो।" फ़ोटो शायद लिया भी गया। अनन्तर सबसे मिलते समय भगवती ने गम्भीर होकर कहा—"तुम आये, यह बहुत अच्छा हुआ।" भाभी दुर्बल दिख रही थीं, पर प्रसन्न थीं।"[१]

---

१. *'जैनेन्द्र : साक्षी हैं पीढ़ियाँ'* —सं. विष्णु प्रभाकर, खण्ड-२, पृ. २९८

परिजनों और लेखकों के बीच इन गुज़रे वर्षों को जैनेन्द्र ने भरे मन से याद किया और पत्नी भगवती के अपूर्व सान्निध्य को सराहा। पहले माँ थीं जो मुझे ख़ुराफ़ाती और दीन-दुनिया से बेख़बर निकम्मे को सँभाला था और बाद में जब पत्नी के रूप में भगवती आयीं तो इन्होंने मेरे हर भले-बुरे की माफ़ी देकर इतना लम्बा जीवन मुझ अकारथ के साथ बिताया, मेरी निकम्मी ज़िन्दगी पर कभी कोई प्रश्न नहीं किया। लोगों ने देखा था, जैनेन्द्र के साथ भगवती देवी की आँखें भी भर आयी थीं।

घर ठीक-ठाक ही चल रहा था, पर जैनेन्द्र देश की परिस्थितियों और आत्मीय जनों के लगातार बिछोह से अशान्त रहते। लिखते-पढ़ने और लोगों से मिलने-जुलने का सिलसिला भी चला करता। पत्नी भगवती देवी की निष्ठा और घर को सँभालने की तत्परता जैनेन्द्र को हर हाल में सक्रिय रखती और उनकी उदासीनता को दूर करती। एक बूढ़ी महिला का मानो एक पैर पर ही खड़ा होकर पूरे घर को देखना आश्चर्य से कम न था। चूल्हा-चौका, बर्तन-बासन, घर की साफ़-सफ़ाई से लेकर जैनेन्द्र की विशेष देखरेख के साथ उनके अभ्यागतों की सेवा-टहल कोई मामूली बात न थी। बचपन से लेकर युवावस्था तक माता रामदेवी बाई और फिर उनके जाने के बाद पत्नी के रूप में भगवती देवी ने अब तक जैनेन्द्र को सँभाल रखा था, तो यह किसी वरदान से कम न था। वे अनुशासनप्रिय भी थीं तो पक्की दृढ़ता वाली भी। जैनेन्द्र को अगर कोई नसीहत देने वाली थीं तो यही थीं। उनके होते वे अधिक छूट न ले सकते थे, यद्यपि अपने स्वभाव में स्वच्छन्द और मनमौजी रहे जैनेन्द्र जब-तब उन्हें भी झाँसा देते थे। शतरंज की बाज़ियाँ जब चलनी होतीं, तो वे अक्सर उनसे भी झूठ बोलते और दोपहर को लौटने के बजाय देर रात तक लौटकर उनके ग़ुस्से का कारण बनते। पर यह भगवती ही थीं कि गृहस्थी जोड़े रखकर जैनेन्द्र को सक्रिय और उत्साहित बनाये रखती थीं ताकि वे अपना काम कर सकें तथा उसमें कोई ढिलाई न बरतें। पर संयोग को कौन टाले और होनी कब तक टालने से टलती है।

एक दिन अचानक बाथरूम में पैर फिसला और भगवती देवी अचेत हो गयीं। बेटे प्रदीप तब घर में नहीं थे। उन्हें उनके पुत्र प्रियांक ने फ़ोन पर सूचना दी और शीघ्र आने का आग्रह किया—''पापा जल्दी चलो, अम्मा (दादी) की तबीयत बहुत ख़राब हो रही है।'' वे साहित्य अकादेमी के

सचिव इन्द्रनाथ चौधरी से मिलने गये थे। सूचना पाकर वे उलटे पाँव भागे आये। घर पर आकर उन्होंने जैनेन्द्र को फ़र्श पर स्तब्ध बैठे देखा। भगवती देवी उनकी गोद में अधलेटी हुईं, कभी रुक-रुककर तो कभी लम्बी-लम्बी साँसें ले रही थीं। उन्हें साँस लेने में बहुत कष्ट हो रहा था। प्रदीप की नज़र जैनेन्द्र की आँखों पर थी, पर जैसे वे वहाँ थे ही नहीं। अपलक उनकी आँखें कहीं शून्य में अटकी हुई थीं। वे सोचने लगे—प्रभु, यह सब क्या हो रहा है ? वे जल्दी किसी डॉक्टर को लाने के लिए भागे—घर के पास में स्थित नर्सिंग होम से डॉक्टर आया और उनकी जाँच-परख की। तब तक उनकी साँसें टूट चुकी थीं। उसने बताया—वे जा चुकी हैं। इस धरती से अब उनको कोई लेना-देना न था। घर के सब लोग इस अनहोनी से विचलित हो गये।[१]

यह २५ जुलाई, १९८५ का मनहूस दिन था। इसी दिन की यह घटना थी जो इस घर में बज्रपात की तरह आयी थी। उनका इस तरह जाना परिवार पर विपत्ति के पहाड़ के टूटने की तरह था। घर में कोहराम मच गया। जो जहाँ था, दहाड़ें मारकर पछाड़ खा रहा था। पुत्र प्रदीप ने माँ को खोया, बहू विनीता देवी-स्वरूपा सास से वंचित हुईं तो पोती-पोता प्यारी दादी को खो बैठे। जो जहाँ सुना, दौड़ा आया। कुसुम, कुमुद और कनक भी दौड़ी पहुँचीं। बेटियों का आर्तनाद सुन पास-पड़ोस भी भावुक हो उठा। अब तक धैर्य धरे जैनेन्द्र भी विचलित नज़र आये। कुछ सूझे नहीं कि अब क्या हो ? यह सब क्या हो रहा है। क्या यह भगवती के जाने का समय था कि गयीं। ओह, यह व्यथा !

पहले तो वे किंकर्तव्यविमूढ़ थे, जैसे उन्हें काठ मार गया हो, पर अब वे भी फट पड़े थे। उन्हें कौन दिलासा दे, कौन समझाए।

मृत्यु धैर्य की परीक्षा लेती है। वह सत्य है—एक मात्र सत्य वही है। फिर भी उसे पचा पाना, सह लेना इतना आसान तो नहीं। इस मृत्यु का संताप बड़े-बड़े कर्मयोगी भी नहीं झेल पाते। विधाता ने यह क्या किया। अब जीवन की क्या गति होनी है, कैसे यह बोझ अकेले उठ पायेगा ? जैनेन्द्र को न जाने कितने लेखकों, परिजनों, नेताओं ने समझाया, धैर्य बँधाया, तरह-तरह के सांत्वना-शब्द कहे। पर वह जैनेन्द्र के नीचे नहीं उतर पा

---

१. *'जैनेन्द्र : साक्षी हैं पीढ़ियाँ'* —सं. विष्णु प्रभाकर, खण्ड-२, पृ. १२२

रहे थे। कहने वाले जानते थे, वे जैनेन्द्र को तसल्ली दे रहे हैं, उस जैनेन्द्र को जो स्वयं अनाहत, अप्रतिहत और अनासक्त है। जिसके विचार पाकर मनुष्य अपने विकारों से मुक्त होता है। पर क्या यह इतना ही सहज है?

जैनेन्द्र के आँसू थिर हो गये। चेतना मानो जड़ हो चली। उनका ज्ञान विधाता के काल-चक्र में उलझ गया प्रतीत हुआ। जीवन की एक कड़ी थी जो टूट गयी थी। आगे का रास्ता कठिन था; क्योंकि उसे अब अकेले तय करना था। हत्भाग्य मान जैनेन्द्र ने अपने को थामा, विधि की सत्ता को चुनौती देना मानो अपने को ही तोड़ना था। कर्मपथ पुकार रहा था, कर्तव्य था कि नश्वर देह का संस्कार हो। कलेजे पर पत्थर रखकर पत्नी भगवती की क्रिया सम्पन्न कर जैनेन्द्र ने एक तरह से अपने को साध लिया। अब इस काया का क्या काम जिसकी रखवार समर्पिता संगिनी ही छोड़ चली।

घर मानो काटने को दौड़ता। भगवती न होते हुए भी थीं। उनकी छाया जब-तब महसूस होती। कानों में उनकी आवाज़ टकराती, तो कभी चुहल करती हँसी हवा में गूँज उठती। जैनेन्द्र का मन उचट गया था। उन्हें कोई शान्ति न थी, न ऐसा ठौर जहाँ वे अपने मन से ठहर पाते। भगवती देवी के जाने के बाद जैसे पूरा घर अस्त-व्यस्त हो गया था। अब तो जैसे भी हो, जीना तो पड़ेगा। यूँ पड़े रहने से जीवन का निस्तार नहीं है। वे सोचते, फिर अपने को किसी विषय पर एकाग्र करने का प्रयास करते, पर वह निष्फल होता। लगता जैसे भगवती पास ही खड़ी हैं और पहले की तरह खिलखिलाकर हँस पड़ती हैं। फिर यकायक गम्भीर हो किसी बात पर उलाहना देकर नाराज़ हो जाती हैं। बुलाये से भी नहीं बोलतीं, न मनाने से मानती हैं। जैनेन्द्र सिर झटकते, आँखें फैला अपने भ्रम से बाहर आने का प्रयास करते। उठते-बैठते, सोते-जागते कोई ऐसा पल न होता, जब वे उनसे मुक्त होते। घर से दूर हों तो घर याद आये, घर हों तो चैन न पड़े। यह हाल महीनों रहा और इस तरह वे अपने भीतर ही टूटते रहे। बहुधा उन्हें याद आता, भगवती घर के लिए झगड़तीं। कहतीं—"एक घर तो ले लो। वह तो अपना हो। कब तक ऐसे हम किराये पर रहेंगे। परिवार बढ़ रहा है, हम अब दो प्राणी ही तो नहीं हैं।" जैनेन्द्र घर की बात पर ग़ुस्सा करते। घर उनके उसूल के ख़िलाफ़ था। घर भी एक धनसंचय ही था जो मनुष्य को धर्म-पथ से विरत करता है। उन्हें अपना कहा याद आता—

"मकान बनाने का मतलब है ज़िन्दा रहते अपनी क़ब्र बनाना। यह मुझे मंजूर नहीं। एक सच्चे सत्याग्रही को क्या यह शोभा देता कि वह घर बनाने की जुगत में अपने को नीलाम कर दे ? दिन-रात उस घर के बारे में सोचे, मानो इस जीवन का कोई दूसरा ध्येय ही न बचा हो ?"

उन्हें याद आता, तब भगवती कहतीं—"ठीक है, जीवन में देश के लिए जान देने और लिखने-पढ़ने के सिवाय किये ही क्या हो ? जो ठीक लगे करो, मेरा क्या है, मैं तुमसे पहले जाऊँगी, देख लेना। फिर तुम रहना और देखना। अरे, अपने लिए न सही, बाल-बच्चों के लिए भी सोचना होता है कि नहीं ? तुम तो बस सन्त हो, सन्तई में ही जीवन काट दोगे, बच्चे कहाँ जायेंगे, कभी सोचा भी ?"

जैनेन्द्र को एक-एक बात की याद आती और लगता जैसे कलेजे पर नश्तर चुभ रहा है। ठीक ही तो कहती थी भगवती। एक पत्नी और एक माँ घर की चिन्ता न करे तो कौन करे। पर उनका भी क्या दोष! पूरा जीवन फक्कड़पने में निकल गया। होश सँभाला तो कहीं कुछ न था। दिन कैसे कटे यह याद करते जी भर आता है। और बाद उसके, आज़ादी, जेल, सत्याग्रह, डंडे और फिर यह काग़ज़ों को काला करने का शगल। अब भी यह देश चैन कहाँ लेने देता है और यह लिखना ? अब तो जीवन के साथ ही जायेगा। उनकी आत्मा से पुकार उठती—"क्षमा करना भगवती, जो नहीं हो सकता था, नहीं कर सका। शायद मुझमें वह सामर्थ्य ही न थी, यह मान लेना। पर बच्चों की तरफ़ देख दुखी न होना। वे सुखी रहेंगे। आज जो उनके पास नहीं है, कल वे उसे बना लेंगे। बस इत्मीनान रखना।"

जैनेन्द्र तड़प उठते। उन्हें कुछ भी न सूझता। खाने बैठते तो मुँह का निवाला निगला न जाता। सोते तो नींद न आती। कुछ पढ़ने बैठते तो मन विरक्त होता। लिखने का तो प्रश्न ही न उठता। अकेले में दूर तक टहलने निकलते जैनेन्द्र को थोड़ी राहत मिलती, क्योंकि तब वे अकेले होते या जब लोगों का साथ होता तो मन उनका बँट जाता। इस हालत में वे महीनों रहे, कहना चाहिए जीवन के अन्तिम क्षण तक, भले ही एक समय बाद वे सक्रिय हो पाये, पर अब वे जैनेन्द्र न थे जो थे।

तीन दिन लोक-निर्वाह में बीते और लोगों का आना-जाना कम हुआ। तभी प्रदीप ने जैनेन्द्र से पूछा—"अब कैसा लगता है ?" जैनेन्द्र अपने बालों में हाथ फेरते बोले—"ये तीन-चार दिन कैसे बीते, पता ही नहीं

चला। लेकिन आज सुबह घूमकर लौटते हुए महसूस हुआ कि भीतर से कहीं रीता हो आया हूँ। तुम्हारी माँ यूँ एकाएक चली गयीं, उसे अभी नहीं जाना था।'' ऊपर से तटस्थ दीखते बाबूजी भीतर से कहीं अधिक विचलित थे। बाबूजी का कुछ कहना बहुत कुछ अनकहे को भी व्यक्त कर देता था। वे भीतर के आलोड़न के संकेत की बानगी ही देते-से लगते थे।[१]

इस तरह पत्नी भगवती देवी के अचानक चले जाने से जैनेन्द्र कहीं गहरे रिक्त हो आये और जीवन को लेकर उत्साह भी कहीं टूटा। वे अब उतने स्फूर्त और सक्रिय नहीं रह गये जितना अब तक रहे।

१९८५ में उन्हें उत्तर प्रदेश हिन्दी संस्थान का सर्वोच्च सम्मान 'भारत भारती' मिला, जिसे उत्तर प्रदेश के तत्कालीन राज्यपाल की अध्यक्षता में आयोजित समारोह में दिया गया। दिवंगता पत्नी भगवती को भरे मन से याद करते जैनेन्द्र इस अवसर पर बेहद उदास थे। तत्कालीन प्रधानमन्त्री राजीव गाँधी ने पुरस्कार अर्पित करने के बाद अपने वक्तव्य में उन्हें 'आत्मा का शिल्पी' कहा था।

इस आयोजन के बाद जैनेन्द्र के साथ एक दिलचस्प घटना घटी। वे अपने पास पैसे तो रखते न थे। वे लखनऊ से ट्रेन की प्रथम श्रेणी के डिब्बे में अपनी पोती श्वेता के साथ बैठे। परिवार के शेष लोग दूसरे डिब्बे में थें। (शायद उस बीच रेल का किराया बढ़ गया था, टिकट पहले का हुआ था।) जब टिकट निरीक्षक उनके कम्पार्टमेन्ट में आया तो बढ़े हुए पैसों की माँग की। उनके पास पैसे तो थे नहीं। श्वेता के पास जो थोड़े पैसे थे, वह देने के बाद भी पैसे कम पड़ रहे थे। जैनेन्द्र परेशान हुए, परिजनों को सूचना देने का कोई साधन था नहीं। बात-बात में जब लखनऊ के आयोजन और राजीव गाँधी का ज़िक्र आया तो निरीक्षक को अख़बार में छपी ख़बर और जैनेन्द्र के चेहरे का ध्यान आया। तब उसने पैसे रेलवे कार्यालय में चुका देने की शर्त पर उन्हें बैठे रहने दिया था। यह पैसा लौटने के बाद रेलवे कार्यालय में जमा कराया गया। वहाँ से आने के बाद जैनेन्द्र ने एक कहानी लिखी—'रसीद की सच्चाई'।

पैसे की नश्वरता और उसके पीछे पागल हो जाने की मानसिकता पर जितना जैनेन्द्र ने लिखा, किसी अन्य ने नहीं। 'बाजार दर्शन', 'कमाई और

---

१. *'जैनेन्द्र : साक्षी हैं पीढ़ियाँ'* —सं. विष्णु प्रभाकर, खण्ड-२, पृ. १२२

भिखाई' जैसे निबन्धों सहित 'किसका रुपया', 'चालीस रुपये' जैसे कहानियों के माध्यम से जैनेन्द्र ने पैसे की तुच्छता दिखाई और मनुष्य की आत्मा को मार देने की उसकी दुर्जेय शक्ति के परिणामों को सामने रखा। ऐसे कई प्रसंग रहे जहाँ जैनेन्द्र को पास में पैसा न रखने की अपनी प्रवृत्ति के कारण कठिनाई उठानी पड़ी। उनके इस स्वभाव के कारण लोग अक्सर उनको आश्चर्य की तरह देखते थे। यह आश्चर्य की ही तरह था कि कोई गृहस्थी में रहते, संसार से विरत होकर जिये और सबसे विमुख होकर चले। यह किसी बड़ी साधना से कम न था। उनके इस स्वभाव और व्यक्तित्व की अकिंचनता पर विमला ठकार ने लिखा—''दिल्ली की साहित्यिक गोष्ठियों में बाबूजी को देखा था। सर्वोदय सम्मेलनों में देखा था, तो कभी विनोबा जी के साथ चर्चा करते देखा। एक निरीह, तटस्थ, निष्पक्ष व्यक्ति के रूप में मुझे जैनेन्द्र जी प्रतीत होते। मानो भीतर से वे एकदम अकेले हैं। कहीं भी लगाव नहीं है। इस विषय पर कभी दादा धर्माधिकारी से बात होती तो दादा कहते—''वह भगवती है इसलिए जैनेन्द्र की गृहस्थी चलती है। एक तरह से जैनेन्द्र फक्कड़ अक्खड़ आदमी है—गृहस्थ संन्यासी है।''[१]

उनका अन्तिम उपन्यास 'दशार्क' उनके जीवन काल में ही, १९८५ में प्रकाशित हुआ था। इस उपन्यास के लिखे जाने की अन्तर्कथा बेहद दिलचस्प है। पहले रेडियो पर धारावाहिक प्रसारण के लिए शुरू के छह अध्याय दिलीप ने लिखे थे और जैनेन्द्र ने बहुत दबाव में उसे बोलकर लिखवाया था। जब रेडियो पर प्रसारण का काम पूरा हुआ तो जैनेन्द्र से एक दिन उनकी बहू विनीता ने स्त्री के स्वत्व, प्रेम और देह से परे की आसक्ति पर ऐसे-ऐसे प्रश्न किये कि जैनेन्द्र झुँझला उठे थे। विनीता के मन में सबसे बड़ा प्रश्न यही था कि प्रेम कैसे देह की चाहना से परे हो सकता है जब प्रिय के प्रति समर्पण हो ? विवाहेतर सम्बन्धों को लेकर और विवाहिताओं के प्रेम पर जिन-जिन प्रश्नों को रखा, उनका यथोचित उत्तर देते हुए विनीता को सहमत न पाकर जैनेन्द्र चुप हो गये थे और खीझकर इस पर आगे सोचना बन्द कर दिया था। बाद में जब 'सारिका' के सम्पादक का आग्रह आया और परिजनों ने दबाव बनाया तो उन्होंने 'दशार्क' के शेष हिस्से को बोलकर लिखवाया था। यह शेष हिस्से 'सारिका'

---

१. *'जैनेन्द्र : साक्षी हैं पीढ़ियाँ'* —सं. विष्णु प्रभाकर, खण्ड-२, पृ. २१९

में धारावाहिक छपे थे। 'दशार्क' के पुस्तक के रूप में प्रकाशन के बाद हिन्दी जगत में खलबली मची। जीवन के यथार्थ और उसमें निहित समस्याओं से अलग यह उपन्यास इस स्तर पर एक उपलब्धि बना कि इसमें स्त्री-पुरुष सम्बन्धों के बीच उभर आये पैसे की भयावहता का अंकन था। जैनेन्द्र की आँखें देख रही थीं कि उपभोक्तावाद के बढ़ते प्रभाव से सम्बन्ध माँग और पूर्ति के नियमों से संचालित होने लगे हैं। उपन्यास में विवाह, परिवार और समाज पर उसके दायित्वों और विहित निष्ठाओं को तौलते हुए जैनेन्द्र ने ऐसे अनेक प्रश्नों को सामने रखा जिसका उत्तर दिये बिना आज के उपभोक्तावादी दौर में व्यक्ति के जीवन का निस्तार नहीं है। 'दशार्क' की सरस्वती, जो बाद में रंजना बनकर वेश्यावृत्ति करती है और पति की माँग के अनुरूप पैसा कमाने का उद्यम करती है, कहती है—"तुम सोचती हो, विवाह टिकेगा? विवाह रेखा बनाता है कि जिससे व्यभिचार की सृष्टि और पहचान होती है। लेकिन ख़ुद सोचकर देखो कि स्त्री-पुरुष के मिलने में दोष क्या है? लेकिन विवाह उसी में दोष दिखाने लगता है। जिसमें एक किसी दूसरे का स्वत्व बन जाय, सम्पत्ति बन जाय, वो तो संस्कार है, बाक़ी व्यभिचार है। तो बुद्धि इस मिथ्याचार को कैसे सहेगी? कैसे न कहेगी कि विवाह बुर्जुआ ढकोसला है, वह एक इजारेदारी है। वह स्थापित स्वार्थ है, वो पट्टा है व्यभिचार को वैध बनाने का।"[१]

यह उपन्यास जैनेन्द्र की चिन्ताओं और विचारों का विस्फोट था जिसके असुविधाजनक प्रश्नों से टकराए बिना हमारी सामाजिक और पारिवारिक विसंगतियों का उत्तर खोजना कठिन है।

१९८६ की शुरुआत एक बड़े आयोजन से हुई जो १८-१९ जनवरी को भारत भवन, भोपाल में आयोजित था। 'जैनेन्द्र प्रसंग' नामक इस आयोजन में जैनेन्द्र स्वयं उपस्थित रहे और अपने कृतित्व पर आलोचना-प्रशंसा के मिले-जुले भावों को अंगीकार करते रहे। इस आयोजन में मध्यप्रदेश के संस्कृति सचिव और भारत भवन के न्यासी अशोक वाजपेयी, निर्मल वर्मा, प्रमोद वर्मा, श्रीकान्त वर्मा, कृष्ण बलदेव वैद, प्रभात त्रिपाठी, पुरुषोत्तम अग्रवाल, ध्रुव शुक्ल, नवल किशोर, रमेशचन्द्र शाह, विजयमोहन सिंह, मदन सोनी, परमानन्द श्रीवास्तव और चन्द्रकान्त वान्दिवडेकर सरीखे

१. *'दशार्क'*—जैनेन्द्र कुमार, पूर्वोदय प्रकाशन, नई दिल्ली, पृ. ५७

नये-पुराने लेखकों-आलोचकों ने जैनेन्द्र पर बेबाक राय रखी और उन्हें नये सिरे से देखने-जाँचने की पहल की।

यह उनके जीवन का सम्भवतः अन्तिम बड़ा आयोजन था जो उनके कृतित्व पर केन्द्रित था और स्वयं जैनेन्द्र को इसमें भावुक होकर अपनी बात कहते पाया गया—"...एक दिन आयेगा कि कहना बन्द हो जायेगा। जीभ लड़खड़ाती रहेगी, आँख पथरा जायेगी। शरीर माटी हो जायेगा। तब मैं रहूँगा नहीं, कुछ रहेगा नहीं, और मेरी कामना मेरा ही परिहास बनेगी। इसलिए एक किताब है, अनलिखी सही, जहाँ मुझे कुछ कहना नहीं है। कुछ बताना, सिखाना, समझाना नहीं है। जिसमें से कुछ खोजना और पाना नहीं है। बस जहाँ सब-का-सब ज्यों-का-त्यों अपने से उतार जाना है। 'ज्यों-की-त्यों धर दीनी चदरिया'। अभिप्राय उसमें कुछ नहीं रखना है। सिरजनहार ने संसार को जैसा रच दिया है उसी तरह पूरा-का-पूरा स्वीकार कर लेना है और चलते वक़्त जतन से सँवारकर ज्यों-का-त्यों उसे लौटा जाना है।"[१]

अपने वक्तव्य में उनका बार-बार चलने की बात करना इस बात का संकेत था कि उन्हें अपने जाने का आभास हो गया था। वे संसार की असारता और अपने किये-धरे की सार्थकता-व्यर्थता में न पड़ते हुए इस बात पर दृढ़ दिखते थे कि 'कोई सम्बन्ध अपने में हमारे लिए सम्पूर्ति नहीं बन सका है।'

उन्हें इस बात का अफ़सोस रहा कि वे 'आलजाल' न लिख सके। यह 'आलजाल' उनके जीवन की कथा होती जिसमें वे वह लिख पाते जो कदाचित् उनके शेष लेखन में नहीं आ पाये। वे बोले—"लेकिन लिख ही मैं क्या सका हूँ?" मालूम है कि अब तक जो लिखा है, वह काफ़ी नहीं है। असली भी वह नहीं है। सच्चाई उससे बची रह गयी है। यथार्थ क़लम में आया नहीं है और आदर्श को काग़ज़ पर उतारा है तो वह अपनी निर्मलता और अरूपता खो बैठा है। इसलिए सच पूछिए तो अब तक मैं सतह पर का ही कुछ लिख पाया हूँ। वास्तविक भी लिखने में आया है, यह भरोसा नहीं होता। असल है, सच है, ध्रुव है—वह मैं लिख नहीं

---

१. *'जैनेन्द्र की आवाज़'* —सं. अशोक वाजपेयी, पूर्वोदय प्रकाशन, नई दिल्ली, पृ. १४-१५

सका। मन में सपने झूम-झूम आये हैं जिन्होंने एक ही साथ मुझे उत्तीर्ण कर दिया है। अनुभव भुगते हैं जो मुझे भीतर तक भेद और भिगो गये हैं। लेकिन उन सबको झेला और भोगा ही जा सका है, शब्दों में बँधने से उन्होंने इनकार कर दिया है। लिखा भी है तो लिखने के बाद मालूम हुआ है कि शब्द अनुभूति का किनारा भर छूकर रह गये हैं, उसके मर्म तक जाने का उनके पास कोई उपाय नहीं है।''[१]

दो दिनों तक चले इस आयोजन में जैनेन्द्र भीग-भीग आये। कभी अपने पर प्रतिवाद करते लोगों को सुनना तो कभी प्रशंसा के शब्दों में डूबना—सब कुछ मानो उनके किये-धरे पर एक स्वीकृति थी। पर वे निस्पृह भाव से सबको देख रहे थे और स्वयं अपने में विचर रहे थे। उनके लिखे को लोग नाना भाँति से समझ रहे थे, यह अच्छा था। अच्छा था कि वह अपनी ही दुनिया में लौटकर कुछ पीछे चले जायें और ख़ुद को देखें। अब तक जो किया—वह कुछ कम तो न था, पर क्या वह समूचा भी था—शायद समूचा कुछ होता भी नहीं। वह प्रकृति से उपजता और उसी में तिरोहित हो रहता है। कदाचित् अपने जिये-लिखे को भी वह टाँक सके होते तो शायद वह मूल्यवान अधिक और सार्थक बना होता। पर अफ़सोस कि इस 'आलजाल' को वे आकार न दे सके। वह अनलिखा ही रह गया और अब शायद अनलिखा ही मन में चला जाये, शायद यही इसकी नियति हो, कौन जाने।

जैनेन्द्र चाहे जिस दुःख-तकलीफ़ में हों, चाहे किसी भी तरह की उलझन हो—स्वास्थ्य ठीक रहता तो वे सुबह की सैर पर ज़रूर निकलते। चाहे कोई भी मौसम हो, उनकी यह आदत निष्क्रिय होने तक हमेशा बनी रही। घर में लोग सोये ही रहते, तभी चार बजे का वक़्त जैसे ही होता—जैनेन्द्र सैर को निकल पड़ते। जाड़े के दिनों में भी उनकी यही दिनचर्या होती। कोहरे से भरी सर्द सुबह में भी वे ओवरकोट और टोपी के साथ हाथों में दस्ताने पहन सैर पर निकल पड़ते। उनकी इस सैर का साथी कोई न होता। वे अकेले ही निकलते थे और घूम-टहलकर आते तो भी घर में लोग सोये हुए ही मिलते। उनके टहलने का इलाक़ा दरियागंज के पीछे स्थित राजघाट से शान्तिवन होता था। एक बार की बात है, जब वे ढाई

---

१. *'जैनेन्द्र की आवाज़'*—सं. अशोक वाजपेयी, पृ. १३

बजे ही घूमकर वापस आ गये तो सबको उनकी इस सैर पर किंचित् आश्चर्य हुआ। पूछने पर बात कुछ और निकली। हुआ यह था कि १४ नवम्बर, १९८६ की सर्द सुबह में उनकी नींद औचक टूट गयी तो उन्हें भान ही न हुआ कि अभी चार नहीं, दो बजे हैं। उन्होंने अपने अनुमान से दो बजे को चार बजा मान टोपी, ओवरकोट और दस्ताने पहनकर शान्तिवन की राह ली। पर जब वे वहाँ पहुँचे तो तैनात सुरक्षा अधिकारियों ने उन्हें संदिग्ध व्यक्ति मान लिया। इसी तिथि को पं. जवाहरलाल नेहरू का जन्मदिन था जिसमें गाँधी परिवार के लोगों के साथ राष्ट्रपति और प्रधानमन्त्री को भी श्रद्धांजलि देने आना था। सुरक्षा अधिकारियों को रात के दो बजे उनका इस तरह इधर घूमने आना संदिग्ध लगा। उन्हें शायद लगा कि वे आतंकवादी हो सकते हैं जो आसपास कहीं छुपना चाह रहे हैं।

जैनेन्द्र ने उन्हें समझाने की कोशिश भी की पर वे समझने को तैयार ही न थे। वे कह रहे थे—''लेखक हूँ। दरियागंज में रहता हूँ। चार बजे के बजाय दो बजे ही नींद खुल गयी तो घड़ी देखे बिना ही हम सैर पर निकल आये; कारण कि मेरी नींद जब खुलती है तो चार ही बजे होते हैं, पर पता नहीं आज कैसे पहले नींद खुल गयी।''

पर सुरक्षा अधिकारी उनकी बातों से सहमत नहीं हो पा रहे थे। इसी नोक-झोंक के बीच दूर से रोशनी में उन्हें देखकर शान्तिवन में काम करने वाला पुराना माली दौड़ता हुआ आया। गनीमत ही थी कि उसने आते ही उनको प्रणाम किया और सुरक्षा अधिकारियों को उसने आश्वस्त किया कि वे हिन्दी के बड़े लेखक ही नहीं, आज़ादी की लड़ाई के दिनों के नामी सेनानी भी रहे हैं। माली की शिनाख़्त के बाद सुरक्षा अधिकारियों ने उन्हें छोड़ा था। उन्होंने जब घर आकर देखा, तो अभी ढाई बजे थे। इस घटना का ज़िक्र उनकी पोती श्वेता ने किया था और उनकी नियमित सैर से जुड़ी इस दुर्घटना का खुलासा किया था।[१]

---

१. 'सारिका', जनवरी, १९८९, पृ. ५३

पर्व सात

महा प्रयाण

२२ नवम्बर, १९८६ की वह मनहूस सुबह बहुत उथल-पुथल लेकर आयी। इस दिन जैनेन्द्र को मैथिलीशरण गुप्त जन्म-शताब्दी समारोह में भाग लेने गुड़गाँव (हरियाणा) जाना था। पिछले दो दिन से उनका कहीं मन न लगता था और रह-रहकर कुछ रीता-सा महसूस होता। कहीं जाने का मन नहीं हो रहा था, पर कैसे न जाते? मैथिलीशरण गुप्त से उनके पुराने सम्बन्ध रहे। एक दौर था जब कुछ समय तक स्वाधीनता आन्दोलन के संघर्ष में भी वे साथ-साथ रहे थे। कितनी तो स्मृतियाँ थीं, कितना कुछ एक साथ जीवन में घटित हुआ था। जाना तो होगा ही, इससे बचाव नहीं है। वे गये। लोगों ने उनका स्वागत किया और मंच पर बिठाया।

नवम्बर का महीना था, हल्की-हल्की सर्दी भी थी। पर जाने क्यों आज उन्हें पसीना हो रहा था। बैठे-बैठे सर्दी के दिन में भी वे पसीने से भीग आये। माथे पर पसीने की बूँदें उतर आयीं, घबराहट-सी महसूस हुई। सभागार में बड़ी संख्या में श्रोता उपस्थित थे। उपस्थितों में लेखक और विद्यार्थी थे। आयोजन भव्य था और बहुत उत्साह से इसे मनाया जा रहा था। मंच पर बैठे लोग बारी-बारी से बोलने लगे। जब जैनेन्द्र की बारी आयी तो पहली बार लगा कि उनका मन बोलने में उनका साथ नहीं दे रहा है। घबराहट और मारे गर्मी से वे पहले से ही असहज हो रहे थे। किससे कहें कि न बोलेंगे, तबीयत साथ नहीं दे रही। इस भरे सभागार में किसको अपनी तकलीफ़ बतायें और कैसे कहें कि उन्हें आराम करने की ज़रूरत महसूस हो रही है। यह पहली बार था जब वाणी के धनी जैनेन्द्र को सूझ नहीं रहा था कि वे क्या करें। वे उठे। पैर काँप रहे थे, गला भर-भर जा रहा था मानो बलगम जमा आ रहा हो। रूमाल से पसीना

पोंछ, जरा-सा पानी हलक में उतार वे माइक के सामने खड़े हुए। बोलना शुरू किया—"अध्यापकवर्ग, विद्यार्थियो! डॉ. माहेश्वरी ने जब मुझसे आने के लिए आग्रह किया तो मैंने कहा कि मेरे पास तो मैथिलीशरण जी के काव्य के विवेचन के सम्बन्ध में विशेष सामग्री नहीं है। विशेष अधिकार भी नहीं है। श्रद्धांजलि अर्पित करने के लिए कहें तो आ जाऊँगा। आपने उनके काव्य के सम्बन्ध में तो सुना, आपने जाना, उसे गुप्त जी के भाषण से।[१]

वे तत्काल के कवि नहीं थे, समकालिक कवि थे। ये जो भारतीय परम्परा के मूल्य हैं, हमारे सांस्कृतिक मूल्य हैं, उन मूल्यों को उन्होंने प्रतिष्ठा दी, उनको दृढ़ किया। आज के समय और आज की परिस्थितियों से उनका योग साधकर दिखाया।

राष्ट्रकवि वे माने जाते हैं क्योंकि उनकी आरम्भिक रचनाओं से राष्ट्र को आवश्यक उद्बोधन प्राप्त हुआ। राष्ट्र के सम्बन्ध में हम देखते हैं तो अनुभव करते हैं कि राष्ट्र के जीवन में उनका योगदान काफ़ी व्यापक और गहरा है। उनके भाषण से आपने यह भी जाना कि हमारे समाज और राष्ट्र में उनके काव्य की देन क्या है। शायद आप उनके व्यक्तित्व के बारे में जानना चाहेंगे। कृतित्व के बारे में तो आपने सुना ही है। पचपन वर्ष हो गये होंगे। सन् १९३१ या उसी आसपास आगे-पीछे का समय होगा। मैं जेल से बाहर आया था। झाँसी के निकट एक जगह मुझे जाना हुआ तो मैंने सोचा, चिरगाँव नज़दीक है, मुझे वहाँ जाना चाहिए। परिचय तो था नहीं, पर चिरगाँव पहुँच गया। जैसे आप यह अहाता देख रहे हैं, इतना ही बड़ा अहाता-सा था। वह एक बखारी कहलाती थी। हमारे मैथिलीशरण जी का सम्मानित श्रेष्ठ वर्ग में जन्म हुआ था। अच्छे सम्पन्न वर्ग के व्यक्ति वह थे। मेरे पास एक छोटी-सी पुटलिया थी। मैं उस अहाते में गया तो देखता क्या हूँ कि एक नीम के पेड़ से झूला टँगा हुआ है, उस पर पटरी रखी है और उस पर बैठे हैं एक महाशय। अजीब-सी उनकी ड्रेस थी, घुटनों तक की धोती मोटे खद्दर के सूत की पहने हुए थे। बण्डी के अलावा और कुछ भी नहीं।

तो मैंने सोचा कि मैं उनसे पूछूँ कि मैथिलीशरण जी कहाँ हैं? यह स्वयं

१. आयोजन में सम्भवतः मैथिलीशरण गुप्त का कोई रिकॉर्डेड भाषण सुनाया गया था।

मैथिलीशरण जी होंगे, यह कल्पना भी मैं नहीं कर सकता था। अजीब देहाती-सी शक्ल थी वह। उनसे यह पूछ बैठा। मैंने कहा—"मैथिलीशरण जी कहाँ हैं ?" तो खड़े हो गये। "तुम जैनेन्द्र हो ?" मैंने कहा—"हाँ।" "तो मैं ही तो मैथिलीशरण हूँ।"

इतने में सियारामशरण आ गये। तो यही उनकी ड्रेस थी। यानी जिसको एक वैष्णव परिवार कहते हैं, उस परम्परा का परिवार था। चौके में लकीर को आप लाँघ नहीं सकते थे। आपको कपड़ा उतारकर सिर्फ़ एक धोती पहनकर जाना होता था शुरू में। बाद में चौके में कुछ परिवर्तन आ गया। ये लोग पाँच भाई थे। उन पाँचों में ज़रा भी फ़र्क़ नहीं था। कौन किसका क्या अधिकार है, यह प्रश्न ही नहीं था। सारा परिवार एक कुटुम्ब सह-परिवार के तौर पर रहता था। प्रेमचन्द को विस्मय होता था इस बात पर कि अरे भाई, ये लोग कैसे भाई हैं। मैथिलीशरण जहाँ जाते थे सियारामशरण साथ जाते थे। सियारामशरण के साथ उनके छोटे भाई चारुशीलाशरण साथ होते थे। कहने लगे, ये भाई कैसे हैं कि एक लंगार में चले आ रहे हैं। इनमें कोई फ़र्क़ ही नहीं है। सगे भाइयों में तो लड़ाई होनी चाहिए। ये तो ऐसा मालूम होता है कि इनमें कोई-न-कोई खोट है। निर्बल आदमी है, नपुंसक आदमी है। इस तरह का विस्मय होता था। और जब मैंने मैथिलीशरण जी से कहा कि प्रेमचन्द जी आप पर विस्मय करते हैं कि आप भाई कैसे हैं कि आपस में लड़ाई-झगड़ा ही नहीं है, तो उनको प्रेमचन्द जी से विस्मय हुआ क्योंकि प्रेमचन्द का तो मामला यह था कि उनके सगे भाई से मुक़दमेबाज़ी चलती थी। यह उनका अन्तर था।

मेरे मन में जो आज प्रश्न है, राष्ट्र के सन्दर्भ में उसे लेकर कवि और कविता पर विचार करते हैं, कविता के सन्दर्भ में भी हम राष्ट्र का विचार कर सकते हैं या नहीं, यह प्रश्न मेरे मन में है। और मैं मानता हूँ कि मनुष्य की भी कविता लिखी जाती है। हर मनुष्य माने विश्वभर के लिए लिखी जाती है तो उसमें तो मानव-मूल्य की प्रतिष्ठा है। राष्ट्र-मूल्य की प्रतिष्ठा और स्वीकृति उसी मात्रा तक है जिस मात्रा तक वह मानव के अनुकूल पड़े और जहाँ अनुकूल न पड़े। मैं मानता हूँ, यह बहुत बड़ा प्रश्न है आज का। राष्ट्रवाद और राष्ट्रीय मानव, मूल्य और मानवता के अनुकूल नहीं है। ऐसा मालूम होता है कि राष्ट्र स्वतन्त्र एक संज्ञा है और राष्ट्रनीति, मानव-नीति से अलग भी हो सकती है। यह आज का बहुत बड़ा प्रश्न है। मैं

मानता हूँ कि हर राष्ट्र का प्रत्येक व्यक्ति शान्ति चाहता है, युद्ध नहीं चाहता। लेकिन वही व्यक्ति जब आम चुनाव उस राष्ट्र में होता है तो उन व्यवस्थापकों को, उन नेताओं को वोट देकर सत्ता पर भेजता है जो युद्ध के समर्थक हैं। मानव-जाति युद्ध नहीं चाहती लेकिन राष्ट्रनेता अपने को मजबूर पाते हैं कि युद्ध के लिए तैयार रहें, युद्ध की सामग्री, सुरक्षा आदि के लिए सामग्री बनायें। तो मैं मानता हूँ कि जो अत्यधिक प्रश्न आज का है, वह प्रश्न है कि क्या साहित्य के सन्दर्भ में राष्ट्रीय मूल्यों और राष्ट्रीयता का विचार किया जा सकता है ?

इस जगह पर मैं मानता हूँ कि मैथिलीशरण जी की देन राष्ट्र की देन, राष्ट्र के हित में, सन्दर्भ में और भी गहरी उपयोगिता रखती है अर्थात् उन्होंने उस राष्ट्रीयता का समर्थन किया जो मानवता से छिन्न-विच्छिन्न होकर अपने आप में आत्म-समर्थित नहीं है बल्कि इस शर्त पर उसको समर्थन मिल सकता है कि वे मानव मूल्यों के अनुकूल हैं। यह मैं मानता हूँ कि साहित्य की राष्ट्र के प्रति यदि कोई देन है तो वह एक है कि राष्ट्र के प्रति राजनीति को मानवनीति के अनुकूल और अनुरूप रखे। इसको बराबर चेतावनी और सावधानी देता रहे। राष्ट्रवाद स्वयं में आत्मसमर्थित एक मूल्य हो जाता है तो ऐसा मालूम होता है कि राष्ट्र और राष्ट्र के बीच संघर्ष, विद्वेष, युद्ध इत्यादि समर्थित हो जाते हैं। राजनीति राज्य की दृष्टि से चीज़ों पर विचार करती है, लेकिन ये श्रीमान साहित्य के लिए तो है नहीं, इसलिए साहित्य मनुष्य के सन्दर्भ में और इस बड़ी मानवता के परिप्रेक्ष्य में चीज़ों का विचार करता है।

इस दृष्टि से मैं मानता हूँ कि मैथिलीशरण जी ने उन मूल्यों को गहराई दी, प्रतिष्ठा दी, आधार दिया, जिनके आधार पर हम मानवीय राष्ट्र का निर्माण कर सकते हैं। राम का आदर्श उन्होंने प्रतिस्थापित किया। गाँधी जी ने पार्लियामेण्ट्री डेमोक्रेसी इत्यादि को समर्थन देते हुए भी एक टेक उन्होंने अन्त तक रखी—'रामराज'। राज्यों का आदर्श। क्या चाहे वह डेमोक्रेसी हो, मल्टी-पार्टी डेमोक्रेसी हो, किसी भी प्रकार की क्रेसी हो, सबके लिए आदर्श रामराज्य है। रामराज्य में क्या विशेषता है ? लंका से राम लौटे, अब तक तो वे जंगल में रह रहे थे। मात्र एक नागरिक व्यक्ति थे। अयोध्या आये तो वे राजा बन गये। राजा बनते ही क्या हुआ ? सीता की अग्नि-परीक्षा। क्या राम के मन में सीता के प्रति तनिक भी आशंका पैदा हुई

होगी? असम्भव है। किसी भी प्रकार की शंका-कुशंका राम-सीता के सम्बन्ध में राम के मन में पैदा हो, इसकी सम्भावना ही नहीं है। लेकिन फिर भी अग्नि-परीक्षा ली गयी। अग्नि-परीक्षा ही काफ़ी नहीं है, उसके बाद निर्वासन, जो जीवन की संगी-साथी रही है, हर कष्ट में, दुःख में साथ रही है, सेवा करती रही है, उसके साथ वह व्यवहार कैसे? आज का तो नागरिक है, बुद्धिजीवी है, वह इस बात को समझ नहीं सकता है। लेकिन मैं मानता हूँ, जिसको आप लोकतन्त्र या डेमोक्रेसी कहते हैं, उसका आदर्श गर्भित है अर्थात् राजा बनने के बाद श्रीराम का अपना निजी जीवन कुछ नहीं रहा था। सामान्य व्यक्ति के मन में कुछ है और इस कारण अग्नि-परीक्षा में सीता को डाल दिया। मन में जानते हैं, सीता भी इस बात को जानती हैं कि जो कुछ कष्ट उनको हो रहा है उससे कहीं गहरा कष्ट मुझको हो रहा है। लेकिन निजी रागात्मक सम्बन्ध आदि वह उनके लिए गौण बन गया।

यह डेमोक्रेसी का आदर्श है अर्थात् तुम राजा अगर हो तो तुम्हारा अपना निजी व्यक्तिगत जीवन जैसे आहत हो गया है, विसर्जित हो गया है। समर्पित हो गया राष्ट्रहित के लिए। एक मामूली-सा आदमी, जिसे धोबी कहते हैं, एक हल्की-सी बात कह देता है। निर्वासन दे देते हैं इसी बात पर क्योंकि नागरिक के मन को सन्तोष, आश्वासन, यह उनका, राजा का पहला धर्म है, पहला कर्तव्य है। आज डेमोक्रेसी है जहाँ पर कि जो शासन है। वह शासक है, वह शासन अपनी नीचता को, अपनी बुद्धि को, अपनी प्रतिभा को, अपनी मानकर समर्पित नहीं, सेवार्पित नहीं, अपनी मानकर अपनी योजनाएँ चलाता है, अपना सब कुछ चलाता है। जनता का मन टटोलने की बात नहीं है तो मैं मानता हूँ, मैथिलीशरण जी ने रामचरित को और रामचरित में जो गर्भित मूल्य हैं उनको प्रतिष्ठा देकर राष्ट्र के सामने एक चुनौती दी है। एक प्रश्न उपस्थित किया कि तुम्हारी राजनीति क्या हो सकती है। फ़ैशन बदलते जाते हैं, कुछ है जो कि नहीं बदलता, जो शाश्वत है।

आज का काव्य और कविता कुछ थोड़ी भिन्न दिखाई देगी। १०-१५ वर्ष में कुछ और नयापन आ सकता है। लेकिन समय के साथ यह बासी और पुराना हो जाता है। शैली जिसको कहते हैं, वह तो समय के साथ चलती है। जिसको फ़ैशन कहते हैं, कपड़े-लत्ते आदि देशकाल के हिसाब से

चलते हैं। किन्तु जो तत्त्व है साहित्य का, वह सार्वकालिक है, शाश्वत है और बदलता नहीं। तो यह हो सकता है कि मैथिलीशरण जी के काव्य को, कुछ लोग कहते हैं, तुक काव्य है, इसलिए काव्य-प्रवाह में कुछ थोड़ा व्यवधान आ जाता है, त्रुटि आ जाती है, हॉल्टिंग आ जाता है। कहते रहिए, इसमें कोई बात नहीं, लेकिन जिस बात को, जिस तत्त्व को उन्होंने भाषा में रंगा है, वह शाश्वत है। कभी पुराना नहीं होता। और वह शाश्वत क्या है—राम का आदर्श। राम के आदर्श को उसी गाँधी ने अपनाने का यत्न किया जिसने कि काँग्रेस का अभिन्न नेतृत्व किया, पूरे १९२० से १९४८ वर्ष तक। राम के आदर्श को उस गाँधी ने अपनाया जिसने कि सबेरे-शाम गीता के साथ 'रघुपति राघव राजा राम' गाया। राजनीति के आदर्श को उन्होंने जाना, जो राजनीति में पढ़े हुए थे, हमारे स्वतन्त्रता-युद्ध का नेतृत्व कर रहे थे। 'रघुपति राघव राजा राम' अर्थात् जो ऊपर बैठता है, दायित्व लेकर उन मूल्यों का दर्शन कराया गया जिनके आधार पर अविरोधी राष्ट्र का निर्माण हो सकता है। भारत राष्ट्र अविरोधी राष्ट्र हो, यह अपेक्षा है आज दुनिया को। कहीं से वह विधि और पद्धति प्राप्त हो, वह प्रकाश प्राप्त हो जिससे राष्ट्रीय जीवन मानव हित से बिछड़ने की अनिवार्यता में न पड़े।

आज तो ऐसा मालूम होता है कि राष्ट्र जीवन को मानव नीति पर रखना सर्वथा असम्भव है। आज आसन्न संकट दिखाई देता है युद्ध का। लोग मिलते हैं। राष्ट्र नेता रेगन हैं, गोर्बाचोव हैं। ये परस्पर मिलते हैं। कोई रास्ता नहीं निकलता है। पर राजनीति को कैसे विकसित किया जाय कि हम मानव-मूल्यों पर दृढ़ता से खड़े हो सकें। इसमें कठिनाई होती है। इसमें जिसको एप्लीकेशन कहें आदर्श का, उसका व्यावहारिक रूप क्या हो सकता है, आज यह स्पष्ट नहीं है। मैं मानता हूँ कि यह दृढ़ता के साथ उन मूल्यों को राष्ट्रीय जीवन में स्वीकार कर लें। दृढ़ता के साथ और आग्रही हो जाते हैं कि उनसे हम बिछुड़ेंगे नहीं। तो मैं मानता हूँ कि मार्ग वह भारत में से निकल सकता है जिससे कि आश्वासन हो दुनिया को। आज जिन शब्दों के सहारे हम चल रहे हैं—वे शब्द आ रहे हैं—डेमोक्रेसी, सोशलिज़्म, सेक्युलरिज़्म वग़ैरह। लेकिन राजनीतिक दृष्टि क्या जीवन-दृष्टि भी है ? जीवन का एक अंग ही तो है राज, अर्थात् समूची जीवन-दृष्टि क्या हो, उसको स्पष्ट करने की आज आवश्यकता है।

ऐसा मालूम होता है कि यह समग्र जीवन-दृष्टि के सम्बन्ध में भारत अपनी बुनियाद से हिल गया है। यह जीवन-दृष्टि बाहर से चली आयी है जिसमें राज्य और राजनीति ही सब कुछ है। इसने काबू कर लिया है, छा गयी है हमारे ऊपर। मैथिलीशरण जैसे कवियों ने बताया कि नहीं, राज्य-दृष्टि एक बड़ी चीज़ है। तो जीवन-मूल्यों की उन्होंने प्रतिष्ठा की। मैं मानता हूँ कि इसलिए उन्होंने बहुत बुनियादी और गहरा काम किया।

इन शब्दों के साथ मैं आभार मानता हूँ आपकी समिति के आयोजकों का और व्यवस्थापकों, पदाधिकारियों का कि उन्होंने मुझे अवसर दिया सामने कुछ कहने का और इस अवसर पर राष्ट्रकवि मैथिलीशरण गुप्त जी को अपनी श्रद्धांजलि अर्पित करने का। धन्यवाद।''[१]

यह व्याख्यान उन्होंने बहुत मुश्किल से दिया था। धन्यवाद करने के बाद वे मंच पर रखी अपनी कुर्सी पर बैठे। चाय पी और जैसे ही ख़ाली कप को रखने के लिए अपना हाथ आगे किया उन पर लकवा का आक्रमण हुआ। वे मंच पर ही गिर गये। जल्दी-जल्दी उन्हें उठाकर लाया गया और दिल्ली के अखिल भारतीय आयुर्विज्ञान संस्थान में भर्ती कराया गया। इस पक्षाघात के कारण उनकी देह का दाहिना भाग निष्क्रिय तो हुआ ही, उनकी वाणी भी सदा के लिए चली गयी।

अस्पताल में दाख़िले के समय डॉक्टरों ने आशा की थी और परिजनों को भरोसा भी दिया था कि स्थिति में सुधार होगा। इस कार्य में वे जी-जान से जुटे, प्रयत्न ज़ारी था।

इधर जैनेन्द्र के पक्षाघात का समाचार हवा की तरह फैला। जो जहाँ से सुना, उनको देखने के लिए दौड़ा। घर के सदस्यों को मानो इस आकस्मिक विपदा ने पूरी तरह हिला दिया। किसी को सूझ नहीं रहा था कि अब क्या हो। जब बहुत प्रयत्नों के बावजूद अपेक्षित सुधार न हुआ तो डॉक्टरों ने उन्हें घर ले जाने की सलाह दी। उन्होंने बीच-बीच में दिखाने और ज़रूरी एहतियात बरतने को भी कहा। जैनेन्द्र का दाहिना अंग, जो निष्क्रिय हुआ था—निष्क्रिय ही रहा। उसमें कोई ख़ास सुधार नहीं हुआ। वाणी जो गयी थी, वह भी न लौटी थी। जैनेन्द्र अवश, पराभूत, असमर्थ हो लेटे रहते

१. मैथिलीशरण गुप्त जन्म-शताब्दी पर जैनेन्द्र के जीवन का यह अन्तिम भाषण *'सारिका'*, जनवरी, १९८९ से अविकल प्रस्तुत है।

और उनकी आँखों से अविरल अश्रुधारा प्रवाहित होती रहती। देह की वेदना और परिजनों की छटपटाहट दोनों से उन्हें भयावह पीड़ा होती, पर वे कर क्या सकते थे!

जब अस्पताल से छुट्टी की बात तय हो गयी तो समस्या यह आ पड़ी कि उन्हें रखा कहाँ जाय? दरियागंज का मकान एक तो छोटा था, दूसरे वह पहली मंज़िल पर था जिस पर पहुँचने का माध्यम लोहे की एक पतली सीढ़ी थी। इससे अस्वस्थ जैनेन्द्र को ले जाना मुश्किल था। डॉक्टरों ने भी सलाह दी कि उन्हें उस तकलीफ़देह मकान के बजाय भूतल पर बने मकान में रखना चाहिए। डॉक्टरों की सलाह का एक पक्ष यह भी था कि भूतल के मकान में रहने से ज़रूरत होने पर उन्हें घुमाना और आवश्यक सावधानी बरतने में सुविधा होगी।

अब समस्या थी कि कहाँ ऐसा मकान मिले जहाँ इन्हें रखा जाय। फिर प्रस्ताव हुआ कि जैनेन्द्र को बहू विनीता की बड़ी बहन सुमित्रा के घर ओखला में रखा जाय। यह घर केनॉल कॉलोनी, ओखला में था और भूतल पर बना था। यहाँ रखने की एक सुविधा यह भी थी कि अखिल भारतीय आयुर्विज्ञान संस्थान यहाँ से नज़दीक था और डॉक्टरों के दिये सुझावों पर भी यह घर मुफीद ठहरता था। अन्ततः जैनेन्द्र को दरियागंज वाले मकान को छोड़कर केनॉल कॉलोनी, ओखला के भूतल पर स्थित मकान में रखा गया। इस तरह २२ नवम्बर, १९८६ ही दरियागंज वाले मकान के छूटने की तारीख़ बना जिसमें वे फिर वापस न जा सके।

यहाँ भी रहते जैनेन्द्र को देखने दूर-दूर से लोग आते। जो भी उनकी बीमारी की ख़बर पाता, दौड़ा आता। यहाँ आकर मिलने वाले साहित्यकारों में ऐसे लोग भी थे जो घण्टों बैठते। जैनेन्द्र से उनका मौन संवाद होता और वे भावुक हो विदा लेते। उनके अनुजवत् स्नेही कवि अज्ञेय यहाँ आकर बेहद भावुक हो जाते। जैनेन्द्र के पास बैठकर वे मानो अपनी समाधि में लीन हो उनसे अन्तर्संवाद करते। उनकी आँखें आँसुओं से भरी होतीं। चेहरा विरूपित हो जाता। जैनेन्द्र का मौन और अशक्त होना उनको बड़ी वेदना देता जिसे वे सह न पाते। ऐसे स्नेही अज्ञेय अभी दो बार ही यहाँ आये थे कि अचानक ४ अप्रैल, १९८७ को हृदयगति रुक जाने से उनका भी देहान्त हो गया। जैनेन्द्र बोल भले न पाते थे, स्मृति और चेतना उनमें पहले की ही तरह सक्रिय थी। अख़बार लेटे-लेटे ही वे देख लेते, कही

हुई बात सुन लेते और सिर्फ़ संकेतों में प्रतिक्रिया देते। इन दिनों अक्सर उनकी आँखें भरी होतीं। दुःख से कातर और देह को साध रहे जैनेन्द्र, लगता, अब थक-से गये हैं—अब देह को बचाने-बनाये रखने की लालसा मानो तिरोहित हो गयी हो।

अज्ञेय के निधन की सूचना उनसे छुपायी गयी, भय था कि कोई बड़ा आघात न लग जाय। पर इसे आख़िर कब तक छुपाया जाता—छुपाना भी तो उनसे धोखा करना था। फिर एक दिन ५ अप्रैल, १९८७ के अख़बार को उनके सामने रखने की युक्ति सोची गयी और उसके पहले अज्ञेय के बारे में इस अप्रिय ख़बर को बताने की भूमिका बनाई गयी। ऐसा ही हुआ और जब उनको अज्ञेय के निधन की सूचना मिली तो उन जैसा संयमी भी डोल गया। उनकी आँखों से अविरल आँसू झरने लगे। वे अधीर हो उठे, मानो सोच रहे हों—विधाता उनकी यह कौन-सी परीक्षा ले रहा है। उस दिन तो वे व्रत ही रह गये। चाहे जितने भी उद्यम हुए, निष्फल हुए। वे गुमसुम यूँ शून्य में तकते लेटे रहे जैसे वे अपनी चेतना में ही न हों। उन्हें अज्ञेय का जाना बहुत मथ रहा था और वे इस समाचार से आहत थे। वह दिन ऐसे ही गुज़र गया।

जब थोड़ा मन शान्त हुआ तो इशारों में कुछ पूछना चाहा और अख़बारों को ऐसे किनारे रख दिया जैसे वे उसे देखना ही न चाहते हों। बताया गया कि वे ठीक थे, कुछ भी नहीं हुआ था, पर जाने कैसे सीने में तेज दर्द हुआ और हृदयगति रुक गयी।

अवश जैनेन्द्र असहाय हो बिस्तर पर पड़े-पड़े अज्ञेय से मौन संवाद में उतर आये थे। उनका स्थिर मन डोल गया था। देह भले साथ न दे रही हो, पर वे सचेत रहते आये थे—पर आज उनका धैर्य टूटता प्रतीत हुआ और जीने की चाह मानो धूमिल पड़ती दिखी।

आगे कुछ दिनों तक उनका चित्त ठीक न हुआ। फिर धीरे-धीरे सहज और सामान्य हो वे दवाइयाँ लेने लगे तथा चिकित्सा की प्रक्रिया में साथ भी देने लगे। पर कहीं गहरे उनके इस दृश्य चित्त के पीछे अवसाद आ जमा था जिसे वे छुपाते और परिवार जनों के अन्य किसी दुःख का कारण होने से बचने का प्रयत्न करते। वे देखते, सब उनकी तरफ़ कातर दृष्टि से देखकर रोया करते। उनकी अवशता उनको कचोटती और वे हर सम्भव

कोशिश करते कि वे स्वस्थ हो जायें। पहले की तरह उठकर खड़े हो जायें। पर यह कहाँ सम्भव होना था, जो होता। कोशिश अपने हाथ में थी जो की जा रही थी, शेष तो बस उस भवितव्यता के हाथ थी जो नाना लीलाएँ रचकर व्यथित कर रही थी।

इस बीच जाने किस प्रेरणा से, या सम्भवत: सूचना पाकर तत्कालीन प्रधानमन्त्री राजीव गाँधी का पत्र आया जिसमें जैनेन्द्र के अस्वस्थ होने पर चिन्ता व्यक्त की गयी थी और शीघ्र स्वस्थ होने की शुभकामना भी थी। बाद में प्रदीप कुमार को बुलावा भी आया और ज़रूरत के मुताबिक एक नये मकान के आबंटन की प्रक्रिया भी शुरू हुई। सरकारी मकान के आबंटन का मामला था, तो प्रक्रिया तो पूरी होनी थी। अब पुनः फॉर्म भरकर दस्तख़त करने की ज़रूरत आन पड़ी। घर में सभी लोग डरे-सहमे सकते में थे। जाने क्या हो, क्या न हो। प्रदीप कुमार बेहद परेशान थे। परेशानी का कारण यह था कि कैसे वे फॉर्म लेकर जैनेन्द्र के पास जायें, कैसे कहें कि इस पर वे दस्तख़त कर दें। समस्या कठिन थी, पर इसके समाधान की ज़रूरत भी थी। आख़िर कितने समय तक किसी सम्बन्धी के यहाँ रहा जा सकता था? यहाँ रहते आठ महीने होने को आ रहे थे, असुविधा स्वाभाविक थी। दूसरा कोई रास्ता था नहीं। आर्थिक स्थिति भी ऐसी न थी कि अपनी सुविधा के अनुकूल कोई मकान लिया जा सकता। यह एक अवसर था और इससे चूकना बड़ी परेशानी का कारण बनता।

अन्ततः हिम्मत कर शय्या पर पड़े जीर्ण जैनेन्द्र के पास प्रदीप फॉर्म को लेकर पहुँचे। उनके पास विनीता भी खड़ी थीं। पहले उन्हें भूमिका के तौर पर सारी स्थिति को समझाते हुए प्रदीप कुमार ने एक मकान की ज़रूरत की बात की। फिर कहा, पर आर्थिक हालत ऐसी नहीं कि इस पर कुछ सोचा जा सके। अभी जो सरकारी मकान के आबंटन का फॉर्म आया है, यदि उसे भरकर दे दिया जाय तो फिलहाल इस बड़ी समस्या से राहत मिल सकती है। यह आपकी सहमति के बिना यह असम्भव है। मकान को तो आपके लिए ही मिलना है। प्रदीप ने देखा, जैनेन्द्र की आँखों से आँसू झरे जा रहे हैं, वे बस भावुक हो आँसुओं में ही अपने को व्यक्त कर रहे हैं, कोई संकेत नहीं, कोई अन्य मुद्रा नहीं, बस वे बिना रुके निरन्तर आँसुओं में उतर रहे हैं। प्रदीप कुमार ने उन्हें मकान का फॉर्म दिया जिसे ग़ुस्से में उन्होंने फेंक दिया। बड़ी मुश्किल स्थिति थी। स्पष्ट ही वे प्रतिरोध

कर रहे थे। जीते-जी जो न ले पाये, उसे अब क्या लेना था। पूरा जीवन जिस निस्पृह भाव से बिताया है, वही बीत जाये तो अपनी परम कृतार्थता है। प्रदीप कुमार ने फिर कोशिश की। समझाने का प्रयत्न किया—"बाबूजी, यहाँ से जाना तो पड़ेगा न! रिश्तेदार का घर है। रहते बहुत दिन हो गये हैं। उन लोगों को भी दिक़्क़त हो रही है। कोई दूसरा उपाय भी तो नहीं है। आपकी कीर्ति इससे धूमिल न होगी। यह चाहना नहीं, आपद्-धर्म मान लें बाबूजी।" वाक्य पूरा करते-करते प्रदीप कुमार जैनेन्द्र के पैर पकड़कर फट पड़े। उनके रुदन में मकान की चिन्ता कम, पिता की इस अवशता की वेदना अधिक थी। पुत्र की इस अवस्था को देख जैनेन्द्र का हृदय पिघल गया और उन्होंने क़लम हाथ में ले जैसे-तैसे अपने हस्ताक्षर कर फॉर्म को बाएँ हाथ के पूरे बल के साथ दूर फेंक दिया। ग़ुस्से में होते हुए भी संकेत किया कि अब इसका जो करना हो, शीघ्र करो और चिन्ता मुक्त हो जाओ।

प्रदीप कुमार ने औपचारिकता पूरी की और तब लोदी रोड इलाक़े के भारती नगर में भूतल का एक मकान आबंटित हुआ। इस तरह ओखला में लगभग आठ महीने रहने के बाद जैनेन्द्र को लेकर पूरा परिवार इस मकान में आया और सबको रहने की तात्कालिक समस्या से निजात मिली।

यहाँ आने के बाद और दिल्ली के मध्य में होने के कारण ओखला के मुक़ाबले देखने वालों की भीड़ अधिक उमड़ने लगी। कई बार स्थिति बेकाबू हो जाती, लोग मानने को तैयार न होते। वाद-विवाद और वैचारिक लामबन्दियों को भुलाकर शायद ही कोई हिन्दी और दिल्ली में रह रहे हिन्दीतर लेखक हो, जिसने बीमार जैनेन्द्र को आकर न देखा हो और अपनी शुभेच्छा न व्यक्त की हो। राजनेताओं में शंकरदयाल शर्मा, विश्वनाथ प्रताप सिंह, डॉ. कर्णसिंह आदि जैनेन्द्र को देखने आये और उनके स्वास्थ्य के प्रति अपनी चिन्ताएँ ज़ाहिर कीं। लेखकों में राजेन्द्र यादव, विष्णु प्रभाकर, मन्नू भंडारी, निर्मल वर्मा, प्रभाकर माचवे, यशपाल जैन, गंगाप्रसाद विमल, गिरिजा कुमार माथुर, हिमांशु जोशी जैसे अनेक लोग अक्सर उन्हें देखने आते। घर के पते पर भी देश-विदेश के लेखकों-पाठकों के पत्र आते जिसमें उन्हें लेकर चिन्ता व्यक्त होती और उनके शीघ्र स्वस्थ होने की कामना भी। जैनेन्द्र दवा लेते, उन्हें एहतियात के साथ रखा जाता। व्हीलचेयर पर बिठाकर सुबह-शाम टहलाया भी जाता, पर दवा कोई

सकारात्मक प्रभाव नहीं दिखा पा रही थी।

समय बीतता जाता है। वे अपने को साधते जाते हैं मानो अब रहने का क्या काम। इसी में वे जब-तब बहुत सचेष्ट हो जाते और लगता कि उठकर चल देने वाले हों। उनकी इस सचेष्ट प्रबलता पर उनके बेटे प्रदीप कुमार ने लिखा—"भीषण अस्वस्थता के इस दौर में भी प्रखरता, संवेदनशीलता, सूक्ष्म दृष्टि और जिजीविषा उनमें सतेज और प्रबल थी। एक दिन शाम को टीवी पर उनकी आत्मीय दीदी महादेवी वर्मा के जन्मदिन के उपलक्ष्य में एक कार्यक्रम उनकी वाणी में ही आ रहा था कि वे स्वर बाबूजी के कान में पड़े और वे चौंके। उठकर बैठ जाने का स्वत: ही प्रयास किया और दूरदर्शन के उस कार्यक्रम को तन्मयता से ही नहीं देखा बल्कि उस अवधि में उनकी दीदी उनके मन में ही रम आयीं। वे प्राणवान, जागरूक और भरसक क्रियाशील थे। पक्षाघात से अंगों की निष्क्रियता और वाणी का लुप्त होना उन्हें बहुत दारुण और विवश बना रहा था।"[१]

कुछ ही समय बाद ११ सितंबर, १९८७ को महादेवी वर्मा का भी निधन हो गया। जैनेन्द्र से उनकी गहरी आत्मीयता थी और रागात्मकता भी। वे उनकी प्रिय दीदी थीं। जब दूरदर्शन पर समाचार में औचक ही उनके निधन की सूचना आयी तो जैनेन्द्र मानो अपने भीतर से फट पड़े थे। घर के लोग इसे छुपा भी पाते तो कैसे, जब सामने चल रहे टेलीविजन पर ही यह दुखद ख़बर आ गयी। परिवार में उनकी हालत देख डर हो गया कि ऐसे में उन्हें कुछ जो न जाय। फिर बड़ी मुश्किल से उन्हें बहू-बेटे ने सँभाला, सांत्वना दी, तब वे सँभल पाये थे। पर उस मनहूस रात को वे कुछ खाये-पिये बिना ही रह गये थे मानो उपवास करके वे अपनी हार्दिक भावांजलि दे रहे हों। घर के लोग रात भर चिन्ता में जगे रहे और जैनेन्द्र महादेवी के शोक में दु:खी हो शून्य में अटके रहे।

जैनेन्द्र की अस्वस्थता और उनकी वाणी के चले जाने के बाद पूरा हिन्दी समाज आहत था। उन जैसे वाणीपुत्र की वाणी का खो जाना सबके लिए हृदय विदारक था। यह वही जैनेन्द्र थे जिन पर सबसे अधिक विवाद हुए, सबसे अधिक आक्रमण, पर सबसे तटस्थ रहते, सबको अपने उत्तर से निरुत्तर करते वे एक निरीह-सा जीवन जी रहे थे। उनके चेहरे पर पसरी

---

१. *'जैनेन्द्र : साक्षी हैं पीढ़ियाँ'* —सं. विष्णु प्रभाकर, खण्ड-२, पृ. १२३

उदासी और वेदना के मिले-जुले भाव को दूर से भी देखकर पहचाना जा सकता था। उनका मौन होना और उसमें भी पक्षाघात के कारण निष्क्रिय हो जाना सबसे बड़ा दुःख था।

हिन्दी के लेखकों ने जैनेन्द्र की इस दुःखद स्थिति पर, स्वयं उन्हीं को तनिक स्फूर्त और आश्वस्त करने की गरज से १८ सितम्बर, १९८८ को[१], भारती नगर स्थित उनके निवास पर एक गोष्ठी रखी, विषय था—'जैनेन्द्र और समकालीनता'। इस गोष्ठी में निर्मल वर्मा, विष्णु प्रभाकर, राजेन्द्र यादव, कमलेश्वर, रमेश बख्शी, हिमांशु जोशी जैसे वरिष्ठों के साथ प्रणव कुमार बंद्योपाध्याय, बलराम जैसे दूसरे चर्चित लेखक भी मौजूद थे। इसके अलावा जो जहाँ से सुना, वह दौड़कर वहाँ पहुँचने लगा और बाद में हालत यह हो गयी कि सैकड़ों लेखकों के जमा होने के बाद वहाँ जगह ही नहीं बची कि लोग ठीक से बैठ सकें। यह जैनेन्द्र के प्रति लेखकों की श्रद्धा थी कि वे इस बहाने उन्हें देखना चाहते थे और उन्हें भरे मन से याद करना चाहते थे।

इसके बाद पक्षाघात से निष्क्रिय हो चुके जैनेन्द्र को गोष्ठी के बीच बिठाने की व्यवस्था की गयी। जैसे-तैसे सहारा देकर उन्हें बिठाया गया। लोगों ने उन्हें प्रणाम किया तो आँखों से झर-झर बहते आँसुओं के साथ उन्होंने सबका अभिवादन स्वीकार किया। उनके आँसू मानो कह रहे थे, यह जीवन की अन्तिम बेला है—जो जहाँ रहे, ख़ुश रहे। गलत-सही जो भी हुए हों, उन्हें मुझमें झर जाते देखें, कोई कटुता न रखें। जैनेन्द्र की इस अवशता को देख वहाँ उपस्थित लेखक भावुक हो आये। उनकी आँखें भर आयीं और वाणी जैसे जवाब देने लगी। जैसे-तैसे गोष्ठी की कार्यवाही पूरी हुई और प्रायः सभी वक्ताओं ने जैनेन्द्र की उपस्थिति को हिन्दी जगत की मूर्धन्य उपस्थिति माना और उन्हें समकालीन समाज की वैचारिक अपेक्षाओं का वाहक भी कहा। उनकी भाषा, शिल्प, विचार और कहन के ढंग को विलक्षण मानते हुए वक्ताओं ने उनकी उपस्थिति को एक ऐसे समय की संज्ञा दी जो निरन्तर गतिमान होते हुए हमें अपनी यात्रा करने को, स्वयं में उतरने को प्रेरित करता रहता है। यह उपस्थिति एक ऐसा आलोक है जो हम सबको अँधेरे से दूर रखती आयी है।

---

१. *'जैनेन्द्र : साक्षी हैं पीढ़ियाँ'*—सं. विष्णु प्रभाकर, खण्ड-३, पृ. १७१

गोष्ठी सम्पन्न हुई तो लेखकों ने पैर छू-छूकर जैनेन्द्र से आशीर्वाद लिये। बारी-बारी से इतनी बड़ी लेखकों की जमात आशीष लेने उमड़ पड़ी। फिर वहाँ से भावुक हो लोग अपने घर गये। इसी गोष्ठी के बाद अक्टूबर १९८८ में अस्वस्थ जैनेन्द्र के ही सान्निध्य में साहित्यकारों और विचारकों की पहल से 'जैनेन्द्र और भारतीयता' शीर्षक संगोष्ठी भारती नगर स्थित उनके निवास पर ही हुई। इसमें शामिल लोगों में डॉ. कर्ण सिंह, शंकरदयाल सिंह, लक्ष्मीमल्ल सिंघवी, बच्चू प्रसाद सिंह, वेदप्रताप वैदिक, राजेन्द्र कुमारी वाजपेयी, उषा भगत, राजेन्द्र यादव, नरेशचन्द्र चतुर्वेदी, मन्नू भंडारी, हरीश नवल, सुरेश ऋतुपर्ण, गंगाप्रसाद विमल, हिमांशु जोशी, प्रभाकर माचवे जैसे नये-पुराने लेखक थे। बच्चू प्रसाद सिंह ने उस गोष्ठी को याद करते हुए लिखा—"मैं वहाँ पहुँचा और जैनेन्द्र जी के पास ही बैठा। उनका वह स्वरूप देखा जब वह बिना बोले बहुत कुछ बोल रहे थे। उनकी आँखों से स्नेह की अपरिमित राशि विकीर्ण हो रही थी और सभी उनके सान्निध्य से उत्फुल्ल थे।"[१]

इस गोष्ठी में अनेक लोगों ने अपनी बातें कहीं और जैनेन्द्र के साहित्य में, उनके चिन्तन में व्यक्त भारतीयता को रेखांकित किया। सभी वक्ताओं की दृष्टि में जैनेन्द्र का लेखन और चिन्तन भारतीय राष्ट्र के शुभ से अनुप्राणित है जो इसे समर्थ, स्वस्थ और समरस बनाना चाहता है। उनके राष्ट्र-चिन्तन को अखिल भारतीय चिन्तन के रूप में देखते हुए वक्ताओं ने उनके शीघ्र स्वस्थ होने की हार्दिक कामना भी की। प्रदीप कुमार ने लिखा—"इस गोष्ठी से जब अपनी बात कहकर डॉ. कर्णसिंह जाने लगे तो बाबूजी (जैनेन्द्र) ने बरबस चेष्टा और अस्फुट स्वरों और संकेतों से उन्हें आग्रह किया कि वे रुकें और उनके नज़दीक बैठें। बाबूजी के स्नेहाग्रह पर अनेक व्यस्तताओं के बावजूद वे रुके और उनके पास बैठे। आयोजन के समाप्त हो जाने के बाद भी दो घण्टे तक वे उनसे घुले-मिले रहे।"[२]

फिर ऐसा भी समय आया, जब डॉक्टरों ने हार मान ली। नाना तरह की तरकीबें अपनाई गयीं। डॉक्टर उन्हें बिस्तर पर, तकिये के सहारे बिठाकर

१. *'जैनेन्द्र : साक्षी हैं पीढ़ियाँ'* —सं. विष्णु प्रभाकर, खण्ड-३, पृ. १७४
२. *'जैनेन्द्र : साक्षी हैं पीढ़ियाँ'* —सं. विष्णु प्रभाकर, खण्ड-२, पृ. १२३

काग़ज़ पर 'अ अ अ' पेन्सिल से लिखवाते। फिर जैनेन्द्र से वे कहते— "अब इन अक्षरों पर आप स्याही भरिए।" यह विधाता या भवितव्यता की ही माया थी कि अक्षर-पुरुष जैनेन्द्र को अब इस अवस्था में वर्णमाला के स्वराक्षरों का ज्ञान कराया जा रहा था।

दिसम्बर, १९८८ के आरम्भ की ही बात होगी, कथाकार हिमांशु जोशी जैनेन्द्र को देखने भारती नगर गये थे। उस वक़्त के एक हृदय विदारक प्रसंग को वे इस तरह दर्ज़ करते हैं—"याद है, उस दिन कुछ अँधियारा हो आया था। भारती नगर पहुँचा तो विनीता (बाबूजी की पुत्रवधू) कुछ उदास-सी बैठी थीं।

"आज चार दिन हो गये भाई साहब, बाबूजी ने कुछ खाया नहीं। दवा भी नहीं ले रहे हैं। न खाने की जिद पकड़ बैठे हैं। हम लोग कोशिश करके हार गये हैं..."

मुझे लगता है, कहीं यह विनोबा भावे जैसा अनशन तो नहीं! जानलेवा! बाबूजी अपना कष्ट तो झेलते ही हैं, परन्तु अपने साथ-साथ सामने वालों की पीड़ा भी स्वयं भोगते हैं। शायद सामने वालों के कष्ट से मुक्त होने के लिए अब यह मार्ग निकाला हो!

हम बाबूजी के कमरे में जाते हैं। बाबूजी वैसे ही रूठे-रूठे-से लेटे हैं अकेले।

"कैसे हैं बाबूजी?"

बाबूजी पर जैसे कोई प्रतिक्रिया नहीं।

"कुछ खाएँगे?"

बाबूजी वैसे ही मौन। केवल मेरी ओर स्थिर दृष्टि से देखते रहते हैं— निर्निमेष। बोल तो पाते नहीं। इसलिए उनके हाव-भाव से मन की स्थिति का जायजा लेते हैं।

कुछ क्षण खड़ा रहने के पश्चात् मैं पास ही रखी कुर्सी को अपनी ओर खींचता हूँ।

"देखिए न, तीन-चार दिन हो गये, बिना खाये..." विनीता मन्द स्वर में बड़बड़ाती हैं, जैसे स्वयं को सुना रही हों!

बाबूजी उसी स्थिर दृष्टि से देखते रहते हैं।

मुझे लगता है, उनकी आकृति में धीरे-धीरे कुछ परिवर्तन-सा आ रहा है। वे विनीता की ओर देखकर हाथ से इशारा करते हैं, बोलने का किंचित् प्रयास भी। पर केवल अस्फुट स्वर सुनाई देता है—टूटा-टूटा।

हम समझ जाते हैं, बाबूजी की इस मुद्रा का अर्थ है—"अरे भाई, देख क्या रहे हो? मेहमान को कुछ खिलाओ। चाय-वाय पिलाओ।"

"अभी खिलाते हैं बाबूजी। पहले आप तो कुछ खाइए ना!" विनीता कहती हैं।

बाबूजी मना करते हुए सिर हिला देते हैं। उनके लिए विशेष रूप से लाए गये भूरे, गोल बिस्कुट विनीता प्लेट में रखकर धीरे से मेरी ओर बढ़ाती हैं। वही प्लेट मैं बाबूजी के आगे कर देता हूँ। मेरे बार-बार आग्रह करने पर वे बिना देखे ही, यों ही अँगुलियों से अनायास छू-छूकर बिस्कुट गिनने लगते हैं। निगाहें छत पर हैं। पर अँगुलियाँ छू-छूकर गिन रही हैं। चार होने चाहिए, पूरे चार! कम हों तो वे नाराज़ हो जाते हैं।

गिनने के पश्चात्, किंचित् आश्वस्त होते हैं—हाँ, चार ही हैं, पूरे चार। फिर हौले-से, वे उसी हाथ से एक बिस्कुट मेरी ओर बढ़ाते हैं। मैं मना कर देता हूँ—"नहीं, नहीं, मैं नहीं खाता।"

बाबूजी के चेहरे पर एक साथ कई भाव आते हैं और ओझल हो जाते हैं।

"पहले आप खाइये बाबूजी, फिर हम लेंगे! नहीं तो हम भी नहीं खायेंगे।" मैं कहता हूँ।

उनके हाथ में थमा बिस्कुट हाथ में ही रह जाता है—हवा में काँपता हुआ। अन्त में वे हार मान जाते हैं। और कुतर-कुतरकर बिस्कुट खाने लगते हैं।

विनीता का मुरझाया चेहरा खिल उठता है—"हम तो मनाते-मनाते हार गये थे।"

एक नहीं, पूरे दो बिस्कुट खा जाते हैं। निरीह भाव से।"[१]

यह सचमुच बहुत दारुण समय था, दुःख और भयावह वेदना से भरा हुआ। सब तरफ़ से निराशा थी—आश्वस्ति की एक ही उम्मीद स्वयं

---

१. *'जैनेन्द्र : साक्षी हैं पीढ़ियाँ'* —सं. विष्णु प्रभाकर, खण्ड-२, पृ. ३६७-६८

जैनेन्द्र थे जो यूँ देह न छोड़ें तो जीवन कुछ समय और बचा रह जाये। पर जैनेन्द्र, मानो इस सन्ताप से मुक्ति चाहते थे। परिजनों की दयनीयता देख वे भीतर से कलपते, टूट-फूट जाते। कब तक ऐसे ही सब पर ख़ुद को लादे रहते—मानो यह प्रश्न बार-बार उनके मन में उठता और वे विचलित हो उठते। शरीर लगातार दुर्बल होता जा रहा था—हिलने-डुलने तक की सामर्थ्य चुकती जा रही थी। सुन्न पड़े अंगों में किसी भी तरह की कोई हरकत के आसार नहीं दिख रहे थे। एक समर्थ, सक्रिय व्यक्ति के लिए यह असहनीय था, और उसमें भी जो व्यक्ति है, वह जैनेन्द्र है जो निरन्तर कर्मशील सतत साधक रहा। यह कैसी परीक्षा है, कैसा यह द्वन्द्व है जो इतना त्रासद है। बिस्तर पर पड़े जैनेन्द्र अतीत में लौटते, अपने विगत में जाते और फिर छलछला उठते। उन्हें लगता, कहीं कुछ भी तो नहीं है—सब तरफ़ शून्य है—हम व्यर्थ ही इस प्रश्न को बार-बार दुहराते हैं कि ''क्या है, जो है।'' अन्त में हमें कोई उत्तर नहीं मिलता। अन्ततः अपनी हार ही श्रेयष्कर है क्योंकि दुःख सार बन जाये और जीवन प्रार्थना हो जाये तो फिर चाहना भी और क्या है। जैनेन्द्र मानो सोचते—''आख़िर जीवन में क्या है? आदमी जीता जाता है, जानता जाता है। अन्त में पाने के लिए कि इति का बिन्दु आ रहा है और वह दिग्भ्रमित है। बहुतेरा उसने इस बीच जोड़-तोड़ किया है। कार्य-कारण को बिठाकर समझा जाता है। किया-धरा है। लिखा-पढ़ा है। लेकिन जैसे सब अर्थ व्यर्थ हो गया है। वास्तव में सब शून्य हो पड़ा है। एक बड़ा प्रश्न उसको लील जाने को खड़ा है कि क्या है जो है? तब घटना की घटनात्मकता अलग छिटकी आती है। छिलके पर से छिटकी आती है। छिलके पर से छिलका उतारकर भीतर उतरते जाते हुए मिलता है कि सब पहरन है और उतरन है, शेष में कुछ नहीं है। इस व्यर्थता और शून्यता में पहुँचकर बुद्धि पछाड़ खा रहती है, स्पर्धा टूट जाती है और मालूम होता है कि आदमी की इस हार में ही उसकी कृतार्थता है। दुःख सार बन आये, जीना प्रार्थना हो जाये तो बस है।''[१]

यह व्यथा ही मानो जीवन का सार है, उसकी सार्थकता है, शेष सब कुछ व्यर्थ है, निरर्थक है। जीवन और जगत की वास्तविकता का गहरा ज्ञान होते हुए भी मनुष्य में एक अवश रिक्तता ऐसी होती है जो व्यथा से भर

१. *'अनामस्वामी'*—जैनेन्द्र कुमार, पूर्वोदय प्रकाशन, नई दिल्ली, पृ. ११७

देती है—वस्तुत: अगर है, तो जीवन का सार यही है।

धीरे-धीरे जैनेन्द्र अपनी परिणति की ओर बढ़ रहे थे। यात्रा पूरी होने को थी—देह साध ली गयी थी, पर मन में एक कचोट थी जो बेतरह साल रही थी—पीछे एक बेटा छोड़े जा रहे हैं जो भोला है, सांसारिकता का अता-पता उसे नहीं है। करने को विशेष कुछ भी नहीं। एक परिवार है, दायित्व हैं उसके। सोचते हुए एक दिन बिलख-बिलखकर रोने लगे। रोते हुए जाने कहाँ से शक्ति आ गयी कि रुलाई थमती न थी। प्रदीप का हाथ उनके बाएँ हाथ में था। दायाँ हाथ यूँ ही निस्पन्द था। यह रोना-कलपना ठीक उसी तरह का था जिस तरह रामदेवी बाई मृत्यु के पहले जैनेन्द्र को देख रोई थीं; क्योंकि वे अपने बेटे को बेसहारा छोड़ रही थीं—पीछे कोई न था—बेटा कुछ करता न था। ऐसे में कैसे ज़िन्दगी कटेगी और कैसे वह जी पायेगा!

प्रदीप कुमार ने पिता के आँसुओं की भाषा समझी थी, उनका इस तरह कलपना भी। तब कहा था—"रोना क्या, इस तरह टूटने का कोई कारण नहीं है बाबूजी, हम जी लेंगे, पूरा परिवार ठीक से जी लेगा—आपका नाम और काम हम सबका आसरा है और वह बहुत है।" कहते हुए प्रदीप कुमार फूट-फूटकर रो पड़े थे—घर में उदासी पसर गयी थी, आगत की आशंका ने मानो डेरा जमा लिया था—अब कहीं चैन न था, न कोई ठौर, न सांत्वना, न उम्मीद।

इसी तरह गुज़रते तीन ही दिन बीते होंगे कि उनकी हालत बिगड़ गयी। साधी गयी देह आख़िर कब तक रहती और कब तक आत्मा उस निबिड़ में डेरा जमाती जिसमें अब रहने की कोई आकांक्षा ही शेष नहीं रह गयी थी। मानो कोई आवाज़ थी जो पुकार रही थी—"जिसका चाहना ही अनंत काल से इस अनंतता में सम्पन्न हो रहा है उसमें खो रहने, सो रहने की घड़ी तेरे पास आ गयी है, तो भी अपनी चाह को लिये बैठा है?"[१]

और जैनेन्द्र इस अन्तर्पुकार को अनसुना न कर सके, "जाते-जाते मृत्यु के सत्य के प्रति प्रणाम कर चले और अपने लिए बस एक क्षमा की माँग की।"

२४ दिसम्बर, १९८८, शनिवार की सुबह जैनेन्द्र ने अपनी अन्तिम साँस

---

१. *'स्मृति-पर्व', 'अपनी ही मृत्यु पर',* पृ. १७३

ली जिन्होंने स्वयं कहा था—"मरूँगा तब मैं ही मर पाऊँगा, कोई दूसरा उसमें साथ न देगा। 'आप अकेला अवतरै, मरे अकेला होय।' अब नहीं तो तब। निश्चय ही साफ़ हो जायेगा कि परमेश्वर से अलग सब आलजाल ही था, दूसरा कुछ न था। वही था, है, रहेगा, जिसमें न-होकर मुझे हो आना है। मरना है उसी में कि फिर-फिर जी आना हो सके।"[१]

जैनेन्द्र का जाना, एक अप्रतिहत, अनासक्त साधक का जाना था जिसमें एक पूरा युग समाया था। उनके निधन से उनका परिवार विपन्न हुआ तो हिन्दी दरिद्र हो गयी। सतत प्रवाहित सत्य-विचार तिरोहित हो गया। जीवन के सार्थक मूल्यों के इस प्रवक्ता के जाने से जो शून्य उभरा वह डरावना था। गाँधी के विचारों और आदर्शों को शिरोधार्य कर जीने वाले इस पुरुष का अवसान हिन्दी जगत को सन्न कर गया तो भारतीय मनीषा को हत्भाग्य। इस तरह जीवन को मृत्यु ने वर लिया और जैनेन्द्र ने अपनी नश्वर देह को त्याग अपने को उस प्रार्थना में समाहित कर लिया जो सिर्फ़ ध्वनियों में कौंधती है—अरूप होकर भी जो श्रद्धामय है। उसी २४ दिसम्बर, १९८८ को उनकी नश्वर देह पंचभूतों में जा मिली। उनके अन्तिम दर्शन करने तथा अपनी भावभीनी श्रद्धांजलि देने के लिए शताधिक लेखक, विचारक और राजनेता श्मशान घाट पर उपस्थित थे। उनकी आँखें नम थीं और उनके जुड़े हाथ इस बात की गवाही दे रहे थे कि अब दूसरा जैनेन्द्र कोई नहीं है।

उनको श्रद्धांजलि देते हुए विष्णु खरे ने 'नवभारत टाइम्स' के सम्पादकीय में लिखा—"जरा और मृत्यु का भय जैनेन्द्र कुमार को सिर्फ़ इसलिए नहीं था कि उन्होंने किसी जीवन-दर्शन के माध्यम से उस पर विजय पा ली थी बल्कि इसलिए भी नहीं था कि अपनी सृजनशीलता के चरमोत्कर्ष में ही उन्होंने लेखन से लगभग हाथ खींच लिया था, लेकिन उनके साहित्य को न तो बुढ़ापा आया और न ही उसकी जीवन्तता ही घटी। भारतीय महालेखन में वे व्यास के ज़्यादा समीप हैं, वाल्मीकि से कम, कबीर ज़्यादा हैं, सूर-तुलसी कम, ग़ालिब-मीर ज़्यादा हैं, इक़बाल-फ़ैज़ कम। उन्हीं की शैली में जिसकी संक्रामकता घातक है, वे जैनेन्द्र ज़्यादा हैं, प्रेमचन्द कम। प्रेमचन्द की तरह जैनेन्द्र भी बहुत सादा इनसान थे। हिन्दी

---

१. *'ओह, जो मैं लिख न सका', पूर्वग्रह*—सं. अशोक वाजपेयी, भारत भवन, भोपाल, १९८६

में कई लोगों ने शब्दों के बीच के मौन, अर्थगर्भ मौन और व्यक्तिगत मौन को एक ताबीज-टोटका बनाया है, लेकिन जैनेन्द्र कुमार मौन का इस्तेमाल हथियार के रूप में नहीं करते थे। हिन्दी साहित्य में अमर तो वे १९५० के आसपास ही हो गये थे, पर इस अमरत्व को वे ओढ़ते-बिछाते न थे। उन्होंने उसे ज्यों-का-त्यों कहीं अलग किसी अलगनी पर टाँग दिया था। मानवता के प्रति उनमें असंदिग्ध प्रतिबद्धता थी और उसके साथ एक अदम्य नैतिक साहस तथा एक हमेशा जिज्ञासु, उत्सुक, पैना मस्तिष्क। उनके पाठक और लेखक जानें कि उनकी विरासत का अब क्या किया जाय लेकिन जैनेन्द्र कुमार जैसे व्यक्तियों के जाने के बाद एक धन्यता और भय हमें होते हैं—धन्यभाव इसलिए कि हम जैनेन्द्र के ज़माने में रह पाये और भय इसलिए कि अब दूसरा जैनेन्द्र कोई नहीं है।"[१]

जैनेन्द्र को पूरे देश में याद किया गया। हर संस्था ने शोक सभा की, उनके कृतित्व को याद किया, उनके व्यक्तित्व के आदर्शों को अनुकरणीय बताया। समाचार और सूचना माध्यमों ने उनकी मृत्यु को प्रमुखता से प्रकाशित-प्रसारित किया और उनके अवदान को रेखांकित करते हुए पत्रिकाओं, अख़बारों के विशेष अंक प्रकाशित हुए। वे लोग भी आहत थे जो उन्हें और उनके साहित्य को पुराना और चुका हुआ मानते आ रहे थे, पर यह जैनेन्द्र तो किसी अमरता की कामना को ही प्रवंचना मानने वाले थे। प्रेम में जीना और स्वेच्छित मृत्यु की कामना करते जैनेन्द्र को जैसे कभी कोई चाह ही न रही—"...पर मैं जानता हूँ, न कलाकार जियेगा, न तात्त्विक रह पायेगा। सब काल के गाल में समा जायेंगे। इसलिए कलाकार जैनेन्द्र अथवा चिन्तक यशस्वी हों, यह कामना प्रवंचना है। जो व्यक्ति का है, उसका यश टिक नहीं पायेगा। न यहाँ कुशलता चलेगी, न विदग्धता पलेगी। पल-पल नवीनता आयेगी जो पुरातन को गाड़ती और लीलती जायेगी। पर प्रेम तो नूतन, पुरातन कुछ है नहीं; वह तो बस है, अनिवार्य है और सनातन है। मेरी अपने से यही प्रार्थना है कि कुशलता, विद्वत्ता की छाया भी मेरे पास न रह जाये। सिर्फ़ प्रेम रह जाये, लिखने में, रहने में, जीने में, करने में, प्रेम के सिवा दूसरा कुछ अभीष्ट रहे नहीं। यह मैं चाहता हूँ। सारी क्षमता, योग्यता और विचक्षणता उस प्रेम में विसर्जित होती रहे। कारण, सब कुछ छूछा और थोथा है, वह एकदम बनावटी है;

१. *'नवभारत टाइम्स'*, नई दिल्ली, २६ दिसम्बर, १९८८

और प्रेम में अपने को स्वाह करना ही चाह सकता हूँ। मृत्यु ईश्वर की भेजी व्यक्ति को प्राप्त होती है। उसमें से व्यक्ति सीख सकता है कि स्वेच्छित मृत्यु ही बस उसका एक कृतार्थ है। प्रेम हर पल उसे स्वेच्छित मृत्यु की कामना के अतिरिक्त अन्य कुछ है नहीं।''[१]

इस प्रेम में हर पल जीते स्वेच्छित मृत्यु की कामना में सदा प्रस्तुत जैनेन्द्र ने जीते-जी भी मानो अपने को समाप्त कर लिया था—मेरी जो इच्छा शेष रह गयी है कि मैं जो हूँ, वह समाप्त हो जाऊँ। मैं जो नहीं हूँ—वह मेरी स्थिति आ जाय। मृत्यु में आयेगी, पर उसमें तो कोई श्रेय नहीं है। लेकिन जीते-जी वह स्थिति आ जाये यानी मेरा कुछ न रह जाये, मैं कुछ न रह जाऊँ—फकीर बन जाऊँ। यही है अकिंचनत्व—मेरी अभिलाषा। परिपूर्ण अपरिग्रह, परिपूर्ण अकिंचन्य—जिसमें कि परिपूर्ण निरहंकारिता हो—वह मेरी मात्र इच्छा शेष है। ये मेरे जीवन में सिद्ध हो जाये।''[२]

एक राष्ट्र चिन्तक, विचारक, लेखक और समग्र सत्याग्रही के रूप में जैनेन्द्र का जीवन प्रेम में रहते स्वेच्छित मृत्यु की कामना और परिपूर्ण अपरिग्रही का रहा जिसमें कुछ भी शेष न था—न इच्छा, न यश-कामना, न अहंकार, न अमरता, न विद्वेष और न ऐहिक—किसी भी प्राप्ति का लोभ। अपने को जीते-जी समष्टि में लोप करने वाले जैनेन्द्र इसीलिए अपनी नश्वर काया को छोड़ने के बाद भी जीवित हैं, जीवित रहेंगे। यह मरना वह मरना था जिसमें फिर-फिर जीना हो सके। वे जैनेन्द्र ही थे और जैनेन्द्र ही वह हो सकते थे। वे अपना उदाहरण स्वयं थे, दूसरा कोई जैनेन्द्र नहीं हो सकता था और अब दूसरा जैनेन्द्र कोई नहीं है, न होगा—परिपूर्ण अपरिग्रही, परिपूर्ण अकिंचन, परिपूर्ण-परिपूर्ण-परिपूर्ण जैनेन्द्र!!

---

१. *कादंबिनी,* 'जैनेन्द्र : मृत्यु पर', अप्रैल, १९७७ ('स्मृति-पर्व' में संकलित, पृ. १७३)

२. *'जैनेन्द्र : साक्षी हैं पीढ़ियाँ'*—सं. विष्णु प्रभाकर, इन्दु जैन से साक्षात्कार, खण्ड-३, पृ. ४६

नोट :